L'AVENTURE DES LANGUES EN OCCIDENT

DU MÊME AUTEUR

Dictionnaire de la prononciation française dans son usage réel (en collaboration avec André Martinet), Paris, Champion - Genève, Droz, 1973, 932 p.

La dynamique des phonèmes dans le lexique français contemporain, (préface d'André Martinet), Paris, Champion - Genève, Droz, 1976, 481 p.

La phonologie du français, Paris, PUF, 1977, 162 p.

Phonologie et société (sous la direction d'Henriette Walter), Montréal, « Studia Phonetica » 13, Didier, 1977, 146 p. Cet ouvrage a bénéficié d'une subvention du Conseil canadien de recherches sur les humanités.

Les Mauges. Présentation de la région et étude de la prononciation (sous la direction d'Henriette Walter), Centre de recherches en littérature et en linguistique sur l'Anjou et le Bocage, Angers, 1980, 238 p.

Enquête phonologique et variétés régionales du français, (préface d'André Martinet), Paris, PUF, « Le linguiste », 1982, 253 p.

Diversité du français (sous la direction d'Henriette Walter), Paris, SILF, École pratique des hautes études (4ᵉ section), 1982, 75 p.

Phonologie des usages du français, Langue française, nᵒ 60 (sous la direction d'Henriette Walter), Paris, Larousse, déc. 1983, 124 p.

Graphie - phonie (sous la direction d'Henriette Walter), journée d'étude du Laboratoire de phonologie de l'École pratique des hautes études (4ᵉ section), Paris, 1985, 82 p.

Mots nouveaux du français (sous la direction d'Henriette Walter), journée d'étude du Laboratoire de phonologie de l'École pratique des hautes études (4ᵉ section), Paris, 1985, 76 p.

Cours de gallo, Centre national d'enseignement à distance (CNED), ministère de l'Éducation nationale, Rennes, 1ᵉʳ niveau, 1985-1986, 130 p. et 2ᵉ niveau, 1986-87, 150 p.

Le français dans tous les sens, préface d'André Martinet, Paris, Robert Laffont, 1988, 384 p. Grand prix de l'Académie française 1988. Traduction anglaise : *French inside out*, par Peter Fawcett, London, Routledge, 1994, 279 p. Traduction tchèque : *Francouzština známá i neznámá*, par Marie Dohalská et Olga Sculzová, Prague, Jan Kanzelsberger, 1994, 323 p.

Bibliographie d'André Martinet et comptes rendus de ses œuvres (en collaboration avec Gérard Walter), Louvain-Paris, Peeters, 1988, 114 p.

Des mots sans-culottes, Paris, Robert Laffont, 1989, 248 p.

Dictionnaire des mots d'origine étrangère (en collaboration avec Gérard Walter), Paris, Larousse, 1991, 413 p.

HENRIETTE WALTER

L'AVENTURE DES LANGUES EN OCCIDENT

Leur origine, leur histoire, leur géographie

Préface d'André Martinet

ROBERT LAFFONT

© Éditions Robert Laffont, S.A., Paris, 1994
ISBN 2-221-05918-2

Sommaire

Voir la table des matières détaillée en fin de volume.

Préface

La langue de l'autre? Faut-il la vivre comme une barrière qui nous sépare à jamais? Ou comme un voile derrière lequel se cache une autre vision de l'homme et de la vie? Faut-il, comme le Tyrolien, juger les Italiens bien fous qui désignent comme *cavallo* ce que chacun sait bien être un *Pferd*? Ou, plutôt, se demander si ce terme inattendu ne va pas esquisser un autre rapport au cheval?

Mais pourquoi, direz-vous, rechercher une autre vision du monde si l'on est convaincu que la meilleure est celle que nous a imposée la langue apprise dès notre tendre enfance? Cette langue ne va-t-elle pas constamment s'enrichir par la fréquentation des grands auteurs, par le contact avec les meilleurs esprits parmi ceux qui nous entourent? C'est bien ainsi qu'ont longtemps réagi les Français. C'est ce que font aujourd'hui ceux des anglophones qui estiment que leur langue couvre tous les besoins communicatifs du monde contemporain. Cette réaction négative, voire hostile, à la langue de l'autre perce derrière les réticences qu'on relève face à l'instauration d'une union des pays d'Europe. Mais ceux-là mêmes qui redoutent que cette union aboutisse à un affaiblissement des valeurs nationales ne peuvent ignorer que le monde se rétrécit de jour en jour. La résurgence des violences tribales que nous déplorons en cette fin de siècle ne saurait guère bloquer la convergence qu'impose le développement de l'économie mondiale. Cette convergence doit-elle, en matière de langues, aboutir à une unification en faveur d'un idiome unique? Dans la dynamique contemporaine, c'est évidemment l'anglais qui semblerait s'imposer. Mais ceci ne se produirait qu'à longue échéance, et il n'est pas dit que les besoins de l'intercompréhension ne favorisent pas, dans bien des cas, l'apprentissage de la langue des voisins avec lesquels on reste directement en contact. Quoi qu'il en soit, il nous faudra, de plus en plus, apprendre la langue de l'autre, et ceci tant qu'il y aura *des* langues.

Il ne pouvait être question, dans le présent ouvrage, d'aborder l'immense problème de l'apprentissage des langues secondes, ou d'esquisser les conditions d'un plurilinguisme général ou limité à un canton de la Planète. Ce qu'a voulu Henriette Walter, c'est rappeler à certains et faire savoir à d'autres qu'au moins en Europe les langues sont marquées aussi bien par ce qui les rapproche que par ce qui les distingue. Elles sont, pour la plupart, issues, par divergence graduelle, d'une même langue aujourd'hui disparue. Mais toutes, celles mêmes qui sont d'une autre origine, n'ont jamais cessé de s'influencer les unes les autres. Derrière les différences considérables qui frappent dès l'abord parce qu'elles empêchent la communication, il y a des analogies, voire des identités. Les unes résultent de ce qui demeure d'une communauté d'origine : après des millénaires de divergence, l'Allemand dit (*er*) *ist* et (*sie*) *sind* là où le français présente (*il*) *est* et (*ils*) *sont*. D'autres résultent d'emprunts de langue à langue ou de formations parallèles à partir d'un même modèle. L'anglais, langue germanique, a emprunté la moitié de son vocabulaire au français, langue romane. En quête d'un nouveau mot pour désigner une nouvelle affection, un médecin, qu'il soit allemand, russe ou espagnol, a quelque chance de le former avec des éléments empruntés au grec classique.

Beaucoup de ces analogies et de ces ressemblances ne sont pas évidentes, mais on peut les cerner et les grouper. Au Français qui apprend le portugais on suggère que, lorsqu'il hésite à identifier un mot, il doit essayer de rétablir un – *l* – ou un – *n* – disparu, de telle sorte que *cor* se rattache à *couleur*, comme *Lisboa* suggère *Lisbonne*. En face de l'allemand *See*, qui, au féminin, désigne la mer et, au masculin, le lac, on peut faire remarquer que la répartition des genres est identique en français, ce qui peut n'être pas dû au hasard.

Mais l'auteur ne se limite pas à l'exposé de ressemblances et d'équivalences. Elle sait bien marquer l'originalité de chacun des idiomes en cause, qu'il s'agisse de sa dynamique, de sa diffusion, de son statut, de sa position vis-à-vis des dialectes et des langues avec lesquels il est en compétition. On retrouvera ici ce qui a assuré le succès du *Français dans tous les sens*, une combinaison inattendue et bienvenue du sérieux scientifique et d'une présentation alerte et attrayante dans une langue accessible à un large public.

ANDRÉ MARTINET

Préambule

Un paysage linguistique « ondoyant et divers »

Partis du fin fond de la mer Noire il y a plus de 7 000 ans, des envahisseurs à cheval ont traversé, au cours de plusieurs millénaires, tout le continent européen, des steppes à l'océan. Ils étaient porteurs de langues qui se sont diversifiées au contact des populations rencontrées sur leur passage, si bien qu'en cette fin du xxᵉ siècle le paysage linguistique de l'Occident présente une diversité que les frontières politiques ne permettent pas d'entrevoir. La plupart de ces langues appartiennent à la même famille, la famille indo-européenne, qui s'est constamment propagée vers l'ouest. Elle ira même beaucoup plus tard jusqu'à traverser l'Atlantique, faisant ainsi de l'espagnol, du portugais, de l'anglais et du français les langues dominantes des Amériques.

A côté de ces quatre langues parties à la conquête du monde, il faut encore rappeler l'existence de langues souvent méconnues mais qui forment une longue liste, où le grec se mêle aux autres langues romanes issues du latin, aux langues germaniques ou slaves, ou encore aux langues celtiques, sans oublier une très vieille langue, la langue basque, résistante entre toutes.

C'est dire que le paysage linguistique actuel est aussi le reflet de la longue histoire des peuples qui l'ont modelé. Mais il est mouvant et difficile à cerner, ce qui incite à renoncer à toute estimation chiffrée de ses composantes. On a pourtant des chances de s'y frayer un chemin si on l'examine successivement sous des éclairages différents.

Trois façons de regarder ce paysage

La première solution serait de ne retenir que les langues officielles dans chaque pays : la carte linguistique de l'Europe semble alors presque évidente, tout au moins pour la France, le Portugal, la Grèce ou les Pays-Bas, qui n'ont qu'une seule langue officielle. La Belgique pose des problèmes plus délicats, partagée qu'elle est entre trois langues officielles : le néerlandais (majoritaire), le français (minoritaire) et l'allemand (restreint à une étroite région à l'est du pays). La situation du Luxembourg est assez admirable, car si le français et le luxembourgeois y sont les deux seules langues officielles, l'allemand y est aussi parlé quotidiennement par l'ensemble de la population sans qu'il soit question de conflits linguistiques. Mais la situation la plus originale et incontestablement la plus paradoxale est celle de l'Irlande : l'irlandais, langue celtique, y est, selon les termes mêmes de la Constitution, la première langue officielle, alors qu'elle est minoritaire, et que l'anglais, pourtant seconde langue officielle, y est la langue commune.

Délaissant les seules langues reconnues par les États, on pourrait aussi s'aventurer sur des chemins moins fréquentés, en cherchant à recenser *tous* les idiomes parlés dans chaque pays. Il faudrait alors, par exemple pour l'Italie, non seulement insister sur la vitalité des dialectes issus du latin, comme le piémontais, le frioulan, le sarde ou le sicilien, mais aussi rappeler la présence de l'allemand et du slovène dans le nord-est; du français, du provençal et du francoprovençal dans les Alpes; du catalan en Sardaigne; du grec, de l'albanais et du serbo-croate dans le sud de la « botte ». Certains points du territoire jusque-là confondus dans l'ensemble attiseraient alors la curiosité, et c'est toute la carte de l'Italie qui commencerait à s'animer. Une opération semblable dans les différents pays montrerait que la diversité linguistique y est une constante qui s'est prolongée de génération en génération.

Un troisième point de vue pourrait faire intervenir une autre dimension, celle de l'origine lointaine de ces langues et des déplacements des populations au cours des millénaires. Cela permettrait d'expliquer bon nombre des situations actuelles, et on comprendrait en particulier pourquoi et comment, dans la plupart des pays, une seule variété de langue a réussi à se singulariser parmi toutes les autres pour devenir la langue de l'État.

C'est ce dernier point de vue qui a été adopté ici : les langues de l'Europe y sont présentées en relation à la fois avec les populations qui les parlent ou les ont parlées, et avec les lieux où elles se sont développées au cours des siècles. L'histoire et la géographie des langues s'éclairent alors mutuellement.

Ayant appris à connaître les gens qui ont fait l'histoire des langues communes et des langues minoritaires de l'Europe, le lecteur désormais éclairé sera alors prêt à découvrir que les structures linguistiques, quoique plus austères, ont aussi leur charme.

Les grandes lignes de partage

Il s'agit donc d'une sorte de voyage guidé à travers l'histoire et la réalité actuelle des langues de l'Europe. Il aurait pu s'organiser dans le cadre de chacun des pays. Mais cela aurait conduit à brouiller les pistes car les frontières des langues ne sont pas celles des États. Or ce sont les langues qui sont le centre de ce livre.

Si l'on oublie momentanément ces frontières politiques – toujours provisoires – on verra nettement se dessiner deux lignes imaginaires divisant le territoire en trois grandes zones linguistiques. Une de ces lignes coupe la zone centrale du nord au sud, délimitant ainsi le domaine des langues slaves à l'est et celui des langues germaniques à l'ouest et au nord. Une autre ligne prend naissance entre la Grande-Bretagne et la France et se prolonge, à partir de la Belgique, à travers le continent, pour rejoindre, du côté de l'Italie du Nord, la ligne de séparation du slave et du germanique. Ainsi se trouvent délimitées les langues *romanes*, qui occupent la plus grande partie du sud de l'Europe, les langues *germaniques* dans le centre et le nord, et les langues *slaves* à l'est (cf. *carte* LES GRANDES ZONES LINGUISTIQUES).

Cette vision schématique passe évidemment sous silence l'existence de nombreuses autres langues, par exemple celle des langues celtiques à l'extrême ouest, du grec à l'extrême sud-est ou encore du basque, seule langue pré-indo-européenne, qui survit sur un petit territoire situé entre la France et l'Espagne.

Volontairement très simplifié, ce premier cadre de présentation a néanmoins l'avantage de rappeler que ces trois groupes de langues occupent la plus grande partie de l'espace géographique et qu'elles ont eu également une histoire commune. Il permet aussi une orientation globale, qui s'affinera et se précisera au cours des différents chapitres de cet ouvrage, strictement limité aux langues de l'Europe occidentale, en excluant également toutes les langues des populations récemment immigrées.

Un fil conducteur

Si le plan général de l'ouvrage a été établi en partant des langues et non pas des pays, la situation linguistique particulière à chacun des États y est néanmoins schématiquement présentée, pour chaque pays, sous la forme d'une fiche linguistique où sont recensées les diverses langues qui s'y parlent encore aujourd'hui [1]. Parmi toutes les langues qui coexistent avec des statuts divers, seules certaines d'entre elles ont acquis une situation privilégiée. Ce sont ces dernières qui, par la force des choses, occupent une place de choix dans ce livre, qui se compose de quatre grandes parties dont les différents chapitres suivent la chrono-

LES GRANDES ZONES LINGUISTIQUES

Les langues les mieux représentées dans l'Europe actuelle appartiennent à **trois** branches de la famille indo-européenne, les branches **romane, germanique** et **slave.**

Les langues moins répandues (langues celtique, grecque, basque...) ne figurent pas sur cette carte, qui ne vise à montrer que les grandes zones linguistiques.

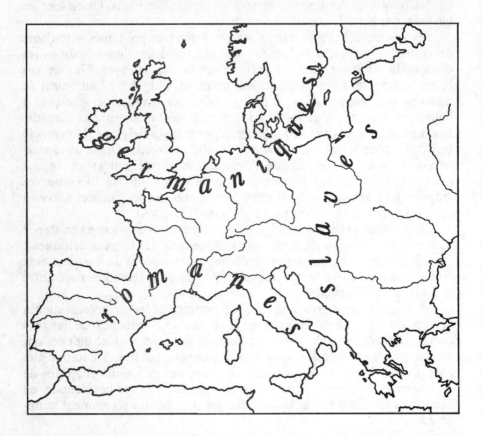

logie relative des mouvements des populations à date ancienne. Elles se trouvent encadrées par un exposé sur les origines lointaines des langues de l'Europe et par un chapitre final qui est une tentative de bilan contemporain.

Le récit commence par une sorte de pèlerinage aux sources de la civilisation occidentale (1ʳᵉ partie), suivi d'une présentation de la langue grecque (2ᵉ partie). Le développement sur les langues celtiques rappellera que la plus grande partie de l'Europe a été celte pendant plusieurs siècles (3ᵉ partie), avant d'être dominée par l'Empire romain, domination qui a entraîné la diffusion du latin, ancêtre des langues romanes (4ᵉ partie). C'est enfin à la chute de l'Empire romain que prendront de plus en plus d'importance les populations germaniques, dont les langues remplaceront complètement ou influenceront plus ou moins profondément celles des populations qui les avaient précédées (5ᵉ partie).

Après ces développements individuels destinés à souligner les spécificités de chacune des langues en présence, le moment sera venu de chercher à déceler s'il existe aujourd'hui entre elles des points de convergence (6ᵉ partie) et de se convaincre qu'une langue peut garder son identité et ne rien perdre de son charme tout en accueillant des apports étrangers (cf. *encadré* LE FIL CONDUCTEUR).

LE FIL CONDUCTEUR

Le tableau ci-dessous annonce, en les schématisant, les principaux points qui seront traités plus en détail dans les chapitres de ce livre. Il ne met en vedette que les langues officielles des États. Les autres langues feront l'objet de présentations plus succinctes.

1. Origines linguistiques lointaines

Points de repère historiques	Branche de la famille	Dialecte d'origine	Langue officielle d'État	Pays
2. Civilisation grecque	grec attique	*démotique*	grec moderne	GRÈCE
3. Expansion celtique	celtique	*gaélique*	irlandais	IRLANDE
4. Empire romain	italique (latin)	*toscan*	italien	ITALIE
		castillan	espagnol	ESPAGNE
		gallaïco-portugais	portugais	PORTUGAL
		dialecte de l'Ile-de-France	français	FRANCE BELGIQUE LUXEMBOURG
5. Invasions germaniques	germanique	*scandinave*	danois	DANEMARK
		haut-allemand	allemand	ALLEMAGNE
		haut-allemand	luxembourgeois	LUXEMBOURG BELGIQUE
		bas-allemand	néerlandais	PAYS-BAS BELGIQUE
		dialecte du sud-est de l'Angleterre	anglais	GDE-BRETAGNE

6. Convergences et divergences actuelles

Les origines lointaines

Une souche commune : l'indo-européen

Les linguistes ont de bonnes raisons de postuler une origine commune à une grande partie des langues de l'Europe et de l'Asie : de l'anglais au russe, à l'albanais ou au grec, du hindi au persan, à l'arménien ou au kurde. C'est ce qu'ils nomment *l'indo-européen*. Il ne s'agit cependant pas d'une langue attestée car il n'existe aucun texte écrit en indo-européen : cette langue commune remonte à une époque où l'écriture n'avait pas encore été inventée.

L'indo-européen des linguistes est donc une langue qu'ils ont reconstruite théoriquement à partir de la comparaison de langues réellement attestées. Ils ont en effet constaté qu'il existait des ressemblances frappantes, nombreuses et ne pouvant pas être dues au hasard, entre différentes langues : par exemple, la « mère », c'était *mater* en latin (ancêtre de l'italien), *mothar* en gotique (la langue germanique la plus anciennement attestée), *mathir* en vieil irlandais (langue celtique), *matar* dans la langue ancienne de l'Inde [2].

Après avoir étudié un grand nombre de correspondances de ce type, aussi bien dans le domaine des sons que dans celui de la grammaire et du lexique [3], ils ont abouti à la conclusion que des langues comme l'italien, l'allemand, l'irlandais ou le hindi pouvaient être issues d'un même ancêtre commun, qu'ils ont désigné comme l'indo-européen.

Une société patriarcale

En étudiant l'ensemble des anciens termes de parenté communs, les linguistes ont aussi pu apporter des éléments d'information permettant de mieux connaître les peuples qui parlaient ces langues. Il ressort de leurs travaux l'image d'une société fortement hiérarchisée, dominée par la toute-puissance du *père*, qui apparaissait non pas comme le géniteur, mais comme le chef suprême de la « grande famille ». C'est le sens qu'avait le mot *paterfamilias* en latin. Tous lui devaient une obéissance absolue, même la *mère*, qui n'était elle-même considérée que comme la personne qui met les enfants au monde. En outre, les formes qui sont à l'origine des mots *frère* et *sœur* désignaient dans toutes ces langues des personnes appartenant à la même génération, mais pas nécessairement nées d'un même père ou d'une même mère [4]. On voit ainsi ce qu'implique en fait la notion de « grande famille » pour les « Indo-Européens ».

Pourquoi des guillemets ?

Les linguistes, qui aboutissent pourtant par des études comparatives à des certitudes sur la parenté des langues, ne peuvent ni ne veulent se prononcer sur l'identité des peuples qui les utilisaient plusieurs millénaires av. J.-C. C'est la raison pour laquelle ils écrivent l'indo-européen (sans guillemets), mais les « Indo-Européens » (avec des guillemets [5]).

L'unité ancienne était donc reconnue sur le plan de la langue, mais il restait encore à lui faire correspondre une population clairement définie.

Pour pouvoir relier cette langue commune à des populations ayant vécu à une certaine époque et dans un lieu déterminé, ce ne sont plus les linguistes qu'il faut interroger, mais les archéologues.

Le monde féminin de la « vieille Europe »

Grâce aux recherches archéologiques, on apprend que la « vieille Europe » avait vu s'épanouir, peut-être depuis le VIIe millénaire av. J.-C., une civilisation qui a marqué profondément l'histoire de l'humanité. On la désigne par le terme un peu trompeur et un peu réducteur de *néolithique*, dont l'étymologie évoque surtout la « pierre nouvelle ». En fait, le néolithique est surtout une civilisation de la culture du sol, et l'allusion à la pierre renvoie seulement aux outils de silex taillé dont se servaient les populations de ce temps. Au lieu de vivre uniquement des produits de la cueillette, de la chasse ou de la pêche, les hommes du néolithique, en cultivant la terre, étaient devenus sédentaires et producteurs de biens : céréales, lentilles, et aussi bétail et poteries [6].

Les fouilles des archéologues montrent en outre que c'est une déesse-mère que vénéraient les habitants de cette « vieille Europe » néolithique, une déesse-mère qui s'identifiait aussi avec le réveil périodique de la nature, avec le printemps, avec la nouvelle lune, avec l'eau [7].

Des signes sur les pierres

Sur certaines figurines trouvées dans les plaines du Danube et datant du IVe-IIIe millénaire av. J.-C, on aperçoit des signes dont la fonction était probablement symbolique et que l'on pourrait considérer comme le début d'une écriture. On y voit des M, des V et des X, des triangles et des zigzags, qu'il est tentant d'interpréter : M et zigzags comme des représentations de l'eau, triangle à pointe dirigée vers le bas (V), chevrons (double V) et autres formes triangulaires comme des signes représentant le pubis féminin et symbolisant la déesse-mère, de même sans doute que le signe X (deux triangles opposés par la pointe), qui est l'emblème de la déesse [8].

Ces combinaisons de signes récurrents font penser aux syllabaires qui apparaîtront plus de mille ans plus tard en Crète (au IIe millénaire av. J.-C.) [9].

Les mégalithes

La vieille Europe avait aussi connu une autre civilisation, dont les vestiges se retrouvent tout au long des côtes occidentales de l'Europe à partir de l'Espagne et jusqu'en France, en Grande-Bretagne et au Danemark : la civilisation des *mégalithes*. Elle s'est développée entre le IVe et le IIIe millénaire av. J.-C., en laissant des alignements d'énormes blocs de pierre (les menhirs) ou des superpositions de ces mêmes pierres comme sépultures (les dolmens), qui gardent encore une partie de leur mystère [10]. On pense toutefois que les hommes des mégalithes étaient également des agriculteurs de type néolithique, comme ceux du bassin du Danube, bien que rien ne permette de penser à des contacts effectifs entre ces deux civilisations.

La rencontre

En Europe centrale, les fouilles des archéologues n'ont pas seulement permis de connaître en partie les mœurs et les croyances de ces peuples. Elles ont aussi posé une énigme car, à mesure que les sépultures sont plus récentes, les anciennes figures de divinités féminines, les représentations de la lune et de l'eau, si caractéristiques de la vieille Europe, se trouvent mêlées ou font place à des représentations de cavaliers guerriers, porteurs d'armes brillantes et de symbolisations du soleil, du tonnerre et de la foudre. Vers le milieu du IIIe millénaire av. J.-C., on voit en outre apparaître un objet de prestige, jusque-là complètement inconnu des peuples danubiens : la hache de combat en pierre perforée, souvent accompagnée de poignards en cuivre [11].

Comment interpréter ces nouveaux types d'objets funéraires? (cf. *encadré* COMMENT CALCULE-T-ON L'ÂGE DES DÉCOUVERTES ARCHÉO-LOGIQUES?)

COMMENT CALCULE-T-ON
L'ÂGE DES DÉCOUVERTES ARCHÉOLOGIQUES [12]?

C'est la méthode dite du **carbone 14** (ou carbone radioactif), mise au point par l'Américain Willard Frank Libby en 1949, qui a permis aux archéologues de commencer à donner des datations réelles, et non plus relatives, aux produits de leurs fouilles.

Elle repose sur le fait que, grâce à l'assimilation chlorophyllienne, tout le carbone des végétaux provient uniquement du gaz carbonique de l'atmosphère. Or, sous l'effet des rayons cosmiques, une partie infime, mais mesurable, du carbone contenu dans le gaz carbonique atmosphérique est transformée en carbone radioactif. Ce dernier, présent dans tous les végétaux vivants, se retrouve aussi, en raison de la chaîne alimentaire, dans les os des herbivores, puis dans ceux des carnivores. On peut donc mesurer ce qu'il en reste dans les objets de bois ou les ossements retrouvés dans les tombes. Uniquement ce qu'il en reste car, dès qu'un arbre meurt, l'assimilation du gaz carbonique atmosphérique cesse, et le carbone 14 contenu dans le bois qui vient de mourir commence à perdre sa radioactivité, qui diminue de moitié tous les 5 730 ans environ. On peut alors, à condition qu'il s'agisse de matière organique, mesurer la radioactivité résiduelle d'un échantillon de fouille et en déduire son âge [13].

La précision de la mesure suppose évidemment la constance, au cours des millénaires, de la proportion de gaz carbonique radioactif dans l'atmosphère. Pour tenter de déterminer les variations éventuelles de cette proportion, on a eu l'idée d'étalonner la courbe donnant l'âge d'une fouille en fonction de sa radioactivité par comparaison avec l'âge d'échantillons connus prélevés sur l'arbre le plus vieux du monde, le *Pinus aristata* de Californie, dont les cercles annuels de croissance permettent de remonter jusqu'à 3 000 ans avant notre ère. C'est ce qu'on appelle la **dendrochronologie**. Associée à la méthode du carbone 14, dont elle affine les mesures, elle est aujourd'hui complétée par d'autres méthodes, et en particulier par celle de la **thermoluminescence**, basée sur la radioactivité de l'argile cuite des poteries [14].

Ce changement radical trouve un début d'explication si l'on admet une des théories les plus récentes, qui présente l'hypothèse d'une infiltration dans l'Europe centrale de cavaliers semi-nomades venus des steppes du sud de la Russie [15].

Le monde masculin des kourganes

Ces populations venues des steppes ensevelissaient leurs morts sous ce qu'on nomme des *kourganes*, d'un mot russe désignant des tumulus ronds, qui recouvraient le plus souvent les restes d'un homme, selon toute vraisemblance un personnage important. Il était presque toujours entouré de jeunes femmes, dont on pense qu'elles étaient immolées en sacrifice au cours de cérémonies rituelles accompagnant la mort du chef.

Les plus anciens kourganes datent du Ve millénaire av. J.-C. et sont situés très loin à l'est de l'Europe, au nord de la mer Noire. Comme on retrouve ces mêmes types de sépultures en grand nombre, de la mer Noire à l'Allemagne du Nord et jusqu'en Scandinavie, mais avec des datations plus récentes à mesure que l'on s'éloigne des steppes, on peut penser qu'il s'agit des mêmes populations, et reconstituer leur progression vers l'ouest au cours du temps (cf. *carte* DÉPLACEMENTS SUPPOSÉS DES PEUPLES DES KOURGANES).

On identifie ces mêmes types de sépulture dès le début du IVe millénaire av. J.-C. dans le bassin danubien (en Roumanie, en Hongrie et aux portes de l'Autriche), puis de proche en proche, à partir du IIIe millénaire av. J.-C., jusque dans l'Europe moyenne [16].

Les objets trouvés semblent bien être les indices d'une société patriarcale très hiérarchisée, comme celle qui ressort de l'étude du vocabulaire indo-européen commun, une société surtout caractérisée par la position dominante de l'homme [17]. On peut alors faire l'hypothèse que ces hommes des kourganes venus des steppes de Russie étaient effectivement les porteurs des langues indo-européennes, bien que les attestations écrites n'apparaissent qu'à partir du IIe millénaire av. J.-C. Il est possible, grâce aux témoignages archéologiques, de suivre ces populations dans leur avancée en trois vagues successives : d'abord vers le sud de l'Europe jusqu'à la plaine du Danube, puis jusqu'à la Baltique au nord et jusqu'à l'Elbe à l'ouest, pour enfin, vers la fin du IIIe millénaire av. J.-C., les voir atteindre le Rhin à l'ouest et s'installer, au nord, dans les pays scandinaves [18].

L'ancienne société agricole de l'Europe centrale, égalitaire, matriarcale, aux mœurs paisibles, aurait graduellement reculé devant cette autre organisation, fortement hiérarchisée, patriarcale et guerrière, venue des steppes orientales.

Le « miracle grec »

La violence des nouveaux venus a dû le plus souvent avoir raison des peuples qu'ils rencontraient et qu'ils finissaient par soumettre, mais l'affrontement de ces deux civilisations totalement opposées n'a pas toujours abouti à l'asservissement de la plus faible. On connaît en effet au moins une exception, avec l'éclosion, quelques siècles plus tard, d'une nouvelle civilisation. Ce qu'on a appelé le « miracle grec » représente peut-être, après des siècles d'incertitude, la symbiose réussie de deux conceptions du monde complémentaires [19].

DÉPLACEMENTS SUPPOSÉS DES PEUPLES DES KOURGANES

Grâce aux fouilles archéologiques des kourganes, qui sont des tumulus servant de sépulture à d'importants personnages, on peut suivre les déplacements des populations depuis les steppes du nord de la **mer Noire** (zone de départ), vers **la plaine du Danube** entre 4 000 et 3 500 av. J.-C., puis dans diverses directions après – 3 500. Les flèches blanches indiquent les premiers déplacements; les flèches noires indiquent les déplacements ultérieurs. On peut faire l'hypothèse que ces populations étaient celles qui parlaient des langues indo-européennes [20].

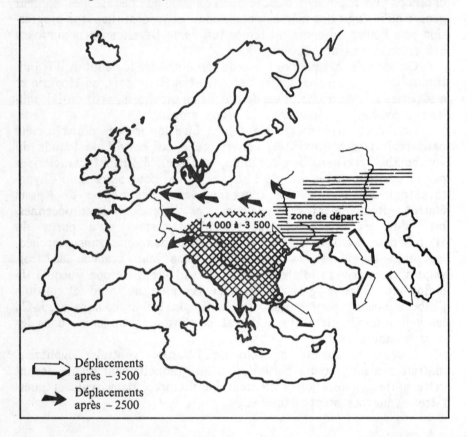

A la suite d'André Martinet [21], il est tentant de rechercher des manifestations sensibles de cet amalgame heureux dans les dieux et les déesses de la Grèce ancienne.

On y retrouve en effet des survivances des mythes de la « vieille Europe » agricole, adoratrice de la fécondité et symbolisée par la déesse-mère, côte à côte avec les dieux virils des peuples armés venus des steppes, qui imposent leur volonté par la force : d'un côté *Déméter, Perséphone, Aphrodite*, de l'autre *Zeus, Poséidon, Arès*. Ces divinités sont souvent mieux connues sous leurs noms latins (cf. *encadré* DIVINITÉS GRECQUES ET LATINES).

DIVINITÉS GRECQUES ET LATINES

La plupart des divinités grecques ont leurs homologues dans la culture latine et elles ont été transmises sous leurs deux noms aux générations des siècles suivants :

Noms grecs		Noms latins
Zeus	dieu du ciel et du tonnerre	**Jupiter**
Arès	dieu de la guerre	**Mars**
Poséidon	dieu de la mer et des tremblements de terre	**Neptune**
Apollon	dieu du soleil et de la médecine	**Phœbus**
Athéna	déesse de l'intelligence	**Minerve**
Héra	déesse de la maternité	**Junon**
Déméter	déesse des moissons	**Cérès**
Perséphone	déesse des enfers	**Proserpine**
Aphrodite	déesse de l'amour	**Vénus**

D'un côté, il y a *Déméter*, la déesse des moissons et de la fécondité, ou *Perséphone*, la déesse de la germination, dont le départ aux Enfers pendant une partie de l'année avait pour conséquence de rendre la terre stérile. Ces déesses sont peut-être les descendantes des divinités danubiennes, tout comme *Aphrodite*, déesse de l'amour et de la beauté.

Mais on trouve aussi dans le Panthéon grec des successeurs plus caractéristiques de la lignée des kourganes : *Zeus*, dieu du ciel et du tonnerre, *Arès*, dieu de la guerre et du carnage, *Poséidon*, dieu de la mer et des tremblements de terre.

Plus ambiguë, *Athéna* est une déesse guerrière puisqu'elle sort tout armée du crâne de Zeus – et en cela elle serait plutôt représentative du panthéon des kourganes –, mais elle est aussi la déesse de l'intelligence; de plus elle fait don à Athènes de l'olivier, à la fois fruit de la terre et symbole de la paix. De même, *Héra* pourrait appartenir aux deux lignées : de caractère violent, elle est néanmoins la protectrice de la femme et la déesse de la maternité. Enfin, *Apollon* est le dieu du soleil, mais en même temps celui de la médecine et de la mort subite.

Les derniers grands déplacements

Si l'on reconsidère maintenant la situation linguistique de l'Europe telle qu'elle existe aujourd'hui, on peut en déduire qu'elle est le résultat de mouvements de populations qui se sont produits après le IIIᵉ millénaire av. J.-C. Ces populations venues des steppes ont fini par imposer à la « vieille Europe », à quelques exceptions près, leurs langues indo-européennes : helléniques (le grec), italiques (les langues romanes,

issues du latin), celtiques, germaniques, slaves... La carte L'EUROPE LIN-
GUISTIQUE À L'AUBE DE L'HISTOIRE permet d'imaginer la situation avant
les derniers grands déplacements.

C'est après le IIIe millénaire av. J.-C. que les populations porteuses
de langues indo-européennes vont commencer à se déplacer vers les pays
où elles s'implanteront durablement, après avoir été en contact avec des
populations déjà sur place, comme les Ibères, les Aquitains, les Ligures,
les Étrusques ou les Sicules, qui parlaient des langues non indo-
européennes.

L'EUROPE LINGUISTIQUE À L'AUBE DE L'HISTOIRE

Vers la fin du IIe millénaire av. J.-C., des habitants porteurs de langues indo-
européennes (*en caractères italiques sur la carte*) côtoyaient des populations d'origines
diverses, dont seules quelques-unes sont indiquées (**en caractères romains**).

Les Celtes n'avaient pas encore dépassé le Rhin, et l'habitat des Germains était probablement encore situé dans le nord. Les Latins résidaient en Italie centrale, les Osques
et les Ombriens commençaient leur descente le long des Apennins, tandis qu'en Grèce
les Doriens avaient succédé aux Achéens, après avoir détruit leur capitale, Mycènes.
Quant aux Slaves, on peut alors les localiser approximativement dans le nord-ouest de
ce qui est aujourd'hui l'Ukraine [22], mais leur expansion ne commencera que vers les premiers siècles de notre ère.

Les premiers peuples que l'on peut identifier sont les *Achéens*, qui se dirigent vers la Grèce, où leur langue indo-européenne deviendra le véhicule de ce qui sera la civilisation mycénienne [23]. Ils seront suivis par les *Ioniens* et les *Éoliens*, qui forment avec les Achéens la première vague, alors que les *Doriens* forment la deuxième vague quelques siècles plus tard (– 1200). Telles sont les origines lointaines du grec ancien.

De leur côté, les populations *italiques* s'étaient détachées du groupe principal pour se diriger vers la péninsule italienne, également en deux vagues successives.

La première vague sera à l'origine de la civilisation des *terramares* [24] attestée dès le milieu du IIe millénaire av. J.-C. dans les marécages de la plaine du Pô, dans le nord de l'Italie. Les habitants des terramares sont peut-être les ancêtres de ceux qu'on allait appeler les *Latins*. Un argument linguistique permet d'appuyer cette hypothèse : pour désigner le « grand prêtre », les Romains disaient *pontifex*, terme qui signifie étymologiquement « celui qui fait des ponts ». Or *pont-*, en indo-européen, désignait à l'origine le « chemin ». Cela autorise à supposer que les ancêtres des Romains provenaient d'une région où les chemins étaient des sortes de ponts construits au-dessus de terrains marécageux, comme l'était la région des terramares de la plaine du Pô [25].

La deuxième vague italique allait descendre jusqu'à Bologne pour y fonder la civilisation *villanovienne*, puis contourner les territoires étrusques en direction du sud. Elle est représentée par les *Osques* et les *Ombriens*, dont les langues seront absorbées par le latin. C'est finalement de l'expansion du latin, devenu la langue de l'Empire romain, que naîtront par la suite les diverses langues romanes : italien, français, provençal, catalan, castillan, galicien, portugais...

Les *Celtes* se déplaceront aussi en deux vagues, probablement entre le IIe et le Ier millénaire av. J.-C. D'abord répartis dans ce qui est aujourd'hui l'Allemagne, l'Autriche et la Bohême, ils se répandent dans tout l'ouest de l'Europe en deux vagues successives : la première (groupe *goïdélique*, ou *gaélique*) les conduira dans les îles Britanniques et, à travers la Gaule, jusqu'en Espagne ; la seconde (groupe *brittonique*), dans ce qui sera plus tard la Grande-Bretagne et la Gaule. Ils essaimeront aussi vers l'Italie, la Grèce et l'Asie Mineure. Seul le nord de l'Europe ne les attirera pas.

Les *Germains* seront les derniers à se déplacer : on les trouve dans le nord (langues scandinaves), dans l'est (burgonde et gotique, langues aujourd'hui disparues) et dans l'ouest, où ils semblent s'être répandus à la suite des Celtes. Ce sont les langues germaniques de l'ouest qui donneront naissance d'une part à l'anglais et au frison, d'autre part au néerlandais, au luxembourgeois, à l'allemand [26]...

La grande migration d'est en ouest des temps préhistoriques sera alors terminée et les populations de cette partie de l'Europe auront atteint leur habitat presque définitif.

LES BRANCHES DE LA FAMILLE INDO-EUROPÉENNE EN EUROPE

Dans cette Europe qui va de l'Atlantique à l'Oural, la famille indo-européenne est aujourd'hui représentée par :

- des langues **celtiques** :   gaélique d'Écosse, irlandais, gallois, manxois, cornique, breton ;
- des langues **romanes** :   portugais, galicien, castillan, aranais, catalan, idiomes d'oïl et d'oc, français, francoprovençal, italien, corse, dialectes romans d'Italie, roumain ;
- des langues **germaniques** : anglais, frison, néerlandais, allemand, luxembourgeois et autres parlers germaniques, langues scandinaves ;
- des langues **slaves** :   russe, ukrainien, polonais, slovaque, tchèque, bulgare, macédonien, serbo-croate, slovène ;
- des langues **baltes** :   lituanien, letton ;
- des langues **helléniques** : grec, tsaconien, pontique (mais le chypriote et le cappadocien sont aussi des dialectes helléniques) ;
- l'**albanais** :   avec ses deux dialectes, le tosque et le guègue.

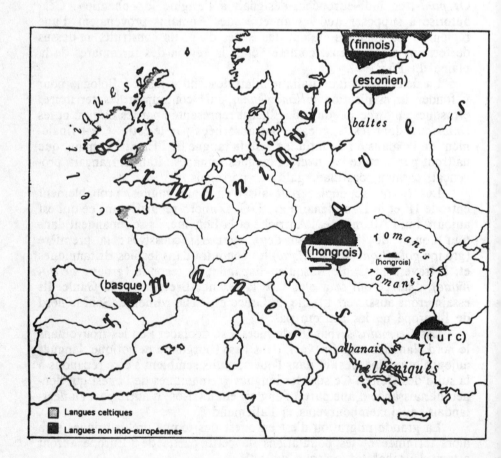

Répartition des langues actuelles

On peut maintenant esquisser à grands traits la répartition des langues de la famille indo-européenne dans l'ouest de l'Europe :
– *à l'extrême ouest*, les quelques langues survivantes de la branche *celtique* (breton, irlandais, gaélique d'Écosse, gallois...) ;
– *au nord*, la branche *germanique* (langues scandinaves, anglais, frison, allemand, néerlandais, luxembourgeois...) ;
– *au sud*, les rejetons de la branche *italique* issus du latin (portugais, castillan, galicien, catalan, aranais, français, idiomes d'oïl et d'oc, francoprovençal, corse, italien...). Plus loin vers l'est, rappelons que le roumain est aussi une langue romane, qui vit en contact avec des populations de langues slave, turque et hongroise ;
– *au sud-est*, la branche *hellénique* (le grec) (cf. *carte* LES BRANCHES DE LA FAMILLE INDO-EUROPÉENNE EN EUROPE).

La famille indo-européenne à l'honneur

A la lumière de ce qui vient d'être dit, considérons maintenant la carte des dix-huit langues officielles de l'« Europe des Douze » (langues officielles de l'État et langues officielles régionales).
On constatera qu'en dehors du **basque**, langue officielle régionale dans le Pays basque espagnol, toutes ces langues appartiennent à quatre branches de la famille indo-européenne.

GROUPE HELLÉNIQUE

Le **grec** (démotique)
– langue officielle de la Grèce.

GROUPE ROMAN

L'**italien** (toscan)
– langue officielle de l'Italie.
Le **sarde** (logoudorien)
– deuxième langue officielle régionale en Sardaigne (avec l'italien).
Le **français**
– langue officielle de la France,
– langue officielle de la Belgique (avec le néerlandais et l'allemand),
– langue officielle du Luxembourg (avec le luxembourgeois),
– langue officielle régionale du Val d'Aoste (avec l'italien),
– langue officielle régionale des îles anglo-normandes (avec l'anglais).
L'**espagnol** (castillan)
– langue officielle de l'Espagne.

Le catalan
  – langue officielle régionale de la Catalogne (avec le castillan).
Le galicien
  – langue officielle régionale de la Galice (avec le castillan).
L'aranais
  – langue officielle du Val d'Aran (avec le catalan et le castillan).
Le portugais
  – langue officielle du Portugal.

GROUPE GERMANIQUE

L'anglais
  – langue officielle du Royaume-Uni de Grande-Bretagne,
  – langue officielle de la République d'Irlande (avec l'irlandais).
L'allemand
  – langue officielle de la République fédérale d'Allemagne,
  – langue officielle régionale en Italie, dans le Haut-Adige ou Sud-Tyrol (avec l'italien),
  – langue officielle régionale au Danemark (avec le danois),
  – langue officielle régionale en Belgique (Saint-Vith et Eupen).
Le néerlandais
  – langue officielle des Pays-Bas,
  – langue officielle de la Belgique (avec le français et l'allemand), mais, dans certaines régions, seule l'une des langues est officielle.
Le luxembourgeois
  – langue officielle du Luxembourg (avec le français).
Le danois
  – langue officielle du Danemark (avec l'allemand).
Le féroïen
  – langue officielle régionale des îles Féroé, possession du Danemark (avec le danois).

GROUPE CELTIQUE

L'irlandais
  – langue officielle de la République d'Irlande (avec l'anglais).
Le gallois
  – langue officielle régionale du pays de Galles (avec l'anglais).

Comme on peut le voir sur la carte des 18 langues officielles, les limites d'expansion des langues ne coïncident jamais parfaitement avec les frontières des États : le français, généralisé en France, déborde en Belgique, au Luxembourg, en Italie et en Grande-Bretagne (îles Anglo-Normandes); l'allemand est aussi langue officielle en Italie, en Belgique et au Danemark; le néerlandais se partage entre les Pays-Bas et la Belgique, tandis que l'anglais reste insulaire.

LES LANGUES OFFICIELLES DE L'EUROPE DES DOUZE

Dans l'Europe des Douze, seuls le Portugal, la France, les Pays-Bas et la Grèce n'ont qu'une langue officielle. Tous les autres pays en ont au moins deux, dont certaines sont seulement des langues officielles régionales. L'Espagne en a cinq.

Une langue sans territoire : le tsigane

Les populations que l'on nomme diversement – *Gitans, Tsiganes, Romanichels, Gypsies* – mais qui se désignent eux-mêmes par d'autres noms (*Roms, Sinti, Manouches, Calé*), et que l'on rencontre dans tous les pays d'Europe, sont parties du nord-ouest de l'Inde il y a un millier d'années et ont déferlé en vagues successives sur l'Europe à partir du XIVe siècle. Elles sont passées par la Perse, la Turquie et la Grèce, où leur séjour s'est probablement prolongé. Elles se sont ensuite dispersées et leur langue s'est diversifiée au contact des langues des pays dans lesquels elles ont séjourné. C'est une langue indo-européenne, de la branche indo-iranienne, comme le *sanskrit*, le *hindi*, le *bengali* ou le *persan*.

On distingue traditionnellement des groupes selon les variétés de leur langue indo-iranienne d'origine :

– les dialectes *vlax (valaques)* ou « danubiens », très influencés par le roumain, surtout sur le plan lexical. Ce sont les dialectes des Lovar, des Kalderash et des Churara ;

– les dialectes *non-vlax*, parmi lesquels on trouve, par exemple, le groupe *Sinti*, influencé par l'allemand et les *Roms* d'Italie.

Cette langue est devenue une espèce de créole, puisque le *caló* utilise en Espagne du vocabulaire indien sur une base grammaticale espagnole et qu'en Grande-Bretagne l'*anglo-romanès* utilise du vocabulaire indien sur une base grammaticale anglaise. En Italie on trouve des Sinti dans le Nord et des Roms dans le Sud. Arrivés plus récemment, des Roms « danubiens » se sont installés dans le Latium, en particulier des Kalderash, dont le nom vient de leur métier traditionnel de forgerons [27]. En France, on trouve surtout des dialectes *sinti* et *calo*, mais aussi des représentants des dialectes *valaques (vlax)* fortement influencés par le roumain. Les dialectes balkaniques – les plus archaïques – se sont également répandus en France depuis quelques décennies.

Les Tsiganes sont présents dans tous les pays d'Europe, mais, en raison de leur nomadisme séculaire, le nombre de personnes de langue tsigane dans chaque pays est impossible à établir. Sans norme écrite, et fragmenté en de multiples variétés, le tsigane est la seule langue répandue sur de vastes territoires à n'avoir dans aucun pays le statut de langue nationale [28].

Le grec

Cette Grèce « où nous sommes nés »

Objectivement marginale sur le plan géographique, la Grèce [29] se devait néanmoins d'être en tête d'un livre consacré aux langues d'Europe car, pour tous les Européens, elle est le lieu où tout a commencé [30]. De la philosophie à l'art poétique et au théâtre, de la mythologie à l'histoire et des arts plastiques à l'architecture, la Grèce ancienne reste pour eux la référence la plus évidente. Et si on leur rappelle que la langue grecque a aussi sa place dans l'histoire de toutes les langues de l'Europe, des mots comme *biologie* ou *démocratie*, comme *pédiatre* ou *névralgie*, comme *stéréophonie, polyglotte* ou *thalassothérapie* leur en évoquent aussitôt des centaines d'autres qui font partie de leur patrimoine culturel commun. Cela s'impose avec d'autant plus d'évidence que c'est sous des formes écrites presque identiques qu'on les retrouve dans les différentes langues de l'Europe. Les mots *biologie* ou *démocratie*, de même que *allergie* ou *hygiène*, se reconnaissent sans peine sous leurs autres formes européennes (cf. § Le consensus, p. 420).

Mais il y a plus : la Grèce, berceau de la civilisation occidentale, a aussi joué un rôle essentiel dans la mise au point et la diffusion de *l'alphabet*, dont le nom même rappelle l'origine grecque *(alpha-bêta)*.

L'alphabet, aboutissement d'une longue histoire

Au tout début de l'écriture, il y a des dessins qui représentent des objets ou expriment des idées : ce sont les premières écritures idéographiques, où, par exemple, un triangle symbolisait la femme, et où un tracé en zigzag représentait l'eau courante (cf. *encadré* AVANT L'ALPHABET, DES DESSINS).

LA GRÈCE ET SES LANGUES

POPULATION : 10 170 000 habitants.

LANGUE OFFICIELLE :
– **grec démotique** ou **néo-grec**, langue officielle de l'État grec depuis 1976.

AUTRES IDIOMES :
helléniques
– **tsaconien**, parlé à l'origine par des bergers de la côte est du Péloponnèse, aujourd'hui reconvertis dans les métiers du tourisme. Seul survivant des dialectes anciens [31]
– **pontique**, importé en Grèce vers 1920 par des immigrants de la mer Noire (Pont-Euxin), aujourd'hui disséminés en Attique et dans le reste de la Grèce (surtout dans le nord-est et l'ouest).

romans
– **aroumain**, langue romane (Thessalie, ouest et nord-ouest de Thessalonique)
– **méglénoroumain**, langue romane (au nord de Thessalonique).

slaves
– **slavo-macédonien**, langue slave (au nord et nord-ouest de Thessalonique) [32]
– **pomaque**, variété de **bulgare**, langue slave à tradition orale (au nord de la Thrace).

divers
– **arvanitika**, variété issue du contact de l'**albanais** avec le grec (Eubée, Salamine, Épire)
– **turc**, langue altaïque (principalement en Thrace [33])
– **arménien**, langue indo-européenne (surtout à Thessalonique)
– **tsigane**, langue indo-iranienne, non territorialisée.

Des idées aux sons

Mais il y a loin de ce type d'écriture, où les tracés sont des équivalents visuels, plus ou moins ressemblants, de mots complets (sons et sens), aux écritures alphabétiques, comme celle qui est sous vos yeux, et où les lettres sont uniquement les substituts plus ou moins fidèles des sons, c'est-à-dire de la seule face phonique des mots. Pour passer de l'un à l'autre, c'est en fait le principe de base qui s'est trouvé complètement modifié, puisqu'on est passé de la représentation des idées à celles des sons. Cela a pris des siècles, et il a fallu des contacts entre des populations de langues différentes (Sumériens, Phéniciens, Grecs, Étrusques, Romains) pour que cette transformation puisse s'opérer.

AVANT L'ALPHABET, DES DESSINS

Les petits dessins reproduits ci-dessous sont un exemple d'écriture idéographique, l'écriture sumérienne archaïque. Ils datent de 3 000 ans av. J.-C. et constituent probablement l'une des formes les plus anciennes des écritures connues. L'ensemble pourrait se traduire par « Le livre de la femme sage [34] ».

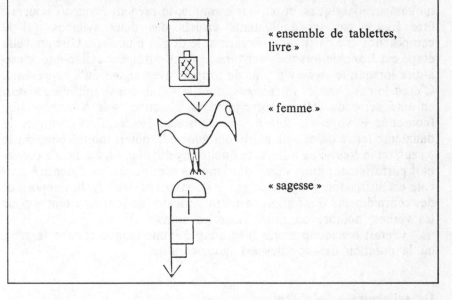

« ensemble de tablettes, livre »

« femme »

« sagesse »

L'alphabet avec lequel nous écrivons le français, l'anglais, l'italien et la plus grande partie des autres langues de l'Europe repose sur l'alphabet latin, que les Romains tenaient des Étrusques, un peuple dont la brillante civilisation aux origines mystérieuses s'était développée au cours du Ier millénaire av. J.-C. au centre de l'Italie, dans la région qui est aujourd'hui la Toscane [35]. Auparavant, les Étrusques l'avaient eux-mêmes emprunté, tout en l'adaptant à leur propre langue [36], à une colonie grecque, peut-être venue de l'île d'Eubée, et qui s'était installée à Cumes, dans la baie de Naples.

L'alphabet grec s'était répandu en même temps que s'étendait leur civilisation, à partir du VIIIe siècle av. J.-C. Mais les Grecs eux-mêmes s'étaient inspirés du système d'écriture des Phéniciens. Ces populations de langue sémitique, composées de commerçants et de navigateurs installés à l'origine dans une région correspondant au Liban actuel, avaient ensuite créé des comptoirs sur tout le pourtour de la Méditerranée, en diffusant en même temps leur système d'écriture. C'était une écriture syllabique – un signe par syllabe : consonne + voyelle – c'est-à-dire que leur écriture n'était plus idéographique (un signe par mot), mais pas encore alphabétique (un signe par son ou, plus exactement, un signe pour chaque consonne et chaque voyelle).

L'étape du rébus

Pour comprendre le passage de l'écriture idéographique à l'écriture syllabique, il faut évoquer l'étape du rébus, déjà attestée dans les hiéroglyphes égyptiens. On les retrouve dans ces jeux où le sens d'un mot est représenté par l'image correspondant à d'autres mots de la langue, phoniquement identiques, et où, par exemple, le prénom *François* pourrait être figuré par les équivalents visuels des deux syllabes qui le composent : une carte de la *France* et le dessin d'une *oie*. Une nouvelle étape est franchie lorsque l'écriture devient purement syllabique, c'est-à-dire lorsque le signe n'a plus de rapport avec le son qu'il représente. C'était le cas chez les Phéniciens, dont le syllabaire simplifié consistait en une série de lettres correspondant chacune, soit à une syllabe (consonne + voyelle), soit à une consonne isolée. Par exemple, la deuxième lettre de ce syllabaire, nommée *bêt*, notait indifféremment le *b* seul, ou le *b* suivi de n'importe quelle voyelle : *ba, bi, bu...* Cela convenait parfaitement au système des langues sémitiques, où l'identité lexicale est suffisamment assurée par les consonnes, les voyelles apportant des compléments d'information grammaticale (personne ou temps pour les verbes, nombre ou genre pour les noms [37]...).

C'était beaucoup moins bien adapté à une langue comme le grec, où la notation des voyelles est indispensable.

Du syllabaire à l'alphabet

La naissance de l'alphabet proprement dit, c'est-à-dire d'un système d'écriture notant les voyelles indépendamment des consonnes, semble due à un concours de circonstances [38], qui a pu se produire au Ier millénaire av. J.-C., lorsque des populations parlant grec se sont trouvées en contact avec des populations phéniciennes : le syllabaire sémitique de ces dernières a ensuite été aménagé en fonction des besoins spécifiques du grec. Comme la langue grecque ne pouvait pas se passer de la notation des voyelles, les Grecs ont modifié le syllabaire phénicien pour l'adapter aux nécessités de leur propre langue [39].

La lettre A était une consonne

La première lettre de l'alphabet grec, qui était aussi la première du syllabaire phénicien, peut servir à montrer comment les Grecs ont pu, en modifiant ce syllabaire, créer un véritable alphabet, c'est-à-dire un système d'écriture où les voyelles n'avaient pas moins d'importance que les consonnes. Cette première lettre, nommée ʔ *alep*, qui était en phénicien une consonne prononcée du fond de la gorge /ʔ/, n'existait pas en

ÉVOLUTION DE L'ALPHABET

Les Grecs ont adapté à leur langue le syllabaire phénicien en utilisant en particulier certaines de ses consonnes pour noter des voyelles grecques. Les parenthèses signalent des lettres n'ayant pas été conservées en grec. Les Grecs ont ajouté quatre nouvelles lettres à la fin de leur alphabet. Les Latins ont ensuite à leur tour modifié cet alphabet en fonction de leurs propres besoins.

phénicien			grec			latin	
ʔ alep	/ʔ/	« bœuf »	A	alpha	/a/	A	/a/
bêt	/b/	« maison »	B	bêta	/b/	B	/b/
gimel	/g/	« chameau [1] »	Γ	gamma	/g/	C	/k/ [7]
dalet	/d/	« porte »	Δ	delta	/d/	D	/d/
hé	/h/	« hé! (exclam.) »	E	epsilon	/é/	E	/e/
waw	/w/	« bâton, crochet »	(F	wau (digamma)	/w/) [2]	F	/f/
zajin	/z/	« arme »?	Z	dzêta	/dz/	G	/g/
het	/ħ/	« écheveau »?	H	êta	/ê/ [3]	H	/h/
tet	/t/	« boyau »?	Θ	thêta	/tʰ/		
jod	/j/	« main »	I	iota	/i/ [4]	I	(/i,j/)
kap	/k/	« paume »	K	kappa	/k/	K	/k/
lamed	/l/	« aiguillon »?	Λ	lambda	/l/	L	/l/
mem	/m/	« eau »	M	mu	/m/	M	/m/
nun	/n/	« plante »?	N	nu	/n/	N	/n/
samekh	/s/	« poisson »	Ξ	xi	/ks/		
ʕajin	/ʕ/	« œil »	O	omicron	/o/	O	/o/
pe	/ph/	« bouche »	Π	pi	/p/	P	/p/
çade	/s/	« sauterelle »?	(M	san	/s/) [5]		
qop	/q/	« singe »	(Q	koppa	/k/) [5]	Q [8]	/k/
reš	/r/	« tête »	P	rho	/rʰ/	R	/r/
sin	/s/	« dent »	Σ	sigma	/s/	S	/s/
taw	/t/	« signe »	T	tau	/t/	T	/t/
			Y	upsilon	(/u/,/y/) [6]	V	(/u,w/)
			Φ	phi	/pʰ/		
			X	khi	/hʰ/		
			Ψ	psi	/ps/		
			Ω	oméga	/ɔ/		
						X	/ks/
						Y	/y/ [9]
						Z	/z/ [9]

1. A l'origine, *gimel* désignait une « arme recourbée, sorte de boomerang ».
2. Le *wau* phénicien s'est dédoublé en F (*digamma*, prononcé /w/) et Y (*upsilon*, prononcé [u]), qui a été placé par les Grecs à la fin de l'alphabet. En latin, cette lettre est devenue V. Elle a également été placée vers la fin de l'alphabet, après T.
3. /ê/ à Athènes et en Ionie (où /h/ était faible ou absent), et /h/ ailleurs, en particulier dans les colonies grecques d'Italie, où ce signe H a été conservé pour noter la consonne /h/, qui s'était maintenue dans leurs dialectes.
4. Également noté ʒ anciennement. La semi-voyelle /j/ a disparu très tôt.
5. Non utilisés dans la langue classique.
6. /u/ évolue ensuite vers /y/, à Athènes notamment; *epsilon* et *upsilon* datent d'une époque tardive où AI avait pris la même valeur que E, et OI la même valeur que Y; *psilon* veut dire « simple », c'est-à-dire « écrit avec une seule lettre ». A la même époque, les voyelles *o micron* et *o méga* avaient pris le même timbre et ne se distinguaient l'une de l'autre, dans la prononciation, que parce que l'une était brève et l'autre longue. *O micron* veut dire « petit o » et *o méga* veut dire « grand o ».
7. Les Étrusques ayant donné à C la valeur de /k/, un G a dû être créé pour le latin /g/. Il a pris la place du *dzêta* Z (cf. ci-dessous note 9).
8. Uniquement devant V avec la valeur de /w/.
9. Y et Z ont été adoptés tardivement en latin pour noter les mots grecs. Pour noter Φ phi, Θ thêta et X khi, les Romains écrivaient respectivement PH, TH, et CH [40].

grec. Le caractère était donc disponible pour noter la voyelle /a/ qui suivait le /ʔ/ dans *ʔalep*. Le nom de cette lettre est devenu *alpha* en grec. De la même façon, le cinquième signe de la liste, qui représentait une autre consonne, inutile dans les usages athéniens, a servi à représenter une autre voyelle du grec, *epsilon*, etc. [41] (cf. *encadré* ÉVOLUTION DE L'ALPHABET).

Les noms des lettres

Les signes du syllabaire phénicien correspondaient à l'origine à la première lettre d'un mot de la langue : *ʔalep* « bœuf », *bêt* « maison », *gimel* « chameau », *dalet* « porte », etc., et c'est par ces noms qu'ils ont été désignés par la suite. Ces mêmes appellations ont été conservées en grec sous les formes *alpha, bêta, gamma,* qui ne voulaient plus rien dire.

Lorsque l'alphabet grec a été adapté à la langue latine, ce ne sont pas les formes complètes, mais des formes abrégées qui ont été adoptées, en gardant le son de la consonne, suivi de *é* pour B, C, D, G, P, T, et précédé de cette même voyelle pour F, L, M, N, R, S. Les seules exceptions étaient la lettre K, prononcée [ka], et la lettre Q, prononcée [ku].

L'orthographe et ses fantaisies

A l'origine, l'alphabet est en principe phonologique, c'est-à-dire qu'il note tous les sons, et seulement les sons distinctifs de la langue. Mais, au cours des siècles, alors que la langue grecque se modifiait phonétiquement, d'anciennes graphies ont été conservées, qui se prononcent très différemment aujourd'hui. Par exemple, les anciennes diphtongues *ei, oi, ui* s'écrivent toujours avec deux voyelles, mais se prononcent uniformément [i] en grec moderne. Un bêta se prononce [v], mais une prononciation [b], comme on va le voir, s'écrit au moyen de deux consonnes : *mp* (cf. page 60, § *Mirabeau, c'est Mirampo*). D'autres curiosités orthographiques apparaîtront à l'occasion des exemples qui suivent.

Parfois aussi surprenante que l'orthographe du français, celle du grec n'est pas fixée de façon aussi stricte et, en particulier pour les mots empruntés, la graphie peut évoluer avec le temps : pour le mot emprunté au français *poudre*, par exemple, on a pu trouver *poúntra* en 1978 et *poúdra* en 1987, et pour « omelette », *omeléta* en 1979 et *omelétta* en 1985 [42].

Dans les exemples cités ici, la forme orthographique grecque des ouvrages de référence a été respectée et a été transposée selon les principes de translittération qui figurent dans l'*encadré* TRANSLITTÉRATION DU GREC.

TRANSLITTÉRATION DU GREC

Il ne faut pas confondre la *notation phonétique*, qui représente la façon dont un mot **se prononce** (chaque signe graphique représente un son) et la *translittération*, qui représente la manière dont un mot **s'écrit** dans la langue (chaque signe graphique renvoie à un signe graphique de la langue d'origine).

Alphabet du grec moderne		Prononciation actuelle	Translittération en alphabet latin
A, α	alpha (*)	[a]	A, a
B, β	bêta	[v]	V, v
Γ, γ	gamma	[γ], [j]	G, g
Δ, δ	delta	[ð]	D, d
E, ε	epsilon	[ε]	E, e
Z, z	dzêta	[z]	Z, z
H, η	êta	[i]	E, ê
Θ, θ	thêta	[θ]	TH, th
I, ι	iota	[i], [j]	I, i
K, κ	kappa	[k], [c]	K, k
Λ, λ	lambda	[l], [ʎ]	L, l
M, μ	mu	[m]	M, m
N, ν	nu	[n]	N, n
Ξ, ξ	ksi	[ks]	KS, ks
O, o	omicron	[ɔ]	O, o
Π, π	pi	[p]	P, p
P, ρ	rô	[r]	R, r
Σ, σ	sígma	[s]	S, s
T, τ	tau	[t]	T, t
Y, υ	upsilon	[i]	Y, y**
Φ, φ	phi	[f]	PH, ph
X, χ	khi	[χ], [ç]	KH, kh
Ψ, ψ	psí	[ps]	PS, ps
Ω, ω	oméga	[ɔ]	O, ô

* Noms des lettres grecques en français.
** Sauf après *o*, où upsilon est translittéré par *u* (ex. *soutién* « soutien-gorge »). Cinq consonnes grecques sont notées au moyen de deux lettres dans la translittération : *phi* = ph, *ksi* = ks, *psi* = ps, *thêta* = th, et *khi* = kh (les deux dernières afin de ne pas les confondre avec *tau* et *kappa*).

De l'alphabet grec à l'alphabet latin

Tout en prenant comme modèle l'alphabet grec, les Romains à leur tour lui avaient fait subir quelques distorsions. Ils avaient en particulier transcrit le gamma grec par un C et non pas par un G – car les Étrusques, qui leur avaient transmis l'alphabet, avaient utilisé ce signe pour noter l'équivalent de [k]. Les Romains ont donc dû ajouter la lettre

G, dont ils avaient besoin pour noter [g]. Ils l'ont placée dans la première partie de l'alphabet, arbitrairement, à la place du Z grec, tandis qu'ils repoussaient en fin de liste les consonnes Y et Z. Ces deux dernières consonnes ne sont que des additions tardives, pour noter des emprunts au grec.

Remarquons l'absence de J, U et W dans le premier alphabet latin, qui ne comptait que 23 lettres : dans la graphie du français, les distinctions entre I et J d'une part, U et V d'autre part, ne datent que du XVIe siècle, tandis que l'adjonction du W a eu lieu au XIXe siècle [43].

Actualité de la langue grecque

En passant du syllabaire à l'alphabet, le grec a donc joué un rôle essentiel dans l'histoire de l'écriture. Son influence a ensuite été généralisée et elle se poursuit encore à l'époque contemporaine.

Véhiculée par les écrivains et les orateurs latins, c'est toute la civilisation grecque qui s'était, à l'époque de l'Empire romain, répandue dans de vastes espaces, avec la langue grecque comme modèle privilégié. Elle jouissait d'un tel prestige en Grèce dans l'Antiquité que tout étranger qui parlait une autre langue y était traité de *barbare*, parce qu'en l'entendant parler on ne comprenait rien, on n'entendait qu'un bruit : [brbrbr...].

Est-ce seulement parce qu'ils ne voulaient plus être traités de barbares que les Romains, puis leurs successeurs, ont gardé l'habitude de toujours puiser dans la langue grecque pour enrichir et renouveler leur vocabulaire savant ? L'hypothèse est peut-être simpliste, mais il est vrai que c'est surtout dans les parties les plus prestigieuses du vocabulaire que prolifèrent dans les langues contemporaines les formes grecques ou gréco-latines.

Langue pour initiés et langue quotidienne

En dehors des termes passés dans le vocabulaire courant, comme *allergie, magnétophone, électronique, mélomane* ou *philosophie*, chacun d'entre nous a lu, entendu ou même employé des termes plus rares, comme *ichtyologie, halieutique, conchyliculture, ptérodactyle, gastéropode, diplodocus, docimologie, nosographie* ou *callipyge*.

Mais il faut être un amateur éclairé en zoologie pour savoir que :
  – *l'ichtyologie* est l'étude des poissons ;
  – *l'halieutique,* l'art de la pêche ;
  – la *conchyliculture,* l'élevage des coquillages ;
  – le *chéiroptère*, l'animal dont la main forme une aile, comme chez la chauve-souris ;

NOUS SOMMES TOUS DES HELLÉNISTES...

Sans aller jusqu'à imiter les médecins, qui traitent notre *coryza* quand nous croyons avoir un simple *rhume,* soignent notre *céphalée* quand nous avons *mal à la tête* et prescrivent un *cathéter* quand nous avons seulement besoin d'une *sonde,* nous utilisons tous, comme eux, mais sans le vouloir, des quantités de mots grecs dans notre vie courante.

Choisis dans une liste trop longue pour figurer ici en entier, en voici trente-trois – le hasard fait bien les choses – qui nous viennent du grec, malgré les apparences :

Végétaux	Animaux	Corps humain	Vie pratique
agave	autruche	artère	boîte
amande	baleine	bras	catalogue
arachide	caméléon	bronche	chaise
câpre	chameau	épaule	corde
carotte	huître	estomac	fanfreluche
cerfeuil	méduse	jambe	grabat
girofle	poulpe	torse	papier
narcisse	seiche		sandale
oseille			tapis

Récréation

...MAIS LE SOMMES-NOUS VRAIMENT?

Un test pour le découvrir

Dans la colonne de gauche figurent des mots français d'origine grecque, dans celle de droite, leur sens étymologique, mais dans le désordre. Vous pouvez ainsi tester votre culture en racines grecques, avant de la confirmer grâce aux correspondances des chiffres. Attention! Il s'agit du sens de ces mots en grec ancien.

1	ampoule	3	herbe du roi
2	anémone	17	infusion d'orge décortiqué
3	basilic	7	en forme de doigt
4	catalogue	10	arc-en-ciel
5	clinique	2	fleur du vent (cf. angl. *wind-flower*)
6	cyclamen	12	dont la racine ressemble à un testicule
7	datte	16	desséché
8	dromadaire	13	qui pousse entre les pierres
9	écureuil	18	petit trou
10	iris	4	qui se lit de haut en bas
11	myosotis	9	qui se fait de l'ombre avec sa queue
12	orchidée	1	petit récipient (petite amphore)
13	persil	8	apte à la course
14	pivoine	6	aux fleurs rondes
15	platane	14	qui guérit
16	squelette	11	oreille de souris
17	tisane	15	aux feuilles larges
18	tréma	5	qui concerne les gens au lit

– le *gastéropode*, celui qui confond son ventre et ses pieds, comme l'escargot et la limace ;

– le *diplodocus*, celui qui a une double colonne vertébrale.

Et il est souhaitable de bien connaître ses racines grecques pour deviner que la *docimologie* est la science des examens, que la *nosologie* renvoie à la classification des maladies et que, si une statue a été nommée la Vénus *callipyge*, c'est parce qu'elle avait de belles fesses.

Néanmoins, sans connaissances préalables, on peut participer à la culture apportée par la langue grecque en parlant tout simplement français : vous parlez aussi grec sans le savoir quand vous achetez des *carottes*, des *dattes* ou des *amandes* à votre marchand ou quand vous demandez de la *tisane* de *camomille* dans une *clinique* (cf. *encadrés* Nous sommes tous des hellénistes et Mais le sommes-nous vraiment?).

Noms de lieux et prénoms grecs

Ce sont encore des mots grecs que l'on doit pouvoir reconnaître sous les formes actuelles de quelques noms de villes du Bassin méditerranéen, comme ceux d'*Antibes,* de *Nice* ou de *Naples*. Il faut évidemment y mettre un peu de bonne volonté, car l'évidence d'un rapprochement entre *Antibes*, *Naples* et *La Napoule* n'apparaît qu'aux gens avertis, qui reconnaissent dans les trois noms de villes le mot grec *polis* sans se laisser arrêter par le *b* de *Antibes* au lieu du *p* de *Antipolis* « la ville d'en face », car ils savent bien qu'un *p* intervocalique ne pouvait pas se maintenir intact en français (cf. *carte* Naples = La Napoule).

Tel est aussi le cas de *Grenoble*, anciennement *Gratianopolis*, du nom de Gratien, l'empereur romain qui fit reconstruire la ville à la fin du IVᵉ siècle apr. J.-C. Le fait est qu'il reste, dans ces quatre noms, des traces apparentes du mot grec *polis* « ville ». Rien de tel en revanche pour *Saint-Tropez*, qui était bien à l'origine une ville grecque, *Athenopolis* « la ville de la déesse Athêna », mais qui a ensuite changé de nom.

Loin d'être exhaustive, la liste suivante présente d'autres exemples de noms de lieux rappelant la présence ancienne des Grecs tout autour de la Méditerranée [44] :

Sélinonte, ville de Sicile, où se trouve l'un des ensembles de temples les plus imposants de la Grande Grèce, dans une région réputée pour son persil, du grec *(petro)selinon* « persil », dont on faisait des couronnes pour honorer les morts. Curieusement, *selinon* signifie aujourd'hui « céleri » en grec moderne.

Palerme, port de Sicile, dont le nom grec *Panormos* est composé de *pan* « tout » et de *ormos* « mouillage, port », c'est-à-dire emplacement abrité quel que soit le temps.

NAPLES = LA NAPOULE

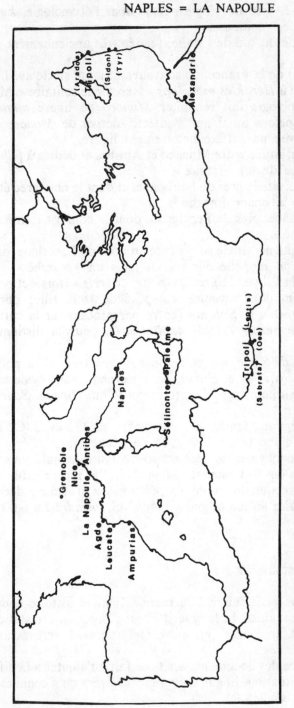

Plusieurs villes de la Méditerranée rappellent par leurs noms qu'elles ont été des colonies grecques dans l'Antiquité :

Agde, de AGATHÊ (TUKHÊ) « bonne fortune »,
Alexandrie, ville fondée par Alexandre,
Ampurias, de EMPORION « marché »,
Antibes, de ANTIPOLIS « (la) ville d'en face » (de Nice),
Grenoble, de GRATIANOPOLIS « (la) ville de Gratien »,
La Napoule, de NEAPOLIS « ville nouvelle » (cf. Naples),

Leucate, de LEUKAS « (la) blanche »,
Naples, de NEAPOLIS « ville nouvelle » (cf. La Napoule),
Nice, de NIKAIA « (la) victorieuse »,
Palerme, de PANORMOS « mouillage par tous les temps »,
Sélinonte, de SELINON « persil »,
Tripoli, de TRIPOLIS « cité formée par la réunion de trois villes ».
(Les noms de ces anciennes villes ont été mis entre parenthèses.)

Cumes, ville grecque, près de Naples, mais dont l'étymologie, *kyma* « flot, vague », est douteuse.

Tarente, ville grecque du sud de l'Italie, fondée très anciennement par les Crétois.

Monaco, ville du sud de la France, où se trouvait au VIIe siècle av. J.-C. un temple dédié à *Héraklês monoikos* « Hercule le solitaire ». Mais une autre étymologie fait remonter *Monaco* au ligure *monegu* « rocher ». Rappelons aussi que l'adjectif dérivé de *Monaco* est *monégasque*, avec un suffixe notoirement ligure.

Nice, ville de France, située entre Monaco et Antibes et dédiée à *(Thêa) Nikaia* « (déesse de la) Victoire ».

Agde, ville de France, située près de Narbonne, et dont le nom grec était *Agathê tukhê* « la bonne fortune ».

Leucate, ville de France, près de Perpignan, dont le nom est formé sur *leukas* « blanche ».

Ampurias, ville d'Espagne, située sur la côte au nord de Barcelone, dont le nom *Emporion* rappelle que c'était jadis un « marché ».

Tripoli, capitale de la Libye, du grec *Tripolis,* de *treis* « trois » et *polis* « ville », du nom d'un royaume composé de trois villes phéniciennes : *Leptis, Oea* et *Sabrata* (entre parenthèses sur la carte). On l'appelait autrefois *Tripoli de Barbarie*, pour la distinguer de :

Tripoli, dite *Tripoli de Syrie*, qui correspondait aux trois villes phéniciennes de *Arados, Tyr* et *Sidon*, dont les noms sont également notés entre parenthèses sur la carte (aujourd'hui *Ruwad, Sour* et *Saïda*, au Liban).

Alexandrie, ville d'Égypte, fondée par Alexandre en 332 av. J.-C., sur l'emplacement d'une petite bourgade de pêcheurs.

Dans tous ces toponymes, le grec est souvent si dissimulé sous les formes actuelles qu'on a vraiment du mal à l'y reconnaître. En revanche, l'origine grecque de nombreux prénoms est si facile à découvrir qu'on peut en faire un jeu de passe-temps (cf. *encadré* Le jeu des prénoms grecs).

Le balancier de l'histoire du grec

Le grec, dont on peut suivre à la trace la longue histoire depuis plus de 3 000 ans, est aussi la langue d'Europe dont les attestations écrites sont les plus anciennes (cf. *encadré* Premières attestations écrites).

Mais l'abondance des documents écrits ne fait qu'ajouter à la difficulté de décrire les situations linguistiques enchevêtrées qu'a connues la Grèce au cours des siècles.

Récréation
LE JEU DES PRÉNOMS GRECS

1. Il s'agit d'une petite fille qui devrait être la sagesse même, et dont une célèbre comtesse d'origine russe a conté, en français, les malheurs.
2. Avec les mots grecs signifiant « dieu » et « don », on peut retrouver deux prénoms, l'un masculin et l'autre féminin, dont l'un est le verlan de l'autre.
3. Trouver un prénom usuel évoquant la terre et formé sur la même racine que *géographie* et *géologie*.
4. Dans *mélasse* et dans *mélanine*, il y a une allusion à la noirceur. Quel prénom féminin évoque la même couleur?
5. Si le *philosophe* est, selon l'étymologie, « celui qui aime la sagesse », quel est le prénom masculin correspondant à « celui qui aime les chevaux »?
6. Ce prénom féminin évoque aujourd'hui une simple fleur des champs, mais c'était – et c'est encore – une « perle », en grec.
7. Elle est, d'après l'étymologie, vouée à la solitude et, de ce fait, pourrait être la patronne des moines. Quel est son prénom?
8. Elle est pure, comme le furent les Cathares, et, selon la tradition française, si à vingt-cinq ans elle n'est pas encore mariée, on lui donne un diminutif.

Solutions : 1. *Sophie* (de *sophia* « sagesse »). 2. *Théodore et Dorothée* (de *theos* « dieu » et *dôron* « don »). 3. Georges (de *gê* « terre » et de *ergon* « travail »). 4. *Mélanie* (de *melas, melanos* « noir »). 5. *Philippe* (de *philo* « J'aime » et *hippos* « cheval »). 6. *Marguerite* (de *margarités* « perle »). 7. *Monique* (de *monos* « seul, unique »). 8. *Catherine* (et *Catherinette*) (de *katharos* « pur »).

Pourtant, en choisissant de se concentrer uniquement sur la variété des usages linguistiques tout en cherchant à comprendre comment les conditions ont finalement pu être réunies pour l'émergence d'une langue commune, on peut parvenir à identifier dans l'histoire du grec quatre périodes principales très contrastées. Elles sont en effet caractérisées par des mouvements de sens opposés, dirigés tour à tour vers l'uniformisation et vers la diversification des usages linguistiques [45].

1re PÉRIODE : *Diversité des dialectes dans la Grèce archaïque*
Cette période a duré plus d'un millénaire et demi.

L'invasion des premiers Indo-Européens, probablement représentés par des *Ioniens,* des *Éoliens* et des *Achéens*, remonte aux environs de 2000 av. J.-C. C'est aux Achéens que l'on doit, dans le Péloponnèse, la civilisation mycénienne qui s'étend ensuite sur la Crète, mais qui prend fin avec la venue des *Doriens* (vers – 1200), qui, à leur tour, chassent les Achéens [46]. La Grèce connaît à cette époque une multiplicité de dialectes, parmi lesquels se distinguent quatre groupes principaux : le *dorien*, l'*arcado-chypriote* (probable évolution de la langue des premiers Achéens), l'*éolien* et l'*ionien-attique* (cf. *carte* DIALECTES DE LA GRÈCE ARCHAÏQUE).

PREMIÈRES ATTESTATIONS ÉCRITES
·DES LANGUES INDO-EUROPÉENNES EN EUROPE

grec : xve siècle av. J.-C., pour le **mycénien,** dialecte très archaïque, inscrit en écriture non alphabétique sur des tablettes, qui sont des pièces de comptabilité et non des textes littéraires.

viie siècle av. J.-C., pour le **dialecte attique** parlé à Athènes, mais l'*Odyssée,* que l'on date de la fin du viiie siècle av. J.-C., est écrite en **dialecte ionien,** avec des apports éoliens [47].

latin : iiie siècle av. J.-C., pour la langue parlée à Rome [48], mais il existe, dans une langue très archaïque, de brèves inscriptions beaucoup plus anciennes, sur une pierre noire de l'ancien Forum romain et sur une fibule d'or de Préneste, actuellement Palestrina, dans le Latium, datant toutes deux du vi^e siècle av. J.-C. [49].

germanique : iiie siècle apr. J.-C., pour les inscriptions *runiques* en Scandinavie, d'abord gravées sur bois [50]. Une traduction de la Bible, par Wulfila, en **gotique** (langue germanique de l'Est, aujourd'hui disparue), date du ive siècle. Les premiers écrits de haut-allemand (ancêtre de l'**allemand**) datent du milieu du viiie siècle (quelques gloses) et ceux du bas-allemand (ancêtre du **néerlandais**), de 830 environ. Les premiers textes en **vieux-frison** et en **vieil-anglais** sont du ixe siècle [51].

celtique : ve siècle apr. J.-C., pour les premières inscriptions, dites *ogamiques,* en vieil irlandais [52]. Elles ont été suivies par des gloses **irlandaises,** en alphabet latin, à partir du viie siècle [53]. Le plus ancien texte **gallois** date du vi^e siècle, mais dans un manuscrit du xe siècle [54]. Le **breton** est connu par quelques gloses dès le viiie siècle et on connaît le **cornique** depuis le xiiie siècle, grâce à un glossaire.

slave : ixe apr. J.-C., dans la traduction de l'Évangile en vieux slave (ou slavon) ecclésiastique, par les apôtres grecs Cyrille et Méthode, dans un alphabet particulier, l'alphabet cyrillique, adapté de l'alphabet grec par les apôtres eux-mêmes, à l'intention des slavophones de l'empire byzantin [55].

2e PÉRIODE : *Alexandre le Grand, ou la naissance d'une unité linguistique*

Sous Alexandre le Grand (– 356 à – 323) commence lentement à se constituer une langue commune – en grec : *koïnè.* Fondée en grande partie sur le dialecte d'Athènes, elle est caractérisée par un amalgame de traits ioniens et attiques, auxquels se mêlent des innovations purement athéniennes, et elle se répand largement pendant toute la période hellénistique, qui verra reculer les frontières du monde grec. La suprématie grecque prend fin avec la conquête romaine, en – 146, mais l'unité linguistique se prolonge probablement jusque vers le vi^e siècle apr. J.-C.

DIALECTES DE LA GRÈCE ARCHAÏQUE

Avant la naissance d'une langue commune, c'est-à-dire jusqu'au milieu du IVe siècle av. J.-C., la Grèce connaissait quatre groupes de dialectes :
- **arcado-chypriote** : Arcadie, ainsi que Chypre et la côte asiatique au nord de Chypre (régions situées hors de la carte)
- **dorien** : Péloponnèse, Corfou et les côtes de l'Épire, Crète et les îles méridionales, les côtes asiatiques méridionales depuis Halicarnasse
- **éolien** : Thessalie, Béotie, île de Lesbos et côtes asiatiques orientales entre Smyrne et Troie
- **ionien-attique** : attique à Athènes; ionien dans l'île d'Eubée, en Chalcidique, dans les îles du nord de la mer Égée et sur les côtes asiatiques orientales, entre Halicarnasse et Smyrne. C'est de l'ionien-attique que naîtra une langue commune vers le IIIe siècle av. J.-C. [56].

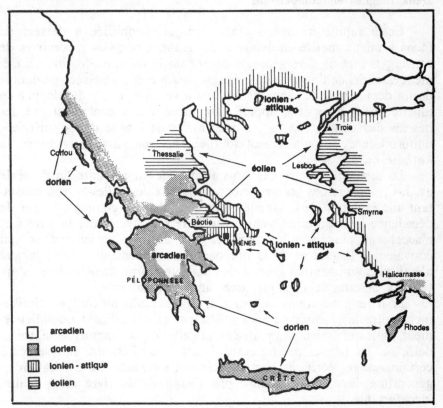

3e PÉRIODE : *Byzance : vers une nouvelle diversification*

Sous la domination byzantine (commencée en 330 apr. J.-C.), un nouveau processus de diversification va plus tard se développer, qui continuera aussi pendant plusieurs siècles. En l'absence d'un centre directeur en Grèce, le rayonnement d'Athènes ayant cédé devant celui de Byzance devenue la nouvelle capitale de l'Empire, la langue se fragmente à nouveau en dialectes régionaux. Les invasions successives : slave (VIe siècle), arabe (Xe), normande (XIIe), vénitienne (du XVe au xviiiᵉ) et surtout l'occupation turque, qui durera quatre siècles (et même six, dans certaines régions), seront en outre autant d'éléments qui empêcheront l'unification de la langue grecque jusqu'à la moitié du xixᵉ siècle.

4ᵉ PÉRIODE : *L'indépendance : vers une nouvelle uniformisation*

Ce n'est qu'après l'indépendance de la Grèce (1830) que se produira un nouveau processus de convergence, celui qui aboutira à la langue commune actuelle.

Deux langues en compétition

Cette rapide histoire sociolinguistique, simplifiée à dessein de façon à mieux mettre en évidence les grandes périodes successives de convergence et de divergence, a cependant laissé dans l'ombre un élément essentiel de l'histoire de la langue, qui a connu en Grèce un double destin depuis plus de vingt siècles : on a vu en effet s'y développer un idiome parlé, diversifié, appelé *démotique*, qui a évolué au gré des besoins des usagers, en face d'une variété de langue dite « purifiée », uniformisée et volontairement tournée vers son passé prestigieux, la *katharevousa.*

La distinction entre ces deux formes de langue date du Iᵉʳ siècle av. J.-C., lorsque des grammairiens amoureux des belles-lettres, constatant une évolution de la langue qu'ils considéraient comme un signe de décadence insupportable, veulent lui faire retrouver toute sa pureté et n'acceptent plus que les modèles des auteurs anciens, ceux qui écrivaient à l'âge d'or de la prépondérance athénienne. Cette langue n'était plus vraiment du grec ancien mais une forme remodelée et adaptée aux besoins de l'époque, une langue archaïsante [57].

Pour les générations suivantes, il en est résulté un constant tiraillement entre les formes qu'elles utilisaient et entendaient quotidiennement, mais qui étaient stigmatisées, et celles d'une langue idéale, remodelée sur les formes prestigieuses du siècle de Périclès, et réservée à certains usages écrits ou particulièrement solennels. De génération en génération, les Grecs ont ainsi pris l'habitude de vivre cette dualité inconfortable [58].

Mais entre ces deux langues, l'une savante, élitiste, un peu statufiée, et l'autre, populaire, quotidienne mais dynamique, la coexistence n'a pas toujours été pacifique.

Mourir pour sa langue

En réalité, le malaise était profond, si profond que tout le xixᵉ siècle et une grande partie du xxᵉ ont connu des affrontements réellement dramatiques entre des partisans acharnés de la langue savante et des défenseurs à tout prix de la langue populaire. Contrairement aux querelles toutes verbales que l'on connaît aussi dans d'autres pays d'Europe, elles ont été, en Grèce, jusqu'à provoquer des morts.

Des événements sanglants se sont en effet produits en 1901, à la suite d'émeutes d'étudiants manifestant contre la traduction en démotique du Nouveau Testament. La Constitution de 1911 a momentanément réglé ces querelles en ne reconnaissant officiellement que la langue « purifiée », qui pourtant n'était vraiment parlée par personne. Pour mettre fin à cette situation contradictoire, le gouvernement adopte en 1917 un décret introduisant l'enseignement du démotique dans les écoles primaires. Mais ce décret est annulé en 1920.

Après une nouvelle réforme en 1964-67, ce n'est qu'en 1976 qu'une nouvelle loi fixe une nouvelle norme. Elle est représentée depuis lors par la langue démotique, celle-là même qui avait été stigmatisée depuis près de deux mille ans et ignorée par la Constitution de 1911.

Les deux textes officiels suivants montrent le changement de cap, le texte de 1976 étant particulièrement explicite :

1911 Art. 107 de la Constitution	**1976** Loi du 30 avril, article 2
La langue officielle de la Nation est celle dans laquelle sont rédigés la Constitution et les textes de la législation grecque; toute intervention pour la destruction de cette langue est interdite...	1. A partir de l'année scolaire 1976-77 [...] la langue, objet de l'enseignement, et la langue des livres scolaires est le néo-hellénique. 2. Par langue néo-hellénique, on entend la langue démotique, celle qui a été développée comme instrument d'expression panhellénique par le peuple grec et les écrivains reconnus *(dokimoi)* de la Nation, et construite sans régionalismes ni particularités [59].

Deux mots ou un seul ?

La loi a donc clairement tranché, depuis 1976, en faveur de la langue populaire. Pourtant, malgré le législateur, subsistent encore dans l'usage quotidien de tous les Grecs de nombreux éléments de la *katharevousa*, qui appartiennent en principe au passé, tandis que le *démotique* est désormais théoriquement le seul idiome officiel. Cela prouve qu'il s'agit plutôt aujourd'hui d'une « synthèse sélective » des deux usages, les Grecs ne cherchant pas à démêler dans leur propre usage ce qui revient à l'une et à l'autre langue. Il semble bien qu'aujourd'hui la dichotomie *démotique/katharevousa* soit devenue anachronique [60].

Tout n'existe d'ailleurs pas en double dans le vocabulaire grec, qui n'offre le choix entre deux formes différentes que pour une partie des mots. Par exemple, l'eau est désignée aujourd'hui par *hydor* dans l'usage savant et par *nero* dans l'usage populaire. En revanche, il n'y a qu'une forme – *derma* – pour désigner la peau.

Les Grecs ont ainsi le choix entre deux formes dans un certain nombre de cas, tels que :

Langue savante		Langue populaire
oon	« œuf »	*avgo*
odous	« dent »	*donti*
hydor	« eau »	*nero*
lithos	« pierre »	*petra*
agathos	« bon »	*kalos*
erythros	« rouge »	*kokkinos*
leukos	« blanc »	*aspros*
khrimata	« argent (monnaie) »	*lephta*

tandis qu'ils n'ont qu'un seul mot à leur disposition dans d'autres parties du vocabulaire, où coïncident le terme savant et le terme populaire :

Langue savante et langue populaire	
polloi	« nombreux »
duo	« deux »
mikros	« petit »
anthropos	« être humain »
derma	« peau »
glossa	« langue »

Lorsque les deux termes – le savant et le populaire – se sont maintenus, ils ne sont pas toujours utilisés indifféremment mais se sont spécialisés : par exemple, une même personne ira chercher du *psomi* – terme populaire désignant le pain – chez le boulanger, mais c'est le terme *artos* – appartenant au vocabulaire savant – qu'elle réservera au pain bénit. De même, sa maison sera toujours *spiti*, tandis que c'est *oikos* qui désignera une maison d'édition, *ekdotikos oikos*. Enfin, *to aspro spiti* désignera n'importe quelle « maison blanche » tandis que la « Maison-Blanche » à Washington sera *o Leukos Oikos* [61].

Rien ne se perd

L'avènement du démotique dans l'enseignement n'a donc pas éliminé la langue savante. Une enquête récente, portant sur une liste de 100 mots choisis dans le vocabulaire de base, a établi que 35 d'entre eux sont identiques en *katharevousa* et en *démotique*, tandis que les 65 autres sont spécifiquement du *démotique*. Mais, même lorsque le mot démotique a supplanté le mot de la langue savante, ce dernier, comme on vient de le voir, survit à titre de vestige, la plupart du temps dans des expressions figées. D'une façon plus générale, le maintien du vocabulaire de la *katharevousa* caractérise plus particulièrement le discours scientifique et la langue élaborée [62], tandis que dans la littérature semble plutôt régner le démotique.

Les richesses lexicales du grec

Au cours de sa longue histoire, le grec a pu accumuler des masses de vocabulaire, où l'on peut reconnaître des couches chronologiques successives. On y trouve tout d'abord, en dehors de l'important fonds de grec ancien (*pateras* « père », *adelphos* « frère »...), des emprunts à l'hébreu (*sabbato* « samedi »...), au persan (*paradeisos* « paradis »...), au latin (*fava* « fève », *karvouno* « charbon », *kastro* « forteresse », *skoupa* « balai »...).

C'est plus tard que le grec emprunte aux langues balkaniques :
– aux langues slaves : *kotetsi* « poulailler », *papia* « canard »...;
– à l'albanais : *phousta* « jupe », *phlogera* « flûte »...;
– à l'aroumain : *mpraska* « crapaud », *stournari* « silex »...;
– et surtout au turc : *kafés* « café », *kapaki* « couvercle », *karpoúzi* « pastèque », *mezés* « hors-d'œuvre », *minarés* « minaret », *ntoulapi* « armoire », *papoutsi* « soulier », *sougiás* « canif », *tenekés* « fer-blanc, bidon » [63].

Les emprunts à l'italien posent quelques problèmes, car bien souvent un doute subsiste sur leur véritable origine : *kanali* vient-il de l'italien *canale* ou est-il une grécisation du français *canal*? La même question se pose pour *ntelikatos* « délicat », *karafa* « carafe », *propaganda* « propagande », *koultoura* « culture », *serviro* « servir », *kopiaro* « copier » [64]...

D'autre part, attribuer des emprunts à l'italien, sans autre précision, est souvent impropre car, si certains emprunts ont été faits au toscan : *kapélo* « chapeau », *kouféto* « dragée », *petsetta* « serviette », *phráoula* « fraise », *phréskos* « frais », *spággos* « ficelle », *tavérna* « taverne », d'autres l'ont été au vénitien : *mparmpoúni* « rouget », ou au génois : *vapori* « bateau » [65].

Depuis une vingtaine d'années, les emprunts à l'anglais sont majoritaires [66] (*rekór* « record », *tourismós* « tourisme », *trám* « tramway », *vagoni* « wagon », *kompiouter* « ordinateur »...) mais, depuis le début du xixᵉ siècle et pendant une grande partie du xxᵉ siècle, c'est le français qui tenait la première place : environ 1 700 mots d'origine française ont été recensés dans un ouvrage paru en 1978 [67].

Les emprunts au français

L'afflux du français est particulièrement sensible dans les domaines

– de la technique et de la science : *kalorifér* « chauffage central », *phíltro* « filtre », *poúntra* « poudre »... ;

– de la cuisine : *koniák* « cognac », *krokéta* « croquette », *menoú* « menu », *ntekafeïné* « décaféiné », *omeléta* « omelette », *orntévr* « hors-d'œuvre », *pourés* « purée », *zampón* « jambon »... ;

– de la mode : *magió* « maillot », *ntekolté* « décolleté », *phoulár* « foulard », *soutién* « soutien-gorge »... ;

– du cinéma : *ntokumantaír* « documentaire », *operatér* « opérateur », *zenerik* « générique »... ;

– et aussi dans quelques noms de couleur : *gkrí* « gris », *kaphé* « café », *mov* « mauve », *mpéz* « beige », *mple* « bleu », *róz* « rose »...

Dans le vocabulaire emprunté au français, on trouve aussi une grande quantité de termes inventés par des savants français, qui ont eux-mêmes puisé aux sources du grec ancien : juste retour au pays natal de formes comme *kinêmatográphos* « cinématographe », *khlórion* « chlore », *lithographía* « lithographie », *mikróvio* « microbe », *neologizmós* « néologisme », *phonógraphos* « phonographe », *phovía* « phobie », *thermómetro* « thermomètre », *ypertrophía* « hypertrophie », et même *tiléphono* « téléphone [68] ».

Le grec ancien peut encore faire des petits

Pour l'ensemble des langues du monde occidental, tout se passe comme si les racines grecques étaient leur bien commun. C'est, par exemple, le chirurgien français Charles Emmanuel Sédillot (1804-1882) qui a donné, d'abord à la langue française, puis à beaucoup d'autres langues, un mot grec pour désigner un minuscule être vivant dont la vie est courte, le *microbe*, à partir de *bios* « vie » et de *mikros* « petit ». Plus impertinents, les révolutionnaires de 1789 avaient inventé, en utilisant le suffixe grec *-cratie* « gouvernement, domination », la *calotinocratie* ou « domination par les gens d'Église, les calotins », et leurs adversaires avaient créé le mot *culocratie*, pour se moquer du « gouvernement de l'Assemblée nationale première » qui opinait par « debout » ou « assis » *(sic)* [69].

Comme on vient de le voir, les créations hors du grec retournent parfois à leur source, mais en marquant des étapes. Lorsqu'un mot, inventé dans une autre langue sur une base grecque, passe ensuite au grec contemporain, il met en effet un certain temps à s'adapter. Récemment on a pu assister à l'acclimatation du mot *liposome* (sur *lipo-* « corps gras », et *-some* « organisme ») dans la publicité des produits de beauté en Grèce : tout d'abord sous la forme française *liposome*, puis *liposom* (qui reproduit seulement la prononciation), et enfin *liposomata*, dont la structure montre une totale intégration, avec désinence grecque du pluriel neutre [70].

Le « jardin » des racines grecques

Dans la plupart des langues de l'Europe, on peut reconnaître des racines grecques, qui sont des éléments de base pouvant servir à former des mots savants (cf. *encadré* QUELQUES RACINES GRECQUES).

QUELQUES RACINES GRECQUES

ana- « de bas en haut »
cata- « de haut en bas »
palino- « à l'envers »

callo- « beau »
-trope « qui se tourne vers »
-phile « qui aime »
-lâtre « qui vénère »

théo- « dieu »
pan- « tout »
chrono- « temps »

hydro- « eau »
pyro- « feu »
thermo- « chaud »
cryo- « froid »
hélio- « soleil »
séléno- « lune »
astéro- « étoile »
thalasso- « mer »

potamo- « cours d'eau »
oro- « montagne »
litho- « pierre »

chryso- « or »
xylo- « bois »
dendro- « arbre »
phyllo- « feuille »
-coque « grain »

caco- « mauvais »
pseudo- « faux
strepto- « tordu »
dino- « effrayant »
térato- « monstre »
thanato- « mort »
-phobe « qui craint »
-machie « combat »

chloro- « vert »
cyano- « bleu »
leuco- « blanc »

myos- « souris »
-pithèque « singe »
-saure « lézard »
-derme « peau »
céphalo- « tête »
rhino- « nez »
glotto- « langue »
sterno- « poitrine »

-pode « pied »
dactylo- « doigt »
narco- « engourdissement »
oniro- « rêve »
-iatre « médecin »
hypno- « sommeil »
démo- « peuple »
xéno- « étranger »

micro- « petit »
nano- « nain »
brachy- « court »
lepto- « mince »
macro- « grand »
dolico- « long »
pachy- « épais »
tachy- « rapide »
-morphe « en forme de »
idio- « propre à »

-phone « qui émet des sons »
-phage « qui mange »
-phore « qui porte »
-nome « qui règle »
-crate « qui gouverne »
-scope « qui observe »
-bole « qui lance »
-graphie « écriture »
-glyphe « inscription gravée »
logo- « discours »
-logie « science »

-pole « ville »
tribo- « frottement »
-tomie « découpage »
-thèque « dépôt »

Le grec ancien peut aussi être une distraction

Au lieu de considérer le grec ancien comme une langue morte, nous pouvons tirer parti de notre connaissance élémentaire de quelques racines de cette langue pour pratiquer le jeu des néologismes.

Récréation

POURQUOI FAIRE SIMPLE
QUAND ON PEUT FAIRE SAVANT?

A l'aide de quelques dizaines d'éléments lexicaux d'origine grecque, il est possible de fabriquer beaucoup de mots nouveaux aux allures savantes. Voici quelques suggestions de néologismes en français. Il faut d'abord cacher la colonne de droite si on veut jouer un peu.

Quelques néologismes imaginaires

anabole *	« qui lance de bas en haut »
astériocoque	« grain en forme d'étoile » (comme la badiane)
cacothée	« dieu du mal »
catagraphie *	« écriture de haut en bas »
chlorocéphale	« à la tête verte » (comme un extraterrestre)
chronotomie	« découpage du temps »
cryopode	« aux pieds froids »
cyananthe	« fleur bleue »
démocide	« assassin du peuple »
dendroscope	« qui observe les arbres »
dinopole	« ville effrayante »
hypnoglotte	« qui parle en dormant »
leptoderme	« à la peau mince »
leucosterne	« à la poitrine blanche »
logochrononome	« qui règle le temps de parole » (comme un meneur de jeu à la télévision)
logolâtre	« qui vénère la parole »
myolâtre	« qui adore les souris »
nanomachie	« combat de nains »
pachyphylle	« aux feuilles épaisses »
pantiatre	« médecin généraliste »
phyllophile	« qui aime les feuilles »
phyllophore	« qui porte des feuilles »
pithécodrome	« course de singes »
pyrocrate	« qui gouverne par le feu »
streptorhine	« au nez tordu »
sélénotrope	« qui est attiré par la lune »
tachydactyle *	« aux doigts agiles »
thanatophobe	« qui fuit la mort »
tribophile	« qui aime les frottements »
xylologue	« connaisseur en bois »

* Croyant inventer des néologismes, je suis cependant tombée trois fois sur des combinaisons existant déjà en grec moderne : **anabolè**, qui signifie « ajournement », **catagraphè** « enregistrement » et aussi **tachydactylourgos** « prestidigitateur ». Voilà donc trois néologismes à base grecque qui ne sont pas des néologismes en grec.

On pourrait, par exemple, pour désigner le monstre du Loch Ness, prendre modèle sur *hippopotame* pour fabriquer le mot *tératopotame* « monstre de rivière » ou, plus ludiquement, en se souvenant qu'une statue *chryséléphantine* est faite d'or *(khrysos)* et d'ivoire *(elephas)*, dire de quelqu'un qui jette son argent par les fenêtres qu'il est un *chrysobole* (sur le modèle de *discobole*). Selon le même principe, le « nombril en forme de cinq », chanté par les Frères Jacques, serait *pentamorphe*, la personne qui s'écoute parler, *logophile,* et celle qui parle dans une langue étrangère serait *xénophone*. Si l'on est tenté de continuer dans cette voie, on peut se reporter à l'encadré POURQUOI FAIRE SIMPLE QUAND ON PEUT FAIRE SAVANT?

Du grec en anglais

Parler grec, tout en faisant un discours en anglais, telle a été la gageure réussie par le gouverneur de la Banque de Grèce, Xénophon Zolotas, à deux reprises, le 26 septembre 1957 et le 2 octobre 1959, dans ses discours de clôture du Congrès monétaire international pour la reconstruction et le développement. Voici un échantillon de son acrobatique exercice de style, où seules les formes grammaticales ne sont pas d'origine grecque :

« It is not my *idiosyncrasy* to be *ironic* or *sarcastic* but my *diagnosis* would be that *politicians* are rather *cryptoplethorists*. Although they *emphatically stigmatize numismatic plethora,* they *energize* it through their *tactics* and *practises* [71]. »

On aura reconnu sous les mots anglais en italique des formes à peine différentes de celles du français, et qui se retrouvent d'ailleurs dans beaucoup d'autres langues. Seul le néologisme *cryptoplethorist* mérite une petite explication, bien qu'il se laisse assez facilement analyser en *crypto-* « caché » et *pléthore* « surabondance ». Il pourrait aussi devenir *cryptopléthoriste* en français, avec le sens de « dissimulateur excessif ».

Le dictionnaire des mots inexistants

La quête des néologismes à base grecque peut aller beaucoup plus loin, comme l'ont montré deux médecins grecs, spécialistes de psychiatrie et de psychanalyse, en proposant d'enrichir de façon systématique le vocabulaire français dans le domaine de la science et de la littérature et dans celui de la vie quotidienne. Leur petit *Dictionnaire des mots inexistants* [72] offre un choix intéressant de formes françaises inédites et, selon les auteurs, aisément déchiffrables par analogie. On n'aura en effet aucune difficulté à comprendre *bibliophage* « dévoreur de livres », mais l'*artophage* « mangeur de pain » et l'*éphéméridophage* « qui dévore les journaux » nécessitent déjà une certaine culture de la langue grecque.

Cette culture, on peut l'acquérir ou l'améliorer en lisant leur dictionnaire comme un livre. On y apprendra à dire de quelqu'un « qui sait le français et l'anglais » qu'il est *gallomathe* et *anglomathe*, et on deviendra comme eux des *glossoplastes* « inventeurs de mots » ou des *onomaturges* « créateurs de noms », au risque de passer pour des *hémimathes* « demi-savants ». On apprendra ainsi que même un *philomathe* « désireux d'apprendre » devra se méfier des mots apparemment transparents et ne pas croire qu'un testament *idiographe* a été écrit par un imbécile, mais bien « de la main même de la personne qui en est l'auteur », ni que l'*hystérophémie* est un mot savant pour « hystérie », alors que cela signifie « renommée posthume ». Enfin, pour les amateurs de concision, voici *parergon*, qui est plus bref que « travail secondaire » et *oligologue*, qui désigne en un seul mot « celui qui parle peu ».

Les voyages travestissent

Les allers et retours du vocabulaire réservent parfois des surprises. On pense, par exemple, que le turc a donné au grec le mot pour désigner la « noisette ». Mais l'origine lointaine de ce mot remonte en fait au grec ancien qui, pour désigner ce fruit, disait *karyon pontikon*, c'est-à-dire « noix du Pont (Euxin) », sa région de provenance. Après un passage par le turc *fındık*, le mot *pontikon*, devenu *phountouki*, est revenu en grec sous ce nouvel habit qui le rend méconnaissable [73].

Une aventure bien plus extravagante est arrivée à *balanos*, mot du grec ancien qui désignait le « gland du chêne » et qui, en composition avec *myron* « parfum », était le nom d'une noix aromatique, le *myrobalanos*. Après être passé par le latin, sous la forme *myrobalanus*, puis *myrobolanus*, il avait abouti à *myrobolan* en français du Moyen Age. A cette époque ce terme servait de nom à des fruits aux vertus curatives. Vu les merveilles qu'accomplissait ce *myrobolan*, c'est tout naturellement que la sagesse et l'imagination populaires l'ont rapproché de *miraculeux, mirifique*, pour en faire l'adjectif *mirobolant* que nous connaissons en français. C'est de ce même *myrobalanos* que vient le nom de la *mirabelle* [74].

Les différenciations régionales

C'est à dessein qu'ont été évitées jusqu'ici les questions touchant la diversité des usages sur le plan géographique, car elles ne revêtent plus, dans la Grèce contemporaine, l'importance qu'on leur connaît par exemple en Italie ou en France. En effet, le mouvement d'unification linguistique qui se poursuit depuis près d'un siècle a conduit dans ce pays à l'élimination presque totale des anciens dialectes, à cinq exceptions près :

– le tsaconien, encore parlé par des bergers de la côte est du Péloponnèse, au sud de Nauplie. On a longtemps pensé qu'il était un descendant direct du dorien, mais il pourrait bien être le résultat de l'immigration de populations non helléniques, peut-être originaires d'Asie Mineure [75] ;

– le pontique, aujourd'hui encore attesté dans la banlieue d'Athènes, entre la capitale et le Pirée. Il y a été importé en 1920 par des immigrants venus de la mer Noire (le Pont-Euxin des Anciens). Ils sont aujourd'hui disséminés un peu partout en Grèce, mais surtout dans le Nord-Est et l'Ouest. Ces dernières années, ils ont été rejoints par d'autres immigrants venus des provinces méridionales de l'ex-URSS.

Trois autres dialectes survivent hors de Grèce : le chypriote dans l'île de Chypre [76], le cappadocien en Turquie et les dialectes grecs de Calabre [77] et des Pouilles, en Italie du Sud [78].

Patrimoine commun et identité régionale

Si la presque totalité des anciens dialectes a disparu en Grèce, cela ne signifie pas pour autant que le grec moderne, qui est la langue commune dans l'ensemble du pays, ne connaisse aucune variation.

De l'ancienne différenciation dialectale, il reste des traces sensibles qui colorent les usages contemporains. On peut, en particulier, remarquer des différences de prononciation entre le Nord et le Sud (la ligne de séparation passe, à l'ouest, au nord de l'Attique et, à l'est, au nord de l'île de Chio). On constate par exemple, au sud de cette ligne, un meilleur maintien des voyelles de la *koïnè*, l'ancienne langue commune [79], tandis que les populations du Nord se partagent entre celles qui remplacent les voyelles inaccentuées /e/ et /o/, respectivement par /i/ et /u/ et celles qui ne prononcent pas du tout ces voyelles inaccentuées [80].

Une autre division, basée sur d'autres critères, grammaticaux cette fois, comme l'emploi des pronoms interrogatifs *ti* ou *inta* « quoi », peut être opérée, non pas entre le Nord et le Sud, mais entre la Grèce continentale et la Grèce insulaire [81].

Toutefois, malgré des différences évidentes, repérables dans la prononciation, dans la grammaire et le lexique, tous les dialectologues s'accordent sur le fait qu'en dehors des exceptions citées ci-dessus les dialectes grecs n'existent plus. La langue commune d'aujourd'hui est constituée d'un fonds méridional important, mais enrichi au cours des siècles de multiples traits régionaux [82].

Cet état de fait s'explique par l'histoire même de l'élaboration de la *koïnè*. A la différence d'autres pays d'Europe, on a vu que le grec commun ne s'est pas formé à partir d'un centre unique de rayonnement : le rôle politique joué par Athènes a été de courte durée et a cessé avant même l'avènement de Byzance comme capitale de l'Empire. Comme c'est ensuite dans cette ville que, pendant plusieurs siècles, s'est déroulée la vie intellectuelle, le grec s'est alors surtout développé hors de Grèce, bénéficiant ainsi d'apports très divers.

Cette multiplicité des sources de la langue explique peut-être pourquoi les locuteurs ont parfois du mal à démêler dans leur propre usage entre formes régionales, formes de la langue commune et formes savantes.

Une enquête en cours a permis de faire un premier recensement des usages communs et des usages divergents : on constate, par exemple, que tout ce qui regarde la vie scolaire et la vie moderne, beaucoup de verbes courants ainsi que les adjectifs numéraux sont exprimés de manière parfaitement uniforme par tous. Tel est aussi le cas des mots désignant la lune, le soleil, la neige, la pomme, le papier, le poisson, le pêcheur, le village, la pluie, etc. Au contraire, on trouve des mots différents d'une région à l'autre pour désigner la grenouille, l'escargot, le lézard, la truie, le coq, le tournesol, la poussière et aussi la grand-mère [83]. Mais cette liste est loin d'être exhaustive, et la documentation recueillie mériterait d'avoir une plus large diffusion, afin de susciter une exploitation systématique des résultats permettant d'indiquer les tendances de l'évolution lexicale.

Mirabeau, c'est Mirampo

Sur le plan phonologique, on peut donner quelques indications sur l'évolution des prononciations actuelles. Quoique un peu plus techniques, elles sont abordables par le non-spécialiste car, même sans connaître le grec moderne, il a un moyen de se rendre compte de certaines particularités de cette langue : en observant la façon dont s'écrivent en grec les mots empruntés ou les noms propres.

Prenons les consonnes [b], [d], [g], celles que l'on rencontre en français à l'initiale du mot *bière* et des noms propres *Dior* et *Galilée* ou, pour [b], à l'intérieur du nom propre *Mirabeau*. On s'attendrait à trouver dans leur transcription en grec les équivalents graphiques *bêta, delta, gamma*. Or à ces consonnes françaises *b, d, g* correspondent, dans les textes grecs, des groupes de consonnes équivalant à *mp, nt, gk*. Cela donne *mpira* pour l'équivalent de *bière* en grec, *Ntior* pour *Dior, Gkalile* pour *Galilée, Mirampo* pour *Mirabeau*, de même que *Mak Ntonalnt* pour *Mac Donald*.

Cette curiosité graphique peut surprendre, voire amuser les Français, les Italiens ou les Anglais, mais elle n'est que le reflet, sur le plan de l'écriture, des différences entre le système des sons du grec et celui de la langue d'origine. Pour comprendre cette complication dans la langue écrite, il faut savoir que les consonnes grecques *bêta, delta, gamma* ne se prononcent pas comme en français [b], [d], [g], mais comme [v], [ð] (le *th* de l'article anglais *the*) et [ɣ] (une consonne très faible, articulée avec le dos de la langue). Pour noter des consonnes du type [b], [d], [g], par exemple dans le vocabulaire étranger, les Grecs ont alors recours aux **graphies doubles** *mp, nt, gk*, qui existent dans d'autres mots grecs et où ils se prononcent effectivement comme [b], [d], [g].

La diversité des usages

Jusqu'ici le non-spécialiste qui n'aura pas encore tourné la page par allergie aux explications techniques du paragraphe précédent aura pu suivre le raisonnement permettant de justifier les graphies grecques des mots étrangers. Il lui reste à découvrir maintenant le point le plus intéressant de la question, qui ne concerne pas les formes écrites, mais leur prononciation dans le pays.

Dans la communauté grecque contemporaine, la prononciation de ces groupes de consonnes entre deux voyelles varie selon les individus : pour *Mirabeau*, déjà cité, on entendra aussi bien [mirambo] que [mirabo], mais aussi parfois [mirampo], conformément à la graphie. C'est-à-dire que l'usage n'est pas encore fixé. En outre, pour certains, la variante précédée de *m* ou de *n* apparaît seulement dans le vocabulaire savant, tandis que la variante simple est réservée au vocabulaire populaire. Pour d'autres, c'est la variante prénasalisée (comme [mb] ou [mp]) qui est presque toujours prononcée, par exemple en Crète, dans les Cyclades ou à Lesbos [84].

L'existence de ces prononciations divergentes [85] est la manifestation d'une évolution actuellement en cours, dont les conditionnements sont complexes et mettent en jeu de nombreux facteurs : âge, niveau d'études, région d'origine [86]. Très présente chez les plus de cinquante ans, il semble que la prénasalisation tende de plus en plus à s'effacer de nos jours chez la jeune génération, surtout à Athènes. Il faudrait pouvoir confirmer ces observations par de vastes enquêtes dans le pays. Un projet de recherche dans ce sens a été présenté il y a quelques années, par exemple à Salonique [87]. D'autres projets sont en préparation, qui devraient permettre de préciser la direction et les modalités des évolutions [88].

LE GREC DANS LE MONDE

Chypre, Italie (Calabre et Pouilles), **Corse** (Cargèse), **ex-URSS** (Crimée et côte ukrainienne de la mer d'Azov), **Albanie** (sud), **Égypte, Turquie** (Istanbul et Anatolie).
Pays d'émigration récente : **États-Unis, Australie, Brésil, Allemagne.**

Les langues celtiques

La peau de chagrin des langues celtiques

Si on les compare à leurs cousines latines et germaniques, qui s'étalent aujourd'hui sur de vastes territoires, les langues celtiques apparaissent de nos jours comme des parentes pauvres, reléguées dans le coin le plus reculé, à la pointe extrême de l'Europe de l'Ouest. On a donc de la peine à imaginer qu'au milieu du IIIe siècle av. J.-C. les Celtes occupaient les deux tiers du continent et que pendant deux siècles ils avaient été le plus grand des peuples de l'Europe[89]. Seuls restaient en dehors de leur domaine l'extrême nord et l'extrême sud. Mieux, franchissant les Balkans, ils avaient même atteint l'Asie Mineure.

Le berceau de leur civilisation se situait en Europe centrale, dans une région correspondant à la Bohême et à la Bavière actuelles, où leur présence est attestée il y a plus de 3 000 ans[90]. On a peu de précisions sur l'étendue de leur domaine jusqu'au milieu du Ier millénaire av. J.-C., c'est-à-dire à la première période de « l'âge du fer » (Hallstatt, en Autriche), mais on sait que vers la fin du ve siècle av. J.-C., au cours de la seconde période de l'âge du fer, dite de La Tène (Suisse), qui va du ve siècle av. J.-C. jusqu'à la conquête romaine, ils se sont déjà déplacés vers l'ouest et vers la mer du Nord[91].

Au début du IVe siècle, ils pénètrent en Italie et, après avoir progressé vers l'est, le long du Danube, c'est vers – 300 qu'ils atteignent leur plus grande expansion. Poussant jusqu'en Asie Mineure, les Galates, qui sont des Celtes apparentés à ceux de la Gaule Narbonnaise, occupent alors une partie de la Turquie actuelle.

Mais la période de leur expansion était révolue, et l'espace celtique allait par la suite se rétrécir sous la pression d'autres populations. Seul l'ouest résistera plus longtemps, avant de subir finalement les effets de l'expansion romaine. Les deux cartes ci-après illustrent de manière

L'EUROPE CELTIQUE VERS 300 AV. J.-C.

D'abord stationnés dans le centre de l'Europe, entre Bohême et Bavière, les Celtes, au cours du IIe et du Ier millénaire av. J.-C., ont progressivement occupé la moitié de la partie de l'Europe située à l'ouest d'une ligne Vistule-mer Noire. Prolongeant leur expansion, ils se sont même installés hors d'Europe, en Asie Mineure, au centre de la Turquie actuelle. On les connaît sous des noms différents : **Bretons, Gaulois, Celtibères, Galates,** etc.[92].

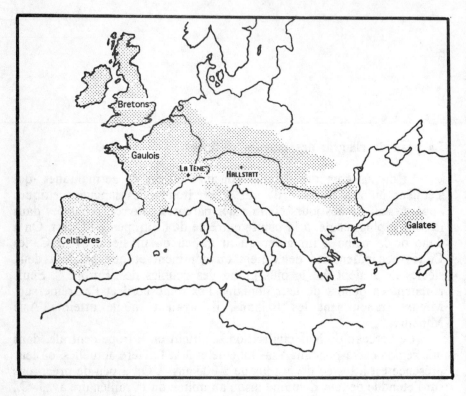

sensible le contraste des situations à plus de 2 000 ans de distance (cf. *cartes* : L'EUROPE CELTIQUE VERS 300 AV. J.-C. et LES LANGUES CELTIQUES DANS L'EUROPE ACTUELLE).

L'univers des Celtes

Bien que rien ne laisse supposer que dans l'Antiquité se soit organisé un quelconque royaume celte, on a de bonnes raisons de penser que des peuples parlant des variétés de celtique ont longtemps vécu côte à côte sur une grande partie de l'Europe, car, outre les innombrables sites

LES LANGUES CELTIQUES DANS L'EUROPE ACTUELLE

Repoussées au cours des siècles jusqu'aux extrémités occidentales de l'Europe, les langues celtiques vivent encore en Irlande, dans l'île de Man, en Écosse, au pays de Galles, en Cornwall et en Bretagne. Aucune langue celtique n'a survécu en Espagne, où l'implantation des Celtes est très ancienne (Ier millénaire av. J.-C.), et où la langue s'est maintenue en Galice jusqu'au VIIe siècle apr. J.-C. [93]. En Irlande, toute la population apprend le gaélique, mais seule la région noircie pratique cette langue quotidiennement.

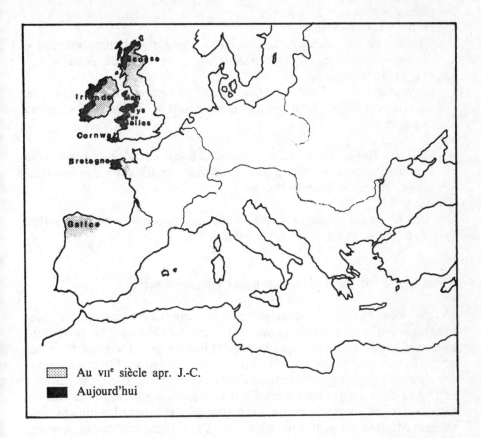

☷ Au VIIe siècle apr. J.-C.

■ Aujourd'hui

archéologiques, ils ont laissé des dizaines de milliers de noms de lieux qui offrent encore aujourd'hui des témoignages de leur longue présence sur ces territoires.

Sous leur forme actuelle, très altérée, on a malheureusement du mal à reconnaître les mots celtiques originels. Mais des indications sur la signification de ceux que l'on relève le plus fréquemment dans les toponymes permettent de retrouver les grands axes de leur univers, où prédominent les noms de lieux défensifs ou sacrés et où la nature tient une place importante :

LIEUX DÉFENSIFS
>   *briga* « lieu élevé, forteresse », *durum* « forteresse, village », *dunum*
>   « forteresse élevée, colline », *rate* « enclos fortifié ».

LIEUX SACRÉS
>   *nemeton* « sanctuaire, lieu sacré », *lanum* « plaine, clairière
>   sacrée ».

LIEUX DE PASSAGE
>   *briva* « pont », *rito* « gué ».

LIEUX DE RASSEMBLEMENT
>   *-ialo* « espace découvert, clairière », *magos* « champ, marché »,
>   *bona* « fondation, ville (le plus souvent au bord de l'eau) ».

ARBRES ET FORÊTS
>   *ardenna* « bois, forêt », *salice* « saule », *cetum* « bois », *cassano,*
>   *dervo* « chêne », *jura* « montagne boisée », *eburo* « if », *verno*
>   « aulne ».

EAU
>   *dubro, lindo, esca, vara* « eau », *abona* « rivière », *reno, rino*
>   « source », *onna* « cours d'eau », *condate* « confluent », *ambe* « ruis-
>   seau, rivière », *more* « mer ».

ANIMAUX
>   *artos, matu* « ours », *epo* « cheval », *banvo* « porc », *gabro*
>   « chèvre », *beber, bebros* « castor ».

L'histoire se lit aussi dans les noms géographiques

Si l'on examine attentivement la répartition des noms géo-graphiques d'origine celtique sur une carte de l'Europe, on peut faire quelques hypothèses sur l'occupation des lieux à date ancienne et sur les activités successives des populations au cours du temps. On constate par exemple que le plus grand nombre de noms de rivières d'origine celtique se trouve dans ce qui est aujourd'hui l'Allemagne du Sud et la Suisse. Or, comme les noms des cours d'eau sont généralement les plus ancien-nement attestés, on peut ainsi confirmer l'hypothèse que ces régions ont été l'habitat primitif des Celtes avant leur émigration en Gaule, où, au contraire, les noms de rivières sont en majorité pré-celtiques [94] (cf. cha-pitre AUTOUR DU FRANÇAIS, *carte* L'HYDRONYMIE PRÉ-CELTIQUE, p. 228).

On remarque en outre que les composés en *-durum, -dunum* « for-teresse » sont particulièrement fréquents du sud de l'Allemagne jusqu'au nord du Massif central, tandis que ceux en *-ialo* « clairière » sont absents de ces régions mais recouvrent presque tout le centre de la France actuelle, jusqu'à Bordeaux et Montpellier, avec une densité par-ticulièrement forte dans la région parisienne : après la période des villes fortifiées, où la défense militaire était primordiale, étaient venus les temps des premiers centres de défrichement [95].

Enfin, c'est surtout en Gaule que se trouvent les noms en *-magos*, qui ne désignent plus des lieux défensifs mais des marchés : après le temps des guerres s'instaurait celui des échanges commerciaux pacifiques [96].

Les fouilles les plus récentes (1986) dans le centre de la France ont souligné l'importance du site gallo-romain d'*Argentomagus*, à quelques kilomètres d'Argenton-sur-Creuse. Agglomération secondaire par rapport à la capitale des Bituriges, *Avaricum* (actuellement *Bourges*), il semble qu'*Argentomagus* ait été, après le siège d'Alésia, une espèce de capitale de secours pour les Gallo-Romains pendant les deux premiers siècles de notre ère. Jusqu'à la fin du IIIe siècle, époque où elle a été incendiée, *Argentomagus* a dû être un marché, un centre d'échanges actifs particulièrement avec tout le bassin du Rhône : la multiplicité des monnaies en provenance de cette région en fait foi [97].

Lyon, Vienne, Milan, York : des noms celtiques

S'il est rare que le nom géographique actuel soit suffisamment transparent pour qu'on le reconnaisse au premier coup d'œil, on sait, en particulier grâce aux auteurs latins, que l'ancienne forme du nom de la ville de *Lyon* était *Lugdunum* « la forteresse du dieu Lug », et qu'il existe vingt-six autres *Lugdunum* en Europe, où l'on retrouve le même *dunum* que dans *Down* (Irlande), *Verdun* (France), *Leyde* (Pays-Bas) ou *Liegnitz* (Silésie) [98].

On sait que *Milan* (Italie) est le plus ancien *Mediolanum* connu, la ville ayant été fondée en 396 av. J.-C. [99] (dans *Mediolanum*, *medio* signifie « au milieu » et *lanum* « plaine », puis « clairière sacrée ») et qu'il y a en Europe cinquante-quatre autres toponymes remontant au même *Mediolanum*. Ce nom est fréquent en France (par exemple *Meulan, Meillant*), mais il se trouve également en Angleterre, en Allemagne et jusqu'en Serbie [100].

L'if (gaulois *eburo*) a aussi été très largement employé dans des noms de lieux, car c'était pour les Celtes un arbre sacré. Ce mot celtique a pris des formes différentes selon les diverses prononciations locales et les suffixes ajoutés : *Eburacum* est devenu *York* en Angleterre, *Évreux* et *Embrun* en France, *Évora* au Portugal et *Yverdon* en Suisse. Cette dernière forme ne remonte pas à *Eburacum* mais à *Eburodunum* « la forteresse des ifs », où l'accent se trouvait sur l'avant-dernière syllabe, ce qui a permis à cette syllabe de se maintenir sous la forme *-don*.

En parcourant le petit lexique qui ne réunit qu'un maigre échantillon de vocabulaire celtique avec, en regard, quelques-uns des noms de lieux actuels dans lesquels on peut les retrouver, on pourra se convaincre de l'abondance des traces celtiques dans la géographie de l'Europe.

PETIT LEXIQUE CELTIQUE

Les formes celtiques sont généralement citées sous la forme du radical, ou bien sous leur forme latine attestée ultérieurement, comme *dunum, durum* ou *ritum* (et non pas sous leur forme gauloise *duno, duro, rito*). Les exemples donnés pour illustrer ce lexique sont tous des noms de lieux. Dans certains cas, la forme ancienne est dissimulée par l'évolution phonétique, qui a effacé de nombreuses syllabes. Ex. *Autesiodurum* pour *Auxerre, Iciodurum* pour *Issoire, Bricciodurum* pour *Bressuire* et *Nemetodurum* pour *Nanterre*.

ambe- « rivière ». *Ex.* AMBOISE (France), AMIENS (France).

ande- préfixe augmentatif. *Ex.* ANGERS (France).

avallo- « pomme ». *Ex.* AVALLON (France).

beal- « embouchure ». *Ex.* BELFAST (Irlande).

-bona « fondation, village ». *Ex.* LILLEBONNE (France); BOLOGNE (Italie); BONN (Allemagne).

Borvo « dieu des sources chaudes ». *Ex.* BOURBON-L'ARCHAMBAULT, LA BOURBOULE (France).

briga « hauteur, forteresse ». *Ex.* BREST, BRIANÇON (France); BRAGANCE, COIMBRA (Portugal); BREGENZ (Autriche).

briva « pont ». *Ex.* BRIVE (France).

cambo- « courbe d'un cours d'eau ». *Ex.* CHAMBÉRY, CHAMBORD (France); CAMBRIDGE (Grande-Bretagne).

condate « confluent ». *Ex.* CONDÉ, COSNE (France).

cumba « vallée ». *Ex.* COME (Italie).

dubi- « noir, sombre ». *Ex.* DOUBS (France); DUBLIN (Irlande).

dubron « eau courante ». *Ex.* DOUVRES (Grande-Bretagne).

-dunum « forteresse élevée, hauteur ». *Ex.* AUTUN, DINARD, ISSOUDUN, LAON, LOUDUN, LYON, MELUN, MEUDON, VERDUN (France); DOWN (Irlande); DUNDEE (Grande-Bretagne); LEYDE (Pays-Bas); ZARTEN (Allemagne); LIEGNITZ (Silésie).

-durum « forteresse, village ». *Ex.* AUXERRE, BRESSUIRE, ISSOIRE, ÉVREUX, NANTERRE (France).

eburo- « if (arbre sacré) ». *Ex.* EMBRUN, ÉVREUX, IVRY (France); YORK (Grande-Bretagne); YPRES (Belgique); YVERDON (Suisse).

-ialo « clairière, village ». *Ex.* ARGENTEUIL, AUTEUIL, CREIL, CRÉTEIL (France).

-lano « plaine, clairière sacrée ». *Ex.* MEILLANT, MEULAN (France); MILAN (Italie).

-late « terrain plat, marais ». *Ex.* ARLES (France).

-lindo « eau, étang ». *Ex.* DUBLIN (Irlande).

magos « plaine, marché ». *Ex.* GIEN, MEUNG, NOYON, ROUEN (France); NIMÈGUE (Pays-Bas).

nanto- « vallée ». *Ex.* DINAN, NANTES, NANTUA (France).

nemeto- « sanctuaire, bois sacré ». *Ex.* NANTERRE (France).

petro- « quatre ». *Ex.* PÉRIGUEUX (France).

-rate « rempart ». *Ex.* ARGENTRÉ, CARPENTRAS, TONNERRE (France).

-ritum « gué ». *Ex.* CHAMBORD, NIORT (France).

senon- « vieux ». *Ex.* SENS (France).

verno- « aulne ». *Ex.* VERNON (France); VÉRONE (Italie).

vindo- « blanc ». *Ex.* GUINGAMP, VENDÔME (France); VIENNE (Autriche).

On se familiarisera ainsi avec le sens caché de noms géographiques que nous entendons souvent sans nous douter qu'ils ont un sens précis. Ainsi *Vienne*, c'est la « ville blanche » *(vindobona)*, et *Vérone*, celle des « aulnes » *(vernomago)* (cf. *encadré* PETIT LEXIQUE CELTIQUE).

Désormais mieux informé, on pourra alors se divertir en essayant de trouver la réponse aux questions posées dans l'encadré TROUVEZ L'INTRUS.

Des orateurs de talent, qui écrivaient peu

En dehors des traces laissées dans les noms géographiques, on connaît mal la langue des anciens Celtes, car ils se méfiaient des textes et n'écrivaient que ce qui était sans importance. C'est la raison pour laquelle leur religion et tout le savoir des druides, les longs poèmes épiques des bardes et les récits des exploits de leurs ancêtres étaient transmis uniquement par voie orale. Jules César précise même que certains des futurs druides passaient jusqu'à vingt ans à l'école pour apprendre par cœur des dizaines de milliers de formules sacrées [101], un tabou religieux leur interdisant de les consigner par écrit.

Récréation

TROUVEZ L'INTRUS

I. Parmi ces 6 noms de lieux, un seul **n'est pas** d'origine celtique. Lequel?

1. Belfast (Irlande)   4. Coimbra (Portugal)
2. Brive (France)   5. Vérone (Italie)
3. Chester (Grande-Bretagne)   6. Yverdon (Suisse)

II. Parmi ces 6 noms de lieux, un seul **est** d'origine celtique. Lequel?

1. Tarascon   4. Naples
2. Gibraltar   5. Paris
3. Munich   6. Rugby

III. Quelle est l'origine des autres noms? (Question réservée aux passionnés de toponymie qui reviendraient sur ce chapitre après avoir lu tous les autres.)

Réponses : I : 3 – II : 5 – III 1. origine ligure (cf. ch. AUTOUR DU FRANÇAIS), 2. arabe (cf. ch. AUTOUR DE L'ESPAGNOL), 3. gréco-latine (cf. ch. LES LANGUES GERMANIQUES, § L'héritage latin) 4. grecque (cf. ch. AUTOUR DU GREC), 5. celtique (cf. ci-dessous § Les deux vagues de l'expansion celtique), 6. scandinave (cf. ch. AUTOUR DE L'ANGLAIS).

Il existe néanmoins des traces écrites des anciens Celtes. Ce sont des inscriptions votives, des devises sur des pièces de monnaie ou des comptes de marchands, ainsi qu'un texte un peu plus fourni, le calendrier de Coligny (Ain). Mais, qu'ils aient été trouvés en Gaule ou dans les îles Britanniques, tous ces textes sont très brefs et toujours anodins. Ils sont rédigés le plus souvent au moyen de l'alphabet latin, quelquefois de l'alphabet grec (dans le sud de la Gaule transalpine) ou encore de l'alphabet étrusque (dans le nord de l'Italie, en Gaule cisalpine).

Plus insolites, quelques centaines d'inscriptions proprement celtiques sont gravées dans une écriture tout à fait originale et au nom mystérieux : l'écriture ogamique.

Une écriture énigmatique : l'ogam

Ces inscriptions, difficiles à dater, mais qui, pour la plupart, semblent remonter au ve siècle apr. J.-C., ont été découvertes uniquement dans les îles Britanniques [102].

Celles qui ont été trouvées dans le pays de Galles sont particulièrement intéressantes : accompagnées de leur traduction latine en alphabet romain, elles ont pu être déchiffrées. Ce sont de laconiques inscriptions funéraires, toutes gravées sur pierre ou sur bois, de caractère magique, et dont l'interprétation était réservée aux druides [103].

L'alphabet de base, probablement inventé plusieurs siècles auparavant [104], consiste en des encoches pratiquées sur les arêtes des pierres. Selon que l'on utilisait le côté droit ou le côté gauche, ou encore les deux côtés de l'arête, avec une, deux, trois, quatre ou cinq entailles, on représentait les quinze consonnes de cet alphabet, tandis que les voyelles, au nombre de cinq, étaient figurées par des encoches beaucoup plus petites, sur l'arête elle-même (cf. *encadré* LES CELTES AVAIENT AUSSI UNE ÉCRITURE À EUX).

Malgré leur brièveté – généralement un nom propre suivi de *inigena* « fille de » ou, plus souvent, de *maqqi* ou *maqi* « fils de » –, le déchiffrement des inscriptions ogamiques est instructif, puisqu'il permet en particulier de relier cette information aux noms de famille commençant si souvent par *Mac* en Irlande et en Écosse. Comme ces pierres gravées s'étalent sur une période d'un peu plus de deux siècles, on peut aussi y suivre l'évolution phonétique de la langue : sur les stèles les plus anciennes, les formes des mêmes mots sont beaucoup plus longues que sur les stèles les plus récentes. On constate ainsi que la langue, entre-temps, avait perdu ses syllabes finales [105].

Cet alphabet, peut-être utilisé à des fins cryptiques, a été abandonné au viie siècle apr. J.-C., et c'est uniquement avec l'alphabet latin que les premiers textes celtiques ont finalement été écrits [106].

LES CELTES AVAIENT AUSSI UNE ÉCRITURE À EUX

Environ 360 inscriptions celtiques, rédigées dans une **écriture** particulière, dite **ogamique**, ont été retrouvées dans les îles Britanniques, gravées sur les arêtes de blocs de pierre. Les consonnes y sont représentées par de longues entailles perpendiculaires à l'arête, d'un seul côté ou se prolongeant des deux côtés, parfois en biais. Des encoches plus petites, sur l'arête elle-même, figurent les cinq voyelles de cet alphabet [107].

On remarquera l'absence de la lettre P, inutile en celtique ancien, et l'existence d'un signe particulier pour Ng, différent à la fois de N et de G.

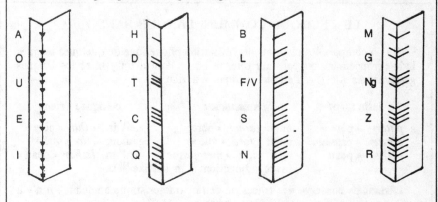

Avec un procédé aussi peu économique, ce sont des tonnes de pierres qui auraient été nécessaires pour écrire la moindre phrase, et on comprend que cet alphabet n'ait été utilisé que pour de brèves inscriptions funéraires.

Spécificité du celtique

Ce qui permet de reconnaître l'ancien celtique parmi les autres langues indo-européennes, c'est en particulier, comme on peut le constater dans l'écriture ogamique, l'absence de la consonne /p/ dans le vocabulaire indo-européen originel.

Certains noms géographiques encore en usage aujourd'hui permettent de vérifier cette particularité. Ainsi la préposition signifiant « devant, à côté de », qui se disait *para* en grec, avec un /p/ à l'initiale, est représentée en ancien celtique par *are*, sans /p/. On peut la reconnaître dans *Armorique* = *are-moricum* « (région) près de la mer ». L'absence du /p/ peut aussi être constatée dans la forme ancienne de *Arles*, qui était *Arelate* « (la ville) près de la plaine », où *are* correspond au *para* grec, et *late* à une racine indo-européenne *pla-* correspondant à « ce qui est plat, étendu [108] ».

C'est encore l'absence de /p/ initial qu'il faut évoquer lorsque l'on examine les nombreux toponymes celtiques en *-rito* (ou en *-ritum*, forme latinisée de *rito*). Ce mot, qui signifie le « gué », a un équivalent latin avec un /p/ : *portus*, d'abord « passage », puis « port ». L'ancienne forme de *Niort* (Aude) est *Anderitum*, où *ande* est une particule intensive et *ritum* le « gué », donc « le grand gué », tandis que celle de *Niort* (Deux-Sèvres) serait *Novioritum* « le nouveau gué ». De la même façon, *Chambord* (Loir-et-Cher) vient de *cambo* + *rito* « le gué de la courbe ». On retrouve ce même *rito*, sous sa forme latinisée *ritum*, dans l'ancien nom de *Limoges, Augustoritum* « le gué de l'empereur Auguste [109] » (cf. *encadré* LE CELTIQUE COMMUN, LANGUE SANS /p/).

LE CELTIQUE COMMUN, LANGUE SANS /p/

Si l'on compare les résultats de l'évolution phonétique de quelques langues indo-européennes, on constate que, là où le **latin** a un /p/ et les langues **germaniques** un /f/, l'**ancien celtique** n'a rien.

latin : /p/		**germanique :** /f/		**celtique :** (rien)	
pater	« père »	angl. *father* « père »		vieil irl. *athir* « père »	
portus	« passage »	angl. **ford* « gué »		gaulois *rito* « gué »	
pellis	« peau »	angl. *film* « *membrane* »		vieil irl. *lethar* « peau »	
		(avec adjonction d'un suffixe [110]).			

L'**irlandais** conserve des traces de cette caractéristique ancienne : il n'y a pas de /p/ à l'initiale de *iasc* « poisson »

athair « père »

lán « plein ».

En **breton** et en **gallois**, le /p/ provient d'une évolution de /kʷ/.

Celtique en /q/ et celtique en /p/

En fait, les choses ne sont pas aussi simples car, en observant les variétés issues de cette langue celtique ancienne commune, on peut constater que pour un même mot elles ne présentent pas la même consonne initiale : « quatre » se dit *ceathair* (sans /p/) en irlandais moderne, mais les formes correspondantes en gallois *(pedwar)* et en breton *(pevar)* commencent par un /p/. Cette correspondance se vérifie dans beaucoup d'autres mots : « cinq », c'est *cuig* en irlandais, mais *pump* en gallois, *pemp* en breton. On retrouve aussi ce même /p/ dans le gaulois *petro-* « quatre », qu'on peut deviner dans *Périgord* et *Périgueux,* de *Petrocorii* « quatre armées ». Il y a donc aujourd'hui des langues celtiques en /p/ (gallois, breton, cornique), et des langues celtiques en /q/ (écrit *c* en irlandais).

Ces correspondances ont conduit les spécialistes de la grammaire comparée et de la reconstruction des langues à postuler un /kʷ/ en indo-européen, d'autant plus que pour ces mêmes mots le latin avait un /kw/ : *quattuor* « quatre », *quinque* « cinq [111] ».

C'est ce /kʷ/ qui a évolué d'une part en /k/, de l'autre en /p/.

SAINT PATRICK, PATRON DES IRLANDAIS

On connaît l'histoire romanesque de saint Patrick : né vers 390 de notre ère, au pays de Galles, il avait été enlevé par des pirates à l'âge de seize ans, puis libéré six ans plus tard, et avait été nommé évêque en 432, juste avant de partir évangéliser l'Irlande. Ce que l'on ne sait généralement pas, c'est qu'en Irlande on ne l'appelait pas *Patrick*, mais *Cothraige* : les habitants de l'île avaient remplacé tout naturellement le /p/ gallois par le /k/ irlandais, tant ils étaient habitués aux transpositions de ce type (*pump* « cinq » en gallois = *cúig* en irlandais ; *pedwar* « quatre » en gallois = *ceathair* en irlandais et ainsi de suite). Lorsqu'ils avaient emprunté au latin le mot *Pascha* « Pâques », ils en avaient fait le mot irlandais *cásc*. Quant au mot *clann* « enfants, famille », qui a été ultérieurement emprunté par le français sous la forme *clan*, les Irlandais l'avaient eux-mêmes emprunté au latin *planta* « plante ».

Comment expliquer ces divergences ?

Le non-spécialiste pourrait légitimement s'étonner que *pemp* en breton et *cúig* en irlandais – qui signifient tous deux « cinq » – proviennent de la même racine, autrement dit que /p/ et /k/ sont issus d'une même consonne indo-européenne. Mais si on lui précise que cette consonne était à l'origine un /kʷ/, ces divergences lui sembleront moins aléatoires. En effet, pour prononcer /kʷ/ (comme dans le français *équateur,* l'italien *quaderno* ou l'espagnol *cuando*), l'articulation est complexe, c'est-à-dire qu'elle se produit à deux points du chenal vocal : au niveau du voile du palais, comme au début du français *cahier*, et au niveau des lèvres, qui s'arrondissent et se rapprochent, comme dans le français *oui*. On conçoit dès lors qu'une partie de la population – en particulier les ancêtres des Irlandais – ait pu simplifier l'articulation complexe /kʷ/ en privilégiant l'articulation vélaire /k/ (« tête » se dit *ceann* en irlandais), tandis que l'autre – par exemple les ancêtres des Bretons continentaux – avait adopté l'articulation labiale : si on accentue l'arrondissement des lèvres, elles se touchent, et on réalise un /p/ (« tête » se dit *penn* en breton).

Les deux vagues de l'expansion celtique

L'explication articulatoire est certes convaincante, mais une autre question demeure néanmoins : comment une même population

celtique a-t-elle pu connaître des évolutions phonétiques aussi différentes?

La réponse est qu'il ne s'agit pas en fait de la même population.
Il faut en effet se rappeler que l'expansion celtique s'est faite en
deux temps, à plusieurs siècles de distance, de sorte que les premiers
à se déplacer n'ont pas connu l'évolution ultérieure qu'a subie la partie de la population restée sur place.

Tous les Celtes à l'origine réalisaient probablement de façon très
faible le /p/ indo-européen, si bien qu'il n'était perçu que comme un
simple souffle, /h/. On trouve d'ailleurs des traces de ce stade intermédiaire dans le nom de la forêt de chênes, dite *hercynienne,* en
Allemagne moyenne, berceau des Celtes. La forme indo-européenne
ancienne du radical de ce mot était sans doute **perkʷus* (que l'on
retrouve sous la forme latine *quercus* « chêne »). Cet /h/ très faible
a fini par disparaître complètement chez les Celtes, et c'est donc une
langue sans /p/ que parlait la première vague celtique qui s'était
dirigée vers l'ouest. Elle est représentée aujourd'hui par le gaélique
d'Irlande, d'Écosse et de l'île de Man.

Quelques siècles plus tard, les populations celtiques restées sur
place se déplacent à leur tour, mais entre-temps leurs langues avaient
évolué : elles avaient acquis un /p/, issu du /kʷ/ indo-europeéen.
C'est ce /p/ que l'on retrouve en breton, en gallois, en cornique.

Quant au gaulois, les deux vagues celtiques, en traversant la
Gaule, y ont laissé des formes qui se sont superposées. De sorte
qu'on trouve des formes comme *Sequana* « la Seine », où le /kʷ/
indo-européen s'est maintenu (première vague), et des formes où le
/kʷ/ a évolué en /p/, comme *Epona,* déesse gauloise toujours représentée à cheval, où l'on reconnaît l'équivalent du latin *equus* « cheval »[112], ou encore comme *Parisii* (la peuplade gauloise qui a donné
son nom à *Paris*) qui a finalement éliminé une forme *Quarisii,* plus
ancienne.

En remontant à l'indo-européen, on peut résumer toutes ces évolutions phonétiques de la manière suivante :

/p/ indo-européen	est resté /p/ en **grec**	Ex. *para* « près de »	
	a été éliminé en **celtique ancien**	Ex. *are* « près de »	
	(irlandais moderne :	*athir* « père »);	
/kʷ/ indo-européen	est resté /kʷ/ en **latin**	Ex. *quinque* « cinq »	
	a évolué en /k/ en **irlandais**	Ex. *cúig* « cinq »	
	a évolué en /p/ en **gallois**	Ex. *pump* « cinq »	
	en **breton**	Ex. *pemp* « cinq ».	

Langues celtiques de part et d'autre de la Manche

C'est sur ce trait de la prononciation que repose la division traditionnelle des langues celtiques en deux groupes, selon qu'elles avaient ou n'avaient pas de /p/ à date ancienne :

— d'un côté le **goïdélique** ou **gaélique** (sans /p/). Il est aujourd'hui représenté par les variétés parlées en Irlande, dans l'île de Man, dans les Hébrides et dans les montagnes d'Écosse;

— l'autre groupe, dit **brittonique**, réunit les idiomes du pays de Galles, du Cornwall et de la Bretagne actuelle. A l'origine, le brittonique était également parlé dans tout le sud-est de l'Angleterre : de nombreux noms de montagnes, de fleuves et de forêts en font foi [113]. (cf. *carte* LES LANGUES CELTIQUES DANS LES ÎLES ET SUR LE CONTINENT).

GAÉLIQUE, GAULOIS, GALLOIS...

Selon que l'on parle des langues celtiques anciennes ou contemporaines, on emploie des termes différents.

LANGUES ANCIENNES

Le **celtique** se subdivise en :
goïdélique (ou **gaélique**), qui correspond aux parlers d'Irlande et d'Écosse
celtibère, qui n'a pas survécu
brittonique, dont fait partie le **gaulois**.

LANGUES CONTEMPORAINES

Le **celtique insulaire** :
irlandais (Irlande)
gaélique * (Écosse)
manxois (île de Man)
cornique (Cornwall)
gallois (pays de Galles)

Le **celtique continental** :
breton (France).
Les subdivisions traditionnelles en **cornouaillais, léonard, trégorrois** et **vannetais** correspondent en fait essentiellement aux divisions ecclésiastiques et féodales de la Basse Bretagne, mais elles sont difficiles à justifier linguistiquement [114], en dehors du haut-vannetais.

* Le gaélique, qui à l'origine était un terme générique, est aujourd'hui de préférence réservé à la langue celtique d'Écosse, bien que l'irlandais et le manxois soient en fait des variétés de gaélique.

LES LANGUES CELTIQUES
DANS LES ÎLES ET SUR LE CONTINENT

Les parties en noir correspondent à des régions où des langues celtiques sont encore parlées quotidiennement par une partie de la population, mais dans la République d'Irlande, l'irlandais est enseigné à tous. Dans les parties quadrillées (île de Man et Cornwall), après une interruption de la transmission directe, l'enseignement a pris le relais [115].

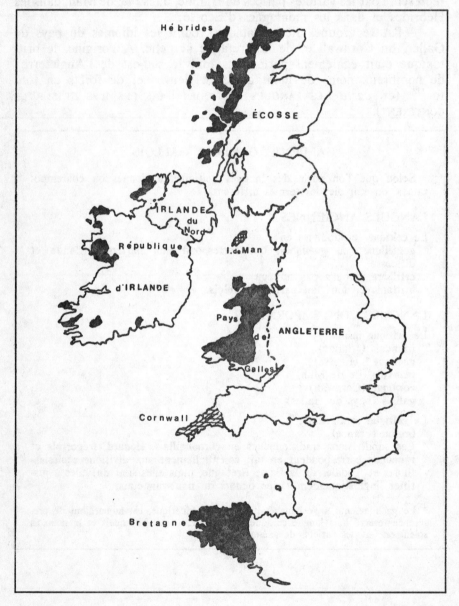

Les langues celtiques et leurs consonnes

En dépit de ces différences phoniques très marquées, les langues celtiques ont longtemps été très proches les unes des autres. Elles se sont ensuite subdivisées en variétés régionales, si bien qu'aujourd'hui l'irlandais est bien différent du gaélique d'Écosse qui, à son tour, ne se confond pas avec le manxois, et encore moins avec le gallois, le cornique ou le breton.

Mais il est une particularité grammaticale qui les réunit toutes et qui donne aux langues celtiques modernes un caractère tout à fait original. Elle porte le nom savant de *mutations consonantiques* ou encore de *lénition*.

Sous ce terme un peu rébarbatif, il faut entendre que certaines consonnes sont susceptibles de s'affaiblir en fonction du mot qui précède ou, plus exactement, selon la forme phonique ancienne qu'avait ce mot, et non pas selon sa forme phonique actuelle.

Si, dans toutes les langues, on peut s'attendre à ce que des mots, sans changer de sens, changent de forme selon le contexte (*je peux* et *puis-je?* en français), cette modification n'affecte généralement pas la consonne initiale : *mille* commence toujours par un *m* en français et *thousand* toujours par *th* en anglais. Ce n'est pas le cas dans les langues celtiques, par exemple en breton, où le mot *mil* « mille » devient *vil* lorsqu'il est précédé de *daou* « deux » : *daou vil* « deux mille ». Mais ce qui est particulier, c'est que tous les mots terminés par *ou* n'entraînent pas le changement en *v* de tous les mots commençant par *m*. Ce n'est pas le contexte phonique actuel qui détermine cette modification de la consonne suivante, mais la classe grammaticale du mot précédent.

Toujours en breton, le mot qui désigne la « tête » peut avoir trois formes différentes *penn, benn* ou *fenn*, selon que le mot qui précède est l'adjectif possessif de 2ᵉ personne du pluriel, de 2ᵉ personne du singulier ou de 3ᵉ personne du pluriel : « votre tête », c'est *ho penn* (avec un *p*), « ta tête », c'est *da benn* (avec un *b*) et « leur tête », c'est *o fenn* (avec un *f*).

De manière analogue, le mot qui désigne la « maison » peut se trouver sous les formes *ti, zi* ou *di*. Si rien ne précède le mot, la forme est *ti*, par exemple *ti kozh* « maison ancienne ». Mais la consonne initiale devient *z* avec le possessif de 1ʳᵉ personne du singulier, dans *ma zi* « ma maison », et se change en *d* dans *daou di* « deux maisons ».

C'est toujours le mot précédent qui provoque la mutation sur le mot suivant, mais seuls certains types de mots entraînent cette mutation – ceux qui, anciennement, comportaient certaines articulations phoniques –, et seulement dans certaines conditions. Ainsi la consonne de l'adjectif épithète subit la mutation, mais uniquement si cet adjectif qualifie un nom qui est féminin : *bras* « grand » reste *bras* dans *ar mor bras* « la grande mer, l'océan », parce que *mor* est du masculin, tandis qu'il devient *vras* pour qualifier *moger* « mur » qui est du féminin. « Un grand mur » se dit : *ur voger vras* avec mutation à la fois pour le nom après l'article et pour l'adjectif épithète d'un nom féminin.

Comment chercher un mot dans un dictionnaire ?

Il faut donc déjà avoir quelques notions de grammaire bretonne avant de pouvoir consulter avec succès un dictionnaire : savoir en particulier qu'un *f* ou un *b* au début d'un mot peut en réalité renvoyer à un *p*, comme dans le cas de *penn* « tête ». On chercherait en vain les variantes *fenn* et *benn* : elles ne figurent pas dans les entrées d'un dictionnaire breton. De même, on ne trouvera pas *di* ou *zi* pour « maison » mais seulement *ti*. Enfin il faut se méfier des mots commençant par *v* : ce *v* pourrait bien n'être qu'un *m* déguisé, et *vil* devra être cherché à *mil*.

Voilà de quoi exercer les talents des détectives amateurs, qui seront soulagés d'apprendre qu'en breton seules sept consonnes sont soumises à ces phénomènes de mutation : *p, t, k ; b, d, g* et *m*. Ensuite, ils n'auront plus qu'à apprendre la liste des mots après lesquels les mutations se produisent, les cas où la mutation joue un rôle grammatical important et ceux où elle n'est qu'un phénomène de liaison.

L'IRLANDAIS

L'irlandais, première langue officielle d'Irlande

Parmi les langues celtiques encore vivantes, l'irlandais est la seule à bénéficier aujourd'hui d'un statut privilégié. Elle est même, selon la Constitution de la République d'Irlande, la « première » langue officielle. Mais cet avantage paraît bien dérisoire lorsqu'on constate que c'est l'anglais, la deuxième langue officielle, qui est la langue quotidienne de la totalité des habitants, alors que l'irlandais n'est le plus souvent qu'une seconde langue, apprise à l'école.

Pourtant, depuis son annexion par l'Angleterre, qui remonte à la fin du XIIᵉ siècle, l'Irlande avait pu, pendant plus de sept siècles, maintenir vivante sa langue vernaculaire (cf. *encadré* LA RÉPUBLIQUE D'IRLANDE ET SES LANGUES).

Flux et reflux de l'irlandais

Un siècle après la conquête normande de l'Angleterre, Henry II Plantagenêt organise une invasion de l'Irlande, et, en 1171, il annexe l'île purement et simplement, mettant ainsi l'Irlande sous administration anglo-normande. Mais, pendant les trois siècles suivants, et malgré l'obligation qui était faite aux Irlandais d'adopter l'anglais sous peine de perdre leurs terres, c'est au contraire l'irlandais qui prospère et qui agrandit son domaine, repoussant la langue anglaise vers l'extrémité est de la côte. L'anglais était encore si peu connu au XVIe siècle que, lorsque Henry VIII est proclamé roi d'Irlande en 1541, son discours, pour pouvoir être compris, avait dû être traduit en irlandais [116].

La tendance devait cependant bientôt s'inverser, en faveur de l'anglais cette fois. Lentement d'abord car, en 1600, l'anglais n'était encore parlé que par une petite minorité d'Irlandais, et il faudra attendre deux siècles pour qu'il devienne la langue quotidienne de la moitié de la population [117].

LA RÉPUBLIQUE D'IRLANDE ET SES LANGUES

POPULATION : 3 790 000 habitants.

LANGUES OFFICIELLES :
– **irlandais**, langue celtique. Art. 8 de la Constitution : « The Irish language as the national language is the first official language [118]. » Officiellement, on appelle *Gaeltacht* les 7 comtés au nord-ouest, à l'ouest et au sud-ouest de l'Irlande où l'irlandais se parle quotidiennement

– **anglais**, langue germanique de l'ouest, groupe anglo-frison, parlée par l'ensemble de la population.

Avec l'arrivée, pendant la première moitié du XIXe siècle, de propriétaires anglais dans les terres de la vieille aristocratie irlandaise, va s'accélérer le recul, puis l'éviction de la langue irlandaise de tout écrit légal ou administratif. Dans l'est et le nord-est d'abord, tous ceux qui réussissent dans la vie sociale abandonnent alors progressivement l'usage de l'irlandais, qui reste la langue quotidienne des paysans, des pauvres et des illettrés. Cette situation demeurera celle de l'Irlande jusqu'au milieu du XIXe siècle.

A partir de cette date, le processus de désaffection de l'irlandais devient une réalité. Il est facilité par l'installation dans toute l'Irlande d'un grand nombre d'écoles anglaises, où l'on interdisait formellement aux enfants de parler irlandais. La méthode était cruelle : chaque élève portait autour du cou une sorte de plaquette, appelée *scoreen*, sur laquelle le maître d'école faisait une encoche chaque fois que l'élève laissait échapper un mot en irlandais. Au bout d'un certain nombre d'encoches, l'enfant recevait une correction. Des méthodes semblables étaient utilisées à la même époque aussi bien au pays de Galles, où l'on appelait cette pratique le *Welsh not*, pour éradiquer le gallois, que dans

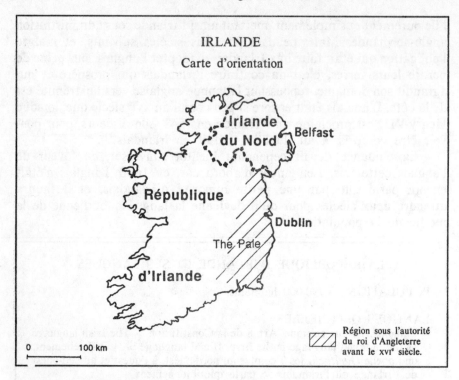

IRLANDE
Carte d'orientation

Irlande
du Nord   Belfast

République

Dublin

The Pale

d'Irlande

0   100 km

Région sous l'autorité
du roi d'Angleterre
avant le XVIᵉ siècle.

les écoles de France pour lutter contre toutes les langues régionales. En Bretagne, on appelait *symbole* un objet souvent repoussant, qui était transmis d'un élève à l'autre chaque fois que l'un d'entre eux disait un mot en breton. Et l'enfant qui avait la malchance d'avoir été le dernier à recevoir le *symbole* au moment où sonnait la cloche de la récréation était alors puni.

Un autre événement a eu des conséquences particulièrement dramatiques pour la langue irlandaise : la grande famine de 1845, pendant laquelle on estime qu'un million et demi d'habitants ont péri. Un autre million, parmi les survivants les plus pauvres – et qui étaient aussi ceux qui avaient continué à parler irlandais –, n'ont trouvé d'espoir que dans l'émigration vers les États-Unis [119].

Une fois en Amérique, ils avaient abandonné leur langue irlandaise au bout d'une génération, mais ils avaient donné un nouveau mot à la langue anglaise : *phoney*. Cet adjectif, qui signifie « faux, factice, en toc », est une adaptation de l'irlandais *fáinne* « bagues », les seuls bijoux que ces immigrants démunis avaient à offrir en gage étant leurs pauvres bagues sans valeur [120].

Depuis le milieu du XIXᵉ siècle, on connaît un peu plus précisément le nombre de personnes qui parlent, ou plutôt qui peuvent parler l'irlandais. En tant que première langue officielle, la langue irlandaise est actuellement enseignée dans toutes les écoles d'État, où des efforts ont dû être faits pour enseigner une langue plus uniformisée. En effet, jusqu'à une date récente, les manuels scolaires étaient publiés en trois versions différentes, fondées sur l'irlandais de Connacht, de Munster et d'Ulster.

Par le recensement de 1971, on sait que 790 000 personnes déclaraient pouvoir parler l'irlandais [121], mais il faut tenir compte du fait qu'il ne s'agit pas toujours de la langue quotidienne mais d'un mode de communication occasionnel. Selon ce même recensement de 1971, on estimait à 120 000 le nombre de personnes parlant réellement quotidiennement l'irlandais [122] (cf. *encadré* LES IRLANDOPHONES).

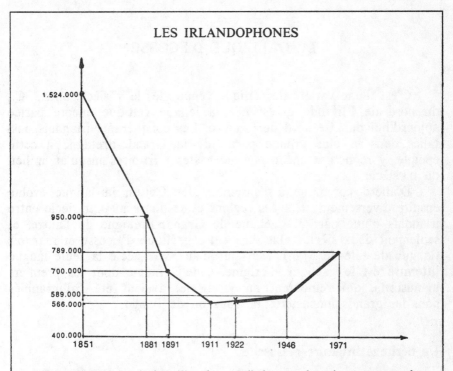

LES IRLANDOPHONES

On constate, à partir du milieu du XIXe siècle, une chute importante, qui se poursuit plus lentement au début du XXe siècle.

Après 1922, date de l'indépendance (marquée par une croix sur le graphique), des efforts ont été multipliés pour l'enseignement de l'irlandais, ce qui explique la remontée de la courbe, mais cela signifie aussi qu'à partir de cette date les chiffres donnés mêlent les irlandophones de naissance et les personnes pour lesquelles l'irlandais est une langue apprise à l'école (ligne renforcée sur le graphique [123]).

Les seuls Irlandais pour qui la langue irlandaise est d'un usage quotidien se trouvent, selon la thèse officielle, aujourd'hui dispersés dans de petites communes dans l'ouest et le sud-ouest du pays, situées dans sept districts officiellement désignés comme composant le *Gaeltacht* « pays des Gaëls » où, sur une population de 20 000 habitants, 17 000 sont irlandophones, mais tous bilingues [124].

La situation est en fait plus complexe car, si selon les derniers recensements un million de personnes sont aptes à parler l'irlandais, elles le font avec des compétences diverses.

Grâce aux moyens mis en œuvre par l'État, la première langue de la République d'Irlande cessera-t-elle d'être pour la majorité des Irlandais quelque chose de plus qu'une institution symbolique et redeviendra-t-elle un jour la langue courante de tous les Irlandais?

LE GAÉLIQUE D'ÉCOSSE

C'est d'une variété de celtique venue, dès le vᵉ siècle apr. J.-C., du nord de l'Irlande qu'est née la langue celtique encore parlée aujourd'hui dans le nord de l'Écosse. Les conquérants irlandais, installés dans la plus grande partie de la Grande-Bretagne à cette époque, y régneront encore sur de vastes territoires jusqu'au milieu du ixᵉ siècle.

D'abord commune à l'ensemble des Celtes, la langue évolue ensuite diversement selon les régions et se divise au xiiiᵉ siècle entre irlandais d'une part et gaélique de Grande-Bretagne de l'autre, et seulement deux siècles plus tard entre gaélique d'Écosse et manxois (langue de l'île de Man). Mais jusqu'au xviiiᵉ siècle la seule langue littéraire est le gaélique d'origine, celle-là même dont les premiers manuscrits, qui remontent au viiᵉ siècle, avaient été calligraphiés dans les grands monastères de Iona ou de Bangor [125].

Un héritage littéraire ressuscité

Pendant des siècles, cette littérature celtique, qui devait par la suite exercer un véritable envoûtement sur la littérature romantique européenne, était pourtant restée complètement ignorée du reste du monde. Elle décrivait les origines mythiques de l'Irlande, puis les aventures, aux iiᵉ et iiiᵉ siècles de notre ère, des chevaliers errants Finn et Ossin (plus connus sous les noms de Fingal et de son fils Ossian), enfin la lutte des Irlandais contre les peuples scandinaves venus de Norvège, de la fin du viiiᵉ au début du xiᵉ siècle apr. J.-C.

Ces récits, qui mêlent histoire et légende dans une atmosphère poétique et sauvage, auraient peut-être été oubliés à jamais si un jeune instituteur écossais d'origine paysanne, James Macpherson, n'avait, à la fin du XVIIIe siècle, publié, en anglais, ce qu'il prétendait être la traduction de ballades gaéliques très anciennes, retrouvées dans les régions montagneuses du nord de l'Écosse : en 1760 paraissaient les *Fragments of Ancient poetry collected in the Highlands of Scotland*, puis, l'année suivante, *Fingal, an epic poem in six books together with several other poems composed by Ossian, the son of Fingal, translated from the Gaelic language by James Macpherson*, et enfin, deux ans plus tard, un troisième recueil, intitulé *Temora*. L'auteur de ces poèmes en aurait été Ossian, guerrier plus ou moins mythique du IIIe siècle, dont Macpherson fait un poète qui, devenu vieux et aveugle, se console en chantant les exploits de son père Fingal et de ses ancêtres.

Par un raccourci hardi, Macpherson écrase dix siècles d'histoire et fait de ses héros des contemporains les uns des autres; il y ajoute généreusement des traits de son génie personnel [126] et, ce faisant, provoque par ses publications la plus belle tempête du siècle dans le monde des lettres.

Imposture ou coup de génie ?

En effet, dès la parution de ces prétendues traductions, une controverse éclate sur l'authenticité de ces œuvres, mise en doute par une partie de la critique et en particulier par le célèbre lexicographe Samuel Johnson, qui faisait alors la pluie et le beau temps dans les milieux littéraires britanniques.

L'imposture était réelle, mais digne d'admiration car, dans sa pseudo-traduction, Macpherson avait fait œuvre poétique en adaptant, en complétant et en mettant en forme de vieilles ballades celtiques oubliées mais authentiques. Il avait effectivement retrouvé des fragments de manuscrits anciens, mais il avait surtout parcouru les Highlands, en recueillant de la bouche des habitants [127] des récits historiques, des contes, des légendes, des poèmes, des chansons qui, depuis la nuit des temps, se transmettaient de génération en génération par voie orale. Et il avait su en exprimer avec fougue tout le charme sauvage.

Parce que cette poésie des brumes et des tempêtes correspondait probablement à la sensibilité du temps, le scandale n'empêcha pas le succès, qui fut immédiat, non seulement en Grande-Bretagne, mais en France, en Italie, en Allemagne et plus tard aux États-Unis. L'influence des poèmes d'Ossian a finalement pris de telles proportions qu'on a pu y voir l'une des sources les plus fécondes du mouvement romantique du XIXe siècle [128] (cf. *encadré* OSSIAN ET SES ADMIRATEURS).

Traduit de son vivant dans dix langues étrangères, riche et

célèbre, Macpherson allait aussi jouer un rôle politique : devenu membre de la Chambre des communes, il sera enterré à Westminster, parmi les rois et les poètes.

OSSIAN ET SES ADMIRATEURS

La publication des poèmes d'Ossian a peut-être été la plus réussie et la plus réjouissante imposture littéraire de tous les temps : tirées de l'oubli par un authentique poète écossais nommé **Macpherson** et qui signait **Ossian**, les plus vieilles légendes celtiques, traduites en anglais par ses soins, ont été les sources d'inspiration des personnalités les plus marquantes de la fin du xviiie siècle et du début du xixe siècle :

- **Byron, William Blake, Coleridge** et même **Wordsworth** (qui ne l'a jamais aimé) ont été influencés par les poèmes d'Ossian ;
- **Turgot** et **Diderot** les traduisent en français peu après leur publication en anglais ;
- **Goethe, Schiller, Lessing, Klopstock** ; **André Chénier, Chateaubriand, Madame de Staël, Musset, Lamartine** en font leur modèle ; **Stendhal** le lit aussi, mais on ne sait pas ce qu'il en pensait ;
- les peintres français **Ingres, Gérard, Gros, Girodet** y puisent des sujets de tableaux ; **Beethoven, Brahms, Haydn, Mendelssohn, Schubert** s'en inspirent dans leurs compositions musicales.

Mais l'homme qui a le plus admiré Ossian est peut-être **Napoléon**, qui, lorsqu'il partait en campagne, emportait toujours la traduction italienne de ses poèmes, et qui disait : « J'aime Ossian pour la même raison que j'aime les murmures du vent et les vagues de la mer. »

Vie et déclin du gaélique d'Écosse

La langue gaélique devait résister moins longtemps en Écosse qu'en Irlande, car c'est dès le xie siècle que l'anglais s'introduit dans l'aristocratie de ce royaume : le dernier roi d'Écosse dont la langue maternelle était le gaélique meurt en 1093. Dans le peuple, la récession du gaélique commence au xiiie siècle, d'abord dans les Lowlands, où, en 1300, la plus grande partie de la population est déjà anglicisée. La proportion de personnes parlant le gaélique se réduit progressivement au cours des siècles suivants, au point qu'au début des temps modernes seules les îles occidentales et les Highlands constituent le dernier bastion du gaélique d'Écosse. Pourtant, lorsqu'en 1773 de nombreux Écossais des Highlands avaient émigré dans l'île du Cap-Breton en Nouvelle-Écosse (Canada), ils étaient encore en grande partie de langue gaélique, et en 1931 ils étaient 30 000 à pouvoir encore parler cette langue dans leur île lointaine. Mais, vingt ans plus tard, ils n'étaient plus que 7 000, et depuis ce nombre n'a pas cessé de décroître [129].

On pourrait, comme pour l'irlandais, tracer la courbe descendante du nombre de locuteurs de gaélique d'Écosse en Europe depuis le début du XIXᵉ siècle. On se contentera seulement d'indiquer qu'il est passé de 335 000 en 1801 à 231 000 cent ans plus tard, et que, dès le milieu du XIXᵉ siècle, la majorité des Écossais était devenue bilingue. En 1961, il ne restait que 81 000 personnes pouvant s'exprimer en gaélique, dont moins de 1 000 étaient des unilingues [130].

LE CORNIQUE

Le cornique tient une place à part parmi les langues celtiques, car la langue parlée aujourd'hui dans le Cornwall n'est pas l'aboutissement direct de la langue parlée traditionnellement dans la région. On pense en effet que les derniers locuteurs ayant le cornique comme langue maternelle sont morts avant le début du XIXᵉ siècle. On a même cru que Dolly Pentreath, décédée en 1780, était la dernière, mais à cette époque elle était simplement parmi les dernières [131]. Au début du XIXᵉ siècle, un religieux de Bath, parti en 1808 à la recherche des derniers locuteurs de cornique, n'a pas réussi à en trouver un seul [132].

Du fait de son isolement à l'extrême pointe occidentale de la Grande-Bretagne, le Cornwall n'avait pas pu résister plus longtemps à la présence de plus en plus envahissante de l'anglais.

A l'origine du cycle breton

Le Cornwall faisait jadis partie d'un territoire beaucoup plus vaste, qui comprenait aussi le Devon et une fraction du Somerset, mais, après la conquête romaine, toute la région orientale avait été occupée par les Saxons.

C'est pendant la lutte contre la domination saxonne, à partir du VIIᵉ siècle, que sont nées les légendes du roi Arthur et des Chevaliers de la Table ronde, de Lancelot du Lac ou de Tristan et Yseult, qui constituent ce qu'on a appelé le « cycle breton » et qui ont ensuite fait le tour du monde. Selon la tradition, ces légendes faisaient l'objet de longs poèmes transmis oralement dans tout le domaine celtique. A partir du XIIIᵉ siècle, elles ont été adaptées en anglais et en français, et c'est seulement grâce à ces nouvelles versions que ces légendes, celtiques à l'origine, ont pu se répandre jusqu'à nos jours (cf. *encadré* TRISTAN ET YSEULT).

TRISTAN ET YSEULT

C'est dans le Cornwall, au sud-ouest de l'Angleterre, que prend naissance l'une des plus célèbres histoires d'amour, entre Tristan, neveu du roi Marc, et Yseult la blonde, l'épouse du roi. Elle a pour origine une vieille légende celtique, mais où Tristan s'appelait Diarmaid et où Yseult se nommait Grainmé.

Née en pays celtique, cette légende fait aujourd'hui partie du patrimoine commun, grâce à des adaptations, en anglais et en français, qui racontent l'histoire...

... De Tristan et de la Roïne
De lor amor qui tant fut fine
Dont ils orent mainte dolor
Puis en morurent en un jor.

Marie de France *(Le lai du chèvrefeuille)*

Le cornique : une langue enseignée

C'est à la fin du Xe siècle que le pays de Cornwall tombe sous la domination anglaise. Chassés d'Exeter, les Bretons insulaires sont depuis lors confinés à l'ouest du fleuve Tamar, dans l'actuel Cornwall. Au siècle suivant, sous la domination normande, coexistaient dans cette région trois langues de prestige inégal : le français, parlé par les propriétaires normands, tenait le haut du pavé, l'anglais était la langue de la classe moyenne, et le cornique, celle du peuple. C'est cette langue qui, pendant cinq siècles, devait rester la langue des petites gens, même après que l'anglais eut remplacé le français dans les usages des classes dirigeantes.

Mais l'anglais s'imposait chaque jour davantage à tous, tant et si bien qu'au début du XVIIe siècle les unilingues de cornique étaient déjà une rareté [133], et qu'à la fin du XVIIIe siècle cette langue s'était éteinte [134].

Pourtant aujourd'hui on peut trouver en assez grand nombre des amateurs sachant lire le cornique. Ceux qui le parlent sont quelques centaines. Ils l'ont appris comme on apprend une deuxième langue vivante. Cette nouvelle situation résulte des efforts d'un mouvement créé au tout début du XXe siècle pour la renaissance du cornique. Un magazine, *Delyow derow*, « Feuilles de chêne », est publié depuis trois ans, trois fois par an, sous la direction du professeur Jenkin. Les articles y sont pour la plupart rédigés dans une forme de cornique qui prend pour base la langue du Moyen Age, avec une orthographe traditionnelle unifiée. Des livres, des manuels, des dictionnaires permettent d'apprendre le cornique et font revivre cette langue qui n'était plus parlée depuis un siècle. Mais elle souffre de la multiplicité des formes dans lesquelles on l'écrit. Récemment, une nouvelle graphie, mise au point par Ken George, a fait son apparition. Elle se fonde sur la prononciation restituée du cornique des xve et xvie siècles, tandis qu'une troisième graphie, très anglicisée, et établie à partir de la forme de cornique parlée par les derniers locuteurs à la fin du xviiie siècle, cherche également à s'imposer.

Il existe enfin une émission bilingue à la radio, d'un quart d'heure par semaine, et, une fois par an, une émission de télévision d'une demiheure, par exemple à l'occasion de Noël, présentant des chants, des danses ou de petites pièces poétiques en cornique.

Après un siècle de silence, le cornique refait peu à peu surface [135].

LE MANXOIS

Située au milieu de la mer d'Irlande, entre l'Écosse, le pays de Galles et l'Irlande, l'île de Man a un statut politique hybride : c'est un État indépendant sur le plan intérieur, mais rattaché à la Grande-Bretagne sur celui de la politique extérieure. Sur le plan linguistique, son histoire est faite d'allers et retours. Celtisée en même temps que l'Écosse, dans les premiers siècles de notre ère, cette île a connu, au ixe siècle apr. J.-C., la domination des Vikings, qui étaient de langue germanique. Mais, deux siècles plus tard, elle a été receltisée, non plus par des Celtes cette fois, mais par d'autres Vikings, eux-mêmes originaires d'Irlande, où ils étaient installés depuis plusieurs siècles et dont ils avaient adopté la langue et les traditions [136].

L'île de Man est restée sous la domination norvégienne jusqu'au milieu du xiiie siècle, mais ces Scandinaves étant, selon leur habitude, venus seuls, sans femmes, ce n'est pas leur propre langue germanique mais la langue celtique qui a été enseignée par les mères celtiques à leurs enfants jusqu'au xviiie siècle. Elle a même été écrite, mais son orthographe, qui suit plus ou moins les principes de l'orthographe anglaise, est très différente de celle de l'irlandais ou du gallois, ce qui, ajouté à son insularité, l'a maintenue dans un isolement encore plus grand par rapport à ses autres sœurs celtiques.

Le manxois était encore bien vivant pendant le xviiie siècle, mais les choses commencèrent à se gâter au début du xixe siècle. Un questionnaire distribué en 1871 fait état de 30 % de la population parlant habituellement le manxois. En 1901, il ne restait plus que 970 personnes pouvant parler cette langue. En 1957, les locuteurs de manxois se comptaient sur les doigts d'une seule main, et le dernier habitant de l'île dont la langue maternelle était le manxois, Ned Maddrell, est mort en 1974, à l'âge de 97 ans.

Mais le manxois survit d'une certaine manière dans l'île, car la

Société pour le développement du manxois a, depuis quelques années, établi un programme d'enseignement à partir de vingt heures d'enregistrements pris sur le vif entre 1955 et 1970 [137]. Expérience à suivre.

Tout comme le cornique, le manxois connaît donc un renouveau à la fin du xxe siècle, mais les principes et les moyens mis en œuvre sont bien différents : alors que le cornique réhabilité est un cornique moyenâgeux et sorti de l'usage depuis des générations, le manxois revivifié prend pour modèle la langue parlée il y a à peine une trentaine d'années.

LE GALLOIS

Si le gallois a une position privilégiée parmi les langues celtiques encore vivantes, c'est qu'il a été doté, depuis le milieu du xvie siècle, d'une forme standardisée généralement acceptée : celle dans laquelle ont été traduits la *Bible* et le *Book of Common Prayer* de la religion anglicane, née de la décision du roi Henry VIII de se séparer définitivement de l'Église de Rome (1534). Et si cette langue a été choisie, c'est qu'elle avait déjà une longue tradition littéraire, la plus ancienne de tous les pays d'Europe, puisqu'elle remonte au vie siècle, dans des manuscrits datant du xe siècle.

En raison de ce prestige séculaire et parce qu'elle a tout de suite été la langue de la religion, la langue galloise a pu résister à la domination de l'anglais. Elle est restée pendant près de trois siècles non seulement la langue quotidienne de tous les Gallois, mais aussi celle des tribunaux, alors que l'anglais était exigé, dès le milieu du xvie siècle, pour toute activité publique.

Sur le plan géographique, le recul du gallois est pourtant très ancien : il remonte au xiiie siècle, époque où, après la conquête du pays par le roi d'Angleterre en 1282, le gallois commence à être remplacé par l'anglais dans le sud et le sud-est. Au xvie siècle, les Tudor introduisent officiellement la langue anglaise dans le pays de Galles et exigent de tous les fonctionnaires qu'ils puissent la comprendre. Pourtant, jusqu'en 1750, le gallois était encore la seule langue utilisée dans les églises anglicanes, dont les manuels d'instruction religieuse avaient été imprimés en gallois dès le milieu du xvie siècle. Mais, un siècle plus tard, l'anglais avait gagné du terrain, surtout dans le sud. L'une des raisons du recul du gallois à cette époque avait été, avec le développement de l'industrie et du tourisme, l'afflux de nouveaux venus de langue anglaise.

A la fin du xixe siècle, la situation se dégrade davantage et, dès le début du xxe siècle, le recul du gallois s'accentue, aussi bien en chiffres absolus qu'en pourcentage par rapport à l'ensemble de la population. En 1901, 930 000 personnes – soit la moitié de la population – parlaient encore gallois. En 1981, il n'y en avait plus que 508 000, soit seulement un cinquième, et les unilingues gallois représentaient moins de 1 % de cette population.

Depuis 1967, par le *Welsh Language Act*, le gallois est reconnu comme une des langues officielles du Royaume-Uni, ce qui signifie que tous les documents publics peuvent être rédigés dans cette langue. Cependant le législateur, dans son texte de loi, a employé le verbe anglais *may* « peuvent éventuellement » et non pas *shall* « doivent obligatoirement ». Malgré cette restriction, les Gallois ont cependant obtenu, en 1974, l'installation de panneaux routiers bilingues et la mise en place de nombreux programmes de radio et de télévision quotidiens en gallois [138].

Depuis novembre 1982, une chaîne de télévision de langue galloise, reliée à la quatrième chaîne sous le nom de *Sianel Pedwar Cymru*, produit une moyenne de cinq heures d'émissions par jour, programmes scolaires et reprises compris, à des heures de grande écoute [139]. A l'école primaire, on peut actuellement choisir de recevoir l'enseignement en gallois, avec l'anglais comme seconde langue ou, inversement, en anglais, avec le gallois comme seconde langue.

Une consonne typiquement galloise

Le gallois, on l'a vu, est, comme le breton et le cornique, une langue à /p/. Mais, si le vieux gallois était encore très proche du vieux breton, les évolutions ont ensuite été divergentes : le gallois connaît par exemple une consonne particulière, qui n'existe dans aucune autre langue celtique. Elle est notée par deux – LL – et se prononce un peu comme la consonne – L –, mais avec un fort bruit de friction de l'air passant vigoureusement sur un des côtés de la langue. Les Anglais, qui n'ont pas cette consonne dans leur langue, essaient de l'imiter (imparfaitement) en prononçant *thl*. On trouve cette consonne dans le mot *llán*, qui signifie « église » ou « village » en gallois. Sous cette forme, on aura peut-être reconnu le vieux mot celtique *lanum*, déjà signalé à propos du nom de la ville de *Milan (Mediolanum)*. C'est encore la même consonne que l'on retrouve à l'initiale du nom de la compagnie d'assurances *Lloyd* (du gallois *llwyd* « gris »).

Pour compter : un vrai casse-tête gallois

Jusqu'à 10, ce n'est pas trop compliqué :
1. *un*. 2. *dau* 3. *tri* 4. *pedwar* 5. *pump* 6. *chwech* 7. *saith* 8. *wyth* 9. *naw* 10. *deg*...
15. *pumtheg* (c'est-à-dire *pump*, suivi de *deg*, mais avec passage de *d* à

th après *pump*, selon la règle de mutation consonantique), ce qui se traduit par 5.10, autrement dit 5 + 10.

Ensuite, c'est **15** qui est la référence (avec mutation du /p/ en /b/) :

16. *un ar bymtheg* (1 et 15)

17. *dau ar bymtheg* (2 et 15)

18. *tri ar bymtheg* (3 et 15), mais 18 se dit aussi *deunaw* (2 × 9).

19. *pedwar ar bymtheg* (4 et 15).

Puis, c'est **20**, *ugain*, qui devient la base du système :

21. *un ar hugain* (1 et 20), *dau ar hugain* (2 + 20), etc.

30. *deg ar hugain* (10 et 20), etc.

40. Avec *deugain* (2 × 20), on passe à la multiplication

60. *trigain* (3 × 20).

70. Mais, pour **70**, on reprend l'addition *deg a thrigain* (10 et 60), ce qui rappelle le français *soixante-dix* (60 + 10).

80. *pedwar ugain* (4 × 20). Ici, c'est exactement comme en français *quatre-vingts* (4 × 20)

90. *deg a pedwar ugain* (10 et 4 × 20).

Enfin **100** se dit *cant*, et **50**, étant la moitié de 100, se dit *hanner cant* [140].

En conclusion, si vous aimez jouer avec les chiffres, vous trouverez encore de quoi satisfaire votre passion au chapitre AUTOUR DU DANOIS (§ On abrège aussi pour compter, p. 308).

Quelques particularités lexicales

Dans le domaine du vocabulaire, si le breton a surtout été influencé par le français, le gallois s'est nourri à diverses sources : saxon, norvégien, danois, irlandais, anglais et... également français. Un mot gallois a eu un destin international : celui qui s'écrit *flannel* en anglais, *flanelle* en français. Il est formé sur le mot gallois *gwlanen*, à partir de *gwlân* « laine [141] ».

Les emprunts au latin, très anciens, sont parfois surprenants : le latin *monumenta* « monuments » est devenu *mynwent* en gallois, mais avec le sens de « cimetière », et le latin *planta* « plante » est devenu *plant* pour désigner les « enfants [142] ».

Plus anecdotique, voici le nom d'un village du pays de Galles, qui est sans doute l'un des toponymes les plus longs du monde, puisqu'il compte 58 lettres (cf. *encadré* UN NOM À RALLONGES) :

LLANFAIRPWLLGWYNGYLLGOGERYCHWYRNDROBWLLLLANTYSILIOGOGOGOCH.

UN NOM À RALLONGES

Une curiosité galloise : un nom de ville interminable. A l'origine, il ne comportait que **20** lettres : LLANFAIRPWLLGWYNGYLL, où l'on peut identifier cinq unités de sens :

LLAN   « église, village »
FAIR   variante de MAIR « Marie »
PWLL   « étang »
GWYN   « blanc »
GYLL   « noisetier »

A la fin du siècle dernier, on pensa attirer les touristes en ajoutant à ce nom déjà long une vingtaine de lettres supplémentaires :

GOGERYCHWYRNDROBWLL,

ce qui signifie « assez proche du tourbillon rapide ».

Un peu plus tard, on termina la description avec :

LLANTYSILIOGOGOGOCH,

« l'église de St Tysilio (près de la) caverne rouge ».

Le nom ainsi complété était devenu trois fois plus long (**58** lettres) :

LLANFAIRPWLLGWYNGYLLGOGERYCHWYRNDROBWLLLLANTYSILIOGOGOGOCH.

Il paraît qu'aujourd'hui la plaisanterie a assez duré, et seul le sigle P. G., après le nom très abrégé LLANFAIR P. G., rappelle les excès du passé [143].

LE BRETON

La « petite » Bretagne

Les Gaulois, on l'a vu, qualifiaient l'Armorique, cette presqu'île à l'extrême ouest de leur domaine, de région « près de la mer » (*Aremorica*), et il a fallu attendre plusieurs siècles pour qu'on lui donne le nom de *Bretagne* qu'elle porte aujourd'hui, car le terme *Britannia* désignait alors ce que nous nommons aujourd'hui la *Grande-Bretagne*. Et c'est à un nouvel afflux de populations venues de cette Bretagne (insulaire) que l'on doit la survivance du breton (continental), alors que le gaulois était partout ailleurs définitivement remplacé par le latin.

Le breton et le gaulois

En effet, la conquête de la Gaule par Jules César au milieu du Ier siècle av. J.-C. avait été suivie d'une longue période – probablement plusieurs siècles – pendant laquelle les populations gauloises avaient progressivement appris le latin. S'il est vrai que, dès le début du Ier siècle de notre ère, les nobles gaulois envoyaient déjà leurs enfants dans les écoles romaines, on a la preuve que le gaulois était encore bien vivant en 372, puisque saint Martin fonde, à cette époque, aux portes de Tours, un grand monastère dont le nom, *Marmoutier*, comporte un élément gaulois : *mar* « grand » (devant *moutier* « monastère », issu du latin) [144]. Et, au VIe siècle, selon le témoignage de Grégoire de Tours, le gaulois n'avait pas complètement disparu.

La Bretagne était fort peu peuplée à l'époque – quelques milliers d'habitants – et il semble que le gaulois y était resté suffisamment vivant jusqu'au Ve siècle pour que, sous l'impulsion de populations venues de l'autre côté de la Manche et parlant une langue voisine, la vieille langue celtique puisse renaître avec une vigueur renouvelée. La migration s'est faite entre 450 et 650 apr. J.-C., mais elle avait été préparée par des siècles d'échanges constants entre les deux rives de la Manche, car des Bretons de Britannia étaient venus s'installer dans le sud de la Bretagne continentale avant même l'arrivée des Romains. Cette migration a encore continué jusqu'au Xe siècle [145], ce qui a permis de maintenir pendant longtemps des conditions d'intercompréhension entre les Celtes de Grande-Bretagne et ceux de Gaule.

Le breton face au latin

Si le breton a pu s'implanter de façon solide et durable dans le nord-ouest de la Gaule, c'est pour deux raisons essentielles : le grand nombre de Bretons insulaires établis dans ces régions et leur faible romanisation. Dans les grandes villes, qui étaient alors Rennes, Nantes, Vannes ou Corseul, le latin était dominant et les campagnes alentour devaient être bilingues, mais, à l'ouest, seuls quelques îlots autour des grandes agglomérations – d'ailleurs peu nombreuses – avaient appris le latin. Il est en outre remarquable qu'on ait trouvé fort peu d'inscriptions latines dans cette partie nord-ouest du pays.

Le breton face au français

C'est avec les invasions normandes que commence, dès la fin du IXe siècle, le recul du breton. Au Xe siècle, chefs et moines bretons s'étaient réfugiés dans le Berry, la région parisienne et la Picardie : à leur retour, ils étaient francisés [146].

Pourtant, jusqu'au milieu du XIIe siècle, c'est une dynastie de langue bretonne qui dirige l'État. Au-delà de cette date, tous les souverains bretons seront de langue française mais, pendant toute la période qui va du IXe au XIIe siècle, il existe en Bretagne une zone intermédiaire qui est bilingue (cf. *carte* LES TROIS « BRETAGNES »).

LES TROIS « BRETAGNES »

Le breton, aujourd'hui parlé dans la Bretagne bretonnante sous la forme de quatre dialectes principaux, s'étendait autrefois jusqu'aux alentours de Rennes. Du IXe au XIXe siècle, la frontière a considérablement reculé vers l'ouest mais, depuis cent ans, elle est restée presque inchangée. La partie centrale hachurée a donc été pendant longtemps une zone de bilinguisme, tandis que, dans la partie orientale, on n'a jamais parlé breton.

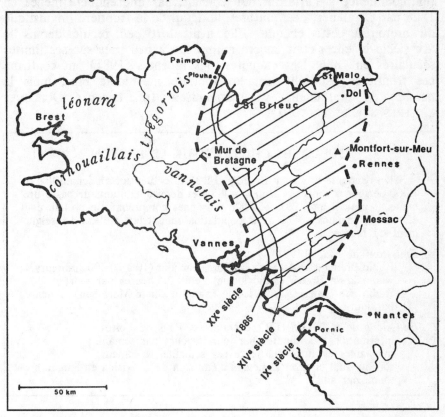

C'est ainsi qu'a probablement commencé, dans cette zone mixte, la francisation des milieux bretons dirigeants. A la fin du XIIe siècle, la zone « mixte » abandonnait le breton, tandis qu'à l'ouest il restait vivant. Dans les écoles des bardes, où persistait une langue littéraire homogène, on enseignait alors le latin, mais par l'intermédiaire du breton.

L'extension du breton hier et aujourd'hui

A l'époque de sa plus grande extension, c'est-à-dire au Xe siècle, le breton s'est parlé à l'ouest d'une ligne allant de Saint-Malo à la presqu'île de Guérande, en passant par Montfort-sur-Meu et Messac. En huit siècles, cette frontière linguistique a reculé d'environ 100 kilomètres au nord et de 50 kilomètres au sud, et elle va aujourd'hui de Paimpol à Vannes, en passant par Mur-de-Bretagne.

Jusqu'au XVIIᵉ siècle, le breton était demeuré une langue de prestige dans toutes les classes de la société [147], au moins dans la partie occidentale, et c'est surtout après la Révolution française que ce prestige commence à s'affaiblir. On connaît, par une enquête menée en 1806 par Coquebert de Montbret, le détail de la frontière linguistique du breton à cette époque. Elle avait fort peu reculé depuis le XIVᵉ siècle et elle s'était encore maintenue à peu près sur ses limites séculaires en 1886. Des enquêtes plus récentes (1981) ont confirmé ces frontières. Actuellement la frontière ne recule plus, mais le nombre de bretonnants va s'amenuisant (cf. *encadré* QUELQUES CHIFFRES SUR LE BRETON).

QUELQUES CHIFFRES SUR LE BRETON

Selon l'enquête de Fanch Broudig (FR3), effectuée sur un échantillon de 1 000 personnes choisies parmi le million et demi d'habitants de basse Bretagne, il y avait, en 1991, 650 000 personnes comprenant le breton, dont 250 000 le parlaient. 77 % de la population étaient favorables à l'enseignement du breton.

Émissions de radio (1991)
- Radio **Bretagne Ouest** : env. 2 heures par jour (10 à 20 000 auditeurs?);
- Radio **kreiz Breizh** (radio locale) : env. 2,5 heures par jour;
- Radio **Bro Gwened** (radio locale émettant sur le Morbihan) : 2 heures par jour.

Émissions de télévision (FR3 Bretagne et Pays de Loire) :
- informations : 5 minutes par jour, 5 jours par semaine;
- magazines et autres : 1 heure par semaine, le samedi;
  soit au total environ 75 heures d'émission de télévision en langue bretonne par an [148].

Selon Per Denez, professeur à l'université de Haute Bretagne, de nos jours « le danger mortel pour la langue parlée dans les campagnes est l'étouffement sur place [149] ».

Le *Barzaz-Breiz* n'était pas une supercherie

Pourtant, un mouvement de renouveau s'amorce en faveur de cette langue, dont la tradition poétique était séculaire. En 1839, le vicomte Hersant de La Villemarqué publie un recueil de chants populaires armoricains, le *Barzaz-Breiz* « Recueil de poèmes bretons », donnant une impulsion nouvelle à cette langue délaissée par les enseignants, qui punissaient les enfants quand ils prononçaient un mot de breton [150].

Le recueil de La Villemarqué avait provoqué une grande émotion, suivie d'un grand succès auprès des intellectuels bretons, qui y avaient trouvé une nouvelle incitation à écrire en breton, véhicule séculaire d'une poésie appréciée. A la manière de Macpherson un demi-siècle plus tôt, l'auteur avait fait connaître des chants bretons en les présentant comme des textes retrouvés d'auteurs anonymes des siècles passés, mais, à la différence de Macpherson, il les avait publiés en breton, et non pas en traduction. Comme La Villemarqué avait toujours refusé de produire les documents sur lesquels il disait avoir fondé sa publication, nombreux ont été ses détracteurs, dont certains ont pensé que sa connaissance du breton était assez médiocre, et l'ont même accusé d'avoir écrit ces textes en français avant de les faire traduire – et assez mal – en breton [151]. En fait, son activité de collecteur authentique – qui a duré toute sa vie, de 18 à 77 ans – a été prouvée par une récente publication qui analyse ses trois carnets de terrain, retrouvés par un de ses descendants en 1964 et où il apparaît que La Villemarqué avait réellement une pratique courante du breton [152].

La fragmentation linguistique

Une des raisons pour lesquelles le breton a du mal à survivre aujourd'hui est certainement sa fragmentation. On compte traditionnellement quatre variétés de breton :

cornouaillais (Kerne en breton) : sud Finistère et une partie des Côtes-d'Armor et du Morbihan,

léonard : nord Finistère,

trégorrois : Côtes-d'Armor,

vannetais : région de Vannes.

On regroupe les trois premières sous le signe KLT (Kerne-Leon-Treger) et on met à part le vannetais, qui se distingue des trois autres pour deux raisons principales :

– ce qui se prononce [z] en KLT se prononce [h] en vannetais (comme le *h* de l'anglais ou de l'allemand);

– l'accent se trouve sur l'avant-dernière syllabe en KLT, et sur la dernière en vannetais (cf. *encadré* BZH, POUR NE MÉCONTENTER PERSONNE).

On pourrait encore ajouter que la grammaire et le vocabulaire du vannetais se différencient nettement de ceux des trois autres dialectes. Toutes ces raisons ont suggéré l'hypothèse que le vannetais pourrait bien être une survivance du gaulois continental, alors que les trois autres dialectes conservent des ressemblances plus nettes avec le celtique insulaire.

BZH POUR NE MÉCONTENTER PERSONNE

Les sigles Bzh que l'on voit sur certaines voitures ou sur certaines affiches peuvent intriguer le passant. La curieuse succession des deux dernières lettres est en fait le résultat d'une tentative de réconciliation des divergences qui existent entre les différents dialectes bretons. Le nom de la *Bretagne* est *Breiz* en Cornouaille, dans le Léon et le Trégorrois, mais se prononce *Breih* en vannetais.

La graphie *Breizh*, inventée pour tenir compte à la fois du *z* des trois premiers et du *h* du dernier, n'a pourtant pas satisfait tous les intéressés, et la bataille de l'orthographe du breton continue.

La bataille de l'orthographe

La base de l'orthographe moderne du breton remonte à la publication, en 1659 par un père jésuite, le père Julien Maunoir, d'une grammaire et d'un dictionnaire breton-français, où il utilisait une nouvelle orthographe. C'est à lui que l'on doit la graphie *c'h* pour marquer la différence entre *ar chik* « le menton », où *ch* se prononce comme en français, et *ar c'hik* « la viande », où *c'h* se prononce comme la *jota* espagnole ou le *Achlaut* allemand. C'est également lui qui avait décidé de renoncer au double *ff* pour marquer la nasalisation de la voyelle précédente : le nom de famille *Hénaff* a conservé l'ancienne graphie, mais sa vraie prononciation est *Hénan*.

Afin d'unifier les trois variétés les plus proches, celles de Cornouaille, de Léon et de Trégor, des efforts ont été faits au XIXᵉ siècle, d'où le sigle KLT, déjà cité, qui ne tenait pas compte du vannetais. En 1941, un groupe d'écrivains réunit les quatre variétés sous le sigle KLTG, correspondant aux noms bretons *Kerne, Leon, Treger*, et, pour le vannetais, à l'initiale de la ville de Vannes en breton : *Gwened*. C'était ce que les partisans du regroupement nommaient *brezhoneg peurunvan* « breton complètement unifié » mais que tout le monde appelait *breton zh*, car sa caractéristique la plus évidente était la graphie *zh*, qui tient compte des prononciations [z] chez les uns et [h] chez les autres.

En 1956, le chanoine François Falc'hun propose une nouvelle orthographe, dite *orthographe universitaire*, ce qui conduit à avoir aujourd'hui quatre orthographes officielles : le KLT, le KLTG (ou zh), l'universitaire ou *falhuneg*, et le vannetais.

Il existe actuellement deux écoles littéraires bretonnes rivales, qui se distinguent en particulier par l'adoption d'une orthographe ou de l'autre :

– Emgleo Breiz ou « Fondation culturelle bretonne » qui préconise l'orthographe universitaire (université de Brest);

– Kuzul ar Brezhoneg « Conseil du breton » (université de Rennes), qui préfère le *zh* [153].

Les langues celtiques aujourd'hui

Cantonnées à l'extrême ouest et nord-ouest de l'Europe, les langues celtiques d'aujourd'hui perpétuent les deux groupes d'origine, celui de l'irlandais, du gaélique d'Écosse, du manxois, et celui du gallois, du cornique, du breton.

Mais chacune de ces variétés a eu son histoire et porte une marque personnelle : si l'irlandais a été promu au rang de première langue officielle, c'est le gallois qui a gardé le plus de vitalité et qui connaît une normalisation sans douleur, tandis que le manxois, du fait de son insularité, a peut-être été le mieux préservé des idiomes celtiques. Mais, éteint en 1974 avec le dernier habitant dont c'était la langue maternelle, il est aujourd'hui enseigné grâce à des enregistrements pris sur le vif. Le cornique, qui n'est plus une langue quotidienne depuis près de deux siècles, connaît aussi un certain regain, même auprès des jeunes, mais de façon un peu plus littéraire car l'enseignement se fonde sur des états de langue généralement anciens et transmis uniquement par écrit.

En Bretagne, la situation est encore différente, du fait de sa fragmentation. Le breton a pu survivre pendant des siècles en résistant à l'emprise du latin puis à celle du français mais, contrairement au gallois, il souffre du fait qu'aucune de ses variétés n'a réussi à s'imposer comme usage de prestige. Parmi les bretonnants, il existe aujourd'hui deux groupes qui vivent leur « celticité » de façon très différente.

Le premier est un petit groupe de gens instruits – environ 20 000 –, conscients des nécessités d'une certaine normalisation, qui n'ont appris le breton qu'à l'adolescence et qui œuvrent pour sa reconnaissance, son enseignement et sa diffusion (cf. *encadré* L'ENSEIGNEMENT DU BRETON).

L'ENSEIGNEMENT DU BRETON

Enseignement primaire et secondaire
- Enseignement précoce en breton dans les écoles *Diwan*, créées en 1978. En 1991, il y avait 822 élèves dans 22 écoles.
- Enseignement bilingue : en 1991, il y avait 545 élèves, dont 300 en maternelle, répartis dans 13 écoles bilingues.

Le breton est enseigné dans plusieurs lycées de Paris, Créteil et Versailles.

Enseignement supérieur
En 1991, environ 400 inscrits à l'université de Haute-Bretagne, à Rennes, où il existe un cursus complet : la licence de breton depuis 1981, le CAPES depuis 1986 et le DEUG depuis 1989.

Quelques dizaines d'étudiants sont inscrits à l'université de Bretagne occidentale (Brest), ainsi que dans les universités de Paris-III et Paris-VIII.

L'autre groupe est beaucoup plus nombreux – on avance le chiffre de 500 000 –, mais il décroît rapidement. Il est constitué par les couches les plus âgées des milieux ruraux, où les différences régionales sont plus accentuées [154].

Le dynamisme des premiers réussira-t-il à freiner le processus de désintégration qui menace?

Les langues issues du latin

Autour du latin

Le latin, une langue aux prolongements multiples

Alors que les échos des langues des Celtes, après avoir retenti sur l'ensemble de l'Europe, ne résonnent plus aujourd'hui que sur les rives de l'Atlantique, la langue des Romains a connu une fortune dont les effets se font encore sentir de nos jours.

Pourtant, rien ne laissait prévoir un destin exceptionnel pour la langue de ce petit peuple d'agriculteurs établis dans des villages qui ne constituaient au milieu du VIIIe siècle av. J.-C. qu'un modeste lieu de passage au cœur du Latium, dans la marécageuse vallée du Tibre. Un destin plein de contradictions car, sous sa forme savante et écrite, le latin deviendra pour des siècles la langue de la culture occidentale – mais c'était une langue fixée une fois pour toutes sous la forme qu'elle avait du temps de Cicéron et donc déjà presque une langue morte –, tandis que sous sa forme familière, et d'abord uniquement orale, cette langue évoluera et se diversifiera pour donner naissance à la grande famille des langues romanes : l'italien, l'espagnol, le portugais, le français, le roumain, mais aussi le catalan, le provençal, le languedocien, le romanche, le corse, et encore le wallon, le vénitien, le sicilien...

Mais auparavant, le latin avait traversé de longs siècles d'une histoire mouvementée, qui se confond à ses débuts avec celle de Rome.

Les conditions géographiques et historiques

Les historiens s'accordent pour faire remonter la fondation de Rome à – 753, date à laquelle la situation de Rome semble pourtant bien critique, enserrée comme elle l'est entre les deux grandes puissances qui dominent alors la péninsule italienne : d'un côté la brillante

L'ITALIE PRÉROMAINE

Avant la fondation de Rome (– 753), l'Italie réunissait sur son sol des populations aux origines très diverses, qui seront progressivement soumises à sa domination. C'est au cours du VIII⁰ siècle av. J.-C. que les Étrusques s'étaient d'abord installés entre le Tibre et l'Arno, au nord du Latium, et que les Grecs avaient fondé leurs colonies dans le sud de la péninsule et en Sicile [155].

Régions de colonisation grecque

Extension étrusque au VI⁰ siècle avant J.-C.

civilisation étrusque, de l'autre, dans le sud du pays, la non moins prestigieuse colonisation grecque (cf. *carte* L'Italie préromaine).

Confrontée à cette situation géographique inconfortable, entre deux grandes puissances qui entretenaient des relations commerciales intenses, Rome se trouvait condamnée soit à disparaître, soit à se développer. Tirant parti de cette situation dangereuse, mais privilégiée, à l'endroit où le Tibre offrait la possibilité d'un passage, Rome a finalement réussi à soumettre ses encombrants voisins.

L'EXPANSION DE ROME : QUELQUES DATES

– 753	Fondation de Rome, sur le Palatin, suivie par le rapt des Sabines
– 616 – 509	Règne des Tarquins, rois étrusques. Construction de la *Cloaca maxima*
– 509	Expulsion de Tarquin le Superbe. Naissance de la République
– 390	Invasion des Gaulois, qui brûlent Rome, mais qui sont repoussés
– 312	Création de la première route romaine, la voie Appienne, de Rome à Capoue
– 241 – 238	Conquête de la Sicile, puis de la Sardaigne et de la Corse, qui deviennent des provinces romaines
– 197	Conquête de l'Espagne
– 191	Conquête de la Gaule cisalpine (nord de l'Italie)
– 167	Conquête de l'Illyrie (côte septentrionale de l'Adriatique)
– 148 – 146	Conquête de la Macédoine et de la Grèce
– 146	Expéditions en Afrique (Tunisie)
– 120	Conquête de la Gaule transalpine (*Provincia Narbonensis)*
– 58 – 50	Conquête de la Gaule septentrionale
– 15	Conquête de la Rhétie (Grisons, Tyrol, Lombardie)
+ 43 + 49	Première expédition en Angleterre
+ 106 + 124	Conquête de la Dacie (Roumanie actuelle) [156]

Rome, entre légende et histoire

L'histoire de Rome commence comme un conte de fées, avec un prince et une déesse, et se poursuit dans un entremêlement de faits légendaires et de réalités historiques :

– Énée, fils d'un prince troyen et de Vénus, déesse de l'amour, fuyant la Grèce, vient s'installer en Italie;

– deux nouveau-nés abandonnés le long du Tibre (Romulus et Rémus), miraculeusement sauvés par une louve qui les allaite;

– un épisode fratricide (Romulus tue Rémus);

– la fondation de Rome (Romulus, premier roi de Rome en – 753),

– un rapt de jeunes filles pour peupler la ville (l'enlèvement des Sabines);

– de grands travaux de drainage (la Cloaca maxima « le grand égout »), qui permettront d'assécher la plaine marécageuse du Forum, centre de la vie publique à Rome;

– une révolution instituant la République (– 509).

C'est à partir de ce vɪe siècle av. J.-C. que commence véritablement l'ascension de Rome, dont la langue se répandra ensuite sur la plus grande partie des terres conquises.

La République durera cinq siècles (du vi^e s. au i^er s. av. J.-C.). Elle sera suivie par l'Empire, qui durera également cinq siècles, jusqu'à la chute de l'Empire d'Occident (476 apr. J.-C.). L'Empire d'Orient se prolongera encore pendant près d'un millénaire, et sa chute (1450) marquera la fin du Moyen Age (cf. *encadré* L'EXPANSION DE ROME : QUELQUES DATES).

Une langue de paysans

De nos jours, après des siècles d'un latin qui depuis longtemps est le prototype même d'une langue savante, on a du mal à imaginer que celle-ci n'était encore au iiie siècle av. J.-C. qu'une langue de paysans, de marchands et de soldats, et qu'elle n'avait jusque-là servi à consigner par écrit que des formules juridiques ou pratiques.

Il suffit pourtant d'examiner le vocabulaire latin avec attention pour y découvrir une abondance de traits reflétant de façon imagée l'omniprésence de la vie rurale. Ainsi le verbe CERNERE « distinguer » avait pour premier sens « passer au crible »; le verbe COLERE, qu'on retrouve dans AGRICOLA « cultivateur », correspondait à la fois à « cultiver » et à « habiter »; le verbe PUTARE a d'abord voulu dire « émonder » avant de signifier « estimer, compter [157] ».

On peut aussi retrouver la vie de la campagne sous des mots aussi peu rustiques, à première vue, que le verbe DELIRARE, les adjectifs RIVALIS, FELIX OU PAUPER, ou le substantif LUXUS.

En effet, DELIRARE est formé sur LIRA, qui désignait le « sillon », et DELIRARE, c'était, à proprement parler, « sortir du sillon ». Plus tard, ce verbe a pris le sens plus abstrait de « sortir de la ligne droite », d'où « dérailler », et « délirer ».

L'adjectif RIVALIS qualifiait en latin, de façon tout à fait terre à terre, celui qui a droit au même RIVUS, au même cours d'eau, pour irriguer son champ. D'abord réservé au seul domaine juridique, le terme est ensuite passé dans la langue générale avec le sens élargi de « rival », celui que nous connaissons aujourd'hui dans les langues romanes [158].

L'emploi de l'adjectif PAUPER « pauvre » a d'abord été réservé aux produits de la terre, avec le sens : « qui fournit peu ». Cet adjectif a pour contraire l'adjectif FELIX « heureux », lui-même proche de FECUNDUS « fécond ». Il est formé sur un vieux mot désignant la mamelle, d'où son premier sens de « qui produit ». Le terme FELIX s'est ensuite spécialisé dans le sens : « favorisé des dieux, heureux [159] ». On le retrouve avec ce dernier sens dans l'italien *felice* ou l'espagnol *feliz*.

De même, LUXUS a d'abord été appliqué à la végétation qui pousse avec excès et qui, de ce fait, compromet la récolte. Ensuite, de « luxuriance » végétale on est passé à la notion plus générale de « luxe », qui a toujours gardé une nuance péjorative en latin.

C'est encore la campagne qu'il faut évoquer à propos du vocabulaire des livres et de la poésie, car les termes qui désignent la *page,* le *vers,* la *rubrique,* le *livre* lui-même, s'appliquent d'abord au monde rural. Le mot PAGINA, qui a donné *page* en français, a commencé par être un terme d'agriculture qui désignait une treille, une rangée de vigne formant un rectangle, puis la page de papyrus, et plus précisément la page contenant une seule colonne d'écriture par feuillet [160]. Le mot VERSUS décrit tout d'abord, très prosaïquement, le fait de « tourner la charrue au bout du champ », pour permettre de former un sillon dans l'autre sens. On voit bien comment, par métaphore, le terme a ensuite pu désigner n'importe quelle ligne d'écriture, qui se répète parallèlement sur la page comme les sillons dans un champ, et enfin le vers poétique, dont l'origine rustique, encore transparente au temps des Romains, est aujourd'hui oubliée [161].

Il est plus difficile d'imaginer comment on a pu passer du verbe LEGERE, dont le sens premier est « cueillir », à celui de « lire ». Peut-être faut-il faire un détour par une expression comme LEGERE OCULIS, autrement dit « cueillir avec les yeux », pour comprendre qu'on ait pu aboutir à « lire [162] ».

Avec RUBRICA, d'où est issu le français *rubrique*, on reste tout près du sol, car c'était une terre rouge servant à écrire les titres ou les articles des lois d'État, ce qui permettait de les distinguer des décisions des tribunaux, qui étaient inscrites sur des tableaux peints en blanc (ALBUM [163]). Enfin, il faut rappeler qu'en latin le *livre* lui-même prend en quelque sorte racine dans un arbre (cf. *encadré* ENTRE L'ARBRE ET L'ÉCORCE : LE LIVRE).

ENTRE L'ARBRE ET L'ÉCORCE : LE LIVRE

Le mot LIBER a d'abord désigné en latin, non pas le « livre », mais le tissu végétal se trouvant entre le bois et l'écorce extérieure de l'arbre. Avant l'adoption du papyrus, importé d'Égypte, c'est sur cette couche ligneuse que l'on écrivait. Les morceaux étaient ensuite collés les uns aux autres de manière à former une seule et longue feuille qu'on enroulait sur elle-même, ce qui constituait un VOLUMEN « rouleau de manuscrit », mot formé à partir du verbe VOLVERE « enrouler ».

Ce n'est que vers le IIIe siècle av. J.-C. que se répand dans le monde romain une nouvelle matière, le parchemin, ou papier de Pergame (PERGAMENA), que l'on utilisait à Pergame depuis plusieurs siècles [164] : fait de peau de chèvre, de mouton ou même de veau (d'où le mot *vélin*), le parchemin est beaucoup plus solide et on peut alors relier les livres par feuillets au lieu de les rouler [165].

Voilà comment, du *volume,* qui était enroulé, on est passé au *livre,* qui peut être feuilleté.

Les chiffres romains : une invention de bergers

La numération latine a également une origine rurale, mais elle n'apparaît pas à première vue derrière les chiffres romains, qui se confondent avec les lettres I, V, X, L, C, D, M. On a en effet l'impression que les Romains ont calqué leurs chiffres sur leur alphabet, en utilisant les consonnes initiales des mots désignant ces nombres, et cela semble évident pour :

C = CENTUM (100)
M = MILLE (1000).

Mais on serait bien en peine de trouver quels étaient les mots latins ayant pour initiales V (5), X (10), L (50) et D (500), car ils n'ont jamais existé.

A l'origine très lointaine de ce système, on doit imaginer le berger romain enregistrant le nombre de ses chèvres en faisant des encoches sur un bâton de bois : une pour la première chèvre, une autre pour la deuxième, et ainsi de suite. Mais, comme la perception immédiate de l'œil humain ne dépasse généralement pas quatre éléments séparés, l'entaille correspondant au chiffre cinq se devait d'être un peu différente. Ce serait là l'origine de V pour 5, et de X pour 10 (deux V, l'un au-dessus de l'autre, dont l'un est inversé) [166].

Les chiffres romains L, C, D et M ont une origine plus élaborée et beaucoup plus compliquée. Ils s'expliquent comme l'aboutissement des déformations successives de trois lettres grecques qui n'étaient pas utilisées dans l'alphabet latin : L à partir de *psi* Ψ, C à partir de *thêta* Θ et M à partir de *phi* Φ. L'origine de D (500) ne se comprend que si on se rappelle que cette lettre, qui représente la moitié de la valeur de M (1000), est en fait composée par la moitié droite du signe grec Φ [167].

Douze chiffres pour une seule date

Les Romains ne connaissaient pas le zéro et, de ce fait, leur système de numération était fort peu économique. En effet, la numération en latin classique se faisait au moyen de sept lettres différentes, I, V, X, L, C, D, M, qui s'additionnent :

I	II	III	IIII	V	VI...	X...	XX...	L...	C...	CC...	D...	M
1	2	3	4	5	6...	10...	20...	50...	100...	200...	500	1000

Pour noter 1492, date de la découverte de l'Amérique par Christophe Colomb, il faudrait donc écrire : M CCCC LXXXX II. Un système plus économique ayant ensuite introduit la soustraction, IIII (4) est devenu IV (5 – 1) et LXXXX (90) a pris la forme abrégée XC (100 – 10).

Avec cette notation moins lourde, 1492 devient, en chiffres romains :

M		=	1 000
CD	(500 − 100)	=	400
XC	(100 − 10)	=	90
II	(1 + 1)	=	2
M CD XC II		=	1 492

On passe ainsi de 12 à 7 chiffres : le progrès est sensible, mais on est encore loin des 4 chiffres de notre numération actuelle.

Des noms à rallonges

Les noms des Romains étaient aussi toujours très longs et, selon une coutume qui semble leur avoir été léguée par les Étrusques [168], chaque citoyen romain avait trois (quelquefois quatre) noms propres :

1. Le **praenomen** était le prénom reçu à la naissance. On n'en connaît qu'une petite vingtaine, et ce prénom figure généralement sous la forme d'une simple initiale :

A.	= AULUS		N.	= NUMERUS
AP(P).	= APPIUS		P.	= PUBLIUS
C.	= CAIUS		Q.	= QUINTUS
CN.	= CNAEUS		S(EX).	= SEXTUS
D.	= DECIMUS		SER.	= SERVIUS
L.	= LUCIUS		SP.	= SPURIUS
M.	= MARCUS		T.	= TITUS
M.	= MANIUS		TI(B).	= TIBERIUS [169].

A partir du cinquième enfant, il faut remarquer que, chez les Romains, l'imagination n'était plus au pouvoir : QUINTUS, SEXTUS, de même que SEPTIMUS, OCTAVUS et DECIMUS ne sont finalement qu'une façon de numéroter sa progéniture.

2. Le **nomen** représentait le nom de famille. Il était généralement terminé en -*ius* : JULIUS, CORNELIUS, TULLIUS...

3. Le **cognomen** était à l'origine un surnom décrivant une particularité physique ou professionnelle. Il permettait d'identifier plus précisément un individu et pouvait être une distinction honorifique : TORQUATUS « qui porte un collier » (distinction pour un soldat méritant), une caractéristique professionnelle (RECENSIOR « le censeur »), une indication de l'âge (MAJOR « l'ancien », MINOR « le jeune »), un lieu d'origine (EMILIANUS « l'Émilien »), ou encore l'allusion ironique à une particularité physique ou intellectuelle :

BRUTUS	le stupide	FLACCUS	aux oreilles pendantes
CAPITO	à la grosse tête	NASO	au grand nez
CALVUS	le chauve	PLAUTUS	aux pieds plats
CLAUDIUS	le boiteux	STRABO	le loucheur
COCLES	le borgne	VARUS	le cagneux.

De nombreux surnoms rappellent aussi les origines paysannes des familles. Ainsi FABIUS (où l'on reconnaît FABA « fève »), LENTULUS (nom formé sur LENS, LENTIS « lentille »), PORCIUS (sur PORCUS « porc »), VITELLIUS (sur VITELLUS « petit veau »), OVIDIUS (sur OVIS « agneau [170] »).

4. Quelquefois on ajoutait un **deuxième cognomen**, par exemple CUNCTATOR « le temporiseur » ou AFRICANUS « l'Africain ». Cette adjonction pouvait être nécessaire lorsque le premier COGNOMEN avait fini par désigner toute une branche de la famille.

Voici quelques exemples de noms d'écrivains latins de l'époque classique :

PUBLIUS OVIDIUS NASO était le nom complet d'*Ovide*, qui avait probablement un nez digne d'intérêt;

QUINTUS HORATIUS FLACCUS, celui d'*Horace* (avait-il réellement les oreilles pendantes?);

CAIUS SUETONIUS TRANQUILLUS SILENTIUS, celui de l'historien *Suétone* (à la fois tranquille et silencieux);

CAIUS PLINIUS SECUNDUS MAJOR, celui de *Pline l'Ancien* (son neveu *Pline le Jeune* avait le même nom, mais se terminant par MINOR).

Le nom complet de *Cicéron*, MARCUS TULLIUS CICERO, rappelle sans doute les origines rurales de sa famille : son prénom était MARCUS et il appartenait à la famille TULLIA, dont une branche s'était distinguée dans la culture des pois chiches (CICERO), à moins qu'un de ses ancêtres n'ait eu une verrue sur le visage.

Une conquête réciproque

De petite bourgade campagnarde, Rome était progressivement devenue, surtout sous les Tarquins, rois étrusques au VIᵉ siècle av. J.-C., un actif lieu de passage entre le marché étrusque, au nord, et le marché de la « Grande Grèce », au sud de l'Italie [171].

Au cours des siècles suivants, elle se libérera successivement des Étrusques et des Grecs, comme elle le fera des Gaulois établis dans le nord de l'Italie actuelle et des autres peuples de la péninsule. Dès le IIIᵉ siècle av. J.-C., toute l'Italie est romaine, mais c'est au milieu du IIᵉ siècle av. J.-C. que la domination de Rome prend véritablement de l'ampleur et s'étend largement vers l'est. La Grèce même est conquise et devient une province romaine, mais en résistant à sa manière car, comme le dira plus tard le poète Horace :

GRAECIA CAPTA FERUM VICTOREM CEPIT, ET ARTES
INTULIT AGRESTI LATIO [172]...

ou, pour dire les choses de façon moins sibylline : « La Grèce soumise domina son farouche vainqueur et introduisit les arts dans le rustique Latium... » Ainsi modelés et instruits à l'école des Grecs, les Romains apprendront le raffinement, et leur langue, le latin, deviendra le véhicule universel d'une culture désormais gréco-latine.

Le latin, mais d'abord le grec

Mais, avant que le latin ne s'impose au reste du monde méditerranéen, c'est bien le grec qui s'entendait partout à Rome au IIIe siècle et pendant tout le IIe siècle av. J.-C., à la fois dans les milieux populaires et dans la société des gens instruits. Depuis déjà plusieurs siècles, des marchands grecs, venus d'Italie du Sud pour commercer avec les Romains, utilisaient le grec dans leurs tractations. Cette habitude s'est prolongée et accentuée après la conquête de la Grèce, avec la venue d'esclaves grecs à Rome. Sur un autre plan, l'influence des philosophes et des rhéteurs grecs a été prépondérante dans les couches les plus intellectuelles de la société, chez qui la langue de culture n'était pas encore le latin : les premiers prosateurs latins ont écrit en grec [173].

Ce n'est pas cependant par cette aristocratie lettrée, mais par le peuple, que se sont introduits en latin les plus anciens mots grecs. Ils concernent la vie quotidienne :

AER	« air »
AMPHORA	« amphore »
AMPULLA	« petite fiole à ventre bombé », diminutif de AMPHORA
BAL(I)NEUM	« bain »
CAMERA	« plafond voûté », puis « chambre »
CRAPULA	« ivresse »
SPAT(H)ULA	« sorte de cuiller », puis « omoplate »; c'est de ce même mot SPATULA que viennent *épaule* en français et *spalla* en italien
ANC(H)ORA	« ancre »
GUBERNARE	« diriger un navire [174] ».

A côté du vocabulaire de l'alimentation :

CASTANEA « châtaigne »   MALUM « pomme »   OLIVA « olive »
CERASEUS « cerise »   OLEUM « huile »   CAEREFOLIUM « cerfeuil »,
on trouve aussi quelques termes plus abstraits :

POENA « rançon »
PUNIRE « punir, venger ».

Dans les comédies de Plaute (254-184 av. J.-C.), ce sont les esclaves et les serviteurs qui emploient le plus le vocabulaire grec. Ce témoignage permet de confirmer la vitalité et la bonne connaissance du grec à Rome aux IIIe et IIe siècles av. J.-C. car, si un poète comique pouvait se permettre de tirer des effets bouffons de jeux de mots à partir du grec, cela suppose que le grand public n'avait aucune difficulté à les comprendre.

En réalité, jusqu'à la fin du IIe siècle apr. J.-C., si, à Rome, le vocabulaire de la vie sérieuse était latin, celui de la vie quotidienne, du plaisir et des affaires était grec.

Les langues des peuples soumis

Au moment de son apogée, au IIe siècle apr. J.-C., l'Empire romain s'étend de l'Atlantique à la mer Caspienne (cf. carte LE MONDE ROMAIN À SON APOGÉE (IIe siècle apr. J.-C.).

Et c'est alors le latin qui va régner sur tout ce monde romanisé. Pourtant, au cours de son expansion, Rome n'a jamais imposé sa langue ou mené des actions contre les langues des vaincus :

l'ibère a été probablement parlé jusqu'à la fin du Ier siècle av. J.-C. ;

l'osque, au moins jusqu'à la fin du Ier siècle apr. J.-C. puisqu'on a retrouvé une inscription en osque à Pompéi, recouverte par les cendres du Vésuve en 79 apr. J.-C. ;

le gaulois, dans la vallée du Pô, jusque vers le IIIe siècle apr. J.-C. ;

le punique, en Afrique du Nord, jusqu'à saint Augustin (IVe-Ve siècle apr. J.-C.) [175].

Plusieurs éléments du vocabulaire latin trahissent d'ailleurs une origine régionale :

GUBIA « gouge, burin » semble avoir été emprunté à l'ibère ;

BOS, BOVIS « bœuf », de même que POPINA « taverne » et PERTICA « perche », à l'osco-ombrien [176] ;

MULTA « amende », ASINUS « âne » et CASEUS « fromage » ainsi que CONSUL viennent du sabin, tandis que

INFERIOR « inférieur » et CASA « cabane », qui ne sont pas romains, viennent d'autres usages ruraux. Il en est de même pour ANAS, ANATIS « canard », ANSER, ANSERIS « oie », LUPUS « loup », FENUM « foin », FURCA « fourche », etc. [177].

Ce que le latin doit à l'étrusque

L'étrusque, de son côté, avait résisté jusqu'à la fin de la République (IIe siècle av. J.-C.). Comme on l'a déjà vu dans le chapitre précédent (AUTOUR DU GREC, § La lettre A était une consonne, p. 38), non

LE MONDE ROMAIN A SON APOGÉE (IIᵉ siècle apr. J.-C.)

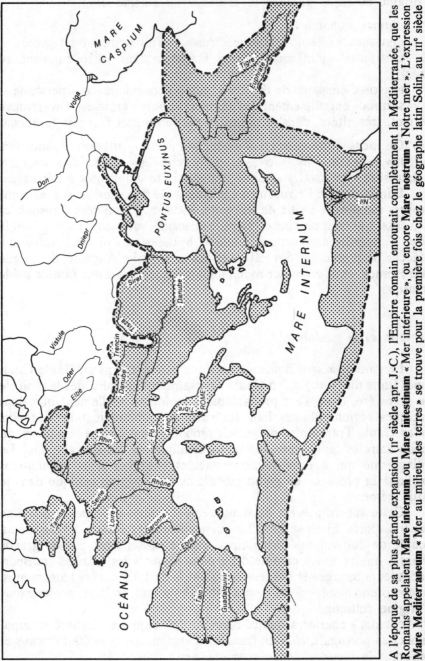

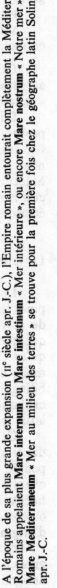

A l'époque de sa plus grande expansion (IIᵉ siècle apr. J.-C.), l'Empire romain entourait complètement la Méditerranée, que les Romains appelaient Mare internum ou Mare intestinum « Mer intérieure », ou encore Mare nostrum « Notre mer ». L'expression Mare Mediterraneum « Mer au milieu des terres » se trouve pour la première fois chez le géographe latin Solin, au IIIᵉ siècle apr. J.-C.

seulement c'est par l'intermédiaire des Étrusques que l'alphabet grec a été adopté par les Romains, mais leur langue a également laissé des traces dans la langue latine. On reconnaît en particulier le vocabulaire d'origine étrusque grâce à la présence du suffixe -NA :

CATENA « chaîne » ;
CISTERNA « citerne » (forme étrusque d'un emprunt au grec) ;
LANTERNA « lanterne » (forme étrusque d'un autre emprunt au grec) ;
PERSONA « masque de théâtre », puis « personnage » et « personne » ;
SAGINA « engraissement des animaux », puis « graisse ». On retrouve ce mot, très altéré, dans la première partie du mot français *saindoux*.

On pense que SUBULO « joueur de flûte », HISTRIO « comédien, acteur », SERVUS « esclave », NEPOS « petit-fils », ainsi que CALCEUS « chaussure » et PUTEUS « puits » ont aussi été empruntés à l'étrusque.

L'influence de l'étrusque a également été très sensible sur les noms propres romains. La ville de Ravenne, RAVENNA, a un nom étrusque, et CAECINA, qui était un nom de famille étrusque, est encore aujourd'hui le nom d'une ville en Toscane, CECINA. MAECENAS, qui n'est autre que Mécène, le protecteur des lettres et des arts, ami d'Auguste, de Virgile et d'Horace, était chevalier romain, mais descendait d'une famille noble étrusque.

Le latin et le gaulois

Le gaulois a sans doute survécu moins longtemps en Gaule Cisalpine (Italie du Nord) qu'en Gaule Transalpine. En Italie, dès le Ier siècle de notre ère, il ne s'est probablement maintenu réellement que dans quelques régions alpines loin des voies de communication [178], tandis qu'en Gaule Transalpine on parlait probablement encore le gaulois, au moins dans les campagnes, jusqu'aux alentours du ve siècle apr. J.-C. Le bilinguisme qui a duré plusieurs siècles chez ces deux populations explique la présence de nombreux éléments d'origine celtique dans le latin même.

Cette survivance est particulièrement frappante dans le domaine des transports. Si on se rappelle que les Romains étaient à l'origine un peuple de cultivateurs sédentaires, qui ne possédaient pas de grands chars à quatre roues comme ceux dans lesquels les Gaulois transportaient leurs bagages et qui leur servaient la nuit à entourer leurs camps, on comprend que les noms de ces véhicules soient, en latin, presque tous d'origine celtique :

CARRUS « chariot à quatre roues », d'où CARRO en italien, en espagnol et en portugais, *char* en français (l'ancien mot latin était CURRUS et désignait le vieux char de guerre à deux roues [179]) ;

BENNA « sorte de voiture à quatre roues ». On le retrouve dans le français *benne* ;

PETORITUM « chariot à quatre roues » ;

CARPENTUM « voiture à deux roues », munie d'une capote.

D'autres emprunts au gaulois concernent la vie à la campagne :

ALAUDA « alouette » ;

BECCUS « bec » ;

BETULLA « bouleau » ;

CUMBA « combe, vallée » ;

CAMBIARE « échanger, troquer » ;

BRISARE « fouler aux pieds ». Ce verbe, qui à l'origine était utilisé uniquement avec le sens de « fouler (le raisin) aux pieds », a survécu en français, mais avec un sens moins spécifique.

Quelques-uns de ces emprunts désignent des vêtements :

BRACAE « braies, pantalons », d'où : *brache* en italien, *bragas* en espagnol, *braies* en français ;

SAGA « manteau de laine grossière ». Le portugais *saia* désigne aujourd'hui une « jupe ».

D'autres mots gaulois, encore vivants dans les langues romanes, n'ont pas laissé de traces en latin écrit, comme si le vocabulaire était miraculeusement passé directement du gaulois aux langues modernes sans transiter par le latin. En réalité, c'est là un des multiples signes indiquant que le latin de la littérature latine n'est pas exactement celui qui a donné naissance aux langues romanes, car...

... il y avait latin et latin...

... et il faut bien se rendre à l'évidence : on a beau parler plusieurs langues romanes, censées représenter les formes contemporaines du latin évolué, on n'en est pas moins incapable de traduire APERTO LIBRO – à livre ouvert, c'est-à-dire, curieusement, sans ouvrir un dictionnaire –, la moindre phrase de Cicéron ou le vers le plus anodin de Virgile. Pour comprendre ce mystère, il faut bien admettre qu'à côté du latin **classique**, immuable et rigoureux, qui nous est parvenu par les textes écrits des grands auteurs, existait un autre latin, un latin commun, instable et varié, celui de la conversation quotidienne, qui n'a jamais eu les honneurs de la littérature parce qu'il ne jouissait d'aucun prestige. Or c'est essentiellement à cet autre latin, dit **vulgaire**, que l'on aboutit en remontant à l'origine de la plus grande partie des formes des langues romanes actuelles.

Latin classique, latin unique

Une des particularités les plus surprenantes du latin classique, c'est que, pendant plusieurs siècles, il offre une image parfaitement unie : la langue des premiers écrits (au IIIe siècle av. J.-C.), diffère notamment peu de celle de l'âge classique (Ier siècle av. J.-C.) et même de la fin de l'Empire (milieu du Ve siècle apr. J.-C.). On a en effet l'impression que le latin écrit a tout de suite été fixé d'une façon définitive [180], alors que tout laisse penser que chacun des peuples soumis a dû apporter des éléments de diversification. On se demande alors comment et pourquoi l'unité a pu se faire.

Afin d'acquérir et de maintenir la stabilité de ses institutions, un État devenu puissant, mais regroupant des populations très diverses, avait besoin d'un corps administratif solide, régi par des lois précises, au moyen d'une langue sans équivoque, et il est significatif que les premiers textes écrits en latin soient justement des textes juridiques. De langue de paysans à ses débuts, le latin avait acquis à l'époque de son expansion la rigueur d'une langue de juristes, qui se devait d'exprimer sans ambiguïté le droit, la politique et l'organisation de la vie publique, sous une forme écrite identique pour tous.

Ainsi s'est constitué le latin classique tel qu'en lui-même les siècles l'ont perpétué.

Un « bon usage » codifié

Du temps de César et de Cicéron, il régnait effectivement, en opposition à la RUSTICITAS, ou « usage de la campagne », une sorte de purisme, caractérisé par l'URBANITAS, autrement dit le « bon usage », qui était celui de la ville de Rome. Des règles strictes l'ont fixé jusque dans ses moindres détails : par exemple, ne pas laisser tomber les /h/ de HOMO, HORA, etc., toujours prononcer le /s/ final des mots, ne pas confondre les cas, ne pas abuser des diminutifs.

Selon cette URBANITAS, il fallait aussi se garder d'utiliser des mots grecs. Cicéron ne se permet de les employer que dans ses lettres. Dans ses discours il les évite, mais, en s'inspirant du modèle grec, il crée cependant des néologismes abstraits comme PROVIDENTIA, QUALITAS, ou MEDIETAS [181].

Le latin et les premiers chrétiens

Devenue, grâce à l'administration, le droit, la littérature et l'école, la langue commune de peuples aux origines très diverses, la langue latine connaîtra ensuite dès les premiers siècles de notre ère une nouvelle expansion, qui sera favorisée par la diffusion du christianisme. Le latin, langue de l'Église, servira de point de ralliement et de véhicule privilégié pour transmettre la « bonne nouvelle » (EVANGELIUM). Une traduction de la Bible en latin verra le jour au IVᵉ siècle, la *Vulgate* de saint Jérôme, mais, dès le Iᵉʳ siècle apr. J.-C., pour déjouer les persécutions et se reconnaître entre eux, les adeptes de la nouvelle religion avaient été jusqu'à élaborer, avec des mots latins, des messages secrets que ne comprenaient que les seuls initiés (cf. *encadré* LE CARRÉ MAGIQUE OU LA PRIÈRE CACHÉE).

Récréation

LE CARRÉ MAGIQUE OU LA PRIÈRE CACHÉE

S	A	T	O	R
A	R	E	P	O
T	E	N	E	T
O	P	E	R	A
R	O	T	A	S

Ce carré est doublement magique. Tel qu'il est disposé, il peut se lire de la même façon dans tous les sens. Mais il contient également un message secret, qui apparaîtra en combinant les lettres autrement. Ce cryptogramme servait de signe de reconnaissance aux chrétiens des premiers siècles : ils y retrouvaient l'alpha (A) et l'oméga (O) – «Je suis le commencement et la fin de toutes choses » – encadrant le titre de la prière fondamentale de la nouvelle religion, inscrit dans une croix grecque.

Dans le schéma ci-dessous, seuls les A et les O ont été disposés sur la croix et aux quatre coins, et la lettre N a été placée à l'intersection de la croix, parce qu'elle sert deux fois. Il reste à organiser toutes les autres lettres du carré magique, pour faire apparaître deux fois, verticalement et horizontalement, le titre de la prière chrétienne.

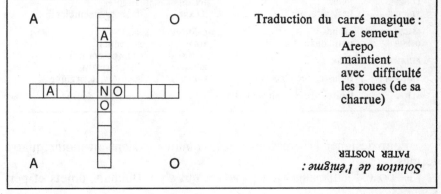

Traduction du carré magique :
Le semeur
Arepo
maintient
avec difficulté
les roues (de sa
charrue)

Solution de l'énigme : PATER NOSTER

La langue parlée et le lexique

Tandis que la langue écrite se répandait dans un latin classique unifié, parfaitement codifié et strictement respecté par tous, le latin parlé, ouvert aux innovations, poursuivait parallèlement son développement, en se différenciant en une multiplicité de langues, qui n'ont gardé dans leur usage qu'une partie du lexique du latin classique (cf. *encadré* LES CHOIX DES LANGUES ROMANES).

LES CHOIX DES LANGUES ROMANES

Le latin classique avait souvent deux formes pour exprimer la même notion. Dans les langues romanes, l'une d'entre elles a été abandonnée et définitivement remplacée par la forme la plus quotidienne, comme par exemple le verbe LOQUI « parler », qui n'a pas eu de prolongement dans les langues romanes mais a laissé la place à PARABOLARE, d'où *parler* en français, *parlare* en italien [182] ou à FABULARE, d'où *falar* en portugais et *hablar* en espagnol.

Forme latine abandonnée		**Forme latine survivante**	
ÆQUOR	surface unie, plaine, mer	MARE	mer
AGER	champ cultivé	CAMPUS	plaine, rase campagne
ALVUS	ventre, intestins	VENTER	ventre
CRUOR	sang qui coule	SANGUIS	sang, force vitale, race
EQUUS	cheval	CABALLUS	cheval de trait, rosse
FORMIDO	crainte, effroi	PAVOR	émotion, épouvante
LETUM	mort, destruction	MORS	mort
LORUM	courroie	CORRIGIA	courroie
SIDUS	constellation, étoile	STELLA	étoile
TELLUS	globe terrestre, terrain, sol	TERRA	globe terrestre, terrain, sol
TERGUM	dos	DORSUM	dos, face postérieure
VULNUS	blessure, plaie	PLAGA	coup, blessure
EDERE, ESSE	manger	MANDUCARE	mâcher
POTARE	boire	BIBERE	boire
FERRE	porter, transporter	PORTARE	porter, transporter
LUDERE	jouer	JOCARI	plaisanter
VINCIRE	lier, attacher	LIGARE	attacher, assembler
MAGNUS	grand	GRANDIS	grand
OMNIS	tout, chaque	TOTUS	tout entier
PULCHER	beau	FORMOSUS	beau (de forme)
		BELLUS	joli, charmant
VALIDUS	robuste, bien portant	FORTIS	vigoureux, énergique
ALIUS	l'autre (parmi plusieurs)	ALTER	l'autre (de deux)

Pour désigner la « maison », les Romains avaient au moins quatre termes :

— DOMUS « maison », avec tout ce qui s'y rattachait, objets et personnes ;

— AEDES, se référant uniquement à l'édifice [183] ;

— VILLA « ferme, propriété agricole », et

— CASA « cabane, chaumière ».

C'est le terme le plus humble, *casa*, qui a le mieux survécu dans les langues romanes : on trouve *casa* en italien, en espagnol, en portugais, et *chez* en français.

Des deux formes pour la « bouche », OS et BUCCA, toutes deux attestées en latin classique, c'est la seconde qui devait être plus fréquente dans les usages parlés, de même que CABALLUS était préféré à EQUUS pour « cheval », et DORSUM à TERGUM pour « dos ».

L'existence de ces usages parallèles dans la langue parlée est amplement confirmée par leur survivance dans les langues romanes. On trouve aussi des indications éparses dans la littérature latine et dans des textes tardifs ou destinés à des usages domestiques (cf. *encadré* LE FOIE GRAS ET L'ÉPAULE D'APICIUS).

LE FOIE GRAS ET L'ÉPAULE D'APICIUS

Tous les romanistes savent que le mot FICATUM, qui a donné *foie* en français, *fegato* en italien, *higado* en espagnol, n'était pas, à l'origine, n'importe quel foie, mais le « foie gras d'oie gavée de figues sèches [184] ».

Ce que l'on sait moins, c'est le rôle joué dans la diffusion du terme en latin par Apicius, qui avait étendu également aux truies la méthode du gavage par les figues, que les Grecs employaient déjà pour les oies probablement depuis le IVᵉ siècle av. J.-C.

Marcus Gavius Apicius était un riche gastronome, né vers 25 av. J.-C., célèbre pour ses recettes extravagantes. Raffinement suprême, il tuait ses oies en leur donnant à boire du vin miellé [185].

C'est aussi dans son livre de recettes que l'on trouve pour la première fois le mot SPATULA, diminutif de SPATHA « petite pelle », pour nommer par métaphore une « épaule » de porc. Auparavant, on disait HUMERUS OU UMERUS, mais c'est la forme SPATULA qui a survécu dans le français *épaule* et l'italien *spalla* « épaule », de même que dans l'espagnol *espalda* « dos ». Déjà renommé pour ses fantaisies culinaires, Apicius mériterait, pour son rôle dans la promotion du *foie* et de *l'épaule*, d'être également cité à l'ordre du mérite linguistique.

Il existe enfin des ouvrages normatifs mettant en garde contre ces formes considérées comme incorrectes (cf. *encadré* DITES... MAIS NE DITES PAS...).

Langue parlée et grammaire

Les langues issues du latin se différencient en outre nettement du latin classique par de multiples formes expressives, par l'abondance des diminutifs, des formes composées et imagées, des formules analytiques, plus directement comprises, et des formes renforcées. Les langues romanes actuelles témoignent de ces tendances. Les diminutifs, par exemple, s'y sont développés de façon spectaculaire :

c'est AURICULA « petite oreille » et non pas AURIS « l'oreille » que l'on retrouve dans l'italien *orecchio* ou le français *oreille* ;

DITES... MAIS NE DITES PAS...

En voulant restaurer la langue classique, les puristes viennent sans le vouloir au secours des historiens des langues, car ce sont les formes fautives qu'ils critiquent qui ont le plus souvent survécu dans les langues romanes modernes. Extraits de l'*APPENDIX PROBI*, liste des 227 formes considérées comme fautives par son auteur et datant du IIIe siècle apr. J.-C. [186], voici quelques exemples de ces recommandations. Elles confirment, dans la langue parlée à cette époque, la tendance à former des diminutifs, à ne pas prononcer le – *m* final, à confondre les timbres des voyelles, à réduire le nombre des syllabes et à supprimer certaines consonnes.

Dites	Ne dites pas	
AURIS	ORICLA	« oreille »
OLIM	OLI	« autrefois »
IDEM	IDE	« le même »
VINEA	VINIA	« vigne »
FRIGIDA	FRICDA	« froide »
MASCULUS	MASCLUS	« mâle »
CALIDA	CALDA	« chaude »
VETULUS	VETLUS	« vieux »
VIRIDIS	VIRDIS	« vert »
MENSA	MESA	« table »
PAVOR	PAOR	« peur »
AUCTOR	AUTOR	« qui augmente la confiance »
PERSICA	PESSICA	« pêche »

GENUCULUS et non pas GENUS « genou », dans l'italien *ginocchio* et le français *genou* (d'abord attesté sous la forme *genouil*);

SOLICULUM et non SOL « soleil » dans le français *soleil*;

AGNELLUS et non pas AGNUS dans *agneau*;

EDERE ou ESSE, du latin classique « manger », a laissé la place à une forme composée, COMEDERE « manger », dans l'espagnol et le portugais *comer*, et à une forme familière, MANDUCARE « mâcher », dans le français *manger* et l'italien *mangiare*.

Les formes synthétiques des comparatifs en -IOR (DOCTUS « savant », DOCTIOR « plus savant », FORTIS « courageux », FORTIOR « plus courageux ») ont progressivement disparu en laissant la place à des formes analytiques, composées au moyen de MAGIS « plus », ou de PLUS « plus » (devenues respectivement *más* ou *mais* dans la péninsule Ibérique et en Orient, *plus* en Gaule, *più* en Italie).

Enfin, pour les adverbes, se sont multipliées des formes renforcées avec cumul de prépositions [187] : IN SUMUL, AB ANTE, DE EX se trouvent à l'origine des formes françaises *ensemble, avant, dès*.

Avec ces quelques exemples, on mesure mieux la distance qui séparait le latin classique du latin vulgaire, et on comprend à quel point la connaissance d'une langue romane s'avère insuffisante pour traduire sans peine un texte de latin classique...

La fin de *rosa, rosa, rosam*

... d'autant plus que le latin parlé allait en outre connaître un bouleversement total de sa structure avec l'effondrement progressif du système casuel. On sait qu'en latin classique la fonction des mots dans la phrase se marquait par les cas : la forme prise par le mot désignant la rose était ROSA si la rose était sujet (ROSA PULCHRA EST « la rose est belle »), ROSAM si c'était le complément d'objet direct (ROSAM LEGO « je cueille une rose »), ROSARUM si c'était le complément de nom au pluriel (ODOR ROSARUM « l'odeur des roses »), etc. Comme les syllabes finales n'étaient pratiquement jamais accentuées et que les consonnes finales se prononçaient de moins en moins, il fallait, si on voulait se faire comprendre, employer une préposition, naguère facultative, et devenue indispensable : IN « dans », SUPER « sur », etc. Pour dire « je vais à Rome », au lieu du latin classique EO ROMAM, on avait pris l'habitude de dire EO AD ROMA, car on ne prononçait plus la consonne finale. L'affaiblissement des consonnes finales a aussi eu pour conséquence que le cas sujet (souvent en -*s*, comme dans PAULUS « Paul ») ne se distinguait plus du cas objet (en -*m* comme dans PAULUM), ce qui entraînait une nouvelle contrainte pour l'ordre des mots. En latin classique, PAULUS PETRUM VERBERAT « Paul frappe Pierre » était l'équivalent de PETRUM PAULUS VERBERAT ou de PETRUM VERBERAT PAULUS. Mais lorsque la prononciation est devenue PAULU et PETRU, il a fallu fixer la position du sujet avant le verbe et celle du complément d'objet après. C'est le nouvel ordre des mots qui a prévalu dans les langues romanes : en français, par exemple, tout est changé si, au lieu de dire *Paul frappe Pierre*, on dit *Pierre frappe Paul*.

Les caprices des doublets

Si c'est bien le latin vulgaire qui est à la racine de toutes les langues romanes, le latin classique n'avait pas complètement disparu pour autant car, très tôt, il a été la source à laquelle ces langues ont puisé leurs formes savantes. Des quantités de mots du latin ont ainsi pris deux chemins pour aboutir aux langues romanes : la voie populaire, en évoluant naturellement dans la langue parlée, et la voie savante, par emprunt direct au latin classique (cf. chapitre AUTOUR DU FRANÇAIS § Les deux filons parallèles p. 241 et *encadré* RENDONS À CÉSAR... p. 243).

Latinistes pour rire ou sans le savoir

Après plus de deux mille ans d'histoire, le latin continue donc une double vie, d'une part sous ses métamorphoses romanes, de l'autre en tant que langue savante à laquelle les gens cultivés sont tentés de recourir, que ce soit pour faire sérieux ou pour faire rire (cf. *encadré* LATINUS CUISINAE), ou encore pour jouer à qui sera le plus astucieux (cf. *encadré* LA RÉPONSE LA PLUS COURTE).

Récréation

LATINUS CUISINAE

Jouer avec le latin est une vieille habitude française, probablement européenne. En français, les mots *furax* ou *rasibus* ont été inventés pour rire. Rabelais, Molière, Jules Romains, Raymond Queneau et beaucoup d'autres ont fait du latin une utilisation ludique. La qualité commune de ces textes ? On n'a pas vraiment besoin d'un dictionnaire pour les comprendre.

Molière

Praeses (le président)
Juras...
... De non jamais te servire
De remediis aucunis
Quam de ceux seulement doctæ Facultatis
Maladus dût-il crevare
Et mori de suo malo ?
Bachelierus (le candidat)
Juro *.

(*Le malade imaginaire* [188])

Jules Romains
– Merdam ! merdam ! hurla Bénin, exaspéré.
– Salut ! Salut ! cria le traducteur.
– Utinam aves super caput tuum cacent !
– Que les oiseaux du ciel répandent leur bénédiction sur votre tête !
Bénin se tut. Broudier fit un signe. Et la fanfare attaqua l'hymne russe qui se défendit bien.

(*Les copains* [189])

Raymond Queneau
Sol erat in regionem zenithi et calor atmospheri magnissima. Senatus populusque parisiensis sudebant. Autobi passebant *(sic)* completi...

(*Exercices de style* [190])

---

* C'est au moment où il prononçait cette réplique, le 17 février 1673, que Molière ressentit la première atteinte de son mal. Rentré chez lui, il devait mourir une heure plus tard.

LA RÉPONSE LA PLUS COURTE

Face à la numération romaine, démesurée – douze signes pour noter une simple date – la langue latine peut aussi se prêter à des formulations d'une concision extrême. C'est à Voltaire et à Frédéric II de Prusse que l'on prête le pari d'écrire en latin la lettre la plus courte, dont voici le bref compte rendu :
Première missive : *Eo rus* « Je vais à la campagne ».
Réponse : *I* « Va ».

Mieux encore, ceux-là mêmes qui croient qu'ils ne savent pas le latin l'utilisent abondamment tous les jours, sans le savoir. Qu'on en juge, par une première liste de mots latins très connus, passés à diverses époques dans la langue française – et parfois, comme *album, duo, villa* ou *tandem*, par l'intermédiaire d'autres langues. Y en a-t-il que vous n'ayez jamais entendus ?

agenda	album	alibi	aquarium	as
auditorium	bis	bonus	campus	curriculum vitae (CV)
duo	duplex	et caetera	ex aequo	extra
forum	gratis	idem	in extremis	index (liste)
intérim	junior	lapsus	lavabo	magnum
malus	maximum	médias	memento	minimum
motus	nota bene (NB)	omnibus	opium	palmarès
pollen	post-scriptum (PS)	prospectus	quiproquo	rébus
référendum	rictus	senior	sérum	silex
sponsor	super	tandem	ultra	veto
vice-versa	villa	visa		

Peut-être d'un usage un peu plus restreint, voici une deuxième liste de mots qui font aussi partie du discours presque quotidien :

a fortiori	a posteriori	a priori	addenda	aléa
alias	alter ego	confer (cf.)	consensus	corpus
cumulus	cursus	desiderata	duplicata	errata
ex-libris	fac-similé	factotum	grosso modo	hiatus
homo sapiens	humus	in-folio	in vitro	ipso facto
lapis-lazuli	libido	médium	mémorandum	mentor
minus habens	muséum	nec plus ultra	nimbus	opus incertum
passim	pater familias	plénum	pro forma	processus
prorata	quasi	quid	quidam	quorum
radium	sic	sine die	sine qua non	statu quo
stratus	sui generis	symposium	ultimatum	vade-mecum

Latin savant et latin d'Église

Dans certains domaines, comme celui de la botanique, de la chimie, de la médecine et de l'Église, le latin tient traditionnellement une place prépondérante.

A la suite de la classification de Linné, au XVIIIᵉ siècle, tous les végétaux ont en effet été répertoriés sous un nom latin, qui double très souvent le nom vulgaire : TAXUS AUREA est l'appellation savante de l'*if doré,* FAGUS ATROPURPUREA, celle du *hêtre pourpre;* mais, pour l'*hibiscus* ou le *lotus,* le français ne connaît que leur nom latin.

Dans la classification de Mendeleïev, les deux tiers des éléments chimiques ont des noms latins en -*ium : sodium, calcium, strontium.*

C'est surtout à la médecine que nous devons de connaître ces autres mots latins :

anus	coïtus interruptus	cubitus	cunnilingus	duodénum
fémur	fœtus	herpès	humérus	impétigo
index (doigt)	lumbago	macula	médius	pénis
phallus	placenta	placebo	plexus	pubis
radius	sérum	sinus	thorax	tibia
utérus	virus.			

Enfin, réservées à l'origine à la vie religieuse, de nombreuses expressions latines peuvent aussi apparaître dans d'autres circonstances :

agnus dei	angélus	amen	Ave Maria	confiteor
deo gratias	de profundis	ex cathedra	ex-voto	imprimatur
in memoriam	ite missa est	magnificat	mea culpa	miserere
pater noster	refugium peccatorum	requiem	te deum	urbi et orbi

---

EN LATIN DANS LE TEXTE

Quelques citations latines qui ont eu la vie longue (et ce n'est pas fini) :

ad libitum	vox populi	hic et nunc
carpe diem	ad usum delphini	alea jacta est
de cujus	casus belli	cogito, ergo sum
de minimis non curat praetor	de facto	de jure
fluctuat nec mergitur	de visu	deus ex machina
margaritas ante porcos	in cauda venenum	doctus cum libro
mutatis mutandis	manu militari	in vino veritas
primus inter pares	numerus clausus	modus vivendi
veni, vidi, vici	vade retro, Satana	panem et circenses

Une langue morte « réincarnée »

Il y a donc beaucoup de latin dans le français, comme dans les autres langues romanes. Cette curieuse survie d'une langue « morte », intimement mêlée à la langue dans laquelle elle s'était déjà métamorphosée, pourrait bien apparaître comme une monstruosité de la nature si l'histoire culturelle ne nous rappelait que le latin classique s'était assoupi au fond des monastères, depuis la chute de l'Empire romain jusqu'au VIIIᵉ siècle. Il allait alors reprendre vie et acquérir une importance accrue, en assumant en Europe le rôle de langue modèle qu'il n'a ensuite plus cessé de jouer jusqu'à nos jours. Devenu, avec le grec, symbole de la « culture », il a survécu comme la langue écrite privilégiée jusqu'à la fin du XIXᵉ siècle (cf. *encadré* ON PARLAIT D'AUTRES LANGUES, MAIS ON ÉCRIVAIT EN LATIN).

Les avatars de la prononciation du latin

La réforme carolingienne n'avait guère affecté la prononciation. Jusqu'à la Renaissance, on prononcera le latin *comme si c'était du français*. La terminaison en -UM, par exemple, se prononçait *-on*. C'est ainsi que l'on explique l'origine du mot *dicton*, prononciation à la française de DICTUM « ce qui est dit ». Le mot *rogaton* est un autre témoignage de l'ancienne prononciation, à la française, de ROGATUM « demande, prière ». Le sens actuel, péjoratif, de « restes » (d'un festin), date du XVIIᵉ siècle.

Au XVIᵉ siècle, des savants comme Érasme en Hollande ou Charles Estienne en France tentent de restaurer ce qu'ils pensaient être l'ancienne prononciation, mais ils échouent en partie puisque, au XVIIᵉ siècle, Ménage prescrit encore de prononcer QUISQUIS comme *kiskis* et QUAMQUAM comme *cancan*.

Jusqu'au XXᵉ siècle, on a conservé une prononciation largement calquée sur celle du français, avec toutefois quelques entorses, comme la prononciation de -UM en *-om'* : on disait *dominom', templom',* pour DOMINUM, TEMPLUM. On préconisait aussi *couancouam'* pour QUAMQUAM.

Ce n'est qu'à la fin du XIXᵉ siècle que des savants comme Gaston Paris et Michel Bréal réagissent et tentent d'introduire la *vraie* prononciation du latin classique dans l'enseignement.

La prononciation du latin classique restituée

C'est grâce aux témoignages concordants des Latins eux-mêmes et à la comparaison des langues romanes que l'on peut savoir comment se prononçait le latin classique.

ON PARLAIT D'AUTRES LANGUES,
MAIS ON ÉCRIVAIT EN LATIN

Longtemps après la chute de l'Empire romain, tandis que les langues romanes devenaient l'instrument de communication orale, le latin est resté la langue écrite par excellence, aussi bien dans les pays de langue romane que dans ceux de langue germanique ou même de langue slave. Les auteurs suivants ont écrit au moins une partie de leur œuvre en latin :

Saint Augustin (354-430), le plus célèbre Père de l'Église, originaire d'Afrique du Nord.

Roger Bacon (1214-1294), philosophe et savant anglais, un des précurseurs de la méthode expérimentale.

Dante Alighieri (1265-1321), écrivain et poète italien. Il a choisi d'écrire en latin le *De vulgari eloquentia*, où il a été le premier à reconnaître les relations historiques entre les langues romanes, tandis que la *Divine Comédie* et toute son œuvre poétique ont été rédigées en toscan.

Érasme (1467-1536), humaniste hollandais. Il a publié son œuvre en latin, sous le nom de Desiderius Erasmus Roterodamus.

Nicolas Copernic (1473-1543), astronome polonais. Il proposa une théorie du double mouvement des planètes sur elles-mêmes et autour du soleil et fut à l'origine de la révolution scientifique du XVIIe siècle.

Ignace de Loyola (1491-1556), gentilhomme espagnol, fondateur de la Compagnie de Jésus.

Francis Bacon (1561-1626), philosophe anglais, souvent considéré, grâce à son *Novum organum*, comme le véritable précurseur de la science moderne.

Johannes Kepler (1571-1630), astronome allemand, l'un des inventeurs de l'astronomie moderne.

René Descartes (1596-1650), philosophe et mathématicien français. Il écrivit ses premiers ouvrages en latin. En revanche, *Le Discours de la méthode* a d'abord été publié en français à Leyde en 1637. Mais, dès 1644, cette version française a été suivie d'une traduction en latin.

Baruch Spinoza (1632-1677), philosophe hollandais, dont le prénom latin était Benedictus.

Emanuel Swedenborg (1688-1772), philosophe suédois.

Carl von Linné (1707-1778), naturaliste suédois, créateur, dans son *Systema naturae*, de la classification des espèces en botanique.

Antoine Laurent de Jussieu (1748-1836), botaniste français, publia en 1788 son ouvrage principal : *Genera plantarum secundum ordines naturales disposita*.

Jean Jaurès (1859-1914), homme politique. C'est en latin qu'il soutint, en 1892, à la Sorbonne, une thèse complémentaire intitulée : *De primis socialismi germanici lineamentis apud Lutherum, Kant, Fichte et Hegel* (« Des premiers aspects du socialisme allemand chez Luther, Kant, Fichte et Hegel »). Sa thèse principale, sur la réalité du monde sensible, était rédigée en français [191].

A ces auteurs il faudrait ajouter tous les **papes** qui ont rédigé des bulles et des encycliques qui sont en règle générale en latin, la langue officielle de l'Église catholique.

Enfin, tout récemment, le philosophe français **Jacques Derrida** a dû, selon la tradition, rédiger en latin son discours de réception comme docteur honoris causa de l'université d'Oxford.

LES CONSONNES

Les consonnes se prononçaient toujours de façon identique, quelle que soit la voyelle suivante :

c se prononçait [k], aussi bien dans CENA « le dîner » que dans CANO « je chante » ;

g se prononçait [g], comme dans le mot français *gare*, aussi bien dans GENU « genou » que dans GULA « gosier » ;

s se prononçait toujours [s] entre deux voyelles : la prononciation du *s* était dans *rosa* la même que dans *sal* « sel » ou *lapis* « pierre » ;

m et *n* après une voyelle étaient toujours prononcés : CENTUM s'entendait *kenntoum* ;

h était à l'origine une vraie consonne, qui se prononçait comme un souffle expiré, à la manière du *h* de l'anglais *house* ou de l'allemand *Hund*, mais les prononciations sans *h* ont commencé à se répandre dès le Ier siècle av. J.-C.

LES VOYELLES

Il y avait des voyelles brèves et des voyelles longues.

La lettre *u*, qui avait aussi la forme *v*, se prononçait *ou*, comme dans *trou* ou *zouave*.

Les lettres *i* et *j* se prononçaient de la même façon, comme *i* dans *ici* ou *y* dans *foyer* : le *j* de JUS « droit, justice » se prononçait comme le *i* de MEDIUS « central ».

La lettre *y*, qui ne se trouvait que dans des mots empruntés au grec (OLYMPUS « Olympe ») se prononçait comme en grec, c'est-à-dire comme le *u* français de *lune*.

L'ACCENT

Enfin, tous les mots de plus d'une syllabe étaient caractérisés par un accent, qui se plaçait

— sur l'avant-dernière syllabe si elle était longue, soit parce que la voyelle était longue (COQUĪNA « cuisine » avec un ī long), soit parce que la syllabe comportait une voyelle plus une consonne (LICENTIA « licence ») ;

— sur la voyelle précédant l'avant-dernière si l'avant-dernière était brève (ainsi dans ASINUS « âne » ou le i est bref).

Les tentatives avortées

Tenter d'imposer cette prononciation restituée, c'était compter sans une résistance venue à la fois de deux horizons : l'Église catholique et les inconditionnels de la prononciation traditionnelle « à la française ». Dès 1910, une réforme pour la prononciation latine restituée avait été préparée au niveau ministériel, mais après la guerre de 14-18, au moment même où elle était près d'aboutir, une autre réforme se mettait en place dans l'Église catholique, qui, elle, préconisait la prononciation « à l'italienne » :

- *u* prononcé *ou*, mais aussi
- *ti* prononcé *tsi* (dans des mots comme *indulgentia*);
- *ci, ce, cae* prononcés *tchi, tché*;
- *gi, ge* prononcés *dji, djé*.

Dorénavant, à l'église, INDULGENTIA et IN CAELO se prononceraient à l'italienne, c'est-à-dire *inndouldjenntsia* et *inn tchélo*.

Vers 1930, la prononciation « à l'italienne » était générale dans toutes les églises de France, tandis que, dans les milieux enseignants, la prononciation traditionnelle « à la française » avait aussi gardé de farouches partisans, qui étaient allés jusqu'à fonder la Société des amis de la prononciation française du latin.

Après des décennies de controverses et de débats entre prononciation à la française, à la latine ou à l'italienne, l'Université semblait finalement, dans les années cinquante, avoir gagné la partie puisque l'on y préconisait de plus en plus la prononciation latine ancienne restituée [192].

Mais, la force de la tradition aidant, la prononciation à la française garde encore des amateurs en France.

Les langues issues du latin

Comme on vient de le constater, le latin classique aux règles immuables n'a donc jamais vraiment cessé d'exercer son prestige de langue savante sur le monde occidental. Pendant ce temps, le latin parlé, plus souple, changeait et se fragmentait pour donner naissance à des langues romanes diverses. La carte ci-contre délimite géographiquement l'étendue actuelle de ces langues romanes en Europe, à l'intérieur de ce que fut le vaste Empire né de l'expansion de Rome, berceau de l'italien (cf. *carte* LES LANGUES ROMANES AUJOURD'HUI EN EUROPE).

Le roumain, langue romane exilée

Occupée par Trajan en 106 apr. J.-C., l'ancienne Dacie n'a été romaine que pendant 115 ans, mais, malgré les invasions slaves des VIe et VIIe siècles, la structure de la langue est restée latine, tout en acquérant des traits slaves.

Le roumain a d'abord été écrit en caractères cyrilliques, mais l'alphabet latin a été adopté en 1868.

Les apports turcs et helléniques, hongrois et surtout français font du roumain une langue au vocabulaire composite et coloré [193].

LES LANGUES ROMANES AUJOURD'HUI EN EUROPE

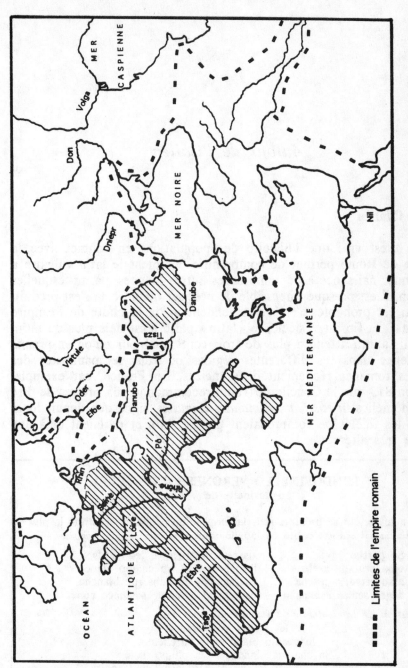

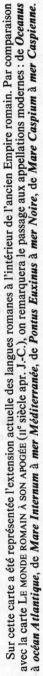

Sur cette carte a été représentée l'extension actuelle des langues romanes à l'intérieur de l'ancien Empire romain. Par comparaison avec la carte LE MONDE ROMAIN À SON APOGÉE (IIᵉ siècle apr. J.-C.), on remarquera le passage aux appellations modernes : de *Oceanus* à *océan Atlantique*, de *Mare Internum* à *mer Méditerranée*, de *Pontus Euxinus* à *mer Noire*, de *Mare Caspium* à *mer Caspienne*.

Autour de l'italien

Avant l'italien

S'il est vrai que l'histoire des populations en contact avec la langue de Rome permet de comprendre comment le latin vulgaire a pu donner naissance à de nombreuses autres langues, parmi lesquelles l'italien, il est presque impossible de préciser quand cela s'est produit. Ce qui est probable, c'est qu'au lendemain de la chute de l'Empire romain, à la fin du vᵉ siècle, le « latin » parlé n'est déjà plus du latin. Mais il faudra attendre plus de trois cents ans pour qu'on en prenne conscience dans les différentes régions où vont se manifester des langues romanes réellement différenciées. En France, par exemple, c'est en 813 que le Concile de Tours recommande aux prêtres de dire leurs homélies *in rusticam romanam linguam*, signe que depuis longtemps les fidèles ne comprenaient plus le latin et parlaient déjà une langue très altérée.

L'INDOVINELLO VERONESE (IXᵉ SIÈCLE)
La devinette de Vérone

Ce texte, qui se présente sous la forme d'une énigme, constitue la plus ancienne attestation écrite en langue romane.

Se pareba boves	Ils ressemblaient à des bœufs :
alba pratalia araba,	ils labouraient un champ blanc,
albo versorio teneba,	ils tenaient une charrue blanche,
negro semen seminaba.	ils répandaient une semence noire.

Solution de la devinette : **La main qui écrit**, car
les bœufs = les doigts
le champ blanc = le parchemin
la charrue blanche = la plume d'oie
la semence noire = les lignes écrites à l'encre noire [194]

Mais c'est en Italie que l'on a trouvé le document le plus ancien de tout le domaine roman : un court texte, l'*Indovinello veronese* (la devinette de Vérone), une énigme dont seule la traduction pose encore quelques problèmes mais dont la solution ne fait pas de doute. Il contient des formes verbales comme *araba, teneba, seminaba* au lieu de *arabant, tenebant, seminabant*, et des adjectifs comme *albo* au lieu de *album* « blanc » ou comme *negro* au lieu de *nigrum* « noir ».

Ce n'est déjà plus du latin mais ce n'est pas encore de l'italien (cf. *encadré* L'INDOVINELLO VERONESE).

L'ITALIE ET SES LANGUES

POPULATION : 57 700 000 habitants.

LANGUE OFFICIELLE :
italien, langue officielle de l'État italien (toscan littéraire).

LANGUES OFFICIELLES RÉGIONALES :
– **français**, langue romane (Val d'Aoste)
– **allemand**, langue germanique (Haut-Adige / Sud-Tyrol)
– **sarde**, langue romane (Sardaigne)

AUTRES IDIOMES :
romans [195]
– **piémontais, lombard, génois, vénitien, émilien-romagnol, marchois, ombrien, toscan, romanesco, abruzzain, napolitain, salentin, calabrais, sicilien, sarde**
– **ladin** (Bolzano)
– **frioulan** (Udine)
– **francoprovençal** (Val d'Aoste et Pouilles)
– **occitan** (Piémont)
– **catalan** (Sardaigne)

germaniques
– **allemand** et **parlers germaniques** (Bolzano)

slaves
– **slovène** (Trieste et Gorizia)
– **croate** (Molise)

divers
– **albanais** (sud de l'Italie et Sicile)
– **grec** (sud de l'Italie)
– **tsigane** (*sinti* dans le Nord, *romanès* dans le reste du pays)

Le premier texte « italien »

Il faut encore attendre plus d'un siècle pour qu'apparaisse le premier texte pouvant être reconnu comme de l'italien ancien : il s'agit cette fois de quatre courts témoignages sous serment à propos de biens appartenant à des monastères de Monte Cassino, dans la région de Capoue (*I placiti cassinesi* 960-963), rédigés par des notaires dans la forme qu'avait prise le latin vulgaire dans le centre de l'Italie, un pays qui était alors divisé sur le plan linguistique comme il l'était sur le plan politique. Morcelé en une multitude de petits États après la dislocation de l'Empire romain, il allait encore connaître pendant des siècles une extraordinaire diversité de parlers. C'est au point qu'on a pu essayer de traduire une nouvelle de Boccace dans près de 700 dialectes [196] (cf. *encadré* UN DIALECTE, C'EST UNE LANGUE).

UN DIALECTE, C'EST UNE LANGUE

Il ne faudrait pas croire qu'un dialecte ou un patois, c'est une langue « mal parlée » : c'est bel et bien une langue à part entière, avec une grammaire et un lexique spécifiques. Si cependant on dit aujourd'hui que l'italien, l'espagnol ou le français sont des langues, ce n'est pas parce qu'ils sont plus riches, plus beaux ou mieux structurés que le léonais, le napolitain ou le picard, mais parce qu'ils ont acquis un prestige plus grand en devenant des langues littéraires et officielles d'États constitués. Les idiomes qui ont été les points de départ de ces trois langues, respectivement le dialecte toscan de Florence, le dialecte castillan et le dialecte de l'Ile-de-France, n'étaient eux-mêmes, à l'origine, que des patois parlés sur une aire géographique réduite.

L'Italie morcelée

Étroitement mêlé aux luttes entre l'Empire et la Papauté, le pays n'a pu atteindre son unité politique qu'au milieu du xixᵉ siècle et sa population s'est trouvée pendant le Moyen Age partagée entre le royaume de Sicile au sud, les États de l'Église au centre, et des villes du nord de plus en plus puissantes (Florence, Gênes, Milan, Venise...). Ainsi répartie en petits États rivaux, cette population a connu une diversité dialectale qui s'est développée au cours des siècles après avoir été marquée par les invasions successives.

Influences germaniques

Le latin parlé en Italie avait en effet tout d'abord subi dès les premiers siècles de notre ère des influences germaniques diverses : celle des Goths – surtout des Ostrogoths – à la fin du vᵉ siècle, celle des Longobards – la plus importante – à la fin du viᵉ siècle, puis, à la fin du viiiᵉ siècle, celle des Francs, déjà très romanisés par leur établissement en Gaule depuis trois siècles [197].

Parmi les emprunts germaniques les plus anciens, on trouve : *arpa* « harpe », *bragia* (aujourd'hui *brace*) « braise », *tasso* « blaireau », ou *sapone* « savon ». Ce dernier mot, d'origine frisonne [198], désignait à cette époque, non pas le savon mais un produit donnant aux cheveux une couleur rouge. Les noms de couleur sont d'ailleurs, en italien, le plus souvent d'origine germanique : *bianco* « blanc », *biondo* « blond », *falbo* « jaune foncé, fauve », *bruno* « brun », *grigio* « gris », *biavo* (litt.) « bleu pâle ». On retrouve la plupart d'entre eux en français [199] et dans les autres langues romanes.

On peut faire la même constatation pour :

anca	« hanche »
orgoglio	« orgueil »
panca	« banc »
schiena	« dos » (cf. le mot français *échine*);

ainsi que pour les verbes :

guardare	« regarder, garder »
guarire	« guérir, défendre »
guarnire	« garnir ».

Le mot d'origine germanique *guerra* « bagarre » a dû remplacer le mot latin *bellum* car les hostilités avaient pris une nouvelle forme : on était passé de la bataille rangée des Romains au combat désordonné des Germains [200]. Un conflit homonymique avec l'adjectif *bellus* « beau » a pu également jouer un rôle en faveur de *guerra*.

Parmi les peuples germaniques, ce sont les Longobards (à la longue barbe), plus tard appelés Lombards, qui ont laissé le plus de traces dans le vocabulaire italien. Ces Lombards se répandent à partir de 568 dans le nord de l'Italie et poussent jusqu'au sud de Rome, établissant ainsi un vaste royaume englobant l'Ombrie, la Toscane, les Pouilles et la Campanie actuelles, et qui a duré deux siècles [201].

On ne s'étonnera donc pas de retrouver de nombreuses traces de leur langue dans l'italien courant, comme par exemple :

baruffa	« querelle »
ricco	« riche », d'un adjectif germanique signifiant « puissant »
scaffale	« étagère », dérivé de **skaf* « tablette »
scherzo	« plaisanterie »
spaccare	« fendre »
stracco	« fatigué »
zaino	« sac à dos »
zazzera	« tignasse », d'un mot germanique désignant la « mèche de cheveux ».

LOMBARDIA ET ROMAGNA : DEUX ANOMALIES

Les noms de ces deux provinces italiennes, longtemps ennemies, semblent à première vue tout à fait normaux. Et pourtant leur prononciation présente une contradiction : *Lombardia* se prononce à la grecque, avec l'accent sur le *i* et *Romagna* à la latine, avec l'accent sur le premier *a*. Or, c'est le grec byzantin qui dominait en Romagna pendant tout le Moyen Âge car l'Église romaine d'Orient s'était établie dans l'exarchat de Ravenne. En prononçant aujourd'hui le nom de la Lombardie, *Lombardia*, en accentuant le *i* à la grecque, les Lombards perpétuent ainsi, sans s'en douter, la prononciation de leurs ennemis d'autrefois [202].

Mais en 774 les Francs mettent fin au royaume lombard, et c'est alors la langue des nouveaux arrivants qui entre en contact avec les langues romanes d'Italie. Comme les Francs étaient déjà fortement romanisés en arrivant en Italie à l'époque carolingienne, il est souvent difficile de préciser si un mot italien a une origine franque ou « française ». Il semble que *guadagnare* « gagner », qui signifiait « paître » à l'origine, *guanto* « gant » et *trappola* « piège » soient des emprunts directs à la langue des Francs, mais *schiera* « troupe, file » a été transmis à l'italien par le provençal, *spiedo* « broche, épieu » et *schifo* « dégoût », par l'ancien français. Enfin le mot *truppa* « troupe » et l'adverbe *troppo* « trop » ont la même étymologie. Ils sont tous deux empruntés à un mot germanique signifiant « entassement » : ils seront introduits en italien par l'intermédiaire du français, mais, comme en vieux français, *troppo* signifiait à l'origine « beaucoup » et non pas « trop ».

Influence byzantine

A partir de la moitié du VIᵉ siècle, les Ostrogoths, qui occupaient le sud de l'Italie, avaient été battus par les troupes de l'Empire romain d'Orient, et l'influence byzantine, c'est-à-dire, pour la langue, l'influence grecque, s'était également fait sentir pendant plusieurs siècles. Témoin une quantité de mots encore vivants aujourd'hui, avec des évolutions de forme et parfois de sens :

duca	« chef », forme grécisée de *dux*
gondola	« gondole », dérivé probablement du grec *kondy* « vase »
metro	« mesure », du grec *metron* « mesure »
scala	« escale ». Ce mot est d'origine latine (SCALA « échelle ») mais le nouveau sens « lieu de débarquement » vient de Constantinople.
falò	« feu de bois », du grec *phanos* « torche, fanal »
ganascia	« mâchoire », du grec *gnathos* « mâchoire »
androne	« passage », du grec *andron* « chambre des hommes [203] ».

Influence arabe

Les langues de l'Orient, et en particulier l'arabe, ont beaucoup enrichi les langues de l'Italie, non seulement parce que la domination des Arabes en Sicile s'est prolongée pendant deux siècles et demi (827-1091), mais surtout à cause de leur importance commerciale en Méditerranée pendant tout le Moyen Age et de leur supériorité à cette époque dans certains domaines scientifiques comme l'astronomie, les mathématiques et la médecine.

azimut	« azimut »	*alcali*	« alcali »	*nucca*	« nuque »
nadir	« nadir »	*alcool*	« alcool »	*talco*	« talc »
zenit	« zénith »	*sciroppo*	« sirop »		
algoritmo	« algorithme »	*elisir*	« élixir »		

D'un usage plus quotidien, de nombreux termes se rapportant au commerce et à l'alimentation ont également été empruntés très tôt à l'arabe :

carciofo	« artichaut »	*zucchero*	« sucre »
melanzana	« aubergine »	*zafferano*	« safran
zibibbo	« raisin sec »	*magazzino*	« magasin »
spinaci	« épinards »	*tariffa*	« tarif »

ribes « groseille » (mais ce mot, à l'origine, désignait la rhubarbe).

Ces emprunts, arabes, ou encore arabo-persans (comme *azzurro* « bleu clair » et *lapis-lazuli*), ont souvent pris des chemins détournés pour se fixer en italien : par exemple, le terme désignant l'arsenal a revêtu des formes différentes selon les dialectes, mais c'est la forme vénitienne *arzaná* qui l'a finalement emporté (devenue *arsenale* en italien littéraire), avant de se répandre dans les autres langues de l'Europe. Gênes a été le centre d'irradiation du mot *cotone* « coton », lui aussi devenu européen, tandis que *taccuino* « carnet », diffusé sous la forme du dialecte de Salerne, est resté cantonné à l'intérieur des frontières italiennes. Enfin, les mots *algebra* « algèbre », *alambicco* « alambic » et *albicocca* « abricot » sont passés par l'espagnol, comme on le constate pour la plupart du vocabulaire arabe ayant conservé l'article *al* (cf. dans le chapitre Autour de l'espagnol, *encadré* Avec ou sans l'article, p. 178).

En revanche, le mot italien *zero* est une création du savant italien Leonardo Fibonacci (1175-1240), introducteur de la numération arabe en Europe. A partir du mot arabe *sifr*, qui était un adjectif signifiant « vide » (qui a par ailleurs aussi donné *cifra* « chiffre »), il avait d'abord latinisé la forme arabe *sifr* en *zephirum*, terme que l'on trouve attesté plus tard dans les textes italiens sous la forme *zefiro*, puis *zefro*, enfin *zero*. C'est de l'italien *zero* que viennent aussi le français *zéro* et l'espagnol *cero* [204].

En devenant un mot italien, *assassino* « assassin » a également changé de signification. Il désignait d'abord uniquement les adeptes de la secte chiite des Assassins, qui, au XIᵉ siècle, étaient les partisans de Hassan Al-Sabbah, celui que Marco Polo nommera plus tard le « Vieux de la Montagne »; le sens moderne en italien date du XIIIᵉ siècle, et c'est avec ce nouveau sens de « criminel volontaire » que ce mot est ensuite passé en français [205].

Mais c'est *facchino* « porteur de bagages » qui a connu l'évolution sémantique la plus extraordinaire. Le mot, qui désignait à l'origine un théologien ou un jurisconsulte, a ensuite évolué pour prendre le sens d'officier des douanes. C'est vers le XVᵉ siècle qu'on est passé à celui de « porteur de colis », par suite de la grave crise économique du monde arabe qui avait contraint les fonctionnaires à faire le commerce des étoffes, qu'ils transportaient sur leurs épaules d'un marché à l'autre [206].

Les sœurs voisines

A partir du XIᵉ siècle se met en place, avec les voisins transalpins, un processus d'échanges réciproques qui se prolongera tout au long des siècles. De nombreux troubadours provençaux, chassés par la croisade contre les Albigeois, trouvent alors refuge dans les cours des États italiens et, à la même époque, des moines bénédictins, dominicains et chartreux venus de France commencent à implanter leurs monastères en Italie. Dans le sud du pays, dominé du XIᵉ au XIIᵉ siècle par les Normands, qui y avaient fondé un royaume chrétien après avoir anéanti la puissance arabe, la connaissance du français était devenue indispensable à la cour [207]. Brunetto Latini (1220-1295), le maître de Dante, choisit le français pour rédiger son *Livres dou Tresor*, qui est une sorte d'encyclopédie des connaissances de l'époque, et c'est aussi en français qu'en 1298 Marco Polo, du fond de sa prison, dicte le récit de ses voyages en Extrême-Orient [208].

Enfin, le plus célèbre des troubadours italiens, Sordello († 1270), n'écrit pas dans son dialecte de Mantoue, mais en provençal.

Il faudra attendre la fin du XIIᵉ siècle pour que l'on commence à trouver des traces des dialectes italiens dans les textes écrits, et pour que le troubadour provençal Raimbaud de Vaqueiras, réfugié dans une cour de l'Italie du Nord, n'hésite pas à incorporer, au milieu de son texte provençal, des répliques en génois.

La brillante poésie sicilienne

C'est à cette même époque qu'à la cour prestigieuse de l'empereur Frédéric II de Hohenstaufen, roi de Sicile, prend naissance une poésie de qualité. En avance sur le reste du pays, la Sicile allait ouvrir la voie à la littérature italienne.

Car c'est précisément de Sicile que devait partir l'étincelle qui allait permettre à la langue italienne de se réaliser dans une littérature originale. Alors que les poètes de l'Italie du Nord, dans leur admiration pour la littérature venue d'au-delà des Alpes, l'avaient seulement imitée avec passion, en allant jusqu'à employer la langue même de leurs modèles, les poètes siciliens, eux, s'en étaient suffisamment détachés pour créer dans leur propre langue. Ainsi était apparue une poésie sicilienne recherchée, savante, aristocratique, chantant l'amour courtois à la façon des troubadours, une poésie subtile comme la poésie provençale.

Né en Sicile à la cour de Frédéric II, ce mouvement poétique devait s'éteindre peu après la mort de l'empereur. Mais il avait eu le temps de séduire un autre groupe d'artistes du centre de l'Italie, à Bologne et dans les grandes villes de Toscane. C'est alors que prend naissance le *dolce stil nuovo*, un nouvel art d'écrire tout en douceur, créé par un groupe de bourgeois cultivés, parmi lesquels Guittone d'Arezzo, Guido Guinizelli et, un peu plus tard, Cino da Pistoia et son ami Dante.

$(2 \times 4) + (2 \times 3)$

Cette formule arithmétique, apparemment aux antipodes de la poésie, est pourtant celle d'un genre poétique promis à un grand avenir : **le sonnet**. Elle rappelle qu'un sonnet, c'est aussi, matériellement, deux quatrains suivis de deux tercets.

Si ce genre poétique est souvent associé à Pétrarque, l'invention en revient probablement à Jacopo da Lentini, un notaire qui était aussi poète, et qui fréquentait la cour de Frédéric II de Sicile, au début du XIIIᵉ siècle [209].

Depuis, ce sont des centaines de sonnets qui ont enrichi la littérature européenne, dans ses différentes langues :

en italien : Jacopo da Lentini, Pétrarque, Le Tasse, Michel-Ange...
en français : du Bellay, Ronsard, Musset, Verlaine, de Heredia...
en espagnol : Lope de Vega, Francisco de Quevedo...
en portugais : Camoens...
en anglais : Shakespeare, Milton, Wordsworth, Elisabeth Browning...
en allemand : Goethe, Rilke...
en suédois : Franz von Franzim...

Sous le signe de la littérature

Alors que l'histoire de la langue française a été liée à l'histoire politique du pays et que celle de l'Espagne s'est développée sous l'impulsion de la vie religieuse de sa population, c'est par la littérature que l'on peut éclairer l'histoire de l'italien, car, hors de Toscane, cette langue a longtemps été, depuis le Moyen Age, uniquement une langue écrite et une langue littéraire.

Quelques noms connus de la littérature italienne peuvent servir de points de repère pour aider à comprendre l'histoire de la langue, et tout d'abord les noms de ceux que les Italiens appellent les trois grands Florentins du *Trecento*, c'est-à-dire du xive siècle : Dante (1265-1321) pour sa *Divine Comédie*, Pétrarque (1304-1374) pour ses sonnets et Boccace (1313-1375) pour ses contes. D'autres grands écrivains ont ensuite illustré la langue italienne fondée sur le toscan dans des œuvres de valeur, mais c'est le romancier Manzoni (1785-1873) qui, au xixe siècle, tout en suscitant des critiques pour sa soumission inconditionnelle au toscan, donnera une nouvelle impulsion à une langue écrite moins stéréotypée parce que fondée sur un usage réel. Enfin, si l'écrivain et cinéaste Pier Paolo Pasolini (1922-1975) a été choisi pour compléter le tableau, c'est uniquement parce qu'il avait été le premier, il y a plus de trente ans, avec un sens aigu des réalités de la situation linguistique de l'Italie, à déclarer que l'avenir de l'italien se trouvait désormais dans les usages du triangle industriel de l'Italie du Nord. La dynamique actuelle de l'italien semble bien lui donner raison [210] (cf. *encadré* QUELQUES JALONS DANS L'HISTOIRE DE L'ITALIEN).

QUELQUES JALONS DANS L'HISTOIRE DE L'ITALIEN

Si la colonne consacrée à la littérature peut paraître scandaleusement lacunaire, c'est qu'il ne s'agit pas ici de dresser un palmarès des grands écrivains italiens, mais de citer ceux qui, d'une manière ou d'une autre, ont particulièrement marqué l'histoire de la langue.

La littérature	*L'Académie*	*La vie politique*	*Les langues*
xive s. Dante Pétrarque Boccace		**xive s. → xixe s.** L'Italie est divisée en de multiples États rivaux	**xive s. → xxe s.** Chaque région parle son dialecte mais le toscan de Florence devient l'italien écrit
	xvie s. *Accademia della Crusca* (1583) (1re académie européenne)		**xvie s. → xixe s.** Discussions sur la « *questione della lingua* »
xixe s. Manzoni réécrit son roman		**xixe s.** Unité italienne (1861)	
			xxe s. L'italien parlé commence à se généraliser
xxe s. (2e moitié) Pasolini avait raison		**xxe s.** (2e moitié) Importance croissante du triangle industriel Milan-Turin-Gênes	**xxe s.** (2e moitié) Les usages linguistiques du Nord vont-ils détrôner le toscan?

Dante dialectologue

On sait que Dante a été – avec Boccace pour la prose et Pétrarque pour la poésie – à l'origine de la rapide fortune du toscan hors de Florence et de la Toscane, et que sa *Divine Comédie* a été, dès le début du XIVe siècle, lue, commentée en public et largement diffusée partout en Italie. Mais la gloire due à son chef-d'œuvre majeur fait un peu oublier qu'il était aussi à la fois un observateur attentif des langues parlées autour de lui et un théoricien de la planification linguistique et de l'art poétique.

Dans un petit livre inachevé, écrit en latin, le *De Vulgari Eloquentia*, Dante divise les langues de l'Europe occidentale sur la base de la manière qu'elles ont de dire « oui ». Les langues du Nord disent *yò*, et celles du Sud se partagent en trois groupes : les expressions *langue d'oc*, *langue d'oïl*, ou *langue de si* traverseront les siècles. Sociolinguiste avant la lettre, il est aussi le premier à considérer la variété des usages comme une donnée naturelle des langues : à Bologne même, précise-t-il, les habitants du quartier de San Felice ne parlent pas comme ceux de la rue principale.

Parmi les variétés des langues vulgaires de *si* en Italie, qui, à l'en croire, dépassaient le millier [211], il dénombre quatorze groupes dialectaux, séparés par les Apennins, qu'il examine en vue d'y découvrir une langue digne de devenir la langue littéraire commune, mais il rejette successivement tous les dialectes, à commencer par celui de Rome – *turpissimum* « le plus laid de tous » – et condamne sans appel les usages du Nord et de la Toscane. Il estime que sont trop « mous » et trop « féminins » ceux de Forlì et de toute la Romagne ; trop « rudes » ceux de Brescia, Vérone, Vicence, Padoue, Trévise et Venise ; trop « périphériques » ceux de Trente et de Turin. Le parler de Bologne, malgré sa « suavité », n'est pourtant pas retenu. Quant au sarde, il estime que ce n'est pas un *volgare*, mais une imitation « simiesque » (*sic*) de la *grammatica*, autrement dit du latin, pour la bonne raison que les habitants de cette île disent, exactement comme en latin, *domus nova* « maison neuve » et *dominus meus* « mon maître » [212]. Enfin, le sicilien, qui s'est pourtant illustré par une poésie raffinée, ne trouve pas non plus grâce à ses yeux car il ne répond pas à tous les critères retenus pour le *volgare illustre* qu'il recherche.

Pour que l'une des langues de l'Italie puisse atteindre cet idéal, elle devrait avoir servi de support à des œuvres de grande valeur et pouvoir devenir le noyau central autour duquel les autres usages s'harmoniseraient, tout en se conformant aux règles de l'élégance, de la grâce et de l'urbanité [213].

Or, à ses yeux, aucun des usages décrits ne réunit toutes ces qualités.

La langue écrite, mais pas la prononciation

Pourtant, ce « vulgaire illustre » que Dante avait en vain appelé de ses vœux au début du xive siècle a graduellement pris forme dans l'esprit des Italiens cultivés, qui ont été de plus en plus nombreux à l'identifier avec la langue écrite des trois grands Florentins du *Trecento* : Dante lui-même, Boccace et Pétrarque.

Mais, tandis que cette langue toscane écrite jouissait d'un prestige sans pareil, personne n'acceptait de prendre pour modèle la prononciation des Toscans, avec leurs consonnes molles – comme s'ils parlaient « avec un œuf dans la bouche » – et leur articulation, raclée du fond de la gorge, de la lettre *c* (la « gorgia toscana [214] »). Encore aujourd'hui, les Italiens ont une petite phrase pour se moquer de la prononciation toscane : *la coca-cola colla cannuccia* « le coca-cola avec une paille », qu'ils prononcent à peu près *la hoha hola holla hannuccia*.

Réservé surtout à la poésie et à la littérature, mais aussi aux actes administratifs et officiels, l'idiome qui allait ainsi devenir l'italien a, de ce fait, eu le rare privilège de connaître pendant près de cinq siècles une vie d'une stabilité impensable pour une langue parlée. Cette immobilité apparente, il la doit certainement à ce qu'il s'est répandu uniquement sous forme écrite, ce qui le tenait à l'abri de l'évolution normale que connaissent toutes les langues et que subissaient tout naturellement les divers dialectes d'Italie, et le toscan lui-même.

La « *questione della lingua* »

Mais alors que le toscan de Florence consolidait en fait sa position comme langue italienne de l'écrit [215], les Italiens ne se sont jamais lassés de se poser pendant des siècles la « *questione della lingua* ». Fallait-il se conformer à la lettre au toscan des Florentins du *Trecento*? Valait-il mieux prendre modèle sur la langue toscane vivante? Pourquoi ne pas choisir un autre dialecte issu du latin? Ou ne devrait-on pas plutôt opérer un amalgame de plusieurs dialectes?

A partir du xvie siècle, qui est l'époque où la langue italienne connaît aussi un destin européen (cf. *encadré* L'ITALIEN ET L'EUROPE), se succèdent des polémiques passionnées entre les archaïsants et les modernistes, entre les partisans irréductibles du toscan le plus pur et ceux d'un italien plus éclectique [216].

L'ITALIEN ET L'EUROPE

Au xvie siècle, la culture italienne se fait européenne. A Lyon, à Londres, on imprime des livres en italien. Partout on imite Pétrarque, on compose des sonnets sur le modèle italien, et **Milton** va jusqu'à les écrire en italien. Savoir l'italien est un signe de raffinement et de distinction. **Charles Quint** le parle, l'écrit et le lit, **François Ier** soutient des conversations en italien avec le sculpteur florentin Benvenuto Cellini, **Élisabeth d'Angleterre** peut écrire des lettres dans cette langue, et **Montaigne** écrit son journal de voyage à Bagni di Lucca en italien [217].

La tendance archaïsante, qui préconise de prendre pour modèle le florentin littéraire du xive siècle, est représentée au xvie siècle par Pietro Bembo, pourtant lui-même vénitien [218].

Championne du florentin classique, l'*Accademia della Crusca*, fondée en 1583, passe au crible le vocabulaire afin d'en extraire la fine fleur – comme le meunier sépare la farine du son (la *crusca*). La première édition de son dictionnaire paraît en 1612.

De son côté, si Machiavel (1469-1527) et Castiglione (1478-1529) choisissent également le florentin, ils le souhaitent cependant enrichi par les apports des autres régions [219].

Au cours des siècles suivants, la question de la langue a encore entretenu discussions et controverses, alors qu'au xviiie siècle d'autres pôles d'attraction menacent l'intégrité du toscan. Les admirateurs de la langue française – c'est l'époque où il est à la mode de prononcer les *r* à la française, c'est-à-dire du fond de la gorge [220] – prennent le français pour modèle, tandis que les puristes refusent toute imitation étrangère, et que d'autres contestataires rejettent à grand bruit le dictionnaire de la *Crusca*. Les mots *purista* et *neologismo* datent précisément de cette époque [221].

Il réécrit son roman pour le « toscaniser »

Toutes ces querelles ne s'apaiseront que vers le milieu du xixe siècle, après l'événement littéraire, renouvelé deux fois, du roman de Manzoni *I promessi sposi* « Les fiancés » : une expérience unique en son genre. Milanais de naissance et d'éducation, l'auteur, qui venait de publier son grand roman d'amour, à la fois romanesque, comique et historique, effectue à Florence en 1827 un voyage qui va le bouleverser : cette langue littéraire qu'il avait toujours cherchée dans les livres, voilà qu'il la trouvait, riche, souple, vivante, chez les Florentins lettrés. Après avoir, selon sa propre expression, devenue proverbiale, « rincé ses vêtements dans les eaux de l'Arno », il décide d'écrire une autre version, complètement nouvelle, de son roman. Il veut le débarrasser de toutes les tournures trop milanaises, mais aussi de toutes les formules archaïques, stéréotypées, de la tradition littéraire, et qu'il avait jusque-là acceptées sans les confronter à l'usage réel de Florence. Il remplacera, par exemple :

– *adesso*, forme habituelle dans le Nord, par *ora* « maintenant », plus typiquement toscan ;

– *ambedue, ambo* ou *entrambi*, latinisants et trop savants, par *tutt'e due* « tous deux », plus familier ;

– *confabulare* par *chiacchierare* « bavarder » ;

– *dimandare* par *domandare* « demander » ;

– *sofferire* par *soffrire*, « souffrir », etc.

C'est donc un roman profondément remanié sur le plan formel qui paraît à nouveau en 1842. Cette publication marque une date dans l'histoire de la langue et de la prose italiennes, qu'elle débarrassait enfin d'une rhétorique jusque-là pesante. Manzoni avait de ce fait réussi à rapprocher la langue écrite de la langue parlée [222].

Bien que des voix autorisées [223] s'élèvent contre cette conception d'une langue commune trop limitée aux usages d'une seule région, l'Académie de la *Crusca*, en 1883, inclut *I promessi sposi* parmi les textes où devraient être puisés les exemples de son dictionnaire. Ce n'est qu'à la fin du siècle que s'achèveront quatre cents ans de discussions sur la langue italienne, qui va, au cours du siècle suivant, devenir progressivement celle de tous les Italiens.

L'Italie dialectale

Parallèlement à ces querelles littéraires à propos d'un usage écrit pourtant presque consensuel autour d'un toscan plus ou moins strict, les Italiens continuaient tous depuis le Moyen Age à parler les dialectes issus du latin. Ils sont pour la plupart encore vivants aujourd'hui.

Il faut tout d'abord distinguer entre les parlers se rattachant à l'italien et ceux qui se rattachent à d'autres parties du domaine roman, comme le catalan en Sardaigne, le francoprovençal essentiellement dans le Val d'Aoste, le provençal dans quelques vallées des Alpes du Sud, ainsi que le ladin et le frioulan dans les Alpes centrales.

Les dialectes rattachés à l'italien peuvent être classés en trois groupes principaux d'où émerge, autour du toscan, un groupe central qui se prolonge vers le sud par une zone de transition allant du Latium aux plages de l'Adriatique entre Pesaro et Ancona, et aboutissant à un groupe méridional, tandis qu'un groupe septentrional se distingue de façon beaucoup plus nette du groupe central par une ligne allant de La Spezia, près de Gênes, à Rimini, sur l'Adriatique (cf. *carte* DIALECTES ROMANS D'ITALIE).

DIALECTES ROMANS D'ITALIE

Seules les variétés romanes ont été inscrites sur cette carte. Les indications entre parenthèses signalent des langues romanes mais non italo-romanes. Le français a été souligné parce qu'il est langue officielle dans le Val d'Aoste [224].

Cette présentation tripartite simplifiée recouvre une réalité beaucoup plus imbriquée, car la situation dialectale de l'Italie est bien moins tranchée que celle de la France ou de l'Espagne. Si la ligne qui sépare les différentes formes lexicales pour une même notion ou un même objet correspond, en Espagne, une fois sur deux à la délimitation du catalan, et en France une fois sur trois à celle de l'occitan, en Italie aucune ligne de partage ne prévaut vraiment sur les autres [225].

Néanmoins, certains traits partagés permettent de justifier une division globale en trois grands groupes principaux.

Le groupe central

Le groupe central, dans sa variété de toscan écrit, celle qui a servi de base à l'italien, est caractérisé en particulier par le maintien des consonnes intervocaliques dites sourdes (*p, t, k*) du latin, tandis que ces mêmes consonnes ont évolué vers les sonores (*b* ou *v, d, g*) dans le groupe septentrional :

latin	toscan	Italie du Nord	
RIPA	*ripa*	*riba* ou *riva*	« rive »
VITA	*vita*	*vida*	« vie »
ROTA	*ruota*	*roda*	« roue »
SECURU(M)	*sicuro*	*segur(o)*	« sûr ».

Les formes françaises de ces mêmes mots montrent la même évolution qu'en Italie du Nord, mais elle est allée beaucoup plus loin en français, puisque la consonne intervocalique latine n'a laissé aucune trace consonantique dans *vie, roue* et *sûr*.

Parmi les autres particularités du toscan, on peut encore signaler l'élimination du *r* devant *i* + voyelle, comme on le voit dans le suffixe -ARIUS latin, devenu *-aio* en toscan : ex. *fornaio,* de FORNARIUS « boulanger » ou *cuoio* « cuir », *notaio* « notaire » ainsi que *muoio* « je meurs ». Cette même terminaison est représentée par *-aro* dans les parlers méridionaux et le dialecte de Rome.

Le dialecte de Rome

Le dialecte de Rome, ou *romanesco,* est à mi-chemin entre le toscan et le napolitain, car il partage certains traits avec le premier (par exemple le maintien des voyelles inaccentuées du latin : *lactem* est devenu *latte* « lait »), et d'autres avec le second (par exemple, le passage de *-mb-* à *-mm-* et de *-nd-* à *-nn-* : *ammasciatore* « ambassadeur » pour *ambasciatore,* ou *granne* « grand » pour *grande* en toscan).

Le *romanesco* a commencé à reculer devant le toscan depuis le
XVe siècle, en partie du fait de la dépopulation qui a suivi le sac de Rome
en 1527 par les troupes de Charles Quint, suivie par l'afflux de nouveaux arrivants venus d'autres régions. Ce recul tient aussi à la présence
de la cour pontificale, dont les membres n'étaient pas choisis à Rome
mais dans toute l'Italie, et en particulier en Toscane. Avec quatre
siècles d'avance sur le reste de l'Italie, les milieux dirigeants de Rome
ont donc adopté le toscan [226].

Le *romanesco* n'est plus une langue quotidienne des Romains.
Seules quelques émissions de radio ou de télévision en prolongent un
peu nostalgiquement l'existence de nos jours.

Le groupe méridional et la Sicile

Comme on vient de le voir, l'une des caractéristiques des dialectes
méridionaux est le passage des groupes de consonnes latines -*ND*- et
-*MB*- à -nn- et à -mm-. En voici encore quelques exemples :

toscan	Italie méridionale	
quando	*quanno*	« quand »
mondo	*monno*	« monde »
piombo	*piommo*	« plomb »
colomba	*colomma*	« colombe [227] »

Aux dialectes méridionaux se rattachent ceux de la Sicile, qui a
connu des occupations diverses. Dès le IXe siècle av. J.-C., elle a été
colonisée par les Phéniciens, puis par les Grecs qui, au VIIIe siècle, ont
profondément hellénisé les populations. Après la conquête romaine
(212 av. J.-C.), la Sicile a été occupée successivement par les Van-
dales, puis par les Arabes (du IXe au XIe siècle). Après un épisode normand (XIe-XIIe siècle), le royaume passa par mariage à la famille
Hohenstaufen, et c'est alors à la cour de Frédéric II de Hohenstaufen
qu'a pris naissance une poésie raffinée dont se sont ensuite inspirés les
poètes toscans. Mais la Sicile a encore connu la domination espagnole
pendant quatre siècles et demi (1282-1713), puis la domination
savoyarde, de courte durée, la domination autrichienne, et enfin celle
des Bourbons. Il faudra attendre 1861 pour qu'elle fasse partie du
royaume d'Italie, puis de la République italienne.

Chacune de ces occupations a laissé des traces dans la langue. Le
sicilien partage plusieurs traits avec les dialectes méridionaux (pour
« descendre », le sicilien dit *scinniri* avec -nn-, comme dans le sud de la
péninsule, alors que l'italien dit *scendere* « descendre », avec -nd-), mais
il s'en distingue, par exemple, par l'existence de consonnes dites rétroflexes ou cacuminales, qui sont des consonnes articulées avec la pointe

de la langue complètement relevée, dans les mots latins contenant -LL-
entre deux voyelles :

italien	sicilien	
bello, bella	beḍḍu, beḍḍa	« beau, belle »
stella	stiḍḍa	« étoile ».

Dans le vocabulaire, les traces laissées par le français sont nombreuses, même si elles sont parfois difficiles à reconnaître immédiatement : par exemple, le mot *ammuari* n'est autre que la transposition du
mot français *armoire,* et *albaciù,* celle de *abat-jour.* Les expressions
gattò di risu ou *gattò de patati* ont été faites par imitation du *gâteau de
riz* et du *gâteau de pomme de terre.* En sicilien, la locution *di scianza*
signifie « de grand luxe, très élégant, sélect ». Elle vient du mot français
chance, dans le sens de « bonne chance ». Enfin, le mot *tianu* a été
emprunté au provençal *tian* « plat de terre cuite [228] ».

Le groupe septentrional

Si l'on ne tient pas compte des parlers des Alpes occidentales et
centrales, qui seront examinées à part, les dialectes septentrionaux se
subdivisent en deux groupes : d'une part le vénitien, et d'autre part les
dialectes piémontais, lombard, génois, émilien, romagnol, dits *gallo-
italiens* parce qu'ils occupent approximativement la région qui avait
longtemps été dominée par les Gaulois.

L'un des traits qui opposent ces deux groupes de dialectes est le
maintien en vénitien, comme en toscan, des voyelles inaccentuées
finales du latin (sauf *a*) (le latin LACTEM a donné *late* en vénitien et *latte*
en toscan), tandis qu'elles se sont effacées dans les autres parlers du
Nord, où « lait » se dit [lat] en émilien, [latʃ] en lombard et [lajt] en piémontais [229], ce qui rappelle le français *lait.*

Les parlers des Alpes

La situation linguistique dans les Alpes centrales est beaucoup plus
diversifiée. Au moment de la poussée des Alamans, au IVe siècle
apr. J.-C., dans la région des Alpes centrales, des populations qui parlaient latin ont dû se réfugier dans les régions montagneuses. C'est là
que l'on trouve aujourd'hui des parlers romans particuliers : trois petits
groupes, géographiquement séparés, dont l'un se trouve en Suisse (le
romanche) et les deux autres en Italie (le *ladino,* ou « ladin », et le frioulan) (cf. *encadré* IL Y A LADINO ET LADINO).

IL Y A *LADINO* ET *LADINO*

Le terme *ladino* qui, pour les linguistes italiens, désigne certaines variétés de parlers romans dans les Dolomites, peut aussi, sous d'autres cieux, renvoyer à d'autres langues issues du latin, car l'origine du mot est bien *latinu(m)* « latin ».

Ce terme désigne en effet une sorte d'espagnol, mais un espagnol très archaïque, celui qui avait servi aux rabbins pour traduire de façon littérale les textes hébreux au Moyen Age et qui s'est perpétué pour les textes liturgiques aux côtés du judéo-espagnol des Juifs expulsés d'Espagne en 1492 [230].

Le premier groupe, directement relié aux dialectes lombards, se situe dans les Grisons, en Suisse, où il est parlé par environ 40 000 personnes. La première attestation de ces dialectes – *romanche* et *engadinois* – date du XIIe siècle, et le premier texte écrit, de 1611. En 1980 a été créée une langue écrite unifiée, le *rumantsch grischun,* permettant d'écrire les cinq variétés de romanche [231].

Le second groupe de parlers alpins se trouve en Italie, dans les Alpes du Tyrol, dites *Alpes dolomitiques,* où les populations (env. 12 000 hab.) sont disséminées dans les vallées latérales de l'Adige, mais séparées par des populations de langue allemande ou italienne. Jusqu'à la fin de la Première Guerre mondiale, trois communautés linguistiques vivaient dans ces vallées en assez bonne intelligence : des germanophones, des italianophones et des populations qui parlaient le « ladin dolomitique ». Actuellement, ces cinq vallées des Dolomites sont caractérisées par un grand morcellement linguistique, dû en partie à la politique de l'époque fasciste, qui avait brisé l'unité ladine en la dispersant dans trois provinces différentes, celles de Bolzano, de Trente et de Belluno. Partagé en cinq variétés dialectales, le ladin dolomitique possède aujourd'hui une écriture unifiée établie sur le modèle du *rumantsch grischun* suisse, et, dans les vallées de la province de Bolzano, la signalisation routière est maintenant trilingue.

Le troisième groupe, situé dans le Frioul, province italienne d'Udine (400 000 hab.), se distingue plus nettement des deux autres. La première attestation de frioulan date du XIVe siècle et montre une forte influence vénitienne [232], mais, l'allemand ayant été la langue officielle de la région pendant trois siècles (Xe-XIIIe siècle), il en est resté de nombreuses traces dans le vocabulaire. Ces parlers romans ont aussi subi une influence slave, surtout dans les régions de contact avec les populations slovènes. Toutes ces circonstances font du frioulan un groupe de parlers bien particulier par rapport aux autres parlers romans de la région.

Le francoprovençal et le provençal en Italie

A l'autre bout des Alpes, à la frontière avec la France et la Suisse, le Val d'Aoste connaît au contraire des parlers francoprovençaux étroitement apparentés aux patois de la Suisse romande et de la Savoie française. Le voldôtain y a été abondamment parlé depuis le haut Moyen Age, mais il n'a été écrit qu'à partir du XIXe siècle. Pendant des siècles, le Val d'Aoste a fait partie de la Maison de Savoie, et c'est le français qui, dès le XVIe siècle, y a remplacé le latin dans les écrits administratifs, pour devenir petit à petit la langue parlée de l'administration, du culte, de l'école et de la bourgeoisie. Depuis 1948, le français a même acquis un statut de langue officielle dans cette région, mais il recule continuellement depuis un demi-siècle devant l'italien de l'école, des médias et de la vie publique [233].

Sur le plan linguistique, le francoprovençal ne se rattache pas aux dialectes italo-romans mais, comme le provençal ou le français, aux dialectes gallo-romans [234].

Plus au sud, dans la partie occidentale du Piémont, on trouve également une population de langue francoprovençale et il existe aussi un îlot francoprovençal dans la province de Benevento (Faeto et Celle San Vito). Il s'agit d'une ancienne colonie francoprovençale installée au XIIIe siècle dans le sud de l'Italie. Ces déplacements de population seraient le résultat du « désir de la dynastie angevine de contrecarrer l'action des mercenaires musulmans qu'avaient engagés les Hohenstaufen, leurs prédécesseurs en ces lieux [235] ».

Enfin, des parlers provençaux, proches de ceux qui sont parlés sur le versant français, survivent encore à Torre Pellice et dans les environs.

Le sarde

Le sarde occupe une place privilégiée, non seulement parmi les langues de l'Italie, mais aussi dans l'ensemble des langues romanes car, ayant été l'une des premières régions romanisées (238 av. J.-C.), la Sardaigne est aussi celle dont la langue est restée la plus proche du latin, tout au moins dans la partie centrale de l'île.

Les premières traces d'habitants datent de la fin du néolithique. De type méditerranéen, ils étaient probablement apparentés aux habitants de l'Afrique du Nord. C'est du IIe millénaire avant notre ère que datent les *nuraghe,* ces constructions faites d'énormes blocs de pierre que l'on rencontre dans toute l'île et qui semblent avoir été des forteresses et des lieux de refuge.

La diversité des usages linguistiques dans l'île s'explique par l'histoire des occupations successives. Après en avoir chassé les Phéniciens, les Carthaginois avaient envahi l'île au milieu du IIIe siècle av. J.-C., et fait venir des esclaves de Libye pour cultiver les plaines à blé tandis que les indigènes allaient se réfugier dans les hauteurs : c'est là que se trouvent encore aujourd'hui les parlers les plus archaïques. La romanisation de l'ensemble de l'île s'est faite lentement, mais elle a résisté successivement à la poussée des Vandales puis des Byzantins, en donnant naissance à une langue vulgaire dont on trouve les premières traces écrites dès le XIIᵉ siècle [236].

La partie nord, désertée pendant les XVᵉ et XVIᵉ siècles du fait des maladies et des invasions barbaresques, avait été repeuplée par des populations venues de Corse à partir de la fin du XVIᵉ siècle et surtout au cours du XVIIIᵉ siècle. Dans la région de Sassari, ce sont des Pisans et des Génois qui se sont installés au XVIᵉ siècle ; ils y ont laissé un dialecte hybride, avec des réminiscences toscanes et ligures [237]. Les parlers du Sud, fortement influencés par l'occupation pisane au Moyen Age, ont ensuite connu des évolutions nées dans la capitale, Cagliari.

Souvenir de la domination espagnole, qui a duré près de quatre siècles (1327-1720), un îlot de personnes parle encore le catalan dans la région d'Alghero (une colonie qui remonte au XVIᵉ siècle), et on peut reconnaître beaucoup d'éléments d'origine espagnole dans le vocabulaire sarde (par ex. *ventana* « fenêtre » ou *kalentura* « fièvre [238] »).

C'est également dans le vocabulaire que se manifeste de la façon la plus évidente le caractère archaïque de la langue sarde. Ainsi, seul le mot latin ALBUS « blanc » est attesté dans les textes anciens, et il a survécu dans la région centrale, alors qu'il a été remplacé par le terme d'origine germanique (*blank* « brillant ») presque partout ailleurs (cf. *bianco* en italien, *blanc* en français). Il est d'ailleurs remarquable que ni les Longobards ni les Francs n'ont jamais réussi à conquérir la Sardaigne [239].

Vendredi ou le repas pur

Le vocabulaire sarde a aussi gardé des traces d'un passé plus lointain : celui de la présence de communautés juives, dès le Iᵉʳ siècle apr. J.-C., alors que les communautés chrétiennes n'apparaissent qu'à la fin du IIᵉ siècle. Juifs et chrétiens semblent avoir vécu dans l'île en grande convivialité car, en sarde, « vendredi » se dit encore *kenaβura* (ou *cenaβura*), formes évoluées du latin *coena pura* « repas pur ». Or c'est précisément ainsi que les Juifs d'Afrique nommaient le vendredi, parce que c'était le jour où ils préparaient les repas du samedi, leur jour saint [240]. Il est probable que les Sardes qui utilisent aujourd'hui ce mot le font sans penser au repas sanctifié, de même que ceux qui utilisent le mot italien d'origine latine ne se rendent plus compte que *venerdí* « vendredi » est le jour de Vénus.

Les îlots non romans [241]

Alors que dans toute la partie centrale de l'Italie se perpétuent les anciens usages latins, des communautés linguistiques minoritaires diverses, albanaises, grecques, slaves et germaniques se sont maintenues pendant des siècles le long des côtes méridionales du pays, ainsi qu'aux frontières du nord. Certaines d'entre elles sont aujourd'hui en voie de disparition.

Vestiges lointains de la Grande Grèce, probablement renouvelés par l'apport byzantin, c'est dans les deux extrémités de la botte, en Calabre et surtout en terre d'Otrante, que des dialectes grecs ont survécu aux invasions successives ultérieures. Ces dernières années, ils n'étaient plus parlés que par des personnes très âgées.

Les langues slaves étaient, entre les deux guerres mondiales, les langues étrangères les mieux représentées en Italie : le croate sur la côte de l'Adriatique (Molise) et dans les Abruzzes, parlé par les descendants des réfugiés des ve-vi^e siècles, et le slovène, autour de Trieste, dans une région qui appartenait à l'Empire austro-hongrois avant la Première Guerre mondiale.

L'existence de petites communautés albanaises dans le sud de l'Italie témoigne de la venue de mercenaires, appelés par Alphonse Ier d'Aragon au xve siècle, pour venir à bout d'une révolte en Calabre, et qui avaient reçu des terres en remerciement des services rendus. Du sud de la Péninsule, une partie de leurs descendants était ensuite passée en Sicile où, en 1948, a été célébré le cinquième centenaire de la fondation des colonies albanaises. Devenues bilingues depuis longtemps, elles sont probablement aujourd'hui pour la plupart italophones.

Les langues germaniques sont cantonnées dans la province de Bolzano (Haut-Adige) et dans celle de Udine, mais on trouve également quelques îlots de langue allemande dans la région du Val d'Aoste ainsi que dans la région de Trente. Il existe dans le Frioul une petite commune où, depuis plus de sept siècles, on parle un dialecte germanique bavarois en parallèle avec le frioulan et l'italien [242] (cf. *carte* Îlots non romans en Italie).

Un italien commun très accueillant

Parallèlement au développement indépendant des divers dialectes, les milieux les plus cultivés avaient aussi commencé dès le xive siècle à utiliser, d'abord sous sa forme écrite, une sorte de « panitalien » fondé sur le florentin. Les premiers à suivre le mouvement avaient été les centres de Venise, de Naples, de la Sicile et surtout de Rome, où le toscan, sous l'influence des Médicis, était tout naturellement la langue de la cour pontificale et des classes dirigeantes, mais devenait aussi celle

ÎLOTS NON ROMANS EN ITALIE

En dehors de l'italien et des autres parlers d'origine latine, d'autres langues sont encore en usage en Italie : le grec, l'albanais, l'allemand, et des langues slaves (slovène dans l'extrême nord-est et croate dans la province du Molise [243]).

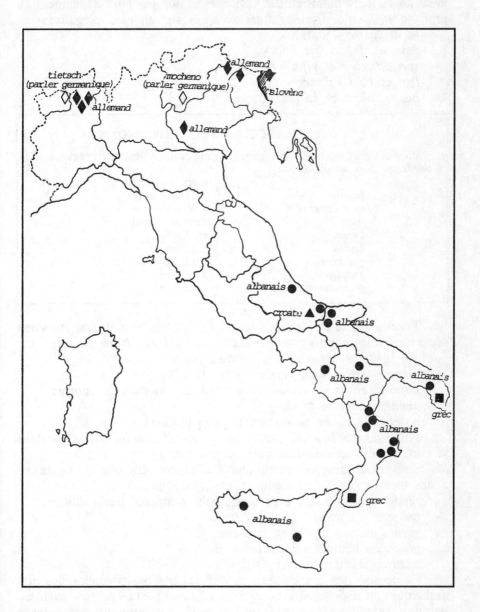

des autres couches de la société en raison de l'afflux de nouvelles populations venues de toutes parts au XVIᵉ siècle [244].

Cet italien en quelque sorte supra-régional n'en devenait pas pour autant uniforme car, contrairement à ce qui se produisait en France, où l'on a toujours essayé d'imposer une norme unique, il y avait généralement en Italie le maintien des variantes et non pas leur effacement au profit d'une seule. Étaient ainsi acceptés sur un pied d'égalité :

fo et *faccio* « je fais »
devo et *debbo* « je dois »
sponda, riva et *ripa* « rive »
lito et *lido* « rivage »
padre, papà et *babbo* « papa ».

LE JEUNE GARÇON A PLUSIEURS NOMS

Pour désigner un « jeune garçon », le terme commun italien est **ragazzo** ou **bambino**, mais on dit aussi :

cit	dans le Piémont
bagai	en Lombardie
toso ou *putelo*	à Venise
frut	dans le Frioul
burdel	en Émilie
bimbo	en Toscane
quatraro	dans les Abbruzzes
guaglione	à Naples
picciotto ou *caruso*	en Sicile [245]

Traditionnelle en Italie, la variété des formes reste de nos jours non seulement tolérée mais considérée comme normale. Ainsi par exemple, pour désigner la « pastèque », on dira plutôt :

melone d'acqua ou *cetriolo* dans le sud ;
popone, zatta ou *cocomero* en Toscane et dans le centre ;
anguria dans le nord ;
pateca ou *zucca pateca* en Ligurie (Gênes).

Pour nommer le « bol », le terme toscan est *ciotola*, tandis que dans le nord on dit *scodella*, et dans le sud *tazza* [246].

Souvent, les formes toscanes ont finalement cédé la place en italien à des formes venues d'ailleurs. C'est ainsi que :

rena « sable » a été progressivement remplacé par *sabbia*
balocco « jouet »   par *giocattolo*
gota « joue »   par *guancia*
gruccia « béquille » par *stampella*
acquaio « évier »   par *lavandino* [247].

Et ce sont les usages toscans qui aujourd'hui prennent des airs archaïques ou régionaux, avec *uscio*, au lieu de *porta* « porte », *cacio* au lieu de *formaggio* « fromage », ou l'adjectif *grave* employé dans le sens de *pesante* « lourd [248] ».

Quand les dialectes sont source d'enrichissement

Le lexique de l'italien commun, qui a évidemment surtout puisé dans le fonds toscan, s'est aussi enrichi sans complexe de centaines de mots venus des divers dialectes de la Péninsule. La liste qui suit n'est qu'une petite sélection de mots appartenant aujourd'hui au vocabulaire commun [249]. En les employant quotidiennement, les Italiens ne savent pas toujours que viennent :

du **Piémont**

gianduiotti	chocolats pralinés à la noisette, de forme allongée et de pâte très fine, fabriqués à Turin. Le mot est dérivé du nom d'un personnage de comédie, Gianduja (en piémontais *Gioan d'la duja* « Jean du bocal [250] »)
bocciare	« recaler (à un examen) ». La forme toscane est *schiacciare*
arrangiarsi	« s'arranger [251] »
grissini	fines baguettes croustillantes. Le terme a depuis longtemps dépassé les frontières de l'Italie, et on le trouve déjà chez Jean-Jacques Rousseau, sous la forme *grisses* [252].

de **Ligurie** (Gênes)

pesto	mélange de basilic, parmesan, ail et huile d'olive, analogue au pistou provençal
vernaccia	sorte de vin blanc sec, à l'origine de la région de Vernazza (prov. de La Spezia) mais produit aujourd'hui également ailleurs. La *vernaccia* de San Gimignano, en Toscane, et celle de Sardaigne, sont très réputées.

de **Lombardie**

risotto	plat à base de riz, dont la recette la plus classique utilise du safran
minestrone	sorte de potage aux légumes, auquel on peut ajouter des pâtes, ou du riz (Lombardie)
mica male	« pas mal du tout ».

de **Vénétie**

grazie	« merci »
arsenale	« arsenal », mot venu de l'arabe
gazzetta	pièce de deux sous, nommée ainsi parce qu'une petite pie *(gazza)* y était représentée; le terme a ensuite désigné le journal coûtant deux sous
ghetto	« ghetto », du nom d'une petite île de Venise où les Juifs avaient été assignés à résidence au XVIe siècle

fondi di carciofo   « fonds d'artichaut »
giocattolo   « jouet ». (le mot toscan est *balocco*)
ciao!   « salut! », prononciation vénitienne de *schiavo* « esclave », ancienne expression respectueuse de salutation
vestaglia   « peignoir ».

de **Bologne**

birichino   ce mot avait encore au début du XIXᵉ siècle le sens péjoratif de « voyou, va-nu-pieds ». Il s'est ensuite adouci pour signifier, à la fin du XIXᵉ siècle, « espiègle, petit coquin ».

de **Rome**

stracciatella   bouillon de volaille dans lequel on a fait cuire un mélange d'œufs, de chapelure et de fromage,
saltimbocca   tranche de jambon enroulée dans une petite escalope de veau
abbacchio   « agneau de lait »
me ne frego   « je m'en fiche »
caso mai   « si ça se trouve »
lasciar perdere   « laisser tomber » [253]
paparazzo   journaliste photographe mondain prêt à tout pour réussir à photographier une vedette. Terme mis à la mode par le film de Fellini *La dolce vita* (1960), où le photographe portait ce nom de famille [254].

de **Naples**

largo   petite place de forme irrégulière
mozzarella   fromage de lait de bufflonne, mais qui se fait aussi avec du lait de vache
vongole   « coques, clovisses »
cafone   « mufle, parvenu ». Ce mot n'avait à l'origine aucun sens péjoratif mais signifiait simplement « paysan »; on pourrait aussi parfois aujourd'hui le traduire par *plouc*
camorra   association secrète de malfaiteurs (à Naples)
omertà   la « loi du silence » (dans la *camorra*)
pizza   « pizza ». D'abord populaire uniquement à Naples, la pizza n'a commencé à être connue d'abord en Italie du Nord, puis à l'étranger, qu'après la seconde guerre mondiale [255].

de **Sicile**

mafia	association secrète de malfaiteurs (en Sicile). Le mot, d'origine inconnue, a d'abord signifié « valeur, supériorité, excellence ». Le sens actuel n'est attesté que depuis le milieu du XIXᵉ siècle [256]
cassata	« cassate », sorte de crème glacée, proche de ce qu'on appelle *tutti frutti* en France; mais, curieusement, l'expression *tutti frutti* est inconnue en Italie [257]
calamaro	« calamar ». Autre exemple du suffixe *-aro*, qui n'est pas toscan (l'équivalent toscan est *-aio*). La forme *calamaro* s'est diffusée au XVIIIᵉ siècle pour la distinguer de *calamaio* « encrier ». Le calamar est nommé ainsi en raison du jet de liquide noir qu'il émet quand il se sent en danger [258].

Une partie des mots venus des différents dialectes de l'Italie a eu un destin international, comme on peut le constater sur la *carte* QUAND LES DIALECTES ITALIENS FONT LE TOUR DU MONDE.

Des pâtes à foison

Quand il s'agit d'illustrer l'abondance du lexique dans certains domaines, les linguistes citent volontiers les Esquimaux, qui ont neuf mots pour désigner la neige, ou les gens du désert, qui en ont autant pour désigner le chameau; le général de Gaulle disait aussi combien il était difficile de gouverner un pays comme la France où il y a 350 sortes de fromages. Mais cela n'est rien à côté des mille et une (le Don Giovanni de Mozart aurait dit *mille e tre*) sortes de pâtes italiennes, qui chacune porte un nom différent selon sa forme, sa taille, sa région d'origine, son mode de préparation, parfois même selon la sauce ou les ingrédients qui l'accompagnent.

Seuls les grands connaisseurs de la gastronomie italienne peuvent vraiment s'y retrouver dans les fils entremêlés des *spaghetti, tagliatelle* et autres *fettuccine*, avant même d'entrer dans les subtilités de forme qui séparent *penne, fusilli, conchiglie, farfalle...*, mais qui ne sont encore qu'un simple prélude aux pâtes toujours farcies, les *ravioli, cappelletti, tortellini, cannelloni...*

Mais si l'on est un peu gourmand, on fera peut-être l'effort d'entrer dans les arcanes de la gastronomie macaronique en prenant connaissance de la petite centaine de noms de pâtes qui suit. On pourra ensuite choisir avec plus de discernement dans une carte de restaurant italien parmi les pâtes plates, tubulaires creuses ou pleines, longues ou courtes, découpées en forme d'objets familiers, très petites pour le bouillon, ou au contraire de taille suffisante pour contenir une farce.

QUAND LES DIALECTES ITALIENS FONT LE TOUR DU MONDE

L'italien a donné une grande quantité de mots aux autres langues – ***dessin, caricature, masque, rotonde, ballet, violon...*** – mais seuls sont indiqués sur la carte ci-dessous certains de ceux qui, venant d'un dialecte régional, sont ensuite passés en italien, puis dans le langage international, avec de minimes modifications.

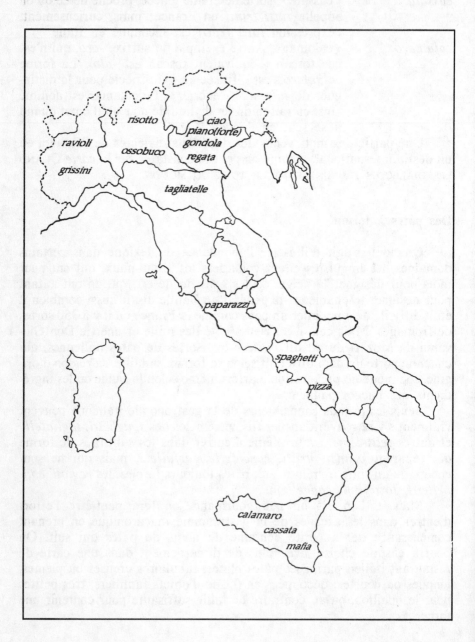

Les pâtes longues

Voici tout d'abord les pâtes italiennes telles qu'on les imagine : elles sont longues, et on s'efforce de les enrouler adroitement sur sa fourchette. Elles ont été classées ci-dessous des plus grosses aux plus fines *.

PLATES, EN RUBAN

lasagne : de 2 cm à 30 cm
lasagne ricce : à bord ondulé
lasagnette : petites *lasagne*
Vincisgrassi :
recette très raffinée de *lasagne* de Passetto, restaurateur à Ancona, en souvenir du prince autrichien Windisch-Grätz, dont il avait été le cuisinier (xixe siècle) [259]
pappardelle :
larges et à bord festonné
fettuccine
picagge verdi genovesi :
sorte de *fettuccine*
paglia e fieno :
« paille et foin », pâtes jaunes et vertes (aux épinards)

raganelle lucane :
tagliatelle larges
tagliatelle :
max. 1 cm
lagane :
nom des *tagliatelle*
en Italie du Sud
taglierini
tagliolini
tajarin
mafaldine
trenette :
tagliatelle de la région de Gênes
bavette
linguine
fili d'angelo :
d'env. 1 mm de large

Ces longues pâtes plates en ruban sont parfois vendues sous forme de pelote (**matassa**) ou de nid (**nido**)

matassa   *nido*

TUBULAIRES

PLEINES		CREUSES
vermicelloni	**zitoni**	**maccheroncini**
vermicelli	**ziti** ou **zite**	**maccaroncelli**
spaghetti	**mezzani**	**perciatelli**
spaghettini	**mezzanelli**	**bucatini**
capellini	**maccheroni**	
	(plus ou moins courts)	

---

* Les noms de pâtes figurant en italique sont l'objet d'une illustration.

Les pâtes courtes

Les pâtes courtes ont des formes plus diversifiées. Elles peuvent être de simples tuyaux plus ou moins façonnés :

TUBULAIRES, CREUSES

sedani   *penne*   *chifferi*

gramigna   *rigatoni*   *tortiglioni*

anelli	**ditali rigati**	**occhi di lupo**
anelli ricci	**ditaloni lisci**	**ottorighe**
anelloni	**ditaloni quadri**	*penne* :
brichetti	**fischietti**	bouts coupés en biais
cannaroni ricci	**fischietti rigati**	**pennette**
chifferi :	**gentili rigati**	*rigatoni*
même étymologie que	*gramigna*	**rotelloni**
chifel « croissant »	**maccheroni lisci**	*sedani* :
chifferini	**maccheroni quadri**	avec des côtes,
denti di elefante	**millerighe**	comme le céleri
ditali :	**mostaccioli**	(*sedano*)
en forme de dés	**nocciole grosse**	*tortiglioni*

Les pâtes « fantaisie »

Il y a aussi des pâtes « fantaisie ». Les plus grosses sont servies avec une garniture ou une sauce :

fusilli

conchiglie

gnocchi

maltagliati

farfalle   *lumache*   *ruote*

cavatappi
« tire-bouchons »
cavatelli
conchiglie
« coquillages »
cravatte
farfalle
« papillons »
farfalloni

fusilli :
en forme d'hélice
gemelli :
en forme de torsades
doubles
gnocchi
lumache « escargots »
maltagliati
orecchiette

pipe rigate
quadrucci
radiatori
rotini :
en forme de roue dentée
ruote « roues »
tagliardi
trofie

Les plus petites sont cuites dans du bouillon :

anellini   *lancette*

semi

stelline

ditalini

peperini

sorpresine

tempesta

semi di grano

farfalline   *quadretti*

acini pepe	*lancette*	puntine	*sorpresine*
alfabeto	lenticchie	*quadretti*	stelle
anelli	occhialini	quadrucci	stellette
anellini	occhi di pernice	risetto	*stelline*
anellini ricci	orzo	risone	stivaletti
anelloni	passatelli umbri	rosmarino	stivalettini
armelette	pater noster	seme cicoria	*tempesta*
avemaria	*peperini*	seme melone	trebuchi
corsetti	piselli	seme peperoni	tubetti
dentellate	pisellini	semenze	tubettini
ditalini	puntette	*semi*	**viandina**
farfalline	punte d'ago	*semi di grano*	

Les pâtes farcies

Mais ce sont surtout les pâtes farcies qui permettent au cuisinier d'apporter sa touche personnelle, bien qu'il y ait des recettes traditionnelles dans chaque région :

agnolotti	**agnolotti** :	carrés remplis de bœuf ou de porc (Piémont)
	anolini :	pâtes farcies de viande de bœuf et de parmesan, en forme de quartier de lune (Parme)
	agnoli :	très petits triangles, farcis de viande de bœuf et de porc (Mantoue)
ravioli	**ravioli** :	carrés remplis de *ricotta* et d'épinards, peut-être du nom de la famillle *Ravioli de' Gavi* (Piémont)
tortellini	**tortellini** :	petits disques, généralement farcis de jambon cru et de parmesan, repliés en demi-lunes autour d'un trou. La légende veut que leur forme évoque celle du nombril de Vénus
	tortelli ou **tortelloni** :	plus gros que les *tortellini* mais, souvent farcis de *ricotta*, ils sont appelés aussi *tortelli di magro*
	tortelli de Mantoue :	avec une farce sucrée à base de courge (pour amateurs !)
cappelletti	**cappelletti** :	proprement « petits chapeaux ». Ils sont farcis de viande ou de fromage (Modène, Brescia). Le terme a été employé pour la première fois en italien littéraire par le poète Leopardi [260]
	casonsei :	en forme de bonbons, avec une farce de viande, de chapelure et de fromage
	bombonini :	en forme de bonbon enveloppé
	pansoti :	triangles remplis de *ricotta* et d'herbes sauvages, traditionnellement servis avec une sauce aux noix
cannelloni	**cannelloni** :	petits cylindres remplis de viande, généralement servis avec une béchamel gratinée
	malfatti :	de forme irrégulière, il s'agit en fait d'une farce de *ricotta*, d'épinards, de parmesan et d'œufs et que l'on sert avec du beurre fondu et du fromage [261].

Les *gnocchi* de Volta

Avant d'abandonner ce sujet diététique, apportons encore une précision, qui concerne les *gnocchi*. Il faut en effet distinguer entre les pâtes en forme de *gnocchi* (cf. la liste des pâtes « fantaisie ») et les *gnocchi* proprement dits. Ces derniers sont à mettre à part car, traditionnellement, ils sont faits avec de la pomme de terre et non pas avec de la semoule. Le mot, attesté depuis le xve siècle, désignait alors des petits pains arrondis, probablement de la forme des *gnocchi* actuels. On en doit, semble-t-il, l'invention au physicien italien Alessandro Volta (1745-1827). Pour lutter contre la famine, et malgré la croyance selon laquelle les tubercules de cette pomme de terre, récemment venue d'Amérique, contenaient de dangereuses substances hallucinogènes – c'était vrai des feuilles, mais non de la racine –, ce grand savant, entre deux expériences sur la pile électrique, avait réussi à persuader ses paysans d'améliorer leur alimentation en mélangeant des pommes de terre bouillies à de la farine. Volta a ainsi été pour les Italiens ce que Parmentier a été pour les Français : le promoteur de la pomme de terre [262].

Il faudrait encore ajouter que, si les « vrais » *gnocchi* sont les *gnocchi di patate*, les *gnocchi alla romana* sont faits avec de la semoule, et que ce que les Français appellent les *gnocchis à la Parisienne* n'ont rien à voir avec ce qui précède et ressemblent plutôt à des tartelettes au fromage.

L'italien pour tous, mais chacun garde son dialecte

C'est vers la fin du xixe siècle que l'italien à base toscane a commencé à se répandre plus largement dans toutes les couches de la population.

Deux livres très populaires, écrits par des Toscans, ont contribué à sa diffusion : *Pinocchio* (1880), de Collodi, et *Cuore* (1886), de Edmondo de Amicis, étaient aussi connus des enfants en Italie que les livres de la comtesse de Ségur en France.

A cette époque, une partie du vocabulaire jusque-là strictement toscan est progressivement adopté par l'italien commun. C'est le cas des noms des mois de janvier *(gennaio)* et de février *(febbraio)*, qui supplantent *gennaro* et *febbraro*. C'est aussi celui de l'adjectif *perbene* « comme il faut », qui faisait alors l'effet d'un néologisme à la fin de *Pinocchio (Come sono contento di essere diventato un ragazzino perbene)* et qui, depuis, est devenu d'un usage quotidien dans toutes les régions.

Mais il faudra attendre le xxe siècle, avec l'essor du journalisme, puis de la radio et de la télévision – les premiers téléviseurs datent de

1954 – pour voir le mouvement lentement s'amplifier. Le nombre des Italiens parlant habituellement l'italien est passé de 2,5 % (ou 8,5 % en comptant les Toscans), en 1861, à 19 % au milieu du xxe siècle. Une génération plus tard (1988), un sondage indiquait que 60,4 % des personnes interrogées affirmaient parler italien, soit exclusivement, soit en alternance, dans leur famille [263].

Néanmoins l'usage du dialecte se maintient, mais différemment selon les régions : c'est en Vénétie qu'on parle encore le plus le dialecte en famille (à 74,6 % en 1982). Viennent ensuite la Sicile (73 %), la Campanie et les Abruzzes (59 %) et la Sardaigne (54 % [264]).

Bien qu'une enquête plus récente (1991) indique que 85 % des personnes interrogées déclarent qu'elles ont abandonné le dialecte, il faut insister sur le fait qu'en Italie les dialectes jouissent encore d'un certain prestige. Encore aujourd'hui il est fréquent que des intellectuels discutent de philosophie ou de littérature en dialecte à Venise [265], à Trévise ou dans la Brianza, en Lombardie, où le fait de parler le dialecte lombard prend, dans les milieux intellectuels, une valeur symbolique [266].

Les jeunes innovent

Parce que dialectes et langue commune ont toujours connu en Italie une convivialité qui a favorisé des échanges entre les différents usages, le prestige séculaire du toscan ne paralyse pas le développement d'innovations plus éclectiques.

Témoin le mot *paninaro*, qui désigne le « jeune branché urbain aux aspirations néo-bourgeoises » : le mot est dérivé de *panino* « petit pain, sandwich », qui était le nom d'un bar de Milan où ont commencé à se réunir les jeunes « branchés » au cours des années 80 de ce siècle. On y remarque le suffixe non toscan *-aro* (comme on l'a déjà vu, en toscan, il aurait la forme *-aio*) que l'on retrouve dans une série de formations récentes :

rockettaro	« musicien ou danseur de rock »
graffitaro	« dessinateur de graffitis »
zanaro	« jeune branché de Bologne ». Le mot est dérivé de *Zanarini*, nom d'un bar chic de Bologne
metallaro	« jeune des banlieues, appartenant à une bande »
casinaro	« jeune fauteur de désordre ». Le mot est dérivé de *casino*, terme argotique pour « confusion, bordel [267] ».

Contrairement aux *metallari*, jeunes des banlieues, les *paninari* habitent généralement les centres historiques des grandes villes. L'équivalent du *paninaro* milanais était appelé *tozzo* à Rome (si c'était un garçon), *squinzia* ou, comme à Milan, *sfitinzia* (si c'était une fille [268]).

Comme on le voit, ce vocabulaire nouveau est spécifiquement italien et il plonge souvent ses racines dans les parlers régionaux.

L'italien et les langues étrangères

En même temps, les emprunts à l'anglais ont aussi envahi la place : *flash, flippato, freak, roba* (calque de *stuff*, pour désigner la drogue), de même que *sniffare, flashare* (quelquefois *fleshare*), *stressare* font partie du vocabulaire des jeunes. Par ailleurs, *computer, check up* ou *killer, self-service, drink, sexy* ou *sponsorizzare* sont monnaie courante dans les médias. Il faut aussi remarquer que ce sont les sigles *NATO* et *AIDS*, correspondant à l'anglais *North Atlantic Treaty Organisation* et *Acquired Immune Deficiency Syndrome*, qui se sont diffusés en Italie, au détriment de leurs équivalents italiens. Mais cette vague d'anglicismes, qui touche l'ensemble des autres langues de l'Europe, est relativement récente, et, après une période de grands débordements, elle semble ces derniers temps, en dehors des domaines de la technique, de l'informatique et du sport, devenir moins omniprésente dans la presse italienne [269].

Une présence séculaire

En revanche, les emprunts au français sont anciens et se sont depuis longtemps intégrés aux structures de l'italien. Jusqu'au milieu du XXᵉ siècle, c'est de loin au français que l'italien avait le plus emprunté [270], de même que c'est l'italien qui, à cette époque, avait le plus enrichi le vocabulaire français [271].

Il est vrai que les contacts entre la France et l'Italie remontent au Moyen Age, avec l'essor de la poésie courtoise des troubadours – mais leur langue était, rappelons-le, le provençal –, la présence normande en Sicile et dans le sud de l'Italie aux XIᵉ et XIIᵉ siècles, et la domination angevine dès le milieu du XIIIᵉ siècle. C'est, par exemple, au XIIᵉ siècle que l'italien emprunte au français le verbe *mangiare*, qui remplacera peu à peu *manducare* et *manicare*, encore présents chez Dante [272]. Il semble que *giorno* soit également un emprunt au français [273]. L'influence du français s'était ensuite faite envahissante au XVIIIᵉ siècle.

Au début du XIXᵉ siècle, l'afflux des mots venus de France était à son comble dans tous les domaines car, à l'influence culturelle venaient s'ajouter les effets de l'occupation et ceux de l'annexion à la France d'un bon tiers de l'Italie. De cette époque datent *ambulanza, appello, avamposto, controllare, paraffare, cassazione, metro, litro, grammo* ou *chilo*. Ce dernier mot était parfois prononcé et écrit *chilò*, avec l'accent sur la dernière syllabe, et c'est ainsi qu'on le prononce encore à Sienne et à Livourne. Ont également été empruntés, au XIX⁰ siècle : *comò* « commode » (le meuble), *casseruola, paltò, vetrina* « vitrine », *domestico* (n. m.) « domestique », *giurato* (n. m.) « juré, membre d'un jury », etc. [274].

C'est vers le milieu du siècle dernier que pénètrent des mots comme *sabotaggio*, ou le nom de la couleur *marrone*, accompagnée de la friandise *marron glacé*, et des mots comme *ristorante, menù, coperto* « couvert » (dans un restaurant), *garage, automobile, soubrette, ascensore, élite, dettaglio* [275].

Les ressemblances sont parfois trompeuses. Par exemple, *soubrette* n'est pas, en italien, une accorte servante mais une jeune première de théâtre ou de music-hall, et *chiffon* n'a rien de vieux ni d'usé en italien, où le terme désigne un luxueux tissu transparent, l'équivalent de notre *mousseline*. Mais c'est dans le domaine de la cuisine qu'il faudra se méfier des faux amis : le *menu*, dans un restaurant, c'est ce qu'en français on appelle la *carte* de tous les plats pouvant être servis, le *paillard* est une fine tranche de veau grillé, et le *bigné* n'a rien d'un « beignet » (qui est frit) mais désigne ce qu'en français on nomme *chou à la crème*. Enfin, si vous demandez dans une boulangerie des *croissants* (c'est aussi un mot italien), vous aurez la surprise de constater qu'ils ont un goût de brioche, car ce que nous appelons un *croissant* en français se dit *chifel* en italien.

Parmi les emprunts les plus récents au français, on peut encore citer *blouson, bricolage, eau de Cologne* et *eau de toilette, osé*, et même la formation hybride *scaldabiberon* « chauffe-biberon » (alors que *biberon* est ancien [276]).

Quel italien pour demain ?

Si l'on jette un coup d'œil rétrospectif sur l'histoire de l'italien depuis la chute de l'Empire romain, on constate qu'après les grandes invasions, une langue littéraire, qui s'était créée à partir du dialecte de Florence, avait été transmise, uniquement par écrit pendant près de six siècles, aux couches cultivées de toutes les régions, mais sans pour autant porter atteinte aux dialectes. Ce n'est qu'après l'unité italienne que cette langue à base toscane, devenue l'italien, a gagné d'autres couches de la population et concurrencé peu à peu les dialectes dans les usages parlés. Ces nouvelles conditions d'emploi l'ont libérée de son immobilisme séculaire et ont entraîné une évolution rapide, jointe à un déplacement du centre de diffusion.

Tiraillé entre le toscan, à la longue tradition littéraire, et Rome, dont le prestige est lié à la fois au siège pontifical et à la concentration des organes de presse et de télévision, l'italien commun semble aujourd'hui soumis à un nouveau pôle d'attraction. Depuis un demi-siècle, avec le développement du « triangle industriel [277] » Milan-Turin-Gênes, entraînant l'afflux de travailleurs venus des autres régions, il semble bien que ce soient effectivement les usages du Nord qui dirigent l'évolution [278]. Milan est peut-être en train de jouer pour l'italien, en cette fin de vingtième siècle, le rôle de creuset linguistique que Paris a joué pour le français depuis le Moyen Age.

L'italien en Suisse

En dehors de quelques groupes répartis dans quelques vallées des Grisons, la minorité italienne de Suisse est principalement concentrée dans le Tessin [279], qui, sur le plan économique, dépend de la Suisse alémanique.

L'italien parlé dans cette région est proche de celui qui est parlé dans l'Italie du Nord, mais il y subsiste encore quelques dialectes appartenant au groupe lombard, que l'on réserve aux situations familières et familiales. Cependant, pour tous, si « l'italien est la langue du cœur, l'allemand (le *schwytzertütsch*) est la langue du pain [280] ».

L'ITALIEN DANS LE MONDE

En dehors de la République indépendante de **Saint-Marin** et du canton des **Grisons** en Suisse, où l'italien a un statut de langue officielle, d'importantes colonies d'émigrés sont installées aux **États-Unis**, surtout à **New York** (originaires du sud de l'Italie) et en **Californie** (originaires du nord et du centre de l'Italie), au **Canada**, en Amérique du Sud (surtout en **Argentine**), et en **Australie**.

Autour de l'espagnol

300 millions d'hispanophones

Parmi les langues issues du latin, l'espagnol est aujourd'hui celle qui a la plus grande diffusion dans le monde, mais l'immense majorité des hispanophones se trouvent hors d'Europe [281], principalement en Amérique latine. Sur un total de 300 millions de personnes dont l'espagnol est la langue officielle, moins de 14 % vivent en Espagne.

L'ESPAGNE ET SES LANGUES

POPULATION : 40 360 000 habitants.

LANGUE OFFICIELLE :
  – **castillan**, langue officielle de l'État espagnol.

LANGUES OFFICIELLES RÉGIONALES :
  – **catalan**, langue romane : env. 4,5 millions de locuteurs dont 48 % ont le catalan comme langue maternelle (Catalogne, Baléares, Pays Valencien et Val d'Aran)
  – **galicien**, langue romane : env. 2,5 millions de locuteurs (Galice et San Martín de Trejevo)
  – **basque**, langue non indo-européenne : env. 0,7 million dont les deux tiers le parlent couramment [282] (Pays basque et Navarre)
  – **aranais**, langue romane, variété de gascon (Val d'Aran).

AUTRES IDIOMES :
  romans
  – **andalou**, dans tout le sud du pays
  – **aragonais**, dans le nord du pays
  – **asturo-léonais**, dans l'ouest du pays, le long de la Galice et du Portugal
  – **portugais**, dans les enclaves de Alamedilla, Eljas, Valverde del Fresno, Herrera de Alcántara et Olivenza [283]

  divers
  – **caló**, variété de tsigane, d'origine indo-iranienne, non territorialisée.

Cette langue romane qui devait s'étendre si loin de sa terre natale n'était à l'origine que l'un des dialectes issus du latin, celui d'une petite région du nord de la péninsule Ibérique, lieu de séjour et de passage de populations aux langues diverses.

Les origines lointaines

Bien que cette extrémité occidentale de l'Europe ait gardé de nombreuses traces d'un peuplement très ancien, on connaît mal les populations qui occupaient cette région avant l'arrivée des Celtes vers le VIIe siècle av. J.-C. Des trois grandes populations qui les ont précédés – les Aquitains, les Ibères et les Tartessiens, – seule la première a pu survivre, grâce à ses descendants, les Basques.

Les données historiques, les inscriptions, les noms de lieux et l'évolution des dialectes dans cette région concourent pour favoriser l'hypothèse permettant de voir dans les Aquitains du temps des Romains les ancêtres des Basques actuels [284].

Jules César précise qu'ils occupaient alors toute la région comprise entre la Garonne, les Pyrénées et l'Océan : autrement dit toute la Gascogne actuelle et le Pays basque français. Comme en outre les noms de lieux de type aquitain s'étendent très loin des frontières actuelles du Pays basque, on peut penser que l'influence des Aquitains s'exerçait autrefois très au-delà. Tel est le cas du toponyme *Ilimberri(s)* « ville neuve » dont on trouve des traces aussi bien en France (Gascogne, Gers, Pyrénées-Orientales) qu'en Espagne le long de la côte méditerranéenne, jusqu'en Andalousie. L'ancien nom de *Auch* était *Elimberrum* et celui de *Elne* (Pyrénées-Orientales) *Iliberis*.

LE VAL D'ARAN : UNE TAUTOLOGIE

Dans les Pyrénées, beaucoup de noms de lieux ont une origine basque, que l'on reconnaît à la présence de certaines formes comme *berri* « neuf », *gorri* « rouge », *erri* « lieu », *iri, ili* ou *uri, uli* « ville », ou encore *itur* « fontaine ». L'un des noms les plus curieux est celui du Val d'Aran, en espagnol *Valle de Arán* : comme *Arán*, en basque, signifie justement « vallée », le *Val d'Aran*, c'est, très « pléonastiquement », le *Val du Val* [285].

Des Ibères et de leur langue, on sait peu de chose sinon que, dès l'époque néolithique, vers le VIe millénaire av. J.-C., ils étaient installés un peu partout en Europe occidentale. Leur langue, qui n'appartenait pas à la famille indo-européenne, est attestée dans des inscriptions utilisant soit un alphabet particulier, soit l'alphabet grec. On a trouvé des inscriptions ibères (plus d'un millier de mots) dans une région qui va de

Béziers à Saragosse et à Murcie en longeant la côte méditerranéenne, mais elles n'ont pas encore été déchiffrées : on lit les inscriptions sans les comprendre [286].

Quant à la civilisation tartessienne, du nom d'une population qui vivait à l'embouchure du Guadalquivir, elle avait été florissante jusqu'à son élimination par les Carthaginois vers 500 av. J.-C. Selon une hypothèse récente, cette civilisation pourrait être apparentée à la civilisation étrusque, car on trouve des noms de lieux et de fleuves *(Tubur, Tarrasco, Arnus)* pratiquement identiques sur les côtes du sud de l'Espagne et en Toscane, cette région de l'Italie centrale où s'était manifestée la civilisation étrusque à partir du VIIIe siècle av. J.-C.

Sur les côtes, les Phéniciens s'étaient installés à Cadix et à Malaga, les Carthaginois à Carthagène *(Carthago Nova)*, à Mahón (Minorque) et à Ibiza, tandis que les Grecs avaient créé de petites colonies à Ampurias et à Alicante.

LES CARTHAGINOIS ET LA MAYONNAISE

On suppose que le nom de la sauce *mayonnaise* est une déformation de *mahonnaise*, mot formé sur *(Port) Mahón*, capitale de Minorque, *Mahón* étant lui-même une déformation du nom de son fondateur carthaginois *Magon*, frère d'Hannibal et son compagnon pendant la seconde guerre punique.

On pense que c'est en 1756, au moment où les troupes du duc de Richelieu venaient de prendre la ville en chassant les Anglais, que son cuisinier inventa la recette de cette nouvelle sauce, en mélangeant des œufs, de l'huile et du vinaigre. Il est vrai que la première attestation écrite de ce mot ne date que de 1807, mais il n'est pas rare qu'un mot attende un demi-siècle pour passer de la langue orale à la langue écrite [287].

La Péninsule avait peut-être aussi été occupée par des Ligures, car les suffixes ligures *-asco, -osco* (comme dans *Manosque, Vénasque* ou *Tarascon* en France) sont fréquents dans les toponymes d'Espagne *(Benascos, Benasque, Velasco, Tarascón* [288]*)* (cf. aussi chapitre AUTOUR DU FRANÇAIS, § Avant l'arrivée des Gaulois, p. 225).

Les Celtibères sont des Celtes

Venant d'Allemagne, et peut-être même avant de s'installer en Gaule, les Celtes avaient poursuivi leur mouvement jusqu'en *Hispania*, ancien nom de la péninsule Ibérique. Établis dans la vallée de l'Èbre, à l'ouest de la zone occupée par les Aquitains, ils étaient en contact avec les Ibères, et ce sont eux qui sont connus sous le nom de *Celtibères*. Ils parlaient une langue celtique de type archaïque, assez différente du gaulois, et ils ont laissé quelques traces de leur langue dans de

L'HISPANIA ROMAINE
à l'apogée de l'Empire (IIᵉ siècle apr. J.-C.)

A la première division entre l'Espagne proche (en deçà de l'Èbre) ou *Hispania citerior* et l'Espagne lointaine (au-delà de l'Èbre) ou *Hispania ulterior*, avait succédé en 27 apr. J.-C. la répartition en trois provinces : *Tarraconaise* au nord, *Bétique* au sud et *Lusitanie* à l'ouest. C'est sous l'empereur Caracalla (IIIᵉ siècle) que la *Galice-Asturie* sera érigée en province séparée, la *Gallaecia Asturica*.

Récréation

Les experts en géographie trouveront sans doute inutile cette liste de traductions en langue contemporaine, les autres pourront s'amuser à tester leurs connaissances de la géographie de l'Espagne avant de la consulter.

ASTURICA AUGUSTA > *Astorga*
CAESAR AUGUSTA > *Zaragoza* « Saragosse »
CARTHAGO NOVA > *Cartagena* « Carthagène »
CORDUBA > *Córdoba* « Cordoue »
DERTOSA (JULIA AUGUSTA) > *Tortosa*
DURIUS > *Douro* (fl.), *Duero* en espagnol
EMERITA AUGUSTA > *Mérida*
GADES > *Cádiz* « Cadix »
IBERUS > *Ebro* « Èbre » (fl.)

ILICI > *Elche*
LEGIO (SEPTIMA GEMINA) > *León*
MALACA > *Málaga*
SAGUNTUM > *Sagunto* « Sagonte »
SALAMANTICA > *Salamanca* « Salamanque »
SEGOVIA > *Segovia* « Ségovie »
TAGUS > *Tajo* « Tage » (fl.)
TARRACO > *Tarragona*
TOLETUM > *Toledo* « Tolède »
VALENTIA > *Valencia* « Valence »

ANAS → *Guadiana* (fl.)
BAETIS → *Guadalquivir* (fl.)
HISPALIS → *Sevilla* « Séville » [289]

nombreux noms de lieux comme *Conimbriga* au Portugal (actuellement Coimbra) et *Berdún, Navardún, Verdú, Salardú* en Espagne. On y retrouve les mots *briga* et *duno*, qui désignaient tous deux un « lieu fortifié » en gaulois. *La Coruña, Braga, Evora, Segovia* sont aussi des noms d'origine celtique.

La conquête romaine

Elle a débuté dès 218 av. J.-C. mais s'est révélée lente et difficile. Commencée au cours de la deuxième guerre punique avec le débarquement de Scipion à Ampurias, la conquête de l'Hispania s'est poursuivie pendant deux siècles. La romanisation avait été rapide dans la province de la Bétique – l'actuelle Andalousie –, dont la capitale, Cordoue, avait été déclarée colonie patricienne dès l'an 169 av. J.-C. [290] et dont les habitants avaient progressivement abandonné leur langue pour apprendre le latin.

En revanche, les populations du Nord ont résisté avec vigueur. Les moins dociles ont été les habitants du Pays basque, qui ont continué à parler leur langue sans céder à la pression de l'occupation romaine, les Basques ayant toujours considéré que celui qui ne parlait pas le basque était un *erdaldun*, c'est-à-dire « quelqu'un qui parle une demi-langue » (le mot est formé sur le basque *erdi* « moitié ») alors que quelqu'un qui parle basque est *eskualdun* [291].

Le latin d'Espagne

Située à l'extrémité de l'Empire, aux limites du monde connu, l'Espagne avait peu de contacts avec les autres colonies romaines, ce qui explique qu'elle n'ait pas connu certaines des innovations ultérieures venues de Rome, et que le latin y ait gardé des formes anciennes.

Alors que MAGNUS disparaissait un peu partout au profit de GRANDIS, l'expression TAM MAGNUS « grand comme ça » (avec un geste) s'est maintenue dans la péninsule Ibérique dans *tamaño* (en espagnol) et *tamanho* (en portugais) « grandeur, taille ». L'espagnol et le portugais se séparent encore des autres langues romanes pour nommer le blé *trigo*, de TRITICUM (FRUMENTUM) alors que c'est FRUMENTUM qui s'est perpétué ailleurs, par exemple sous la forme de *froment* en français ou de *frumento* en italien.

Hispania : terre des archaïsmes

On pourrait multiplier sans fin les exemples de formes latines anciennes, conservées en espagnol et en portugais mais abandonnées dans les autres langues romanes de l'Occident. En voici quelques-uns :

latin classique	>	espagnol	portugais
COMEDERE « manger »	>	*comer*	*comer*
MENSA « table »	>	*mesa*	*mesa*
FORMOSUS « beau »	>	*hermoso*	*formoso*
CAPUT « tête »	>	*cabeza*	*cabeça*
HUMERUS « épaule »	>	*hombro*	*ombro*
ARENA « sable »	>	*arena*	*areia*
FERVERE « bouillir »	>	*hervir*	*ferver*

Pour ces mêmes sens, le français et l'italien ont délaissé les termes classiques pour favoriser des expressions plus familières ou plus imagées, avec parfois des métaphores humoristiques, comme TESTA « tesson de poterie » pour désigner la tête, ou MANDUCARE « dévorer », terme d'abord utilisé seulement dans les comédies, qui mettaient en scène *Manduco* « le bâfreur », une espèce d'ogre à la fois terrible et grotesque [292].

latin classique	latin tardif	>	français	italien
(COMEDERE)	MANDUCARE « bâfrer »	>	*manger*	*mangiare*
(MENSA)	TABULA « planche »	>	*table*	*tavola*
(FORMOSUS)	BELLUS « joli »	>	*beau*	*bello*
(CAPUT)	TESTA « tesson de poterie »	>	*tête*	*testa*
(HUMERUS)	SPATULA « spatule »	>	*épaule*	*spalda*
(ARENA)	SABULUM « sable »	>	*sable*	*sabbia*
(FERVERE)	BULLIRE « faire des bulles »	>	*bouillir*	*bollire*

S'il est vrai que *bello* existe en espagnol, cet adjectif est toujours resté littéraire, du moins dans les usages européens, et de même, si *formoso* existe en italien, *bello* y est la forme la plus usitée.

Hispania : terre des innovations

La péninsule Ibérique a aussi été la terre des innovations alors que les anciennes dénominations se conservaient ailleurs.

Par exemple, le latin classique EXTINGUERE s'est maintenu dans le français *éteindre*, mais pour ce même sens l'espagnol et le portugais ont innové en employant *apagar*, formé sur APPACARE « apaiser, pacifier ».

Pour « se taire », le français et l'italien ont gardé le verbe TACERE, devenu *(se) taire* en français et *tacere* en italien, tandis que l'espagnol et le portugais ont utilisé un verbe latin *CALLARE « faire descendre », devenu *callar* en espagnol et *calar-se* en portugais. L'adverbe latin TARDE « tard », qui est resté uniquement un adverbe en français *(tard)* et en italien *(tardi)*, a été étendu à des usages substantivaux en espagnol et en portugais, où *tarde* peut aussi être employé comme un nom dans le sens de « après-midi ». Enfin, alors que la dénomination de la couleur jaune est issue de GALBINUS pour le français *jaune* et l'italien *giallo*, l'espagnol *amarillo* et le portugais *amarelo* sont formés sur un diminutif de AMARUS « amer », ce qui évoque à la fois l'amertume de la bile et sa couleur jaune.

Ces quelques exemples, parmi beaucoup d'autres, permettent de comprendre pourquoi le latin hispanique paraissait à Cicéron aussi déconcertant que le latin des Carthaginois lorsqu'il entendait au Sénat les discours des orateurs originaires d'Espagne.

Une latinisation plus ou moins tardive

Il y avait en fait un grand contraste entre les régions du Sud et les autres. Il semble que, jusqu'au VIe siècle apr. J.-C., il y ait encore eu, dans les régions de l'ouest et du nord, des populations qui ne savaient pas encore le latin, alors que des centres romains florissants avaient été créés à Cordoue dès sa fondation, au milieu du IIe siècle av. J.-C., et avaient acquis une grande réputation. Les deux Sénèque (le père, historien, et le fils, précepteur de Néron) ainsi que le poète Lucain sont nés dans cette ville, et l'empereur Trajan était originaire d'Itálica, près de Séville [293].

Les invasions germaniques

Lorsque, dès la fin du IIIe siècle apr. J.-C., et surtout vers le Ve siècle, se produisent les invasions germaniques – Vandales en Andalousie, Suèves dans l'ouest, Wisigoths dans le reste du pays –, les populations locales sont pour la plupart déjà latinisées.

Les Vandales devaient exercer peu d'influence : après un bref séjour en Bétique, ils sont passés en Afrique, en laissant probablement une trace de leur passage dans le nom de l'Andalousie, *Andalucía*. Selon une hypothèse parfois contestée, ce nom viendrait de *Portu Wandalusiu* [294].

Le royaume des Wisigoths recouvrait toute l'Espagne actuelle à l'exception du Pays basque et de la Galice, occupée par les Suèves, et se prolongeait même au-delà des Pyrénées jusqu'à Narbonne. La domination des Wisigoths, qui a duré trois cents ans (409-711), a laissé des traces importantes dans les institutions et le droit, ainsi que dans l'inspiration de la poésie épique. Dans la langue, elles sont plus difficiles à établir car la plupart des éléments germaniques de l'espagnol ont pu y pénétrer sous la forme qu'ils avaient déjà prise, soit dans le latin vulgaire, soit un peu plus tard dans le vocabulaire venu de France. Telles sont par exemple les formes *robar* « voler », *sala* « salon », *rico* « riche », *guisa* « manière ». De ce dernier mot, l'espagnol a aussi dérivé le verbe *guisar*, avec le sens de « préparer d'une certaine manière », puis « préparer les repas, cuisiner [295] ». Toutefois on peut identifier comme purement wisigothique *tregua* à cause du *-g-*, en face de la forme française *trève* avec un *-v-* (cf. chapitre LES LANGUES GERMANIQUES, § La poussée vers l'est, p. 285).

Avec la conversion des Wisigoths au christianisme, en 589, commence une période de paix et de fusion entre les peuples occupés et les envahisseurs. Elle durera plus d'un siècle, pendant lequel le royaume de Tolède favorisera les arts et les lettres, et en particulier l'étude de la grammaire et de la rhétorique [296]. Dans les écoles de Séville, de Saragosse et de Tolède, l'enseignement était alors dispensé par des savants comme Isidore de Séville (560-636), qui passait pour le plus grand érudit de son temps. C'est de cette période d'assimilation que date un changement dans l'attribution des noms propres, qui ne se fait plus à la romaine (cf. dans le chapitre AUTOUR DU LATIN § Des noms à rallonge p. 109). Il reste en outre de nombreuses traces germaniques dans les prénoms espagnols, tels que *Rodrigo* ou *Fernando* (cf. *encadré* LES WISIGOTHS ONT AUSSI LAISSÉ DES PRÉNOMS).

LES WISIGOTHS ONT AUSSI LAISSÉ DES PRÉNOMS

Beaucoup de noms et de prénoms espagnols sont d'origine germanique, et plus spécifiquement wisigothique : leur sens premier est souvent lié à des qualités de force morale ou physique. Ainsi :

Adolfo	< *adal* « noble » + *wulf* « loup »
Alfonso	< *all* « tout » + *funs* « préparé »
Alvaro	< *all* « tout » + *varo* « prévenu, conscient »
Argimiro	< *hargis* « armée » + *meris* « fameux »
Fernando	< *frithu* « paix » + *nanth* « hardi »
Rodrigo	< *hroth* « gloire » + *ric* « puissant »
Rosendo	< *hroth* « gloire » + *sinths* « direction [297] »

Le lexique de la vie quotidienne a été beaucoup moins influencé. Pourtant il semble bien que *falda* « jupe » ou *ganso* « oie » soient des emprunts au germanique spécifiques de la péninsule Ibérique, qui s'est néanmoins distinguée par sa résistance en ce qui concerne les noms de couleurs. On sait que les noms latins de couleurs ont généralement cédé la place à des formes germaniques dans les langues romanes (cf. chapitre AUTOUR DE L'ITALIEN, § Influences germaniques p. 132). Mais, si les formes espagnoles *blanco* « blanc » ou *gris* « gris » sont effectivement d'origine germanique, l'espagnol n'a pas adopté certains des noms de couleurs comme le bleu, le blond et le brun. En espagnol, « bleu » se dit *azul* (mot arabe d'origine persane), « blond » se dit *rubio* (du latin RUBEUS « roux ») et « brun » se dit *moreno, bazo* (du latin BADIUS « brun rougeâtre ») ou encore *pardo* (du latin PARDUS « brun foncé », d'origine grecque). L'adjectif *bruno*, emprunté au germanique, existe bien en espagnol, mais reste rare et littéraire dans cette langue [298].

La longue période arabe

Si les apports germaniques ont été restreints à certains domaines particuliers, les marques profondes et durables laissées par l'arabe dans le lexique espagnol lui ont au contraire donné son aspect le plus original.

Débarquant près de Gibraltar en 711, les Arabes conquièrent en moins de sept années la presque totalité de la Péninsule, à l'exception d'une petite région située au nord du pays, où s'était constituée une poche de résistance d'où partira la Reconquête. Après des siècles d'un bilinguisme roman/arabe, ou parfois d'un trilinguisme roman/arabe d'Espagne/arabe classique, l'espagnol a gardé des traces innombrables de la langue des envahisseurs. Car, s'il est vrai qu'à partir du XIIIᵉ siècle l'Espagne musulmane a été réduite au seul royaume de Grenade, il faut souligner le fait que, depuis le XIᵉ siècle, l'arabe était devenu la langue de culture dans la plus grande partie du pays. Les indigènes chrétiens, vivant dans un environnement arabe, parlaient eux-mêmes une langue romane mêlée, que l'on qualifiait de *romanicum circa latinum* [299] « langue romane voisine du latin », et qui était en fait largement teintée d'arabe.

Les Mozarabes sont des chrétiens

Ce sont ces chrétiens, de langue romane, mais qui vivaient dans la partie dominée par les Arabes, que l'on a appelés les Mozarabes [300]. Le mot est une adaptation d'un participe passé qui, en arabe, signifie « soumis aux Arabes ». Alors que l'arabe était la langue de l'administration et de la culture, leur langue – le mozarabe –, aux formes archaïsantes, s'était réfugiée dans des usages uniquement familiers. Elle s'est ensuite diluée au fur et à mesure de la Reconquête, soit par émigration dans les régions rechristianisées, soit par abandon volontaire et adoption du castillan.

Malheureusement il n'existe aucun document écrit dans ce *romanicum circa latinum* qu'était le mozarabe. Les seules informations que l'on possède sont en arabe et proviennent de sources musulmanes, parmi lesquelles se trouvent des glossaires latino-arabes. Mais l'écriture arabe était mal adaptée à la représentation des voyelles et de quelques consonnes issues du latin, ce qui rend difficile la reconstruction des formes de cette langue, disparue avec la Reconquête porteuse des usages du Nord. Seule la région située au nord du Duero, Miranda do Douro, aujourd'hui en territoire portugais, a probablement pu garder certains traits anciens du mozarabe, alors qu'à Salamanque, toute proche, des influences postérieures les ont annulés [301].

PLUS DE 1 500 TOPONYMES D'ORIGINE ARABE

Formations à partir de l'**arabe** :

ALCALÁ, de *al-qalʔa* « forteresse »

ALCÁZAR, (à Séville), de *al-qasar* « le palais »

ALHAMBRA (à Grenade), de *al-hamra* « la rouge »

ALGECIRAS (Algésiras), de *al-djazira* (*al-hadra*) « l'île » (verte)

ALMERÍA, de *al-miraya* « la tour de guet »

GUADALAJARA « rivière des pierres », de *wad* « cours d'eau » et *hajar* « pierre », probablement à cause de la proximité du Tage

GIBRALTAR, de *Djabal al-Târiq* « la montagne de Târiq », nom du chef berbère qui débarqua le premier en Espagne en 711

GUADALQUIVIR : ce fleuve, que les Romains appelaient *Baetis*, avait tellement impressionné les Arabes par ses dimensions qu'ils l'ont nommé *wad al-kebir* « le grand cours d'eau », de *wad* « cours d'eau » et *kebir* « grand »

GUADIANA : l'ancien fleuve *Anas*, est devenu *wadi anas* « le fleuve Anas »

MURCIA, du participe passé *mursah* « fortifié »

RAMBLA : le nom de la célèbre avenue de Barcelone, *Las Ramblas*, vient de l'arabe *ar-ramla* « grève, bande de sable en bordure d'une rivière »

ZARAGOZA *(Saragosse)* : forme arabe prise par le latin *Caesarea Augusta*.

Formations hybrides, où se mêlent **arabe** et **latin** :

GUADALUPE « fleuve du loup », formé sur l'arabe *wad* « cours d'eau » et le latin *lupus* « loup »

GUADALCANAL « fleuve du canal ».

Formations avec l'**article arabe** devant un nom **latin** :

ALMONASTER, ALMONTE ou ALFUENTE, où l'on reconnaît les mots espagnols d'origine latine : *monasterio* « monastère », *monte* « montagne », *fuente* « fontaine » [302].

L'Espagne arabisée

Les conséquences de l'occupation arabe, qui a duré entre trois et huit siècles selon les régions, ont été considérables à tous points de vue, et en particulier pour la vie intellectuelle.

C'est tout d'abord Cordoue qui s'était très tôt transformée en un brillant centre de culture islamique, avec de riches bibliothèques et des centres d'étude où des savants arabes transmettaient leur science mathématique venue de l'Inde ainsi que la philosophie grecque. C'est par l'intermédiaire d'Avicenne (980-1037), d'Averroès (né à Cordoue en 1126) et des botanistes arabes que se fera le renouveau du Moyen Age européen. Lorsque les progrès de la Reconquête remettent Tolède (en 1085), puis Saragosse (en 1118) au pouvoir des chrétiens, les Mozarabes y sont très arabisés et les Arabes encore très nombreux. Au XIIᵉ siècle, l'archevêque Raimundo fonde à Tolède sa célèbre école de traducteurs et, au XIIIᵉ siècle, le roi Alphonse le Sage fait venir à sa cour, aux côtés des lettrés chrétiens, des savants juifs connaissant bien la langue et la science arabes. Ces derniers contribuent à traduire, de l'arabe en castillan, toute la science gréco-latine que les émirs de Cordoue avaient, dans un premier temps, fait traduire en arabe. De France, d'Angleterre, d'Allemagne, on se rendait à Tolède pour traduire Aristote ou Ptolémée.

Des mots arabes par milliers

Le lexique de l'espagnol reflète cette influence arabe de façon particulièrement impressionnante, tout d'abord sur le plan quantitatif. Selon une estimation approximative [303], le nombre d'arabismes lexicaux s'élèverait à plus de 4 000 formes, dont 1 500 toponymes. Si l'on s'en tient aux formes simples, ce qui exclut tous les dérivés, il reste encore 850 mots, soit plus du double des arabismes en français, qui n'en compte que 420 [304].

Ce qui ressort, lorsqu'on observe les arabismes espagnols de plus près, c'est la grande quantité de mots commençant par la lette *a*. Cela ne devrait pas surprendre car il faut y reconnaître la présence de l'article *al*, compris comme faisant partie du mot emprunté. Mais on peut se demander pourquoi le /l/ s'est maintenu dans *almíbar* « sirop » et a disparu dans *azúcar* « sucre ». Tout s'explique si l'on sait qu'en arabe la consonne /l/ disparaît pour s'assimiler à la première consonne du mot suivant quand cette dernière est une consonne articulée avec la pointe de la langue. C'est le cas dans *azúcar* « sucre », formé à partir de *al-zúcar*, prononcé *az-zúcar* en arabe, tandis que dans *almíbar*, dont le /m/ n'est pas prononcé avec la pointe de la langue mais avec les lèvres, le /l/ de l'article se maintient. Les grammairiens arabes appellent poétiquement ces consonnes prononcées à l'avant de la bouche des « consonnes solaires », parce que le mot désignant le soleil commence en arabe par une consonne de ce type. Toutes les autres consonnes sont dites « lunaires », comme le mot désignant la lune en arabe, qui commence par la consonne *q*, qui n'est pas prononcée avec la pointe de la langue.

UN ARABISME SUR QUATRE

Un recensement établi d'après le dictionnaire étymologique de Corominas [305] fait apparaître qu'un arabisme sur quatre commence par un *a*. La liste en est longue et peut-être un peu fastidieuse à lire. Mais si on la parcourt en cherchant à comprendre comment se sont faits les emprunts équivalents dans les autres langues, et en particulier dans le français et l'italien, la lecture peut devenir une sorte de chasse au trésor. Et si on se laisse prendre au jeu au point de rester attentif jusqu'aux dernières lignes, on sera sans doute surpris par la présence d'un anachronisme apparent, une quinzaine de mots avant la fin.

abalorio	verroterie	abelmosco	grain de musc	acebuche	olivier sauvage
aceite	huile	acelga	bette (bot.)	acémila	bête de somme
acemite	bouillie	aceña	moulin à eau	acequia	rigole, canal
acerola	azerole (bot.)	achacar	attribuer	achaque	maladie, infirmité
acíbar	aloès	acicalar	fourbir	acicate	éperon
acimut	azimut	adalid	guide, chef	adarga	bouclier
adarme	brin, miette	adarve	chemin de ronde	adehala	gratification
adelfa	laurier-rose	adivas	(maux de gorge) (zoo.)	adobe	brique crue
adoquín	pavé	aduana	douane	aduar	douar
ajedrea	sarriette	ajedrez	jeu d'échecs	ajenuz	(renonculacée)
ajimez	fenêtre à meneaux	ajomate	algue d'eau douce	ajonjolí	sésame
ajorca	bracelet	ajuar	mobilier, trousseau	alacena	placard
alacrán	scorpion	alafia	pardon	alambique	alambic
alarde	parade	alazán	alezan	albacea	exécuteur testamentaire
albahaca	basilic	albaida	(papilionacée)	albalá	brevet
albanega	résille	albañal	égout	albañil	maçon
albarazo	lèpre blanche	albarda	bât	albaricoque	abricot
albarraz	herbe aux poux	albayalde	céruse	albéitar	vétérinaire
alberca	bassin	albogue	flûte double	albóndiga	boulette de viande
albornoz	burnous	alboronía	ratatouille	alboroque	gratification
alborozo	allégresse	albricias	cadeau	albufera	lagune
albur	mulet (poisson)	alcabala	taxe, impôt	alcacer	orge verte
alcachofa	artichaut	alcahuete	entremetteur	alcaicería	marché
alcaide	gouverneur	alcalde	maire	álcali	alcali
alcancía	tirelire	alcanfor	camphre	alcantarilla	égout
alcaraván	butor (zool.)	alcaravea	carvi	alcarraza	cruche en terre
alcatraz	pélican	alcazaba	forteresse	alcázar	palais, château
alcoba	chambre	alcohol	alcool	alcorza	(pâtisserie)
alcotán	(faucon)	alcurnia	lignée	alcuza	huilier
alcuzcuz	couscous	aldaba	heurtoir	aldea	village
alerce	mélèze	alfajor	(pain d'épices)	alfalfa	luzerne
alfanje	cimeterre	alfaque	banc de sable	alfaquí	docteur de la loi
alfar	atelier de potier	alfarda	ancien impôt	alfarje	meule de moulin
alféizar	embrasure	alfeñique	sucre d'orge	alferecía	épilepsie
alférez	sous-lieutenant	alfil	fou (aux échecs)	alfiler	épingle
alfombra	tapis	alfombrilla	rubéole	alfóncigo	pistachier
alforja	besace	alforza	pli, balafre	alfoz	gorge, défilé
algalia	odeur musquée	algarabía	la langue arabe	algarroba	caroube
algazara	vacarme	álgebra	algèbre	algodón	coton
algorfa	séchoir à grain	algoritmo	algorithme	alguacil	gendarme
alhaja	bijou	alharaca	accès de colère	alharma	(rutacée)
alheli	giroflée	alheña	troène	alholva	(papilionacée)
alhóndiga	halle au blé	alhorre	(éruption cutanée)	alhucema	lavande
alicates	pince	alidada	alidade	alifafe	maladie
alimara	feu, signal	aljaba	carquois	aljama	(juifs et musulmans)
aljamía	langue romane d'Espagne	aljibe	citerne	aljófar	perle baroque

almacén	magasin	**almáciga**	(résine)	**almadén**	mine
almádena	masse, marteau	**almadía**	radeau	**almadraba**	madrague
almagre	ocre rouge	**almanaque**	almanach	**almarada**	stylet, poignard
almazara	moulin à huile	**almea**	almée (danseuse)	**almenara**	signal, chandelier
almez	alisier (bot.)	**almíbar**	sirop	**alminar**	minaret
almirante	amiral	**almirez**	mortier	**almizcle**	musc
almocafre	sarcloir	**almocárabe**	entrelacs	**almogávar**	soldat en razzia
almohada	oreiller	**almohade**	Almohade	**almohaza**	étrille (équit.)
almojarife	percepteur	**almoneda**	vente publique	**almorávid**	Almoravide
almotacén	vérificateur	**almud**	(mesure de capacité)	**almudena**	palais, château
almuédano	muezzin	**almunia**	jardin potager	**aloque**	rosé (adj.)
alquería	ferme (n.f.)	**alquibla**	(dir. de La Mecque)	**alquiler**	location, loyer
alquimia	alchimie	**alquitara**	alambic	**alquitrán**	goudron
altramuz	lupin (bot.)	**alubia**	haricot (bot.)	**ámbar**	ambre
anaquel	étagère	**anea**	roseau	**ante**	élan (zool.)
añagaza	appeau	**añil**	indigo	**arambel**	draperie
arancel	tarif	**arcaduz**	conduite, tuyau	**arrabal**	faubourg
arraclán	bourdaine (bot.)	**arráez**	chef de bord	**arrayán**	myrte (bot.)
arrecife	récif	**arrequives**	atours	**arriate**	plate-bande
arroba	(mesure de poids)	**arrope**	concentré de fruit	**arroz**	riz
artanita	cyclamen	**asesino**	assassin	**atabal**	timbale (mus.)
ataharre	croupière	**atalaya**	tour de guet	**atambor**	tambour
atarazana	arsenal	**atarjea**	conduite, égout	**atracar**	amarrer, accoster
atún	thon	**auge**	essor	**azabache**	jais
azacán	manœuvre (n.m.)	**azafata** *	hôtesse de l'air	**azafate**	corbeille
azafrán	safran	**azahar**	fleur (d'oranger)	**azar**	hasard
azarcón	minium	**azófar**	laiton	**azogue**	mercure
azote	fouet, fléau	**azotea**	terrasse	**azúcar**	sucre
azucena	lys (bot.)	**azud(a)**	roue à aubes	**azufaifa**	jujube (bot.)
azul	bleu	**azulejo**	carreau de faïence	**azumbre**	(mesure de capacité)

* La présence d'une « hôtesse de l'air » dans cette liste pourrait sembler incongrue car les Arabes n'avaient pas pu prévoir au Moyen Age le service dans les transports aériens : tout s'explique si l'on précise qu'une *azafata* était seulement, à l'origine, la dame d'atours de la reine, chargée de lui présenter ses vêtements et ses bijoux dans une corbeille plate.

Avec ou sans l'article

En comparant l'espagnol aux autres langues romanes, on constate en outre que l'espagnol est sans conteste celle qui a le plus souvent incorporé l'article dans les mots qu'elle a empruntés à l'arabe. Il est vrai que l'on trouve également en italien et en français quelques formes avec l'article *al-* amalgamé dans :

italien	**français**
alchimia	*alchimie*
algebra	*algèbre*
almanacco	*almanach*
ammiraglio	*amiral*
arsenale	*arsenal*
azimut	*azimut*, etc.

Mais leur nombre est loin d'atteindre les proportions de l'espagnol ou du portugais (cf. chapitre Autour du portugais, *encadré* Quelques mots portugais d'origine arabe, p. 206). Un petit calcul effectué à partir des données du *Dictionnaire des mots d'origine étrangère* [306] montre qu'en français, par exemple, il n'y a parmi les emprunts à l'arabe qu'un peu plus d'un mot sur douze avec l'article *al-* incorporé, alors qu'il y en a un sur quatre en espagnol.

Quelques exemples d'usage assez courant permettront de comparer l'espagnol au français et à l'italien sur ce point :

espagnol (avec l'article arabe incorporé)	italien (sans article)	français
aduana	*dogana*	*douane*
albornoz	*burnus*	*burnous*
alcanfor	*canfora*	*camphre*
alcaparra	*cappero*	*câpre*
alcaravea	*carvi*	*carvi*
alcuzcuz	*cuscus, cuscussu*	*couscous*
algarroba	*carruba*	*caroube*
algodón	*cotone*	*coton*
alminar	*minareto*	*minaret*
almizcle	*muschio*	*musc*
almuedano	*muezzino*	*muezzin*
alquitrán	*catrame*	*goudron*
arroz	*riso*	*riz*
atabal (mus.)	*timballo* (mus.)	*timbale* (mus.)
atún	*tonno*	*thon*
azafrán	*zafferano*	*safran*
azúcar	*zucchero*	*sucre*

Un autre rapprochement conduit à remarquer que les *s* de l'arabe – le plus souvent rendus par la lettre *s* en italien et en français – n'ont jamais été rendus par la graphie *s* en espagnol, mais par *z* devant *a, o, u,* comme dans *azúcar* « sucre », *azul* « bleu », *azafrán* « safran » et par *c* devant *e, i,* comme dans *cenit* « zénith » ou *aceite* « huile ». Ces consonnes sont prononcées en castillan avec une consonne interdentale, proche de l'anglais *th* de *thick* ou de *thin*.

La Reconquête

L'ensemble du territoire, presque entièrement envahi par les Arabes au début du VIIIe siècle, avait connu précédemment la même évolution linguistique que les autres parties de ce qui avait été l'Empire

romain : une diversification dialectale due au morcellement en différents petits États.

Chacun avait sa langue, et jusqu'au milieu du xe siècle le castillan
n'était qu'un des obscurs patois parlés dans le nord de la Péninsule, dans
une sorte de « marche » fortifiée dans les monts Cantabriques, à l'est du
León. Cette origine se reflète dans le nom même de la Castille, *Castilla*,
qui vient du latin CASTELLUM « château fort ».

L'influence de ce royaume encore modeste se renforcera progressivement par des alliances et des conquêtes successives. Du fait de la
Reconquête, les terres abandonnées par les musulmans seront coloni-
sées par des gens venus du Nord, les populations mozarabes libérées
adoptant leur langue. C'est à partir de la victoire des chrétiens à *Las
Navas de Tolosa* en 1212 que la Reconquête va changer de rythme.
Alors qu'il avait fallu quatre siècles pour reprendre la moitié du pays,
la reprise de la plus grande partie du sud se fera en moins d'un demi-
siècle, à l'exception du royaume de Grenade, qui résistera jusqu'en
1492. La prise de la ville par les chrétiens mettra alors fin à près de
huit siècles de présence arabe en Espagne (cf. CARTES DE LA
RECONQUÊTE).

LE PAYS DES TROIS RELIGIONS

Pendant près de huit siècles (711-1492), l'Espagne a abrité les trois reli-
gions monothéistes – chrétienne, musulmane et juive – qui ont vécu dans une
convivialité relative, interprétée différemment suivant les habitants du pays.
Selon la terminologie espagnole, on distinguait trois groupes [307] :

Cristianos : chrétiens.
Mozárabes : chrétiens vivant en territoire arabe.
Elches : chrétiens convertis à l'islam (d'un mot arabe signifiant « rené-
   gat »).

Moros : musulmans.
Moriscos : musulmans convertis au christianisme.
Mudéjares : musulmans vivant en territoire chrétien et autorisés à vivre
   selon leur propre religion, moyennant le paiement d'un tribut.

Judios : juifs.
Conversos : juifs convertis au christianisme. On ne les obligea à se convertir qu'à partir de la fin du xiie siècle.
Marranos : terme péjoratif, désignant aussi bien les juifs que les musulmans convertis au christianisme mais qui n'en continuaient pas moins à
   pratiquer leur propre religion. Le terme vient d'un mot arabe signifiant
   « défendu » et désignait à l'origine le porc, dont la viande était frappée
   d'interdit pour les juifs comme pour les musulmans [308].

CARTES DE LA RECONQUÊTE [309]

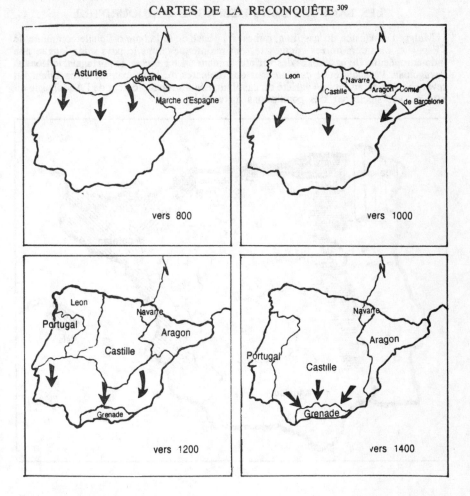

Le paysage dialectal

La physionomie de la carte linguistique de la Péninsule actuelle s'explique alors comme le produit de la Reconquête : un vaste territoire castillanisé dans le centre, avec, de part et d'autre, des expansions semblables, à l'est pour le catalan et à l'ouest pour le galicien qui, en descendant vers le sud, donnera naissance au portugais. Le léonais, dialecte de transition entre le galicien et le castillan, et l'aragonais, entre le castillan et le catalan, sont des survivances de parlers issus du latin, dans des régions qui n'ont jamais été occupées par les Arabes, tandis que le dialecte andalou, dans le sud, est le produit d'une différenciation du castillan importé. Le basque, dont le territoire se prolonge en France, présente la particularité d'être à la fois la langue la plus ancienne, la plus « dépaysante » et celle qui a suscité le plus d'interrogations (cf. *carte* LES LANGUES DANS L'ESPAGNE D'AUJOURD'HUI).

LES LANGUES DANS L'ESPAGNE D'AUJOURD'HUI

Malgré l'expansion du castillan, qui est à la base de la langue officielle commune de l'Espagne, plusieurs autres langues se sont maintenues dans le pays : une langue non indo-européenne (le **basque**) et des variétés romanes. Le **galicien**, le **portugais**, le **léonais**, l'**aragonais**, l'**aranais** et le **catalan** sont des dialectes du latin, comme le **castillan**. En revanche, l'**andalou** est une variété du castillan, née du repeuplement de l'Andalousie du XIIIᵉ au XVIᵉ siècle par des populations du nord [310].

Le basque

Sur l'origine de cette langue, aujourd'hui parlée pour les quatre cinquièmes en Espagne et pour un cinquième en France, le mystère n'a pas encore été éclairci. On a longtemps cru que c'était le dernier vestige de la langue des Ibères. Des rapprochements ont été faits avec les langues chamito-sémitiques comme le berbère, avec diverses langues amérindiennes, avec le japonais ou avec les langues du Caucase. Cette dernière hypothèse [311] est de nos jours la plus répandue.

Cette langue – que les Basques appellent *euskara* ou *eskuara* – est parlée en Espagne dans une partie des provinces de Biscaye, Álava, Guipúzcoa et Navarre, et en France dans l'arrondissement de Bayonne et dans une partie de celui d'Oloron (cf. chapitre AUTOUR DU FRANÇAIS, § Le basque en France, p. 229). Les grands mouvements d'émigration du XIXᵉ et du début du XXᵉ siècle ont été la source de communautés de langue basque en Amérique du Sud et aux États-Unis (notamment à Reno, dans le Nevada, et en Californie [312]).

Langue parlée dans la Péninsule bien longtemps avant l'arrivée des invasions indo-européennes, le basque n'est attesté par écrit qu'à partir du Xᵉ siècle, mais uniquement dans quelques phrases difficiles à interpréter ou dans des noms de lieux. Le premier livre en basque ne date que de 1545 [313].

Le basque et le latin

La diffusion du christianisme avait beaucoup contribué à la latinisation profonde du pays. C'est ainsi que le vocabulaire basque contient en abondance des latinismes, comme par exemple :

aboztu (du latin AUGUSTUM) « août »
bake (de PACEM) « paix »
kipula ou *tipula* (de CEPULLA) « oignon »
errota (de ROTA « roue ») « moulin »
gurutz (de CRUX) « croix »
atxeter (de ARCHIATER « médecin », emprunté au grec) « médecin ».

LE PAYS BASQUE

Cette carte fait apparaître les différentes variétés du basque en Espagne et en France.

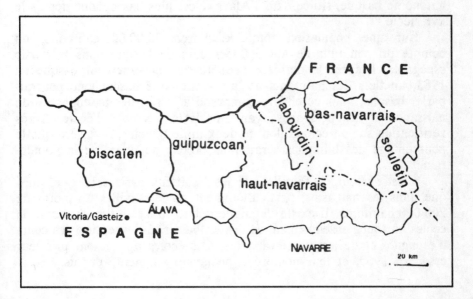

Le basque aujourd'hui

Le basque connaît aujourd'hui plusieurs variétés, mais une sorte de « basque unifié » (*Euskara batua*) tend à se dégager, qui prend pour base un compromis entre le navarro-labourdin, langue de référence habituelle dans le Pays basque français, et le guipuzcoan, qui est la forme de basque la plus volontiers prise pour norme en Espagne, bien que le biscayen ait le plus grand nombre de locuteurs [314]. L'Académie de la langue basque, *Eskualtzaindia*, créée en 1919, en a fixé le système graphique, alors que jusqu'au XVIIIᵉ siècle il suivait les règles du français en France et celles du castillan en Espagne [315].

Le basque en Espagne

La langue basque – *euskara* – est parlée aujourd'hui dans une petite région de 170 km (d'ouest en est) sur 60 km (du nord au sud) répartie inégalement entre la France (env. 80 000 hab.) (cf. chapitre Autour du français, § Le basque en France, p. 229) et l'Espagne (env. 400 000 hab.), où la langue a acquis en 1975 le statut de langue officielle et où de grands efforts sont faits pour diffuser un enseignement à tous les niveaux. On parle aujourd'hui le basque en Biscaye et en Guipúzcoa ainsi que dans une partie de la Navarre et de l'Álava, mais les limites des régions bascophones ne correspondent pas aux limites des provinces (cf. *carte* Le Pays basque). En particulier, par exemple, *Vitoria* (*Gasteiz* en basque), capitale de la Communauté autonome basque, située dans l'Álava, n'est plus bascophone depuis le XVIᵉ siècle [316].

Sur une population totale d'environ 2 600 000 habitants, on compte un peu plus de 400 000 locuteurs de basque dans la partie espagnole. D'après la dernière enquête du gouvernement basque en 1983, un tiers des habitants de la communauté bascophone pourrait parler basque, mais ce chiffre comprend à la fois des bascophones de naissance et des personnes ayant appris le basque à l'école. Après vérification sur un échantillon de deux mille témoins, il s'avère que le pourcentage des bilingues serait plus proche du quart de la population [317].

C'est surtout en famille que les habitants parlent basque, ainsi que dans les magasins, particulièrement dans les villes de moins de 200 000 habitants. Il existe depuis le début du siècle des *ikastola*, ou écoles où tout l'enseignement se fait en basque à l'exception des cours d'espagnol et de langues étrangères. Ces écoles privées ont pris leur essor en 1960, et leur nombre a beaucoup augmenté depuis.

UN PEU DE BASQUE EN ESPAGNOL

Très anciennement implanté en Europe, le basque y a précédé les langues indo-européennes en laissant des traces aussi bien dans la toponymie que dans le vocabulaire usuel d'Espagne.

Toponymie : **llimberri** « ville neuve ».

Vocabulaire usuel : **pizarra** « ardoise »

   izquierdo « gauche » vient du basque **ezker** « moitié de main », c'est-à-dire « mauvaise main », la terminaison **-erd** signifiant « imparfait » en basque. Ce terme basque a évincé le mot d'origine latine **siniestro**, qui avait longtemps, en Espagne, existé en concurrence avec lui.

Le goût du basque pour les hypocoristiques

Cette « vieille » langue se signale par plusieurs traits remarquables.

Certaines formes syntaxiques, usuelles dans les langues indo-européennes, sont impossibles en basque. Ainsi, pour dire « l'enfant balaye la salle », la forme en basque équivaudrait à « il y a balayage de la salle par l'enfant ». Le basque partage cette particularité avec les langues du Caucase.

En revanche, il s'en distingue par un procédé très original d'expression de la tendresse. Au lieu d'employer une série de suffixes diminutifs (comme *-ito* en espagnol, ou *-ino, -etto, -iccino, -uccio* en italien) on peut, en basque, apporter une nuance affective à n'importe quel mot de la langue en modifiant l'articulation de certaines de ses consonnes : par exemple, les consonnes *s* et *z* se changent en *x*, qui se prononce comme **ch** « mouillé » ; la consonne *t* en *tx* (prononcé **tch**) ; et la consonne *d*, soit en *di* (comme dans *diète*) ou en *tx*. Ainsi *seme* « fils » devient *xeme* « cher enfant, fiston », et *tipi* « petit » devient *txipi* « tout petit, mignon ». On a de même :

Terme de base	Hypocoristique
sagu « souris »	*xagu* « gentille petite souris »
zilo « trou »	*xilo* « mignon petit trou »
gizon « homme »	*gixon* « cher petit homme »
uli « mouche »	*ulli* « petite mouche »
polit « joli »	*pollit* « mignon »
Madalen « Madeleine »	*Majalein, Matxalen* « Madelon, Mado [318] »

A partir de milliers de formes de base, on obtient ainsi ce qu'on appelle savamment des *hypocoristiques*, comme on en trouve pour les termes d'affection dans toutes les langues (cf., par exemple, chapitre AUTOUR DU NÉERLANDAIS, § Des diminutifs par monceaux, p. 356). Mais ce qui est particulier au basque, c'est que l'affectivité se marque, non par un suffixe diminutif, mais par une utilisation systématique de consonnes particulières, celles qui « adoucissent » les mots en les « mouillant ».

Le castillan

Parmi tous les dialectes romans de la Péninsule, c'est le castillan qui a été le plus innovateur. Par exemple, alors que tous les autres dialectes maintenaient intact le *f-* initial du latin, les habitants de la Castille, sans doute sous l'influence des Basques d'alentour, le prononçaient comme un véritable /h/, dont l'articulation s'est ensuite affaiblie au point de disparaître complètement. Ainsi, FARINA est devenu *harina* « farine », où le *h*, d'abord aspiré comme en anglais ou en allemand, est aujourd'hui uniquement graphique et ne se prononce plus du tout dans l'espagnol officiel [319]. L'expansion de cette prononciation s'est faite très tôt (dès le XIᵉ siècle) dans la région de la Rioja, comme l'atteste le nom même de la région, formé sur le nom du fleuve *Oja*, où le *f-* du latin FOLIA ne se prononçait plus [320].

Cette prononciation s'est ensuite propagée, mais les textes littéraires ont longtemps gardé un *f-* initial. C'est ce que l'on trouve dans le *Poème du Cid (Cantar del mio Cid)* écrit au XIIᵉ siècle dans la région de Medinaceli en Vieille Castille. A la fin du XVᵉ siècle, la première grammaire de castillan donne encore les formes en *h-* comme les seules formes littéraires. En revanche, dans la deuxième partie du XVIᵉ siècle, sainte Thérèse d'Avila écrivait *açer* « faire », *echo* « fait », *yja* « fille », sans le *f-* du latin, mais également sans le *h-* (ces mêmes mots sont graphiés aujourd'hui avec *h-* : *hacer, hecho, hija*) [321]. Cela montre bien qu'à cette époque l'élimination de la consonne initiale était déjà consommée, du moins en Vieille Castille. A l'heure actuelle, il reste des traces de l'ancienne aspiration en /h/ dans une petite région entre Santander et Oviedo, ainsi que dans une partie de la moitié sud-ouest de l'Espagne, à partir de la frontière avec le Portugal [322].

Influences françaises et occitanes

Au moment où le castillan commence à se répandre, entre le XIᵉ et le XIIIᵉ siècle, il subit l'influence venue d'au-delà des Pyrénées, facilitée par le nouveau chemin du pèlerinage de Saint-Jacques-de-Compostelle, *el camino francés*, qui, après le col de Roncevaux, ne passait plus par la montagne mais par la plaine. Des abbayes filles de Cluny s'implantent et entraînent l'usage de termes français ou provençaux : les pèlerins descendent dans des *mesones*, se nourrissent de *manjares* « mets » et de *viandas* « aliments, nourriture », qu'ils assaisonnent avec du *vinagre* « vinaigre [323] ». Les moines *(monjes)* reçoivent leur *pitanza* « pitance », et celui qui préside le chapitre est nommé *deán* « doyen ».

Des mariages entre rois espagnols et princesses françaises favorisent les contacts avec la langue française, qui laisse d'autres traces dans l'espagnol, comme *homenaje* « hommage » ou *mensaje* « message ».

Cette influence française se poursuivra tout au long du Moyen Age.

L'EXPANSION DU CASTILLAN AU COURS DES SIÈCLES

Le **castillan**, jusqu'au milieu du xe siècle, n'était parlé que dans une petite région du nord de la Péninsule. Sa progression, d'abord essentiellement vers le sud, s'est ensuite faite en éventail jusqu'aux limites du portugais à l'ouest et du catalan à l'est [324].

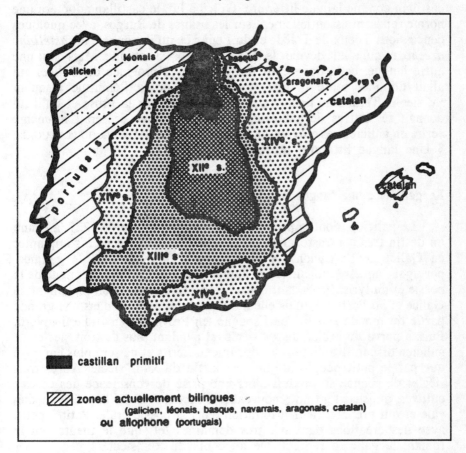

castillan primitif

zones actuellement bilingues
(galicien, léonais, basque, navarrais, aragonais, catalan)
ou allophone (portugais)

Les premiers textes écrits

Le dialecte de Castille, destiné à devenir la langue de la plus grande partie de la Péninsule, n'apparaît cependant que tardivement par écrit, alors que les premières attestations écrites du navarrais et de l'aragonais datent du xe siècle : il s'agit d'annotations à des textes latins, les *Glosas Emilianenses* (du monastère de San Millán de la Cogolla, dans la Rioja) et les *Glosas Silenses* (du monastère de Silos, au sud-est de Burgos), que le scribe a commentés en expliquant certains mots en navarrais et en aragonais (ainsi qu'en basque pour deux d'entre eux).

Le premier texte en castillan est un texte de notaire du xie siècle, tandis que le premier texte littéraire, le *Poème du Cid*, probablement écrit en 1140, n'est connu que par une transcription manuscrite du XIIIe siècle, et seulement dans une copie du XIVe siècle. C'est le roi Alphonse X de Castille, dit le Sage, qui, au XIIIe siècle, fera triompher le castillan comme langue littéraire. Grâce à lui, le castillan adoptera une norme reposant essentiellement sur les usages de Burgos, avec quelques concessions à ceux de Tolède et du León : ce qu'il a appelé le *castellano drecho*, et qui allait devenir la langue de la poésie épique. Mais c'est une autre langue, celle qui s'était formée dans la province de Galice, qui allait dominer toute la littérature lyrique de la Péninsule jusqu'au XVe siècle. Tandis qu'il favorisait le castillan pour la prose et qu'il lui donnait ses lettres de noblesse, Alphonse le Sage préférait lui-même écrire en galicien ses œuvres en vers (cf. chapitre Autour du portugais, § Une langue littéraire prestigieuse, p. 206).

Le galicien : une langue à éclipses

Le galicien, dont le premier document écrit date de 1227, a connu un destin très contrasté. Bien que le castillan commence à s'implanter en Galice sous Alphonse X le Sage (1221-1284), c'est le gallaïco-portugais, ancêtre du galicien et du portugais, qui restera la langue de la poésie et du lyrisme pendant deux siècles. Elle le sera non seulement en Galice et au Portugal, mais elle aura aussi des adeptes dans une grande partie du monde roman : en Espagne, en Provence, en Italie du Nord. Puis, à partir du milieu du XVe siècle, et pendant plus de trois siècles, le galicien disparaîtra de tous les documents écrits et ne sera plus employé que par le petit peuple jusque vers la fin du XVIIIe siècle. Après trois siècles de silence se produit alors une prise de conscience des cercles cultivés, qui suscitent un renouveau des recherches sur la poésie médiévale et qui prennent leur inspiration dans la poésie orale. Petit à petit, avec des créations dans d'autres domaines tels que le théâtre ou le roman, le galicien reprend vie au cours du XIXe siècle.

On parle aujourd'hui galicien dans la région autonome de Galice, mais aussi dans quelques zones limitrophes des Asturies, du León et de la province de Zamora. Après un recul inquiétant entre 1900 et 1960, le galicien semble avoir repris un second souffle avec la Constitution espagnole de 1978, qui en fait la langue officielle de la Galice au même titre que le castillan. Selon les chiffres officiels, on estime que 80 % des habitants de la Galice parlent aujourd'hui le galicien, soit environ 2,5 millions de personnes [325]. Des normes ont été établies pour une graphie unifiée, non sans quelques voix divergentes, et le galicien est actuellement langue officielle à l'université de Saint-Jacques-de-Compostelle. La télévision d'État diffuse tous les jours des émissions spéciales en galicien pour la Galice, et, depuis le 25 juillet 1985, la Radio-Télévision galicienne émet entièrement en galicien [326].

Le catalan en Espagne

Le catalan était à l'origine la langue de la Marche hispanique, qui incluait le Roussillon français et qui séparait le royaume des Francs de l'Espagne musulmane. Elle est aujourd'hui parlée sur un vaste territoire qui comprend, outre la Catalogne stricte ou *Principat*, le Pays valencien, la principauté d'Andorre et les îles Baléares en Espagne, le Roussillon, annexé par la France en 1659 (correspondant en gros au département des Pyrénées-Orientales) ainsi que la petite enclave linguistique d'Alghero, en Sardaigne.

Le catalan d'Espagne s'est très tôt étendu vers le sud le long des côtes à la faveur de la Reconquête, pour atteindre Alicante. Les Baléares sont devenues catalanes dès le XIIIᵉ siècle, et c'est depuis le XIVᵉ siècle que la Sardaigne maintient une colonie catalane près d'Alghero [327] (cf. aussi chapitre AUTOUR DU FRANÇAIS § Le catalan en France, p. 247).

LE CATALAN EN ESPAGNE ET EN FRANCE [328]

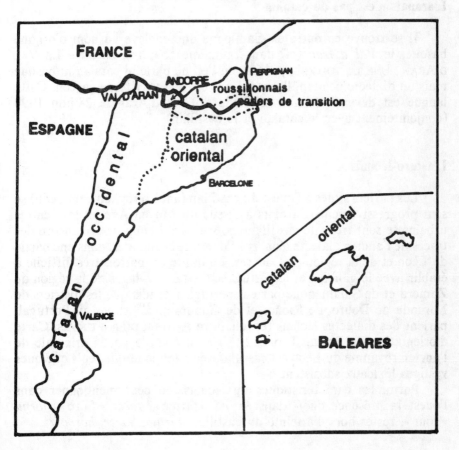

Le texte catalan le plus ancien date de 1171, mais c'est surtout au XIIIᵉ siècle, avec l'œuvre monumentale de Raymond Llull (1233-1315), que le catalan s'impose comme langue littéraire [329]. Elle est parlée aujourd'hui par 4,5 millions de locuteurs [330] en Espagne (où elle est devenue langue officielle de la Catalogne en 1975) ainsi que par quelques centaines de milliers en France, dans le Roussillon.

Bien qu'elle soit aujourd'hui menacée sur la côte par le castillan, qui fait une avancée dans le *País Valenciá*, surtout à Alicante et dans les autres stations balnéaires, la langue catalane est restée prodigieusement florissante dans les environs de Barcelone. On estime que dans la province de Tarragone, au sud de Barcelone, 70 % des locuteurs parlent le catalan, et que ce pourcentage s'élève à 80 % au nord de Barcelone.

Malgré un fort taux d'immigration de locuteurs de castillan, le catalan donne en Espagne l'image d'une exceptionnelle vitalité, due en particulier à l'attachement indéfectible des habitants de Barcelone à leur langue.

L'aranais n'est pas du catalan

Il se trouve en outre en Catalogne une enclave au nom d'origine basque, le *Val d'Aran* (cf. dans ce même chapitre, *encadré* LE VAL D'ARAN : UNE TAUTOLOGIE, p. 167), où l'on ne parle ni catalan ni basque mais un dialecte occitan, l'aranais, qui est une variété de gascon. Cette langue est devenue langue officielle du Val d'Aran le 28 juin 1990 (conjointement avec le catalan et le castillan).

L'asturo-léonais

Les parlers situés à l'ouest du castillan (ancien royaume de León) se sont progressivement restreints à l'issue du Moyen Age, et les centres urbains se sont très vite castillanisés. Aujourd'hui on trouve encore des traces de l'ancien dialecte léonais à l'ouest de Santander, dans une partie du León et de la région de Cáceres. La limite est parfois très difficile à établir avec le galicien et le portugais. Certains villages de la région de Zamora et de Salamanque parlent portugais, tandis que les districts de Miranda do Douro, de Rionor et de Guadramil [331], situés au Portugal, parlent des dialectes léonais (cf. chapitre AUTOUR DU PORTUGAIS, Carte d'orientation du Portugal, p. 212). De son côté, la partie orientale de l'ancien royaume du León est castillanisée à tel point que seuls quelques vestiges lexicaux subsistent.

Parmi les caractéristiques du léonais, on peut mentionner dans l'ouest la présence de *f-* dans *farina* « farine », *facer* « faire », *fornu* « four », restés hors d'atteinte du castillan *harina, hacer, horno* [332].

A l'est de la région, plus proche de la Castille, la consonne s'est maintenue mais ses réalisations sont diverses : soit aspirée et prononcée comme un véritable [h], soit renforcée jusqu'à se confondre avec la *jota* du castillan, dans des mots comme *jame* « faim », *jaba* « fève », *jilu* « fil [333] ».

L'aragonais

A l'est de l'ancienne Castille, l'aragonais a subi une réduction de son territoire encore plus importante. Il partage avec le léonais le maintien de la consonne latine *f-* (*faba* « fève », *farina* « farine ») (cf. dans ce chapitre *carte* LES LANGUES DANS L'ESPAGNE D'AUJOURD'HUI, p. 182).

Le royaume d'Aragon avait conservé le *f-* pendant tout le Moyen Age et, à la fin du XVe siècle, au moment où les deux royaumes se sont unis grâce au mariage d'Isabelle de Castille avec Ferdinand d'Aragon, la prononciation des mêmes mots commençait par un *f-* en Aragon et par la voyelle sans consonne en Castille (cf. *encadré* LE FENOUIL SÉPARAIT ISABELLE ET FERDINAND).

LE FENOUIL SÉPARAIT ISABELLE ET FERDINAND

C'est par le fenouil que le poète officiel des rois catholiques, Pedro Marcuello, lui-même aragonais, symbolisait Isabelle et Ferdinand, qui prononçaient différemment ce mot (en espagnol moderne *hinojo*).

Llámala Castilla *ynojo*	« En Castille on dit *ynojo* »
qu'es su letra de Ysabel	« Comme le fait Isabelle »
llámala Aragon *fenojo*	« En Aragon on dit *fenojo* »
qu'es su letra de Fernando	« Comme le fait Ferdinand [334]. »

Mais le castillan allait bientôt l'emporter dans l'entourage royal. Cinq ans après son mariage, Ferdinand lui-même avait probablement déjà choisi d'adopter la façon de parler et d'écrire d'Isabelle puisque, dans une lettre à son père, on peut relever, écrits sans *f-*, *azer* « faire » < lat. FACERE, *aría* « je ferais », *ablar* « parler » < lat. FABULARE : autant de signes du prestige croissant du castillan. Non sans réticence pourtant, puisqu'à la fin de sa lettre le roi ne peut se résoudre à faire précéder sa signature d'autre chose que de *obediente fijo* « fils obéissant », avec le *f-* aragonais [335].

L'andalou

Cette variété linguistique du sud de l'Espagne occupe une place à part car, contrairement aux autres parlers, elle n'est pas un avatar du latin, mais une création plus récente : repeuplée par des gens venus du nord, l'Andalousie mozarabe a reçu, du xiiie au xvie siècle, les influences conjointes de la Castille et du León. Mais les usages linguistiques nés en Andalousie ont pris des formes bien différentes. Ce qui caractérise en particulier l'andalou, c'est que, contrairement au castillan, on y confond le *c* de *cena* « dîner » ou de *cocer* « faire cuire » (prononcé en castillan comme le *th* anglais de *thick*) avec le *s* de *sangre* « sang » ou de *coser* « coudre ». On parle de *seseo* (Huelva, Séville, Cordoue) quand la confusion se fait en *s*, et de *ceceo* quand elle se fait en zozotant (presque tout le sud de l'Andalousie, depuis la frontière du Portugal jusqu'à Almería [336]).

Les premières attestations de ce phénomène ont été relevées à Séville au début du xvie siècle.

Le dialecte des îles Canaries, dont la conquête s'est terminée au xve siècle, contient de nombreux traits de l'andalou, car c'est surtout des ports de l'Andalousie qu'étaient parties les expéditions colonisatrices [337]. On y trouve plusieurs traits de vocabulaire hispano-américain, comme :

guagua (en espagnol *autobus*)
carro   (en espagnol *coche* « voiture »)
papas   (en espagnol *patatas* « pommes de terre »).

1492, une date trois fois mémorable

La fin du xve siècle marque une étape dans l'histoire de la langue espagnole, et 1492 en particulier. On peut y voir trois raisons, dont les conséquences méritent d'être soulignées, car :

– **1492** est la date de la publication de la **première grammaire** du castillan, par Antonio de Nebrija, pourtant lui-même andalou. On doit y voir la consécration reconnue du castillan comme langue de l'Espagne

– **1492** est aussi la date de **la chute de Grenade** et de l'expulsion des juifs par Isabelle la Catholique, et donc du début de l'errance du judéo-espagnol, qui devait devenir le témoin le plus authentique de la langue castillane parlée à la fin du xve siècle

– **1492** est enfin la date de **la découverte de l'Amérique** par Christophe Colomb. C'est à partir de cette date que la langue espagnole part à la conquête du Nouveau Monde.

Le castillan à la fin du xve siècle

Pour comprendre l'importance de ce qui précède, il faut savoir que ce dialecte castillan, devenu l'espagnol, était, au xve siècle, fort différent de ce qu'il est aujourd'hui, en particulier sur le plan de la prononciation, qu'Antonio de Nebrija (1442-1522) décrit avec beaucoup de précision dans sa grammaire [338].

On y découvre par exemple que certaines consonnes ressemblaient alors beaucoup à celles du français et des autres langues romanes [339] :

Graphies au xvᵉ	Prononciation au xvᵉ	Prononciation à partir du xviiᵉ
siglo...	[ś] de la pointe de la langue	[ś] de la pointe de la langue
queso...	[ź] de la pointe de la langue	
cielo, laço, luz...	[ts]	[θ] interdental
zapato...	[dz]	
xarabe	[ʃ] = *ch* français	[x] du fond de la gorge *(jota)*
hijo, general	[ž] ou [dž]	

On remarquera en particulier l'absence au xvᵉ siècle de la *jota*, si caractéristique aujourd'hui des usages de l'espagnol.

Changement radical au début du xviiᵉ siècle

C'est au cours du xviᵉ siècle que s'était produit ce passage de six consonnes à trois. Au début du xviiᵉ siècle, il n'y avait plus qu'un seul *s* (le *s* de *queso* se prononçait comme le *s* de *siglo*), et deux nouvelles articulations remplaçaient les quatre autres : l'une se prononçait entre les dents [θ], l'autre du fond de la gorge (la *jota*).

Mais ce n'était pas tout : dans les nouvelles grammaires, tous les *f-* du latin étaient régulièrement remplacés par *h-*, et *b* ne se distinguait plus de *v*.

Un tel changement, qui bouleversait totalement la structure du système phonologique de la langue en l'espace d'un siècle seulement, est tellement révolutionnaire qu'il ne peut pas s'expliquer par une évolution phonétique ordinaire. Des changements phonétiques de cette ampleur ne se font pas en quelques générations. Il faudrait plutôt prendre en compte la montée de nouvelles couches sociales, dont la façon de parler, considérée précédemment comme fruste, avait acquis un prestige nouveau et se serait imposée comme la seule prononciation recommandée à partir du premier tiers du xviiᵉ siècle. Et lorsque l'on garde à l'esprit le système phonologique du basque, on ne peut manquer de penser à son influence possible sur des populations bilingues [340].

L'espagnol et les langues de l'Europe

Ce siècle de mutation sociale et linguistique a aussi été celui de l'expansion de l'espagnol. On représente les pièces de Lope de Vega en France et en Italie, on apprend le castillan dans les milieux raffinés, et des hispanismes s'introduisent en masse dans les langues de l'Europe. C'est l'époque où, par exemple, on voit arriver en français des mots comme : *brave, fanfaron, désinvolture, grandiose, compliment, sieste, sarabande, chaconne, armada, embargo, camarade*, mais aussi *cédille*, dont le signe et le nom ont été empruntés à la graphie espagnole, et jusqu'à l'expression *la folle du logis* (l'imagination) qui est un calque de la *loca de la casa* [341].

L'espagnol commence ainsi en Europe sa conquête linguistique, tout en poursuivant son unification.

CHARLES QUINT ET L'ESPAGNOL

Il existe une phrase célèbre de Charles Quint, dont les versions sont multiples et un peu divergentes. En voici une, selon laquelle il disait préférer s'adresser :
    en italien aux dames,
    en français aux hommes,
    et en espagnol à Dieu [342].

L'unification généralisée

Après une époque où la norme se cherchait, avec des hésitations qui se prolongent pendant tout le XVIᵉ siècle, la cour se déplace de Valladolid à Madrid, qui n'était encore qu'une petite ville en 1560, mais dont le nombre d'habitants s'accroît rapidement. Les nouveaux arrivants sont des gens venus du nord, ce qui généralise dans la prononciation l'omission du /h/ aspiré, la confusion de /b/ et de /v/, et l'adoption des nouvelles consonnes, le [θ] interdental et la *jota* /x/ [343].

Mais pendant longtemps la prononciation de cette dernière consonne a été hésitante, comme l'attestent les emprunts dans les autres langues (cf. *encadré* CI-DESSOUS.)

CERVANTÈS ÉCRIVAIT DON QUIXOTE AVEC UN X

En 1605, Cervantès écrivait **Don Quixote** avec la lettre *x*, mais cet *x* se prononçait alors normalement comme le *ch* du français. On a donc en français *Quichotte* et en italien *Chisciotto* à cause de la prononciation, mais en anglais *Quixote*, à cause de la graphie originale.

C'est en 1815, dans la 8ᵉ édition de son *Ortografía*, que la *Real Academia Española*, créée en 1713, règle définitivement la norme orthographique qui s'est maintenue jusqu'à ce jour, en réservant la lettre *x* au groupe *ks* (comme dans *examen* « examen ») et en la remplaçant par la lettre *j* dans tous les autres mots anciennement écrits avec *x* : *caja* « boîte », *lejos* « loin [344] », *Quijote, Mejico*, etc.

Le judéo-espagnol, témoin de la tradition

On se rappelle que la prononciation qui avait été décrite par Nebrija en 1492 était aussi celle des juifs expulsés la même année par Isabelle la Catholique qui, le 31 mars 1492, les avait mis dans l'obligation soit de se convertir, soit de partir dans les quatre mois. Ils ont été environ 200 000 à partir – interprètes, médecins, financiers, artisans et même agriculteurs –

et à essaimer tout autour de la Méditerranée, jusqu'en Grèce, en Turquie, en Syrie, en Égypte, emportant avec eux une langue qui, de ce fait, n'allait pas subir les évolutions qu'elle a connues par la suite en Espagne. Cette langue archaïsante, mise au contact d'autres langues, a ensuite été elle-même influencée par l'hébreu, l'arabe, l'italien, le turc et, beaucoup plus tard (1870), par le français [345].

JUDÉO-ESPAGNOL ET LADINO

Expulsés d'Espagne en 1492, les juifs expatriés ont continué à parler ce castillan ancien qui, en Espagne, allait connaître de grands changements. Appelée *haketiya* au Maroc et *titauni* en Oranie, cette langue s'est arabisée, puis a été recastillanisée au début du XIXe siècle. Dans le Levant, on l'a appelée *djudezmo*.

Il ne faudrait pas confondre le judéo-espagnol tel qu'il existe depuis 1620 avec le *ladino*, qui est le nom donné à une langue plus archaïque et qui désigne une sorte de langue-calque utilisée par les rabbins pour traduire en castillan les textes bibliques hébreux, en se tenant au plus près du texte hébreu. Le ladino ne se parle pas et il est antérieur à la formation du *djudezmo* [346].

C'est en Italie que les juifs chassés d'Espagne avaient trouvé le meilleur accueil : à Venise, à Rome, à Naples, mais surtout à Livourne et à Ferrare, où paraît en 1553 la première traduction de la Bible en judéo-espagnol [347]. A Salonique, qui faisait alors partie de l'ancien empire ottoman, les juifs ont constitué à une certaine époque plus de la moitié de la population, avec trente synagogues. Aujourd'hui, cette communauté juive a pratiquement disparu [348].

UN PEU DE JUDÉO-ESPAGNOL

Karo Antonyo,

Cher Antoine,

Kero eskrivirte en djudyo
antes ke no kede nada
del avlar de mis padres.
No saves, Antonyo,
lo ke es morirse una lingua.

Je veux t'écrire en judéo-espagnol
avant qu'il ne reste plus rien
du parler de mes parents.
Tu ne sais pas, Antoine,
ce que c'est que la mort d'une
langue.

Es komo kedarse soliko en el silensyo

C'est comme rester tout seul dans le
silence

kada diya ke el Dyo da,

chacun des jours que Dieu nous
donne,

komo estar sikileozo
sin saver porke.

(c'est) comme être mélancolique
sans savoir pourquoi.

Marcel Cohen, *Letras a un pintor*
Madrid, Almarabu, 1985 [349]

Dans tous les pays, le nombre de locuteurs de judéo-espagnol s'est brutalement réduit dans les circonstances dramatiques de la dernière guerre mondiale, et cette langue ne survit plus aujourd'hui que chez un petit nombre de bilingues, et par la volonté de quelques-uns [350].

Le castillan traverse l'Atlantique

Cette langue, qui s'était en quelques siècles imposée à toute l'Espagne, allait aussi s'implanter en Amérique. Le 12 octobre 1492, Christophe Colomb, au service de la Castille, touche d'abord les Bahamas (alors îles Lucayes) pour aborder ensuite à Cuba et à Haïti (qui s'appelait à cette époque *Hispaniola* ou *La Española*). La première forteresse et les premiers comptoirs commerciaux sont créés dès 1494, mais la conquête du continent ne commence vraiment qu'en 1519 (cf. *encadré* CI-DESSOUS).

L'ESPAGNOL À LA CONQUÊTE DE L'AMÉRIQUE

Aujourd'hui l'espagnol règne sur d'immenses territoires du Nouveau Monde, qui vont du Mexique jusqu'au sud de l'Amérique du Sud. En un demi-siècle (de la fin du XVe au milieu du XVIe siècle), la conquête était presque totalement réalisée, mais avec des difficultés plus grandes et un certain retard dans les régions qui correspondent aujourd'hui au Paraguay, à l'Uruguay et à l'Argentine. Un cas extrême est représenté par le Chili, où la guerre de conquête, commencée en 1535, ne s'est terminée qu'à la fin du XVIIe siècle.

Quelques dates

12 octobre 1492	1er voyage de Christophe Colomb (Bahamas),
1493	Bulles du Pape « *inter coeteras* » divisant le monde des terres découvertes et à découvrir entre la Castille et le Portugal [351]
1494	Traité de Tordesillas, rectifiant la ligne de démarcation en la faisant passer plus à l'ouest, de façon à englober une partie du nord-est du Brésil, au profit du Portugal (cf. chapitre AUTOUR DU PORTUGAIS § Pourquoi on parle portugais au Brésil, p. 217),
1519-1521	Cortés reçoit la soumission des Aztèques (Mexique)
1532	Conquête du Pérou
1536-1538	Conquête du Venezuela et de la Colombie
1535	Début de la conquête du Chili
1537	Expéditions d'Espagne vers le Rio de la Plata (Argentine) et le Paraguay.

Espagnol d'Amérique et andalou

Le grand nombre de traits phonétiques qui se retrouvent à la fois en andalou et dans l'espagnol d'Amérique, comme par exemple l'absence de distinction entre /s/ sifflant et [θ] interdental (*coser* « coudre » et *cocer* « faire cuire ») ou l'articulation affaiblie du /s/ final de syllabe (dans *E(s)paña* ou *niño(s)* « les enfants ») conforte l'hypothèse de l'origine andalouse de l'espagnol d'Amérique [352]. Mais alors qu'en Andalousie cette confusion aboutit, selon les régions, soit au *ceceo* généralisé, soit au *seseo* généralisé, c'est essentiellement cette dernière prononciation, celle en particulier de la ville de Séville, que l'on trouve en Amérique latine. Selon une autre hypothèse, les premiers colons venaient de toutes les régions de l'Espagne. Entre les spécialistes la controverse reste ouverte [353].

L'apport des langues indiennes d'Amérique

Cette langue importée d'Espagne s'est trouvée en contact avec des centaines de langues indigènes auxquelles elle doit une partie de son vocabulaire. Mais les mots indigènes ne se sont pas imposés immédiatement. Mis en présence de réalités nouvelles, fruits exotiques ou animaux sauvages, les premiers conquérants les avaient tout d'abord nommés en utilisant des mots qu'ils connaissaient déjà. C'est ainsi qu'ils avaient donné le nom de *león* (« lion ») à l'animal que les Quechuas appelaient *puma*, et le nom de *tigre* (« tigre ») à celui que les Guaranis appelaient *aguarete*, et qui était en réalité un « jaguar ».

L'arawak et le caraïbe, langues des Antilles, de Floride, des côtes du Venezuela et de Colombie, aujourd'hui éteintes, sont les premières qui entrent en contact avec l'espagnol. L'espagnol leur a emprunté des quantités de mots, parmi lesquels :

canoa « canoë » (déjà en 1495 chez Nebrija)
sabana « savane »
huracán « ouragan »
tabaco « tabac »
maíz « maïs »
colibrí « colibri »
caníbal « cannibale »
butaca « fauteuil »
tiburón « requin ».

Le nahuatl était parlé par les Aztèques, depuis le sud des États-Unis jusqu'au Nicaragua actuel. Parmi les mots passés du nahuatl en espagnol, citons : *aguacate* « avocat (le fruit) », *tomate, chocolate, cacao, cacahuete.*

C'est par l'espagnol que ces mots sont ensuite passés dans les langues d'Europe. Et c'est par l'emprunt à l'espagnol *cacahuete* que s'explique la curieuse orthographe du mot français, écrit *cacahuète*, mais toujours prononcé *cacaouète*. Le nahuatl est actuellement parlé par plus d'un million de personnes [354] au Mexique.

Le quechua était la langue de l'empire des Incas et elle est restée encore aujourd'hui la plus parlée en Amérique latine : environ 4 millions de locuteurs, en Bolivie où, depuis 1968, il est langue officielle, au Pérou et en Équateur. Les mots *cóndor, pampa, alpaca* « alpaga », *vicuña* « vigogne », *papa* « pomme de terre » et *guano* sont d'origine quechua, de même que *choclo* « maïs tendre », terme répandu dans toute l'Amérique hispanique mais inconnu en Espagne [355].

MOTS ESPAGNOLS DE PART ET D'AUTRE DE L'ATLANTIQUE

Ces mots ont été entendus au Mexique, mais certains d'entre eux se rencontrent aussi dans d'autres pays de l'Amérique latine :

Au Mexique	En Espagne	
guajolote	pavo	« dindon »
tecolote	búho	« hibou »
elote	mazorca	« épi de maïs »
molcajete	mortero	« mortier »
escuincle	niño	« gamin »
cuate	amigo	« ami »
saco	chaqueta	« veste »
chamarra	cazadora	« blouson »
playera	camiseta	« tee-shirt »
papa	patata	« pomme de terre »
durazno	melocotón	« pêche »
chícharo	guisante	« petit pois »
carne de res	carne de vaca	« viande de bœuf »
frijol	judía	« haricot »
toronja	pomelo	« pamplemousse »
chabacano	albaricoque	« abricot »
rebueno	muy bueno	« très bon »
refeo	muy feo	« très laid ».

On peut noter aussi l'importance donnée au suffixe - *ito* :
   tantito « un petit peu »,
   ahorita mismito voy « j'arrive tout de suite » [356].

Les emprunts aux langues d'Europe

Parmi les emprunts aux langues de l'Europe, les apports des langues germaniques ont été faibles mais ont laissé des traces dans le vocabulaire courant. Le mot *bigote* « moustache », par exemple, est une déformation des *Bî gott !* que les mercenaires suisses et moustachus proféraient du temps des Rois Catholiques au moment de la guerre de Grenade. D'autre part, le mot *escaparate* « vitrine », qui vient du flamand *schaparade* « armoire », a remplacé en Espagne le mot *vidriera* (qui continue à s'employer dans ce sens en Amérique) [357]. En Espagne, *vidriera* est réservé au sens de « vitrail ».

Les emprunts aux langues romanes ont été importants à partir du milieu du XVIᵉ siècle, où affluent des mots italiens comme :

escopeta   « escopette »
diseño   « dessin »
modelo   « modèle »
balcón   « balcon »
novela   « roman »
manejar   « manier »
bisoño   « jeune soldat inexpérimenté ». Le mot italien *bisogno* avait le sens de « besoin », mais il était appliqué au XVIᵉ siècle aux soldats espagnols, mal vêtus, récemment arrivés en Italie.

Le français fournit aussi à cette époque un grand contingent de mots, parmi lesquels :

servieta (aujourd'hui *servilleta*), de *serviette*
sumiller, de *sommelier*
batallón, de *bataillon*
bayoneta, de *bayonnette*
xefe (graphié plus tard *jefe*), de *chef*, etc.

Le portugais, à la mode au XVIIᵉ siècle, a laissé *mermelada* « marmelade » ou *echar de menos* « regretter, s'ennuyer de ».

Au XVIIIᵉ siècle l'afflux du vocabulaire français redouble, avec des mots comme *detalle, modista, rango, coqueta, pantalón, hotel, chalet, croqueta, merengue, avalancha, burocracia, hacerse ilusiones*, etc.

Dans les emprunts au français, l'orthographe et la prononciation ont suivi parfois des voies capricieuses : *bijouterie* est devenu *bisutería*, mais *pigeon* s'est écrit *pichón* et *béchamel, besamel*, et il faut remarquer que les mots *cliché, garaje* et *chófer* « chauffeur » sont prononcés à la façon espagnole (avec *tch* et la *jota*).

Parmi les innombrables mots passés tels quels du français à l'espagnol, citons encore : *toilette, trousseau, soirée, buffet, bibelot, beige, remarcable* « remarquable » (en esp. *notable*) et également le calque de « coup d'œil » : *golpe de ojo* (en esp. *mirada*).

Last but not least : l'anglais

Enfin l'anglais, qui avait été complètement ignoré pendant les XVIᵉ et XVIIᵉ siècles, commence à pénétrer en espagnol au XVIIIᵉ siècle, d'abord dans la littérature, et souvent par l'intermédiaire du français : *vagón, tranvía, túnel, lider, mitin* « meeting », *turista*, etc. Cette pénétration augmente ensuite jusqu'à nos jours, avec des mots comme *jersey, esnobismo, party, marqueting, gangster, esmoquin, supermercado*[358]...

Depuis le milieu du xxe siècle, c'est l'anglais venu d'Amérique qui s'introduit en masse en espagnol, comme dans toutes les autres langues d'Europe. En voici quelques exemples, parmi beaucoup d'autres :

aire acondicionado « air conditionné »

cao « K.O. »

flash « sensation de plaisir intense » ou « effet de surprise »

grupi « groupie, fan »

jipi « hippie »

jol « hall »

mousse ou *ratón* « souris » (d'un ordinateur)

software « logiciel ».

Il faut souligner que l'orthographe de ces mots n'est pas fixée, que l'on peut trouver *K.O.* ou *cao*, et que *hall* fait concurrence à *jol*.

Les jeunes bouleversent le vocabulaire

Plus récemment, il s'est produit un renouvellement du vocabulaire[359] d'origines plus mêlées, et qui a pris naissance chez les jeunes. Il s'agit d'une façon de s'exprimer qui a acquis une grande diffusion vers la fin des années 70 de ce siècle, et qu'on nomme *cheli, pasota*, ou *lenguaje del rollo*. On dit aussi *lenguaje de la movida* ou encore *enrollado*.

Le *cheli*, qui est parti des milieux de la délinquance de Madrid, s'inspire de l'argot de la drogue et du *caló* (la langue des Gitans), qui castillanise des mots venus de l'anglais, mais qui ressuscite aussi des acceptions oubliées de l'ancien castillan. Les jeunes *pasotas* utilisent au contraire un vocabulaire plutôt châtié, mais avec des mots souvent détournés de leur acception première et toujours avec une volonté de se poser en s'opposant à la culture traditionnelle des parents et avec un désir de s'affirmer comme appartenant à un même groupe d'âge. Il en résulte un langage un peu cryptique, que seuls les initiés reconnaissent. Ce vocabulaire *pasota* est né entre Barcelone et Séville, mais il a dû passer par Madrid pour se trouver consacré comme phénomène social. Quant au langage du *rollo* (mot sans doute formé à partir de *rock and roll*), il a vu le jour à Séville en 1969 au sein d'un groupe de rockers et a ensuite été largement diffusé à la radio et à la télévision dans des émissions comme « Mundo Pop ».

PETIT LEXIQUE *PASOTA*

Correspondant plus ou moins au vocabulaire dit « branché », le vocabulaire *pasota*, qui fonctionne parmi les jeunes comme un langage de connivence, ne figure pas dans les dictionnaires ordinaires. En voici quelques éléments qui aideront les **carrozas** (les « ringards ») à ne pas être complètement « largués [360] ».

al loro! *interj*	attention !
estar al loro	être à la page
basca *n.f.*	bande (de jeunes), surtout à Madrid. Ce mot signifie « nausée » dans le langage ordinaire
bocata *n.f.*	sandwich. A noter la terminaison -*ata* (et non pas -*ada*), comme dans *cubata, drogata* et *negrata*
bofia *n.f.*	police
dar el cante *v.*	détonner, choquer
chachi! *interj.*	très bien ! chouette ! formidable !
chungo *adj.*	mauvais
comerse el coco *v.*	se casser la tête (pour faire qqchose), penser
cubata *n.f.*	« cubalibre » (cocktail fait de rhum et de Coca-Cola)
currante *n.m.*	travailleur (déjà en vogue il y a quarante ans)
drogata *n.m.*	drogué
fardar *v.*	se vanter
guapo *adj.* et *adv.*	bon, intéressant
guiri *n.m.*	étranger, touriste
kilo *n.m.*	un million de pesetas
madero *n.m.*	agent de police
molar *v.*	provoquer la jalousie des autres, frimer
como mola! *interj.*	comme c'est bien, comme c'est chouette !
montárselo *v.*	s'organiser
negrata *n.m.*	noir (n.m.)
pelas *n.f.pl.*	pesetas
pelas *n.m.sg.*	taxi
rioja libre	cocktail fait de vin et de Coca-Cola
sábana *n.f.*	billet de mille pesetas (expression déjà un peu vieillie)
sábana verde *n.f.*	billet de mille pesetas (expression déjà un peu vieillie)
verde *n.m.*	billet de mille pesetas (expression déjà un peu vieillie)
saco *n.m.*	1 000 pesetas
talego *n.m.*	1 000 pesetas (à l'origine : portion de haschisch qu'on pouvait acheter avec 1 000 pesetas)
ir al talego *v.*	aller en prison
taco *n.m.*	année (seulement pour l'âge)
tío! *interj.*	mec, copain
titi! *interj.*	mec, copain
titi *n.f.*	nana, fille
tronco! *interj.*	mec, copain

Quand les mots changent de sens

Ce qui caractérise cette nouvelle façon de parler, c'est l'état d'instabilité de la signification des mots, qui semble anarchique au premier abord, mais dont on peut entrevoir les tendances générales : une grande partie de ce vocabulaire, d'abord réservé à la drogue, est maintenant appliqué sans exclusive. Ainsi, *colocarse* ou *estar colocado*, à l'origine « planer », dans le sens de « être sous l'effet euphorisant de la drogue », peut aujourd'hui se référer à l'absorption d'alcool ou à n'importe quel sentiment de bien-être. Il en est de même pour *alucinar* et *alucinante*, expressions hyperboliques quotidiennement répétées et qui n'ont plus rien à voir avec les phénomènes d'hallucination. On entend couramment *es de alucine* pour dire « c'est extraordinaire ».

En empruntant la forme anglaise *flip*, mais avec un sens bien particulier, on a d'abord employé *flipado* ou *flipante* pour décrire les effets excitants de la drogue, puis n'importe quel événement sensationnel. A signaler les équivalents français *flippé* et *flippant*, également empruntés à l'anglais, mais qui ne s'emploient que dans le sens de « angoissé » et « angoissant », et jamais dans le sens de « enthousiasmant ».

Un mot comme *muermo*, qui désignait dans le langage courant une maladie contagieuse des animaux, a successivement pris le sens de « déprime consécutive à l'absorption de drogue », puis de « déprime » tout court.

LE VOCABULAIRE CODÉ DU *DROGATA*

La marijuana	**perejil** ou **rama** ou **hierba**	La cocaïne		**burro** ou **perica**
Le haschisch	**chocolate** ou **costo** ou **mierda**	La ligne, pour sniffer	**ray**	
La drogue dure, l'héroïne	**caballo** ou **jaco** ou **jamelgo**	L'injection d'héroïne	**pico**	
Le revendeur, le dealer	**camello** [361]			

Mais tous les termes du *pasota* n'ont pas leur origine dans le monde de la drogue. Le verbe *pasar*, qui est à l'origine du terme *pasota*, a le sens de « prendre avec indifférence, se désintéresser ». On parle beaucoup de la *movida*, dont le sens premier, lié au verbe *mover* « mouvoir, remuer », n'a pas été effacé. Il désigne aujourd'hui plus précisément les « événements et les lieux où se rencontrent les jeunes branchés de Madrid, en particulier dans le quartier de Malasaña », et on pourrait le traduire de façon plus floue par « l'air du temps ». Enfin, si les *pasotas* sont l'équivalent de nos jeunes *branchés*, le terme de *carrozas* désigne de façon imagée les « ringards », ou tout simplement les « vieux », ce qui ne signifie pas forcément « âgés » (par exemple, quelqu'un de trente ans pour son jeune frère).

On pourra consulter, pour un aperçu plus vaste de ce nouveau vocabulaire, l'encadré PETIT LEXIQUE *PASOTA*.

L'ESPAGNOL DANS LE MONDE

En dehors de l'Espagne péninsulaire, des îles Baléares, des Canaries et de deux villes du Maroc, Melila et Ceuta, soit environ **40 millions** de personnes, **l'espagnol** est parlé par plus de **260 millions** de personnes dont les trois quarts se trouvent sur le continent américain.

En dehors de l'Espagne, l'espagnol est la langue officielle de 21 pays :

Argentine	Belize	Bolivie	Chili	
Colombie	Costa-Rica	Cuba	Équateur	
Guatemala	Guinée équatoriale	Honduras	Mexique	
Nicaragua	Panama	Paraguay	Pérou	
Porto-Rico	Rép. Dominicaine	Salvador	Uruguay	Venezuela [362].

Parmi les autres langues originaires d'Espagne, le **judéo-espagnol** est encore parlé par des minorités dans certains pays d'Europe, en Israël et à New York.

Autour du portugais

« Onde a terra acaba e o mar começa »

C'est sur cette extrémité du sud-ouest de l'Europe, dont Camoens disait que c'était le lieu « où finit la terre et où la mer commence », qu'est né le portugais, bien longtemps après création de l'ancienne province romaine LUSITANIA. La carte de la Lusitanie au temps des Romains montre que les limites de la Lusitanie ne se confondent pas avec celles du Portugal actuel : cette dernière ne comprenait pas de territoire au nord du Douro (DURIUS) mais elle s'étendait plus largement à l'est. On remarquera aussi qu'elle englobait les villes de Salamanque (autrefois SALA-MANTICA) et de Mérida – l'ancienne capitale, EMERITA AUGUSTA – qui sont aujourd'hui toutes deux en territoire espagnol. En outre le port d'OLISIPPO (aujourd'hui *Lisbonne*) n'était alors que la seconde ville de la Lusitanie [363].

LA LUSITANIE
AU TEMPS DES ROMAINS

LE PORTUGAL ET SES LANGUES

POPULATION : 10 700 000 habitants.

LANGUE OFFICIELLE :
– **portugais,** langue romane, langue officielle de l'État portugais et des archipels des Açores et de Madère.

AUTRES IDIOMES :
– **léonais,** langue romane (Miranda do Douro, Riodonor, Guadramil et Sendim) [364]
– **caló,** langue indo-iranienne, variété de tsigane, non territorialisée.

Le mot *Portugal* lui-même n'apparaît pas avant la chute de l'Empire romain. C'est seulement à partir du vᵉ siècle apr. J.-C. qu'est attestée la forme ancienne *Portucale* qui désignait à l'origine deux bourgs à l'embouchure du Douro : PORTU, aujourd'hui *Porto*, et CALE, aujourd'hui *Vila Nova de Gaia* [365].

Entre la Lusitanie romaine et la naissance du royaume du Portugal, sept siècles vont s'écouler, pendant lesquels se succéderont les invasions germaniques à partir du vᵉ siècle, et l'occupation arabe à partir du VIIIᵉ. La langue portugaise en a gardé des traces inégales.

Une empreinte germanique modeste

Occupé par les Romains en même temps que le reste de la' Péninsule, le territoire qui allait devenir le Portugal connaîtra essentiellement deux groupes d'envahisseurs germaniques. Les Suèves s'installent dès 411 apr. J.-C. en Galice, où ils organisent un État pacifique, avec *Bracara* (aujourd'hui *Braga*) comme capitale et *Portocale* (*Porto*) comme une première place forte. Les Wisigoths leur succéderont en 585 et exerceront leur domination jusqu'à l'arrivée des Arabes en 711. Les contacts avec les langues germaniques ont donc duré trois siècles, mais les traces de vocabulaire d'origine germanique en portugais resteront limitées, tout en étant d'un usage courant, comme on peut s'en convaincre d'après les exemples suivants : *luva* « gant », *estaca* « piquet », *ganso* « oie », *gana* « envie », *fato* « costume d'homme », ou encore *roubar* « voler », d'un verbe germanique qui signifiait d'abord « mettre à sac ».

Le poids lexical de l'arabe

L'apport de l'arabe a été beaucoup plus considérable. C'est en deux ans (711-713) que l'ancienne *Lusitania* et l'ancienne *Galaecia* ont été conquises par les Arabes mais, du fait de la Reconquête, qui avait commencé tôt dans le nord – Coimbra avait été reprise dès 1064 –, cette domination n'a été vraiment sensible que dans le sud du pays où, comme dans le reste de la Péninsule, les populations conquises avaient été plus longtemps soumises aux Arabes. C'est en 1249, après la chute de Faro, dans le sud de l'Algarve, que s'achève la prépondérance arabe : plus de deux siècles avant la chute de Grenade. La langue portugaise porte encore aujourd'hui témoignage de l'abondance des termes arabes qui s'y étaient introduits pendant ces quelque cinq siècles d'occupation (711-1249), mais surtout entre le xiie et le xiiie siècle [366].

Parmi les innombrables formes arabes qui ont été recensées en portugais [367], une grande partie reste très vivante dans la langue d'aujourd'hui. Dans la liste qui suit – et qui ne présente que certains arabismes à titre d'exemples – on remarquera le grand nombre de mots commençant par al- ou a-, marquant l'agglutination de l'article arabe al au mot, prédilection que le portugais partage avec l'espagnol (cf. chapitre AUTOUR DE L'ESPAGNOL *encadré* UN ARABISME SUR QUATRE, p. 177).

QUELQUES MOTS PORTUGAIS D'ORIGINE ARABE

Comme en espagnol, la plupart des mots portugais d'origine arabe ont intégré l'article *al*. On remarquera que les emprunts sont surtout des substantifs.

acepipes	hors-d'œuvre	**anil**	indigo
açougue	boucherie	**arrabalde**	faubourg
açúcar	sucre	**arroz**	riz
açucena	lis blanc	**atalaia**	sentinelle
alcofa	panier	**azeite**	huile d'olive
aldeia	village	**azeitona**	olive
alface	laitue	**azêmola**	bête de somme
alfaias	outils agricoles	**azenha**	moulin à eau
alfaiate	tailleur	**azulejo**	carreau de faïence
alfarrábio	vieux livre	**baldio** *adj.*	inculte, stérile
alfarrabista	bouquiniste	**javali**	sanglier
alfinete	épingle	**mesquinho** *adj.*	pauvre
algodão	coton	**oxalá** *interj.*	plaise à Dieu (« inch'Allah »)
almofada	coussin	**refém**	otage

Une langue littéraire prestigieuse

Entre-temps, dans le nord-ouest de la Péninsule, le latin avait acquis une physionomie qui le différenciait à la fois de la langue parlée par ses voisins léonais et castillans et de celle des populations mozarabes méridionales. Ainsi était née une langue littéraire, le galicien-portugais – plus savamment appelé le *gallaïco-portugais* – dont le nom rappelle

CARTE DE LA RECONQUÊTE DU PORTUGAL

A mesure que les territoires étaient repris, des populations du nord s'installaient en nombre dans l'ouest de la Péninsule, comme l'avaient fait les Castillans et les Léonais dans la partie qui devait devenir l'Espagne [368].

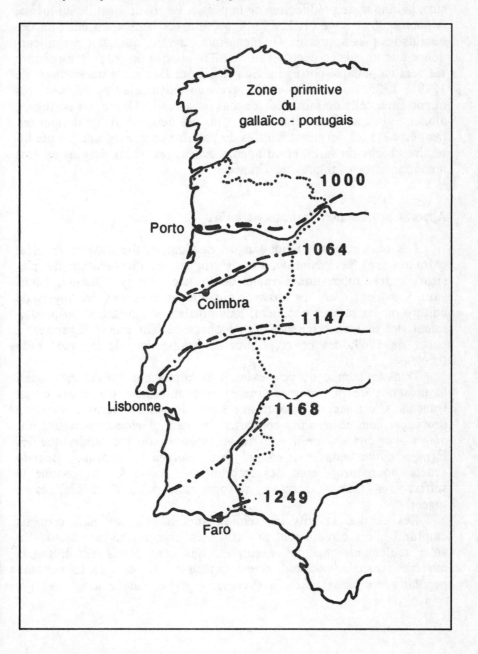

Zone primitive
du
gallaïco - portugais

1000

Porto
1064

Coimbra
1147

Lisbonne
1168

1249

Faro

que jusqu'au XIVᵉ siècle galicien et portugais étaient restés une seule et même langue. C'est à partir de cet idiome commun qu'allait ensuite se différencier le portugais.

Sous sa forme écrite, cette langue littéraire ancienne avait acquis un tel raffinement qu'elle était devenue, dans l'ensemble de la Péninsule, la langue de prédilection de la poésie. Le roi de Castille lui-même, Alphonse X le Sage (1252-1284), poète à ses heures, en était un des hérauts les plus appréciés. Ce monarque écrivain, qui avait par ailleurs donné une impulsion décisive au castillan pour la prose, préférait écrire ses vers en gallaïco-portugais. Son fils, Dom Denis, roi du Portugal de 1279 à 1325, lui aussi roi-poète, avait en outre pris une décision très importante, celle de faire rédiger tous les actes juridiques en portugais, alors que jusque-là ils l'étaient en latin. Les deux fils de ce dernier ont peut-être été les derniers chantres du gallaïco-portugais, une langue littéraire proche du latin, et où apparaissaient les traces de plus en plus nombreuses des langues de France.

Apports provençaux, français et latins

Les pèlerinages à Saint-Jacques-de-Compostelle avaient en effet entraîné dans la Péninsule, dès le XIIIᵉ siècle, l'installation de plusieurs ordres monastiques venus de France : Cluny, Cîteaux, Clairvaux y avaient créé des abbayes qui étaient devenues des foyers de culture où les moines copiaient, enluminaient, traduisaient ou produisaient des œuvres originales. A Alcobaça étaient même organisés, à partir de 1269, des cours publics de grammaire, de logique et de théologie.

Dans la langue de ces textes, très latinisante, on constate aussi la présence de nombreuses formes empruntées au provençal et au français. C'est à cette époque que sont adoptés des termes venus du provençal comme *trovar* « composer des vers », *trovador* « trouvère », *alegre* « joyeux », *lebréu* « lévrier », *freire* « moine », tandis que les formes *dama* « dame », *chapel* puis *chapéu* « chapeau », *vianda* « mets, nourriture », sont des emprunts au français, tout comme le suffixe -*age* (*linhage, message, selvage,* mots aujourd'hui terminés en -*agem*) [369].

Les termes savants ou semi-savants que le gallaïco-portugais emprunte alors directement au latin sont encore plus nombreux. En voici seulement quelques exemples, qui sont restés en portugais moderne : *escola* « école », *pensar* « penser » (alors que la variante populaire est *pesar*), *ciência* « science », *físico* « médecin ».

Du latin au portugais : chute de -*l*- et de -*n*-

Sur le plan de la prononciation, c'est entre le IXᵉ et le Xᵉ siècle que s'étaient produites les évolutions phonétiques qui donnent encore aujourd'hui au portugais une physionomie particulière : la chute des consonnes -*l*- et -*n*- du latin, lorsqu'elles étaient placées entre deux voyelles. Alors que le *l* et le *n* du latin, de COLOR « couleur » ou de CORONA « couronne », se retrouvent dans les autres langues romanes, le portugais dit *cor*, sans -*l*-, pour « couleur », et *coroa*, sans -*n*-, pour « couronne ».

Voici quelques autres exemples, mis en regard du latin d'une part et du castillan de l'autre, permettant de constater la régularité apparente du phénomène et sa persistance dans certains mots du portugais moderne :

latin	portugais moderne	castillan	français
DIABOLU(M)	*diabo*	*diablo*	diable
DOLOR(EM)	*dor*	*dolor*	douleur
LUNA	*lua*	*luna*	lune
PALOMA	*pomba*	*paloma*	palombe
TENERE	*ter*	*tener*	tenir
VOLARE	*voar*	*volar*	voler

Cette liste d'exemples pourrait s'allonger sur plusieurs pages et servir ainsi de base à un enseignement raisonné du portugais pour ceux qui savent un peu de latin ou une autre langue romane. Une aubaine pédagogique sans doute, mais dont on va vite s'apercevoir qu'elle a ses limites : car le portugais n'est certainement pas aujourd'hui une langue sans -*l*- ni -*n*-.

D'autres -*l*- et -*n*- venus du latin

On trouve en effet de nombreux -*l*- et -*n*- en portugais moderne, dont la présence pourrait paraître incongrue après ce qui vient d'être exposé. Mais l'apparente contradiction n'en est plus une si l'on remonte à la prononciation du latin, dont l'une des particularités, que l'italien a conservée, était d'avoir, à côté de consonnes simples, comme dans VALE « salut » ou PALA « pelle », des consonnes doubles, dites géminées, comme dans VALLE(M) « vallée » ou PALLA « manteau ». On s'aperçoit alors que seuls le -*l*- et le -*n*- simples du latin ont été éliminés en portugais alors que les géminées latines -*ll*- et les -*nn*- se sont conservées, non pas telles quelles, mais sous la forme de -*l*- et -*n*- simples [370].

Consonne simple en latin	→	absence de consonne en portugais
-L-	→	-
Ex. VOLARE	→	*voar* « voler »
-N-	→	-
Ex. LUNA	→	*lua* « lune »

Consonne double en latin	→	consonne simple en portugais
-LL-	→	-L-
Ex. PELLE(M)	→	*pele* « peau »
-NN-	→	-N-
Ex. PENNA	→	*pena* « plume »

Ce principe général se vérifie dans les exemples suivants, qui montrent que *-l-* et *-n-* sont bien le résultat en portugais de l'évolution des deux -LL- du latin :

latin	portugais	
BULLA	*bola*	« balle »
MOLLE(M)	*mole*	« mou »
PELLE(M)	*pele*	« peau »
SIGILLU(M)	*selo*	« timbre »
STELLA	*estrela*	« étoile »
ANNU(M)	*ano*	« an, année »
CANNA	*cana*	« canne »
PENNA	*pena*	« plume »

Des *-l-* et des *-n-* venus d'ailleurs

A cette source ancienne de *-l-* et de *-n-* il faut en ajouter une autre : celle des emprunts. Tout d'abord, le portugais a connu le sort de toutes les langues romanes : en ayant constamment recours au latin il a pu acquérir par la suite, à côté des formes évoluées du patrimoine héréditaire, des milliers de formes savantes ou semi-savantes où se retrouvent les consonnes d'origine. Tel est le cas, par exemple, de *calor* « chaleur », forme savante issue du latin CALORE(M), et qui a gardé le *-l-*, à côté de *quente*, forme populaire, du latin CALENTE(M), et qui l'a perdu. On peut en dire autant de *pleno* « plein, entier », forme savante, par exemple dans *plenos poderes* « pleins pouvoirs », auprès de *cheio* « plein », forme populaire. Il existe aussi la forme savante *palácio* « palais » à côté de la forme populaire *paço*.

Enfin, tous les emprunts ultérieurs aux langues étrangères ont également maintenu les *-l-* et les *-n-* originaux. Exemples : *azulejo* « carreau de faïence émaillée », emprunté très tôt à l'arabe, *pelota* « balle », emprunté au castillan au XIIIᵉ siècle (aujourd'hui *bola* « balle »), *sala* au français *salle* au XVIᵉ siècle, ou *salame* « saucisson » à l'italien, *televisão* « télévision » à l'anglais au XXᵉ siècle [371].

Vestiges d'une époque révolue

On comprendra dès lors que des mots tels que *voo* « vol » ou *lua* « lune » attestant la disparition de -*l*- ou -*n*- portent seulement témoignage d'une évolution ancienne, dont ils sont les rares survivants. Ils sont aujourd'hui submergés par la masse du vocabulaire où leur présence est effective.

Récréation

CHERCHEZ LE -L- OU LE -N-

Voici une liste de mots portugais dont on peut retrouver la forme primitive (et donc, souvent, le sens) si l'on insère au bon endroit, dans chaque mot, un -*l*- ou un -*n*-, avec sa voyelle d'accompagnement. Cherchez la consonne absente.

coador n.m.	*miúdo* adj.	*sair* v.
cardeal n.m.	*paço* n.m.	*soar* v.
doar v.	*pau* n.m.	*vir* v.
dor n.f.	*povoação* n.f.	*voo* n.m.
geral adj.	*rã* n.f.	

Réponses et commentaires

Il fallait insérer un -*l*- dans :
coador « passoire », dérivé du lat. COLARE — Cf. esp. *colador*
dor « douleur », du lat. DOLOR — Cf. esp. *dolor*, ital. *dolore*
paço « palais », du lat. PALATIUM — mais port. *palácio* (mot usuel)
pau « bâton », du lat. PALUM — Cf. esp. *palo*
povoação « village », du lat. POPU-LATIONEM — Cf. esp. *población*
sair « sortir », du lat. SALIRE — Cf. esp. *salir*
voo « vol » (dans l'air), dér. de *voar* < VOLARE — Cf. ital. *volo*, franç. *vol*

Il fallait insérer un -*n*- dans :
cardeal « cardinal », du lat. CAR-DINALEM — mais port. *cardinal* (adj.)
doar « léguer », du lat. DONARE — Cf. ital. *donare*
geral « général » (adj.), du lat. GENERALIS — mais port. *general* (n.m.)
miúdo « petit, menu », du lat. MINUTUM — Cf. esp. *menudo*
rã « grenouille », du lat. RANA — Cf. ital., esp. *rana*
soar « sonner », du lat. SONARE — mais port. *altissonante* « pompeux, sublime » (en parlant du style)
vir « venir », du lat. VENIRE — Cf. ital. *venire*, esp. *venir*

LE PORTUGAL

Carte d'orientation [372]

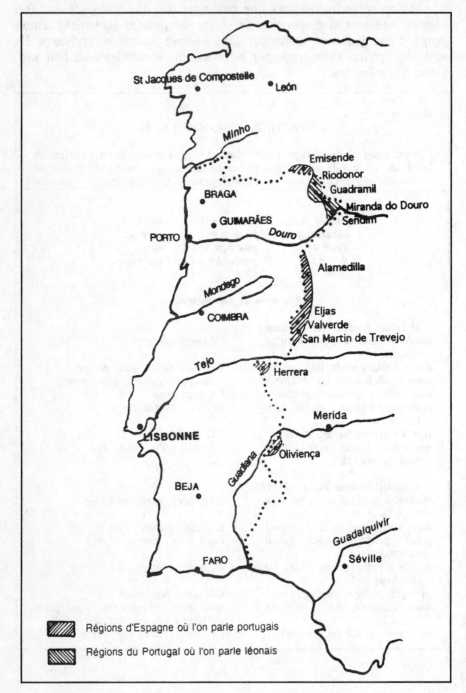

- St Jacques de Compostelle
- León
- Minho
- Emisende
- Riodonor
- Guadramil
- BRAGA
- GUIMARÃES
- Miranda do Douro
- Sendim
- PORTO
- Douro
- Alamedilla
- Mondego
- Eljas
- Valverde
- San Martin de Trevejo
- COIMBRA
- Tejo
- Herrera
- Merida
- LISBONNE
- Olivença
- Guadiana
- BEJA
- Guadalquivir
- FARO
- Séville

Régions d'Espagne où l'on parle portugais

Régions du Portugal où l'on parle léonais

Néanmoins, lorsqu'on se trouve en présence d'un mot portugais qui ne ressemble à rien de connu, il est souvent utile de chercher le -*l*- ou le -*n*- qui pourrait lui manquer, mais que l'on retrouve dans les dérivés savants, comme *lunar* « lunaire » à côté de *lua* « lune », ou *doloroso* « douloureux » à côté de *dor* « douleur », *volante* « volant » à côté de *voo* « vol ». (Cf. *encadré* CHERCHEZ LE -L- OU LE -N-.)

Naissance du Portugal

Au début du XIIIe siècle, date à laquelle apparaissent les premiers textes écrits en gallaïco-portugais, la langue portugaise ne s'était pas encore séparée du galicien, mais le royaume indépendant du Portugal existait depuis un siècle. Il s'était constitué à la faveur de la Reconquête et avec des souverains venus de France. A la suite de la reprise de Tolède en 1085, le roi Alphonse VI de Castille avait en effet donné ses deux filles en mariage à deux frères de la noblesse bourguignonne : à Raymond de Bourgogne, il avait cédé le fief du nord (l'actuelle Galice) et à Henri de Bourgogne, celui du sud, situé au-delà du Minho, fleuve qui est encore la frontière actuelle entre l'Espagne et le Portugal. En 1139, son fils Afonso Henriques était devenu le premier roi du Portugal [373], après avoir reconquis une grande partie du territoire sur les Arabes et s'être rendu indépendant de son cousin Alphonse VII, roi de Castille et de León.

La première résidence des rois avait été Guimarães, dans le nord, mais elle s'était ensuite déplacée à Coimbra et enfin à Sintra, près de Lisbonne, qui se situait en pleine zone mozarabe. Cette circonstance avait eu des conséquences sur la langue en gestation qui allait devenir le portugais.

Naissance du portugais

En effet, si cette langue venue du nord avait d'abord absorbé et pratiquement remplacé les dialectes des régions reconquises, elle apparaît dès lors riche de particularités inconnues des dialectes septentrionaux. Le portugais littéraire sera finalement le résultat d'un amalgame subtil entre la langue gallaïco-portugaise des premiers temps et les usages des régions de Coimbra et de Lisbonne. C'est de cette même région que partiront les innovations qui, à partir du XIVe siècle, deviendront progressivement la norme du portugais, une langue largement ouverte à partir du XVe siècle à des influences venues d'au-delà des mers.

Le xvᵉ siècle : époque des Grandes Découvertes

Car ce xvᵉ siècle est avant tout le siècle des Grandes Découvertes, et celles-ci sont essentiellement le fait de navigateurs portugais [374].

Le nom qui symbolise le mieux cette époque est celui de l'infant Henri le Navigateur (1394-1460), troisième fils du roi Jean Iᵉʳ. Sans être lui-même navigateur, il est celui qui a suscité, facilité, commandité les grands voyages qui ont permis de mieux connaître la géographie du monde et de concrétiser ces connaissances en établissant des cartes plus précises, favorisant ainsi à la fois le commerce et l'économie du Portugal tout en lui donnant un rayonnement qui s'étendait très au-delà de ses frontières (cf. *encadré* ci-dessous).

L'EXPANSION MARITIME

Tout le xvᵉ siècle est marqué par l'expansion du Portugal grâce aux découvertes de ses grands navigateurs.
Bartolomeu **Dias** (1450-1500) (cap de Bonne-Espérance),
Pedro Álvarez **Cabral** (1460-1526) (Brésil),
Vasco de **Gama** (1469-1524) (route des Indes),
Fernand de **Magellan** (1480-1521) (océan Pacifique). Le premier tour du monde, effectué par l'un de ses navires, a cependant été commandité par le roi d'Espagne.

Furent ainsi découvertes – ou redécouvertes après les marins de l'Antiquité – les Açores, les Canaries et les côtes occidentales de l'Afrique, de Ceuta (1485) jusqu'au cap de Bonne-Espérance (1487). Ensuite les Portugais installèrent des comptoirs sur les côtes orientales de l'Afrique jusqu'au détroit d'Ormuz (1515) et aux Indes (Goa 1510).

Entre-temps, le navigateur **Cabral** prenait pied, au nom du roi du Portugal, sur les côtes du Brésil, pour profiter des dispositions du traité de Tordesillas (1494) qui repoussait largement à l'intérieur des terres la frontière des zones d'influence espagnole et portugaise, primitivement prévue au milieu de l'océan Atlantique par la bulle du pape de 1493.

Dans toutes ces régions du monde, la langue portugaise laissera son empreinte, en devenant le plus souvent la langue commune de leurs habitants.

A l'origine des créoles : le portugais ?

Une des conséquences de la colonisation portugaise a également été la naissance de créoles dans les îles du Cap-Vert, de São Tomé et Principe, et dans le golfe de Guinée [375].

Les créoles sont généralement définis comme des langues dont la structure grammaticale de base est d'origine africaine ou asiatique et le lexique d'origine européenne, ici portugais.

Or, en Orient, le créole de Macao, pourtant né du contact du portugais avec le chinois – et non pas avec des langues africaines –, offre des ressemblances telles avec les créoles portugais d'Afrique que cela pourrait conforter une hypothèse sur la genèse de ces créoles. Ils proviendraient d'une évolution à partir d'une langue simplifiée commune, une espèce de *pidgin* dérivé du portugais et transporté dans les navires qui faisaient un commerce régulier entre le Portugal, l'Afrique et l'Orient entre le XVIe et le XVIIIe siècle [376].

Le monde coupé en deux

Un événement politique allait, vers la fin du XVe siècle, favoriser l'expansion de la langue portugaise en Amérique. Les succès remportés au-delà des mers par les navigateurs portugais avaient étendu la puissance du Portugal en Afrique et en Extrême-Orient, mais le premier voyage de Christophe Colomb dans le Nouveau Monde, en 1492, pour le compte de la couronne de Castille, avait inquiété les Portugais, qui demandèrent l'arbitrage du pape Alexandre VI. Ce dernier, alors tenu pour le dispensateur des biens terrestres par délégation divine, promulgue en 1493 une bulle partageant le monde entre la Castille et le Portugal : à l'est d'une ligne de démarcation allant d'un pôle à l'autre et passant à cent lieues au large des Açores, les territoires à découvrir seraient possession du Portugal; à l'ouest de cette ligne, ils appartiendraient à la Castille (cf. *carte* CARTE DU MONDE LUSOPHONE).

MAGELLAN, INVENTEUR DU PACIFIQUE

C'est en 1520 que le navigateur portugais Magellan, passé au service de la cour d'Espagne, après avoir navigué pendant plus de trois mois dans les eaux tumultueuses de l'Atlantique Sud, pénètre dans un nouvel océan par le futur détroit de Magellan. Il en trouve par comparaison les eaux si calmes qu'il lui donne le nom d'*océan Pacifique*. Il poursuivra sa route vers les Indes jusqu'aux Philippines, mais il périra au cours du voyage. L'un de ses navires rentrera en Espagne, en ayant accompli le premier voyage autour du monde.

Que l'on ne s'étonne pas, en voulant vérifier cette information, de ne pas trouver *Magellan* dans un livre portugais sur les grandes découvertes, car c'est sous son vrai nom portugais *Magalhães*, qu'il faudrait le chercher.

Le même problème se posera aux Espagnols, qui écrivent et prononcent *Magallanes*, et aux Italiens, qui ont transformé le nom en *Magellano*, tandis que les Anglais et les Allemands s'accordent avec les Français sur la forme *Magellan*.

CARTE DU MONDE LUSOPHONE

Les régions noircies sont celles où le portugais est une langue officielle du pays. Le territoire de la langue portugaise s'est trouvé considérablement agrandi en 1494 à la suite du traité de Tordesillas, qui a permis l'implantation du portugais au Brésil.

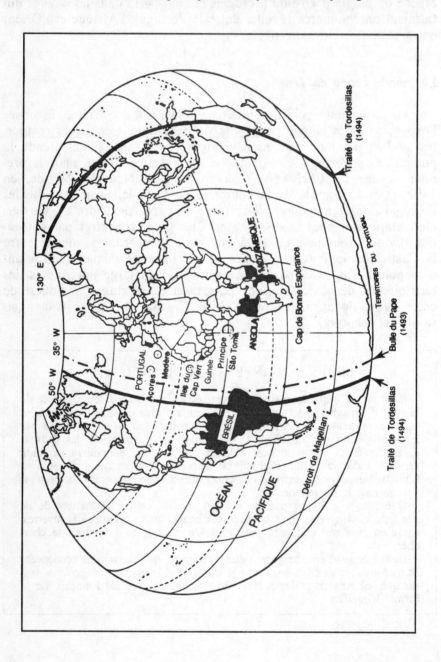

Pourquoi on parle portugais au Brésil

Si les choses en étaient restées là, il est probable qu'on ne parlerait pas portugais au Brésil aujourd'hui. Mais, l'année suivante, la Castille et le Portugal, qui voulaient renégocier les modalités d'application de la bulle du pape, ont signé en 1494 un accord rectificatif, le traité de *Tordesillas*, par lequel la ligne de démarcation était décalée vers l'ouest, du 35° au 50° degré de longitude ouest [377] : elle passait dès lors largement à l'intérieur du territoire qu'allait bientôt découvrir officiellement Pedro Álvares Cabral (en 1500). Il semble bien que la découverte du Brésil par Cabral n'ait pas été le fruit du hasard, mais que la localisation de ce territoire en était déjà connue de façon plus ou moins précise. Le roi Jean II du Portugal aurait seulement eu intérêt à maintenir la chose secrète en raison des tractations avec les Rois Catholiques sur le traité de Tordesillas par lequel il renonçait à la domination d'une partie de l'Extrême-Orient contre l'expansion de son influence dans l'Atlantique [378].

D'abord langue des seuls colons, le portugais sera ensuite progressivement appris par les populations indigènes, dont la langue principale était le tupi, resté longtemps la langue véhiculaire du pays. Mais le portugais a bientôt été l'objet d'un enseignement intensif, notamment grâce aux collèges créés sur place par la Compagnie de Jésus. Ces efforts immédiats pour enseigner le portugais ont probablement empêché le développement de créoles au Brésil. Le processus d'implantation du portugais a en outre été renforcé plus tard par l'installation au Brésil de la famille royale avec toute la Cour, fuyant l'invasion du Portugal par Napoléon. Ils y résideront de 1808 jusqu'en 1822, date de l'indépendance du Brésil.

Le portugais au Brésil

Bien qu'il existe deux normes écrites pour le portugais, la norme portugaise et la norme brésilienne, les deux pays ont depuis peu rapproché leurs orthographes, ce qui permet aujourd'hui de mettre en relief l'unité de cette langue [379].

Il en est autrement pour les usages parlés, qui, au Brésil, se sont trouvés au confluent de trois courants : le portugais des premiers temps de l'occupation, le tupi des populations indigènes et les langues africaines des esclaves transplantés en grand nombre entre 1515 et 1888 [380].

Le portugais du Brésil se reconnaît à plusieurs traits perceptibles même à une oreille non exercée, comme par exemple :

– la prononciation de *l* comme **w** : **sow** pour *sol* « soleil », **maw** pour *mal* « mal » ;

– la prononciation de *t* et de *d* devant *i* et *e* comme **tch** et **dj** : *tibio*
« tiède » prononcé **tchíbiou**, *diabo* « diable » prononcé **djabou** ou *dente*
« dent » prononcé **dentchi** ;

– la prononciation perceptible des voyelles inaccentuées, comme
par exemple la voyelle finale de *disse* « il dit », la deuxième voyelle de
péssego « pêche » ou la première de *pessoa* « personne », alors qu'à Lisbonne on entend respectivement : **diss', pes'gou** et **p'ssoa** [381].

DES MOTS DIFFÉRENTS AU PORTUGAL ET AU BRÉSIL [382]

	Au Portugal	**Au Brésil**
« autobus »	*autocarro*	*ônibus*
« train »	*comboio*	*trem*
« chemin de fer »	*caminho de ferro*	*estrada de ferro*
« tramway »	*eléctrico*	*bonde*
« hôtesse de l'air »	*hospedeira de bordo*	*aeromoça*
« stylo »	*caneta*	*caneta – tinteiro*
	(de tinta permanente)	
« coupe-papier »	*corta-papel*	*espátula*
« costume d'homme »	*fato*	*terno*

Pour exprimer le chiffre « six », les Brésiliens peuvent dire *seis*, comme les
Portugais, mais ils emploient aussi très souvent *meia*, abréviation de *meia
dúzia* « une demi-douzaine ».

Des mots venus de loin

Les xve et xvie siècles, qui sont par excellence ceux des grands
navigateurs portugais, ont laissé dans la langue des marques importantes, car toutes les couches de la population – peu nombreuse à
cette époque – ont participé à l'aventure outre-mer. Chaque famille
avait des parents dans l'une ou l'autre colonie, et Lisbonne était devenue un vrai marché exotique où débarquaient tous les jours les épices,
l'ivoire, les perles, les bois précieux, les plantes médicinales, les animaux exotiques. Même les grammaires, les manuels, et jusqu'aux traités de mathématiques prenaient leurs exemples dans le monde
d'outre-mer, et proposaient des problèmes d'achat et de vente de
sucre, de poivre ou de thé. Il n'est donc pas surprenant de trouver
dans la langue de cette époque une grande quantité de mots venus
d'ailleurs dont une partie importante est encore présente dans le portugais d'aujourd'hui [383].

Venus d'Orient

bengala	bâton, canne	*leque*	éventail
biombo	paravent	*mandarim*	mandarin
bule	théière	*pagode*	pagode
chá	thé	*paria*	paria
caril	curry	*pires*	soucoupe
chávena	tasse	*tufão*	typhon
canja	bouillon de poule au riz	*paxá*	pacha
lacre	cire à cacheter	*xaile*	châle

Le mot *chávena* est formé à partir de *chá* « thé », emprunté au chinois. Il désignait à l'origine seulement une tasse à thé, mais aujourd'hui n'importe quelle tasse (comme *xícara* d'origine italienne, mais beaucoup moins employé).

Venus d'Afrique

banana	banane	*macaco*	macaque, singe
cachaça	eau-de-vie	*mandioca*	manioc
cachimbo	pipe	*quitanda*	marché, foire, tumulte
candonga	contrebande	*sanzala*	village
quindim	« difficulté » (au Brésil « confiture d'œufs et de sucre »)		

Venus du Brésil

ananás	ananas
amendoim	cacahuète, arachide
carioca	habitant de Rio de Janeiro
jacaré	caïman, crocodile
jibóia	boa [384]

Le portugais tel qu'on le parle

La forme de portugais qui s'était transportée au-delà des mers à partir du XVIe siècle ne s'était réellement constituée qu'après s'être séparée du galicien deux siècles plus tôt. Elle s'était déjà différenciée de son voisin castillan par plusieurs traits, et en particulier par le maintien de l'ancienne distinction entre /b/ et /v/, qui était perdue en castillan. Par exemple *bala* « balle, boulet » est prononcé différemment de *vala* « fosse » dans la région de Lisbonne et dans toute la région centrale et méridionale du pays [385].

Un autre trait de prononciation permet de reconnaître le portugais parmi les autres langues romanes : le traitement des consonnes, *p, t, k* suivies de -L- en latin, comme dans PLUVIA « pluie » ou CLAVEM « clef ».

Alors qu'elles se sont conservées en français et qu'elles sont devenues *ll* « mouillé » en espagnol, elles ont abouti à *ch* en portugais :

latin	français	espagnol		portugais	
PLUVIA	*pluie*	*lluvia*		*chuva*	
CLAMARE	*(clamer)*	*llamar*	« appeler »	*chamar*	« appeler »
CLAVEM	*clef*	*llave*		*chave*	
PLORARE	*pleurer*	*llorar*		*chorar*	
PLENUS	*plein*	*lleno*		*cheio*	
FLAMMA	*flamme*	*llama*		*chama*	

Il s'agit bien entendu ici des formes évoluées à partir du latin, car les successions de consonnes *pl- cl-*, *fl-* peuvent aujourd'hui se rencontrer en portugais dans une grande quantité de formes empruntées ultérieurement au latin, par exemple : *pluviómetro* « pluviomètre », *clamar* « invoquer, demander à grands cris », *flama* « flamme » (forme poétique), etc.

L'orthographe, témoin de prononciations anciennes

La graphie *ch* correspondait, avant le XVIᵉ siècle, à la prononciation [t∫], et c'est au cours du XVIᵉ siècle qu'elle a évolué vers l'élimination du [t] initial. Cette nouvelle prononciation [∫] avait pris naissance dans les régions du centre et du sud, où le même phénomène s'était produit également pour *c*, prononcé [ts] à l'origine, et pour *z*, prononcé [dz]. Les graphies différentes pour *censo* « recensement » et *senso* « sens », pour *cozer* « cuire » et *coser* « coudre » sont des témoignages des anciennes prononciations, où
    c se prononçait [ts],
    s se prononçait [s],
et *z* se prononçait [dz].
L'élimination de la première partie de ces consonnes complexes /ts/ et /dz/ a abouti au XVIIᵉ siècle à la situation qui s'est prolongée jusqu'à l'époque actuelle, où *censo* et *senso* se prononcent tous deux uniquement avec /s/, de même que *coser* et *cozer* se prononcent tous deux avec /z/. L'opposition entre /s/ et /z/ n'a pas pour autant disparu puisque *caçar* « chasser », prononcé avec un [s] entre les deux voyelles, se distingue de *casar* « se marier », prononcé avec un [z] [386].
Si on replace ces phénomènes dans l'ensemble de la Péninsule, on remarque que le portugais commun pratique aujourd'hui ce qu'on nomme le *seseo* en Espagne, mais avec cette différence que l'articulation du /s/ se fait avec la pointe de la langue dirigée vers le bas. Dans le nord, la confusion en /s/ existe aussi, mais avec la pointe de la langue

dirigée vers le haut, comme en Castille. C'est ce que les Portugais appellent le *s beirão*, qui est pratiqué dans la région de Viseu, située au sud-est de Porto [387].

QUELQUES INDICATIONS POUR LIRE LE PORTUGAIS

La graphie *ch*, d'origine française, remonte au xiiie siècle. Elle correspondait à cette époque à la prononciation **tch**, devenue aujourd'hui **ch**.
Les graphies *lh* et *nh* apparaissent après 1250, pour noter des articulations mouillées, comme dans *velho* « vieux ». Elles sont d'origine provençale.
Le tilde [~] au-dessus de la voyelle est utilisé vers le xiiie siècle pour noter une voyelle nasale, concurremment avec la consonne **n** : *razon* ou *razõ*, aujourd'hui *razão* [388].

La prononciation de *r* et son évolution

C'est seulement à la fin du xixe siècle qu'apparaît une nouvelle prononciation de la consonne *r*. Jusque-là le portugais distinguait deux sortes de *r*, toutes deux « roulées de la pointe de la langue » : une brève /r/ « à un seul battement », comme par exemple dans *caro* « cher », et l'autre prolongée, « à plusieurs battements », comme dans *carro* « voiture ». C'est vers 1883 qu'est signalée à Lisbonne une nouvelle prononciation, du fond de la gorge, comme en français parisien, pour ce qui correspond à la graphie *-rr-* (dans des mots comme *carro, perro, terra*), ainsi que pour ce qui est noté *r* simple, à l'initiale (*rua* « rue », *rapaz* « garçon », etc.). Encore considérée comme vicieuse au début du xxe siècle, elle s'est néanmoins répandue rapidement dans les grandes villes, d'abord chez les jeunes, et elle est aujourd'hui générale à Lisbonne [389].

L'homogénéité du portugais n'est qu'apparente

Comme on peut le voir par ces quelques exemples, et malgré une grande homogénéité qui a pu faire dire que la diversité dialectale est pratiquement inconnue au Portugal, l'uniformité du portugais n'est que superficielle. Des différences existent, mais les frontières changent selon le critère choisi : par exemple, on trouve au nord-est une zone d'archaïsmes qui conserve quatre sifflantes, tandis que, dans certaines localités au nord de Coimbra, les habitants ne distinguent pas entre /b/ et /v/.

Des limites plus concordantes ont pu être établies sur des bases lexicales et confirment la différence entre des régions du Nord et du Nord-Est, où les populations n'ont jamais été déplacées, et celles où il y a eu un dépeuplement intense et un repeuplement général entre le XIIe et le XIIIe siècle, dans le Centre et dans le Sud (à l'exception du littoral de l'Algarve, occupé et colonisé par les Maures [390]).

Le portugais classique

C'est avec la publication des *Lusiadas* de Camoens en 1572 que prend naissance le portugais classique. A cette époque, le Portugal était sous la domination espagnole (1580-1640), ce qui ne faisait qu'accentuer la tendance ancienne des Portugais cultivés à adopter le castillan comme deuxième langue. C'était le cas par exemple de Gil Vicente (1470-1537), le créateur du théâtre portugais, et de Camoens lui-même.

Dans le portugais classique, on reconnaît la marque de la Renaissance italianisante (*arpejo, soneto, bússola*) et surtout une prolifération exceptionnelle de formes directement reprises au latin. Cette tendance s'intensifie vers le milieu du XVIe siècle et se poursuit jusqu'à nos jours, où des formes latinisantes comme *adornar* « orner, décorer », *ameno* « agréable », *apto* « apte », *áureo* « doré » ou *austero* « austère » se retrouvent en abondance.

Richesse du lexique portugais

Le lexique portugais littéraire est ainsi caractérisé par l'abondance de latinismes, par l'apport des langues exotiques – comme on l'a vu précédemment – et enfin par un grand nombre d'emprunts au français, qui deviennent de plus en plus importants aux XVIIIe et XIXe siècles. Parmi ces emprunts, certains ont conservé leur forme écrite française, tels que *élite, fantoche* ou *nuance*.

D'autres ont été adaptés aux structures portugaises et se sont intégrés sans peine au lexique traditionnel :

atelier ou *atelié* « atelier »	*deboche* « débauche »
bibelô « bibelot »	*duche* « douche »
blindar « blinder »	*gafe* « gaffe »
blusa « blouse »	*garagem* « garage »
boné « bonnet »	*guiché* « guichet »
camião « camion »	*matinê* « matinée »
camuflagem « camouflage »	*restaurante* « restaurant »
chefe « chef »	*ruge* « rouge »
chique « chic »	*sutiã* ou *soutien* « soutien-gorge »
chofer « chauffeur »	*toalete* « toilette »
coquete ou *coqueta* « coquette »	*vitrina* « vitrine »

Enfin, on trouve une grande quantité de calques, où les mots portugais adoptent des tournures françaises : *pequeno-almoço*, calque de *petit déjeuner*, ou *máquina a vapor*, calque de *machine à vapeur*.

L'influence française a atteint au xxᵉ siècle de telles proportions que la lutte contre les gallicismes a longtemps été le cheval de bataille favori des puristes.

Ils ont aujourd'hui à lutter contre l'invasion de l'anglais dans les domaines techniques et scientifiques, dans le domaine du sport, mais aussi dans l'expression de la vie quotidienne :

bar	*livre-serviço* « libre-service »
bife « bifteck »	*meeting*
clube « club »	*ráguebi* « rugby »
computador « ordinateur »	*sanduíche* ou *sande* « sandwich »
futebol « football »	*stress* [391]
lanche « goûter, petit repas »	

Il y a également, entre autres : *chulipa* « traverse de voie de chemin de fer », sur *sleeper*, ou *coquetel* « cocktail », mais aussi, plus récemment, *briefing, mailing, performance, software* ou *jogging*.

Expressions d'hier et d'aujourd'hui

Certaines expressions anciennes ont récemment connu une fréquence renouvelée :
- *pescar* : « comprendre » (dont le premier sens était « pêcher »)
- *contra isso batatas* : « contre cela, il n'y a rien à faire » (*batata* = pomme de terre »)
- *canja* : « quelque chose de facile » (premier sens : « bouillon de poulet »)
- *boa como o milho* : « belle comme le jour (mot à mot « bonne comme le maïs »)
- *chumbar* : « redoubler, échouer » (vocabulaire scolaire)
- *toma lá para um fato* : « ça t'apprendra » (mot à mot « prends ça pour un costume »)
- *estar com rafia* : « avoir faim » (*rafia* = raphia)
- *andar na lua (com os pès de fora)* : « être distrait » (mot à mot marcher sur la lune avec les pieds en dehors »)

D'autres expressions, d'origine brésilienne, se répandent rapidement au Portugal par suite de la présence quotidienne des productions brésiliennes à la télévision :
- *azucrinar* : « embêter »
- *curtir* : « aimer » (mais le verbe signifie proprement « tanner la peau d'un animal »)
- *estar numa boa* : « ça va bien, ça baigne, tout baigne »

– *estar na fossa* : « tout va mal » (mot à mot « être dans l'égout »).

Enfin, la tendance à faire des antiphrases, déjà repérée chez les jeunes pour le français, l'italien et l'espagnol, se retrouve chez les jeunes Portugais, avec *bruto* dans le sens de « très bon », alors que le sens est « brut » : ex. *bruto carro*, que les jeunes Français traduiraient très naturellement par « une méchante voiture [392] ».

LE PORTUGAIS DANS LE MONDE

Le portugais est la langue officielle du **Brésil** (150 000 000 hab.) ainsi que de cinq républiques d'Afrique :
– les îles du **Cap-Vert** (369 000 hab.)
– la **Guinée-Bissau** (980 000 hab.)
– les îles de **São Tomé** et de **Principe** (116 000 hab.)
– l'**Angola** (9 747 000 hab.)
– le **Mozambique** (16 000 000 hab.).
Il existe en outre des enclaves de portugais le long de la frontière hispano-portugaise : à **Alamadilla, Eljas, Valverde del Fresno, Herrera de Alcántara** et **Olivença**.

Autour du français

Le français avant la France

Si l'on veut caractériser d'une phrase la langue française, on peut dire que c'est la plus germanique des langues romanes. Son nom même, hérité des envahisseurs francs, le confirme. Pourtant, si l'on consultait ses usagers, ils auraient plutôt tendance à faire remonter leur langue au gaulois, ce qui serait évidemment une grave erreur.

En fait, l'histoire du français est à la fois celle de l'évolution du latin parlé en Gaule et celle d'un enrichissement constant au contact de langues voisines. Cette aventure « polyphonique » s'est déroulée sur un terrain celtique, précédemment occupé par des populations diverses.

Avant l'arrivée des Gaulois

Les Gaulois n'étaient évidemment pas les premiers habitants de la Gaule, mais on sait peu de choses sur les populations qui les avaient précédés sur cette terre qui allait devenir la France, en dehors de quelques noms de peuples comme ceux des Aquitains, des Ibères ou des Ligures. Leurs traces se retrouvent surtout dans des noms de fleuves et de lieux, ainsi que dans quelques rares mots que l'on peut seulement qualifier de pré-celtiques.

Il y a de fortes chances pour que *Manosque* (Alpes-de-Haute-Provence), *Tarascon* (Bouches-du-Rhône et Ariège) ou *Venasque* (Vaucluse) soient d'origine ligure et que *Luchon* (Haute-Garonne) et *Collioure* (Pyrénées-Orientales) soient d'origine ibère, mais on sait si peu de choses sur ces langues sans descendance qu'on est le plus souvent réduit à formuler des hypothèses. Le cas le plus favorable est représenté par les suffixes *-asque, -osque*, qui ont été bien identifiés comme des suffixes ligures. On les retrouve dans de nombreux topo

---

LA FRANCE ET SES LANGUES

POPULATION : 57 200 000 habitants (1992).

LANGUE OFFICIELLE :
français, langue romane, langue officielle de l'État français

AUTRES IDIOMES :
romans
- DOMAINE D'OÏL :
  nord **(picard, wallon, haut-normand)**
  est **(lorrain roman, bourguignon, bourbonnais, franc-comtois)**
  centre **(francien, orléanais, berrichon, champenois)**
  ouest **(bas-normand, anglo-normand, gallo, mayennais, manceau)**
  angevin **(poitevin, tourangeau, saintongeais)**
- DOMAINE DU FRANCOPROVENÇAL : du Forez à la Savoie
- DOMAINE D'OC :
  nord-occitan **(limousin, auvergnat, provençal alpin)**
  sud-occitan **(languedocien, provençal maritime, niçart)**
  gascon
  béarnais
- AUTRES DOMAINES :
  catalan (Roussillon)
  corse (Corse)

germaniques
  flamand, bas-francique (nord du département du Nord)
  alsacien, dialecte alémanique (Haut-Rhin et Bas-Rhin)
  lorrain francique (nord du département de la Moselle)

celtique
  breton, avec quatre variétés traditionnelles : *cornouaillais, léonard, trégorrois* et *vannetais* (Finistère nord et sud, partie ouest des Côtes-d'Armor et du Morbihan)

divers
  basque, langue non indo-européenne (département des Pyrénées-Atlantiques)
  tsigane, langue indo-iranienne, non territorialisée.

---

nymes, à la fois en France et en Italie (cf. *encadré* TOPONYMES D'ORIGINE LIGURE).

En dehors de la toponymie, quelques mots ont bien survécu à l'épreuve du temps, tels que *avalanche* et *chalet, joue* et *jabot, marelle* et *marron, motte* et *pot,* mais ils ont eu la même infortune : tous de père inconnu. Quelques hypothèses peuvent néanmoins être formulées : ainsi, pourraient bien venir du ligure *avalanche* et *chalet,* qui ont été introduits en français par l'intermédiaire du savoyard, de même que *marron* (le fruit), transmis par un dialecte lyonnais. On fait aussi l'hypothèse que le passage s'est fait par un dialecte auvergnat pour *jabot* et par l'ancien provençal pour *motte* [393].

TOPONYMES D'ORIGINE LIGURE

En France

Albiosc (Alpes-de-Haute-Provence)
Artignosc (Var)
Aubignosc (Alpes-de-Haute-Provence)
Blausasc (Alpes-Maritimes)
Flayosc (Var)
Gréasque (Bouches-du-Rhône)
Lantosque (Alpes-Maritimes)

Magagnosc (Alpes-Maritimes)
Manosque (Alpes-de-Haute-Provence)
Pelasque (Alpes-Maritimes)
Tarascon (Bouches-du-Rhône et Ariège)
Venasque (Vaucluse)
Venosc (Isère)
Vilhosc (Alpes-de-Haute-Provence)

En Italie

Airasca (Torino)
Bernasco (Torino)
Brossasco (Cuneo)
Buriasco (Torino)
Cercenasco
Cervasca
Frossasco (Torino)

Isasca (Cuneo)
Lagnasco (Cuneo)
Piasco (Cuneo)
Piossasco (Torino)
Tarantasca
Venasca
Vottignasco [394]

Récréation

COMMENT APPELLE-T-ON LES HABITANTS DE MENTON?

Les habitants de Menton se nomment aujourd'hui les *Mentonnais*, mais l'ancienne appellation était *Mentonasques*, nom formé au moyen du suffixe *-asque,* d'origine ligure.

Sur les six villes ci-dessous, quatre forment également le nom de leurs habitants avec ce même suffixe. Lesquelles?

1. *Cambo-les-Bains*
2. *Èze*
3. *La Turbie*
4. *Monaco*
5. *Tende*
6. *Sallanches*

Réponse : 1. Cambo-les-Bains : *Cambolards*. 2. Èze : *Èzasques*. 3. La Turbie : *Turbiasques*. 4. Monaco : *Monégasques*, 5. Tende : *Tendasques*, 6. Sallanches : *Sallanchards* ou *Sallanchais*. Le suffixe *-ard*, qui sert aussi à former le nom des habitants de la Savoie, les *Savoyards*, n'est pas d'origine ligure.

Les mots les plus vieux

C'est dans les noms des cours d'eau et des montagnes – ou, pour parler plus savamment, dans l'hydronymie et l'oronymie – que l'on trouve des traces des langues parlées en Gaule avant l'arrivée des Gaulois.

L'HYDRONYMIE PRÉ-CELTIQUE ET C...

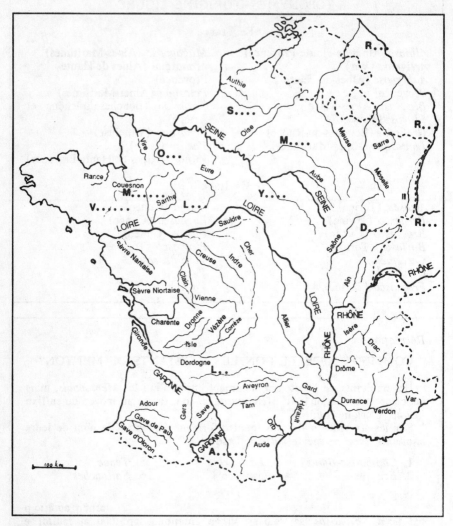

Récréation

Grâce aux noms des cours d'eau, on conserve un écho lointain des langues parlées en Gaule avant l'arrivée des Gaulois. Sur la carte ci-dessus [395], n'ont été inscrits en entier que les noms des cours d'eau **pré-celtiques**. Les cours d'eau désignés par leur seule initiale suivie de points de suspension sont des noms d'origine **celtique**. Avec quelques connaissances en géographie, on n'aura probablement pas besoin de consulter la solution de cette petite énigme.

Solution de l'énigme

Sont d'origine celtique :

R...	Rhin	L...	Loir	O...	Orne
V...	Vilaine	Y...	Yonne	M...	Marne
				S...	Somme
A...	Ariège				
L...	Lot	M...	Mayenne		
D...	Doubs	V...	Vilaine		

Une carte du réseau fluvial de la France actuelle montre que les noms pré-celtiques y sont largement majoritaires.

Tous les noms des grands fleuves (Seine, Loire, Garonne et Rhône), ainsi que ceux de la plupart de leurs principaux affluents, sont antérieurs à l'arrivée des Gaulois. Une curiosité : le nom de la *Loire* (anciennement LIGER, d'origine inconnue) est pré-celtique, tandis que celui du *Loir* viendrait du celtique *ledo* « courant d'eau » (cf. *carte* L'HYDRONYMIE PRÉ-CELTIQUE ET C..., p. 228).

Les Basques, fidèles à leur langue

Si les Ibères et les Ligures restent des peuples mystérieux, il est une population de vieille souche que l'on connaît un peu mieux, celle des Aquitains, grâce à ses lointains descendants, les Basques.

LE BASQUE EN FRANCE

Le basque est parlé en France dans la moitié occidentale du département des Pyrénées-Atlantiques, ce qui représente environ le tiers du territoire bascophone d'Espagne.

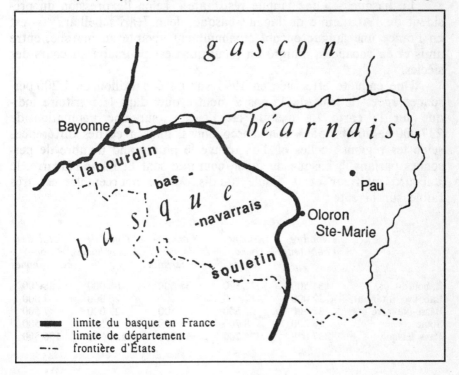

limite du basque en France
limite de département
frontière d'États

Parmi tous les peuples d'Europe, les Basques sont peut-être les plus étonnants par leur faculté de résistance aux envahisseurs car, contre vents et marées, leur très ancienne langue a survécu. Elle a d'abord résisté au celtique – les Gaulois avaient seulement établi quelques têtes de pont en territoire aquitain – puis aux langues des envahisseurs romains et germaniques; la conquête arabe ne les a pas atteints, et leur langue a ensuite tenu bon malgré la pression du castillan d'un côté et du français de l'autre. Si bien que le basque offre aujourd'hui l'exemple d'une des plus vieilles langues en Europe (cf. chapitre AUTOUR DE L'ESPAGNOL, § Le basque en Espagne, p. 184). Elle a acquis récemment le statut de langue officielle régionale en Espagne, mais sa situation en France est à la fois moins honorifique – car elle n'y a pas obtenu le statut de langue officielle – et plus favorable – parce qu'elle est restée, plus qu'en Espagne, la langue quotidienne dans les familles rurales.

Le basque en France

Le basque – « une langue résistante », selon l'expression du président de l'Académie de langue basque, Jean Haritschelhar [396] – est en France une langue encore étonnamment vivante au marché, entre amis et en vacances, malgré un recul qui s'est poursuivi au cours des siècles.

Une enquête effectuée en 1991 sur un échantillon de 1 200 personnes âgées de plus de 15 ans a montré que, dans le territoire indiqué sur la carte LE BASQUE EN FRANCE, sur une population de 237 000 habitants, 55 % sont bascophones, mais avec des différences selon les régions : celles où l'on trouve le plus grand nombre de personnes parlant le basque de façon courante sont la Basse-Navarre, le Labourd intérieur et la Soule, tandis que le pourcentage est très faible sur la côte [397].

	Nombre d'habitants	Bonne connaissance	Connaissance imparfaite	Total des bascophones	Total des non-bascophones
Labourd-Côte	154 500	27 500	38 500	66 000	88 500
Labourd intérieur	32 000	17 500	7 500	25 000	7 000
Basse-Navarre	34 500	22 500	4 500	27 000	7 500
Soule	16 000	8 700	3 800	12 500	3 500
Pays basque	**237 000**	**76 200**	**54 300**	**130 500**	**106 500**
	100 %	32 %	23 %	55 %	45 %

Ces résultats sont à comparer avec l'estimation de 25 % de bascophones en Pays basque espagnol (cf. chapitre AUTOUR DE L'ESPAGNOL, § Le basque en Espagne, p. 184).

NIVEAU DE CONNAISSANCE DU BASQUE EN FRANCE

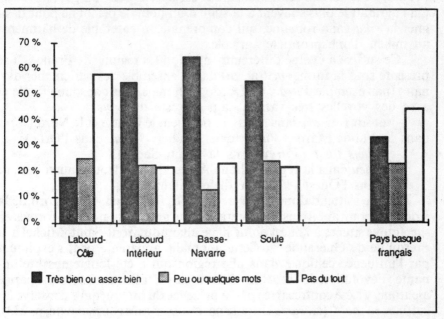

La partie droite du graphique, intitulée « Pays basque français », représente la moyenne pondérée des quatre régions du Pays basque français.

Les Gaulois abandonnent leur langue

Alors que les Basques ont conservé leur langue face à celles de leurs envahisseurs successifs, les Gaulois abandonneront progressivement la leur pour adopter le latin, instrument de promotion sociale. Pendant une période de bilinguisme qui s'est prolongée durant au moins un demi-millénaire[398], des échanges de vocabulaire se sont certainement produits dans les deux sens. On ne connaît bien que ceux que le latin a faits au celtique, car on sait peu de choses du gaulois de cette époque en dehors des traces encore bien conservées dans les noms géographiques (cf. chapitre AUTOUR DES LANGUES CELTIQUES § Des orateurs de talent, qui écrivaient peu, p. 71).

Pourquoi des noms en *-ac* en Bretagne ?

Gardienne fidèle des formes linguistiques anciennes, la toponymie, on l'a vu, peut apporter des éclaircissements sur les phases de peuplement, grâce à la répartition des noms de lieux sur le terrain.

L'un des suffixes les plus usités pour former des noms de lieux en France est le suffixe latin -ACUM, qui est un emprunt au gaulois -*acos*. On l'ajoutait le plus souvent à la suite d'un nom de personne pour désigner la *villa* gallo-romaine, qui comprenait un ensemble de bâtiments au milieu d'une propriété agricole.

Ce suffixe a évolué différemment selon les régions de France. Il se présente sous la forme -*ac* (ou -*at*) dans l'ensemble des parlers méridionaux (par exemple *Vitrac*, en Dordogne), mais sans consonne finale et avec des voyelles très variées dans le reste du pays :

-*y* et -*ay* (ou -*ai*) dans le Bassin parisien, le Centre et le Nord (*Vitry* dans le Val-de-Marne, *Vitray* dans l'Allier, *Vitrai* dans l'Orne);

-*ey dans l'Est (Vitrey* dans la Haute-Saône);

-*eu*, -*ieu* dans la région Rhône-Alpes, où l'on trouve aussi des -*y;*

-*é* dans l'Ouest (*Vitré* en Ille-et-Vilaine).

On ne s'attend donc pas à trouver des formes en -*ac* au nord de la Loire. Et pourtant il existe en Bretagne une grande quantité de formes en -*ac*, toutes situées à l'ouest d'une ligne allant du Mont-Saint–Michel à la presqu'île de Guérande [399]. Cette anomalie apparente peut s'expliquer par l'influence celtique, dans une région qui a été longtemps bretonnante : l'évolution de -ACUM en -*é*, normale pour la langue romane parlée alentour, y a été contrecarrée par la présence du breton, qui a conservé les suffixes en -*ac* [400] (cf. *carte* Un suffixe gaulois très polymorphe, p. 233).

D'autres Celtes venus des îles

Six siècles après les premiers contacts entre Gaulois et Romains, le gaulois ne subsistait probablement plus en Gaule que dans des campagnes très protégées. C'est alors que, chassées de *Britannia*, la grande île d'en face, de nouvelles populations celtiques étaient venues s'installer dans le nord-ouest du pays. Par bonheur, elles parlaient une langue proche de celle qui avait dominé avant l'arrivée des Romains et qui, dans cette extrémité occidentale du pays, ne s'était peut-être pas encore complètement éteinte. Cette langue est devenue aujourd'hui le breton (cf. chapitre Autour des langues celtiques, § La « petite » Bretagne, p. 93), vestige celtique qui a survécu au déferlement du latin, puis du français.

C'est la raison pour laquelle le vocabulaire français d'origine celtique appartient à deux couches chronologiquement distantes de plusieurs siècles : le gaulois d'avant notre ère, et le breton, depuis le Ve siècle apr. J.-C. [401].

Mots gaulois et mots bretons

Parmi les mots venus très anciennement du gaulois, certains, comme *bièvre* « castor », ou comme *bouge* « sac de cuir » éveillent peu

UN SUFFIXE GAULOIS TRÈS POLYMORPHE

Le suffixe gaulois *-acos* a servi à former des milliers de lieux en France et a évolué diversement selon les régions : *-ac, -y, -ay* (ou *-ai*), *-ey, -é, -eu, -ieu*. Cette diversité apparaît d'autant mieux si l'on choisit de l'illustrer au moyen du même nom d'origine : *Victorius* (ou *Victor*) + *acum*, devenu *Vitry, Vitray, Vitrac*, etc. [402].

La présence de mots en *-ac* dans les régions entourées d'un pointillé s'explique par des circonstances historiques : en Bretagne, par l'effet du breton, qui a contrarié son évolution en *-é*, et en Saintonge, parce que cette région appartenait anciennement à la zone d'oc [403].

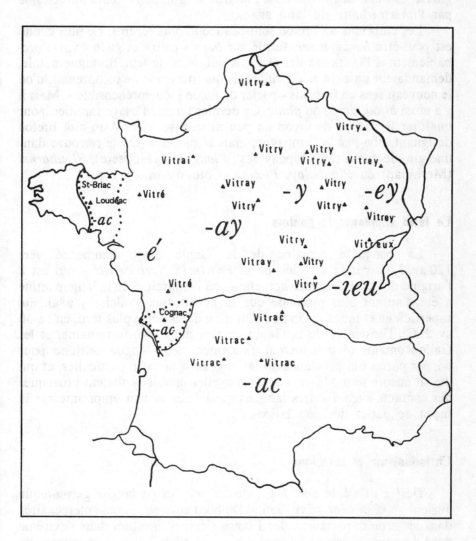

d'échos chez la moyenne des Français. Il y a bien une rue de Bièvre à
Paris, célèbre parce que s'y trouve le domicile du président de la République François Mitterrand, mais *bouge*? Ce mot a pourtant connu un
destin quasi européen : devenu *bougette* « petit sac », il a été emprunté
par l'anglais, pour revenir dans la langue française, sous la forme toute
britannique du *budget*, à l'époque de la Révolution [404].

Parmi les emprunts anciens (cf. le chapitre AUTOUR DU LATIN, § Le
latin et le gaulois, p. 114), on peut aussi signaler la série *braies, braguette*, et aussi *débraillé*, dont l'origine commune remonte au celtique
par l'intermédiaire du latin BRACAE.

Les emprunts au breton sont beaucoup plus récents. Le plus connu
est peut-être *baragouiner*, formé sur *bara* « pain » et *gwin* « vin », probablement à l'imitation des Bretons qui, hors de leur Bretagne natale,
demandaient du pain et du vin, mais que personne ne comprenait, d'où
le nouveau sens en français « parler de façon incompréhensible ». Mais il
y a aussi *bijou*, *darne* ou *plouc*. Ce dernier terme, d'usage familier, pour
qualifier le paysan de façon un peu moqueuse, vient d'un mot breton
désignant, non pas la campagne, mais la paroisse. On le retrouve dans
une grande quantité de toponymes : *Plougastel* (Finistère), *Plouharnel*
(Morbihan) ou *Ploubalay, Plouha* (Côtes-d'Armor), etc.

Le latin supplante le gaulois

La conquête romaine de la Gaule avait commencé vers
120 av. J.-C. par la création de la *Provincia Narbonensis* – qui est à
l'origine de notre *Provence* actuelle –, où l'empreinte de la langue latine
a été d'autant plus profonde que la pénétration gauloise y avait été
superficielle et inégale. Un peu plus d'un demi-siècle plus tard, en 58-50
av. J.-C., l'ensemble de la Gaule entrera dans l'orbite romaine, et les
Gallo-Romains abandonneront finalement leur langue celtique pour
donner partout la préséance au latin. C'était un latin particulier, et qui
devait encore se modifier, car de nouvelles invasions allaient provoquer
des contacts avec d'autres langues qui laisseront leur empreinte sur la
façon de parler des populations.

Christianisme et invasions

Dès le IIIe siècle apr. J.-C., divers peuples de langue germanique
avaient en effet pénétré en Gaule. D'abord engagés comme mercenaires
dans les armées romaines, des Francs s'étaient installés dans l'extrême
nord du pays, et cette influence des populations franques ne cessera de
se renforcer au cours des siècles suivants. Au ve siècle, d'autres Germains, les Alamans, occupent l'est du pays, où leur langue se maintien-

dra jusqu'à nos jours sous la forme de l'alsacien, tandis que les Burgondes, en Savoie et dans les régions voisines, abandonneront la leur au profit du latin. L'influence des Wisigoths, arrivés au début du vᵉ siècle dans le sud de la Gaule, restera très faible.

Pour la langue qui deviendra le français, l'événement déterminant a été, à la fin du vᵉ siècle, la conversion au catholicisme de leur chef Clovis et, à sa suite, de tous les Francs, car les conquérants ont alors appris la langue des populations conquises. Avec le latin comme véhicule de la vie religieuse, un nouveau bilinguisme – germanique/latin, cette fois – va se généraliser et peser de façon très sensible sur la langue française en gestation.

Le monde coloré des Francs

Il est un champ sémantique qui s'est trouvé particulièrement influencé par l'apport germanique : le monde des couleurs, dont les dénominations ont été complètement renouvelées.

On sait que la langue latine permettait de marquer la différence entre une couleur mate et une couleur brillante mais qu'elle n'en précisait pas vraiment la valeur chromatique [405]. C'est ainsi que pour « blanc », il n'y avait pas un mot unique mais plusieurs, parmi lesquels : ALBUS « blanc mat » et CANDIDUS « blanc brillant ». Sous l'influence de la forme germanique *blank*, ces deux termes ont été abandonnés, en français, au profit du mot *blanc*.

On avait d'autre part du mal en latin pour désigner simplement le bleu, car les vocables y étaient également nombreux et recouvraient souvent à la fois le bleu, le vert et le gris :

CAERULEUS « bleu d'azur », comme celui d'un ciel sans nuage,
CYANEUS « bleu foncé »,
CAESIUS « gris bleu », mais aussi « bleu verdâtre » ou « gris-vert ». Cet adjectif s'appliquait surtout à la couleur des yeux, tout comme
GLAUCUS « entre le vert et le bleu pâle », ou encore « gris clair », et
VIOLACEUS « d'un bleu tirant sur le violet ».

Grâce aux formes empruntées au germanique, la solution à ce chaos a finalement été trouvée par une simplification réductrice : *bleu* et *gris*. Non sans quelques hésitations toutefois, car au Moyen Age le terme *bleu* pouvait servir à désigner aussi bien le bleu pâle que le gris ou même le blond [406]. La première attestation de BLAVUS, emprunt au germanique *blao qui a abouti au français *bleu*, date du viiᵉ siècle apr. J.-C. [407].

Le terme *gris* a aussi connu des développements sémantiques particuliers, car cette forme avait d'abord désigné le vieillard, comme dans les langues germaniques : ce même sens se retrouve dans l'allemand moderne *Greis* « vieillard » et, de façon plus détournée, dans le danois *gris* « cochon », dont la couleur des poils évoque aussi celle des cheveux gris des vieillards.

Enfin, l'ancien mot latin FLAVUS, qui désignait la couleur jaune d'or appliquée aux cheveux, a semble-t-il été détrôné très tôt par l'adjectif *blond*, d'origine germanique [408]. Les cheveux blonds étaient en effet très appréciés par les Romains qui, pendant l'époque impériale, en achetaient de grandes quantités en Germanie.

Des mots germaniques à foison

On retrouve bon nombre de ces noms de couleurs dans toutes les autres langues romanes, mais dans aucune les emprunts germaniques n'ont été aussi considérables qu'en français. Il est remarquable, par exemple, que le français compte non seulement plusieurs centaines de substantifs, mais aussi des dizaines de verbes, quelques adjectifs et même deux adverbes d'origine germanique.

Parmi les innombrables substantifs, en voici quelques-uns dans des domaines aussi divers que :

– la guerre et la construction :

arquebuse	*espion*	*lucarne*
bourg	*estafette*	*maçon*
brèche	*flèche*	*salle*
burin	*guerre*	*taudis*
butin	*hache*	*trêve*
escarmouche	*hangar*	*troupe*

– la mer :

bouée	*écume*	*grappin*
chaloupe	*esquif*	*hareng*
écoutille	*esturgeon*	*houle*
écrevisse	*gaffe*	*mât*

– l'habillement et la vie domestique :

bonnet	*canif*	*fauteuil*	*gant*	*robe*
botte	*écharpe*	*feutre*	*guêtre*	*toque*
bretelle	*étoffe*	*froc*	*poche*	

– la cuisine :

escalope, flan, gâteau, gaufre, gigot, louche, soupe

– la vie rurale :

aulne	*bocage*	*blé*	*bosquet*	*bûche*
cresson	*fourrage*	*framboise*	*gazon*	*grappe*
groseille	*guêpe*	*gui*	*haie*	*hanneton*
hêtre	*houx*	*jardin*	*mare*	*marécage*
parc	*roseau*	*saule*	*troène*	

– les animaux :

baudet	*chouette*	*esturgeon*	*laie*
bison	*crapaud*	*étalon*	*mésange*
blaireau	*épervier*	*héron*	*mouette*
			renard

Face à ces longues listes de vocabulaire concret, on pourra s'étonner de la présence très discrète des termes abstraits : *besoin, besogne, harangue, hâte, honte.*

Adjectifs, verbes et adverbes

En dehors des adjectifs de couleurs déjà cités et auxquels on peut ajouter *brun, fauve, garance* « rougeâtre » et *saur* « jaune brun », voici d'autres adjectifs qui se sont imposés de façon durable : *blafard, fourbe, frais, gai, hagard, hardi, laid, leste, morne, rêche, riche, sale* et, bien entendu, *franc.*

En outre, un grand nombre de verbes, aujourd'hui très usuels, remontent à ces temps lointains :

attacher	*bâtir*	*blesser*	*(se) blottir*	*braconner*
brandir	*broder*	*broyer*	*choisir*	*danser*
déchirer	*déraper*	*dérober*	*épargner*	*équiper*
esquiver	*flatter*	*flétrir*	*fournir*	*gagner*
garder	*garnir*	*gâter*	*glisser*	*gratter*
gravir	*griffer*	*guérir*	*haïr*	*heurter*
jongler	*lécher*	*marcher*	*ramper*	*ricaner*
rôtir	*souhaiter*	*tanguer*	*trébucher*	*trépigner*
tricoter	*trotter*	*voguer*		

Enfin, sur la quarantaine d'adverbes français d'origine étrangère, deux adverbes germaniques, *guère* et *trop*, se sont introduits à cette époque et ils sont les seuls adverbes empruntés à des langues étrangères à s'être vraiment bien intégrés dans la langue française. D'autres, tels que *franco* ou *fortissimo*, empruntés à l'italien, ou *fifty-fifty*, d'origine anglaise, ont gardé un petit air exotique. Ces deux adverbes *guère* et *trop* évoquent tous deux de grandes quantités, mais le premier ne peut être employé que dans une phrase négative : *ne... guère* et signifie « pas... beaucoup ». Quant à l'adverbe *trop*, c'était à l'origine un substantif, devenu en latin médiéval TROPPUS « troupeau », qui a aussi donné les substantifs français *troupe* et *troupeau*. Enfin, cet adverbe, employé comme adjectif, connaît aujourd'hui une nouvelle jeunesse (cf. dans ce chapitre, § Lorsque la grammaire s'en mêle, p. 268).

Germanique influence

Si une grande partie du vocabulaire introduit au moment des invasions a survécu jusqu'à nos jours, il est une autre caractéristique germanique dont on ne peut comprendre l'importance à date ancienne que si l'on interroge, une fois encore, la toponymie. Il s'agit d'un trait grammatical concernant la position de l'adjectif épithète, aujourd'hui placé de préférence *après* le substantif, comme dans *la cuisine française* ou *les yeux bleus,* alors qu'il se trouve *avant* le substantif dans les langues germaniques. Il en résulte que si, dans un toponyme, l'adjectif se trouve avant le nom qu'il qualifie, comme dans *Rougemont* ou *Clairvaux,* on peut faire l'hypothèse que la forme est due à l'influence germanique.

Si l'on veut vérifier cette hypothèse, on doit pouvoir relever des séries de noms de communes de France par couples, comme *Montrouge* et *Rougemont, Châteauneuf* et *Neufchâteau,* ou *Villefranche* et *Francheville,* où le même adjectif et le même nom ont des positions inversées. La recherche risque d'être un peu longue et difficile car, du fait de l'évolution phonétique, tous les exemples ne sont pas aussi nets que ceux qui viennent d'être cités. Ainsi *Châteauneuf* existe aussi sous la forme *Châtelneuf, Castelnau* ou *Castelneu,* et *Neufchâteau* sous la forme *Neufchâtel* (en France) ou *Neuchâtel* (en Suisse).

Une telle recherche a néanmoins été effectuée [409] et a fourni quarante-six couples de toponymes « en miroir », dont voici un échantillon :

nom + adjectif	adjectif + nom
Aiguebelle (Gard, Savoie)	*Bellaigue* (Pas-de-Calais)
Aigues-Mortes (Gard)	*Mortaigue* (Vienne)
Champlong (Isère)	*Longchamp* (Côte-d'Or, Meuse, Vosges, Haute-Marne)
Eauxchaudes (Pyrénées-Atlantiques)	*Chaudes-Aigues* (Cantal)
Montclar (Alpes-de-Haute-Provence, Dordogne)	*Clermont* (Haute-Marne, Hérault, Haute-Garonne, Oise, Landes,
– *Montclard* (Haute-Garonne, Haute-Loire)	Dordogne, Meuse, Puy-de-Dôme)
– *Monclar* (Lot-et-Garonne, Tarn-et-Garonne)	
– *Monclarat* (Aveyron)	
Montrouge (Hauts-de-Seine, Val-d'Oise)	*Rougemont* (Ain, Doubs, Côte-d'Or, Haut-Rhin)
Valbonne (Alpes-Maritimes)	*Bonneval* (Eure-et-Loir, Savoie, Vosges)
	– *Bonnevau* (Loir-et-Cher)
	– *Bonnevaux* (Seine-et-Marne, Vienne)
Vauclair (Haute-Marne)	*Clairvaux* (Aube, Aveyron, Jura)
– *Vauclerc* (Aisne)	– *Clerval* (Doubs)

Boisvert (Isère)
Villelongue (Aude)

Verbosc (Seine-Maritime)
Longueville (Calvados, Pas-de-Calais, Seine-et-Marne, Seine-Maritime)
– *Longeville* (Doubs, Moselle, Meuse, Haute-Marne).

Ces 46 couples représentent en fait plus de 400 localités, chacun des toponymes figurant souvent, comme on a pu le voir dans la liste précédente, sous plusieurs variantes et dans des départements différents.

UNE GERMANIQUE INFLUENCE

Les pourcentages inscrits dans des cercles indiquent la proportion de formations de type germanique (avec l'adjectif devant le nom, comme dans *Francheville*). Les lignes continues correspondent, au nord, à la première invasion franque (jusqu'en 440), puis à la limite de l'extension du domaine franc en 507, date de leur victoire sur les Wisigoths. La ligne méridionale reproduit les limites de la *Provincia Narbonensis,* qui est la région la moins atteinte par l'influence germanique [410].

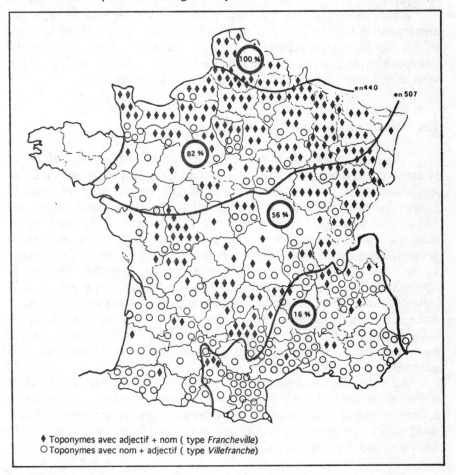

♦ Toponymes avec adjectif + nom (type *Francheville*)
○ Toponymes avec nom + adjectif (type *Villefranche*)

En se reportant à la carte précédente (cf. *carte* UNE GERMANIQUE INFLUENCE), on peut constater qu'au nord de la limite de la première implantation franque (en 440, jusqu'à la Somme) le pourcentage des toponymes ayant l'adjectif en première position est de 100 %. On pourrait même mettre en évidence une zone nord beaucoup plus vaste, débordant largement les rives de la Somme, englobant la Normandie et comprenant à l'est l'Alsace, la Lorraine et la Franche-Comté.

Ce pourcentage tombe à 16 % dans la zone la plus anciennement romanisée et la moins germanisée *(Provincia Narbonensis)*.

Entre ces deux extrêmes, le pourcentage est encore très élevé (82 %) dans la partie située au nord de la limite du royaume franc avant la victoire de Clovis sur les Wisigoths en 507. Ce pourcentage important tient aussi au fait qu'une partie de ces toponymes de type germanique provient de l'influence des Normands venus de Scandinavie au IXᵉ siècle. Notons que la Bretagne est restée à l'écart des invasions franques.

Enfin, cette zone de domination franque est séparée de celle qui correspond à la *Provincia* par un territoire comprenant 56 % de toponymes de formation germanique. On y remarque une densité particulièrement importante dans la zone francoprovençale, ce qui s'explique sans doute par l'influence burgonde à partir du Vᵉ siècle.

Les ultimes effets d'une consonne disparue

Alors que le latin parlé des légionnaires romains ne connaissait pas la consonne *h*, qui ne se prononçait plus en latin déjà du temps de Cicéron (dans HOMO, HONOR, HORA, le H- était déjà seulement graphique), la langue qui devait devenir le français allait acquérir cette consonne du fait de l'influence germanique, dans des mots comme *hache, haie, halle, hameau, hanche, harde, honte, housse, hutte*, où le *h* s'est longtemps prononcé comme le *h* de l'anglais *house*. Tous ces mots se prononcent aujourd'hui comme s'ils commençaient par une voyelle, mais ce *h*, inexistant à l'oral, continue néanmoins son action en empêchant la liaison et l'élision : si on dit *les-z- hommes* mais *les haches* (sans liaison) et *les-z-heures* mais *les hanches*, c'est parce que, dans les mots venus du latin importé en Gaule, cette consonne n'a jamais été prononcée, tandis que dans les mots germaniques la consonne *h* se faisait autrefois entendre.

Au cours de son histoire, le français a encore emprunté d'autres mots commençant par un véritable *h* à diverses langues, comme *harem* à l'arabe, *hussard* au hongrois, *harakiri* au japonais ou *hamac* à l'arawak, mais on constate que, sur 121 mots d'usage courant de ce type, 105 nous ont été fournis par le germanique[411].

Les Vikings en Normandie

De nouveaux contacts avec les langues germaniques se sont produits, entre le IXe et le Xe siècle, du fait des incursions, puis de l'installation définitive de populations scandinaves dans ce qui est aujourd'hui la Normandie. Mais l'influence des parlers scandinaves sur la langue française a été beaucoup plus réduite, avec seulement quelques dizaines de mots, parmi lesquels : *agrès, carlingue, cingler, duvet, guichet, joli, homard, turbot* et *vague*. En dehors des toponymes de Normandie, où des villes comme *Honfleur, Caudebec, Elbeuf* ou *Yvetot* rappellent le passage des Vikings, on peut aussi reconnaître du vocabulaire d'origine scandinave dans le français régional de Basse-Normandie (cf. dans ce même chapitre, *encadré* BASSE-NORMANDIE, p. 259).

Quand commence le français ?

A partir de la chute de l'Empire romain (476), le manque de documents ne permet pas de suivre les progrès de l'évolution qui aboutira à la naissance de la langue française, dont la date reste difficile à établir. En prenant le passage à l'écrit comme critère, on pourrait considérer comme acte de naissance de la langue française les *Serments de Strasbourg*, prononcés en 842 par deux des petits-fils de Charlemagne, Louis le Germanique et Charles le Chauve, et consignés par écrit par leur cousin Nithard dans un texte rédigé complètement en latin, à l'exception des quelques lignes des serments qui sont en langue romane et en langue germanique [412]. Mais déjà en 813 le concile de Tours avait préconisé l'emploi des langues vulgaires (romane et germanique) pour les prêches et les homélies [413], signe qu'à l'église, au début du IXe siècle, le bon peuple ne comprenait plus le latin. Et cela n'était pas arrivé du jour au lendemain.

Déjà, à la fin du VIIIe siècle, Charlemagne, empereur de langue germanique mais féru de latin, avait pris conscience du fait que la langue parlée en France n'était plus le latin des livres, et il avait fait venir d'Angleterre le savant Alcuin pour lui redonner vie : dans l'abbaye de Saint-Martin de Tours, Alcuin avait alors dispensé un enseignement sérieux de latin aux moines français qui n'arrivaient plus à comprendre le texte de la *Vulgate*, traduction latine de la Bible rédigée par saint Jérôme au début du Ve siècle.

Ainsi avait commencé ce qu'on a appelé la « renaissance carolingienne », qui est aussi la renaissance du latin.

Les deux filons parallèles

Avec ce renouveau de l'enseignement de la langue latine vont alors apparaître dans la langue française en formation des centaines de mots empruntés directement au latin, comme s'il s'agissait d'une langue étrangère.

Toute l'histoire du français s'en trouve dès lors perturbée, et on ne peut pas comprendre la diversité de ses formes si l'on ne tient pas compte de ce retour du latin. Alors qu'un mot latin comme AQUA avait déjà évolué depuis des siècles pour aboutir à la forme française *eau*, de nouvelles formes ont alors été créées directement à partir de la même racine latine AQUA, telles que *aquatique, aqueux*, etc. Il en est de même pour *œil* et *oculaire*, ou pour *frère* et *fraternel*. On a ainsi en français d'une part des formations populaires, comme *eau* ou *œil*, de l'autre des formations savantes, comme *monastère* (en face de *moutier*) ou même semi-savantes, comme *linge* (du latin LINEUS [414]).

Les doublets ne sont pas des synonymes

Lorsque c'est le même mot latin qui est représenté aujourd'hui sous deux formes différentes, on parle de *doublets*. Par exemple, le mot latin FABRICA a été emprunté sous une forme à peine modifiée dans le mot français *fabrique*, alors que ce même mot latin avait évolué oralement – au point de devenir méconnaissable – dans le français *forge*. Ces deux mots sont des doublets. De même :

LIBERARE « donner la liberté » a produit *libérer* (formation savante) et *livrer* (formation populaire);

CADENCIA « chute », et plus spécifiquement « chute de dés », a donné *cadence* et *chance*;

CALCULU(M) « caillou » et « caillou d'une table à calculer » : *calcul* et *caillou*;

CLAVICULA(M) « petite clef » : *clavicule* et *cheville*.

Ces quelques exemples montrent que le lien entre les doublets n'est pas toujours évident, car non seulement les deux mots se prononcent et s'écrivent aujourd'hui différemment, mais leurs sens ont dérivé de façon parfois si capricieuse qu'on est incapable de reconnaître leur parenté.

Pour pouvoir identifier les doublets, il faut savoir que la forme phonétique du terme populaire est généralement plus réduite en français du fait de la chute d'une consonne, avec pour conséquence fréquente la réduction du nombre de syllabes dans le mot. Ainsi :

– pour passer du latin MUSCULUM au français *moule* (le fruit de mer), de HOSPITALEM à *hôtel*, de CASTRARE à *châtrer*, de BLASPHEMARE à *blâmer*, c'est un *s* du latin qui a disparu, en entraînant un abrégement du mot;

– dans MUTARE, c'est un *t* qui ne s'est plus prononcé dans le français *muer*;

– dans COMPUTARE, qui a abouti aux deux verbes *compter* et *conter*, le *p* ne se prononce aujourd'hui ni dans l'un ni dans l'autre doublet;

– dans SOLIDUS, c'est un *l* et un *d* qui se sont évanouis dans le français *sou*;

– dans REDEMPTIONEM, il y a eu chute de consonnes, altération des voyelles et réduction du nombre de syllabes pour aboutir au mot *rançon*. Mais *rédemption* a été introduit ultérieurement (cf. *encadré* ci-dessous).

Récréation RENDONS À CÉSAR...

Comme toutes les langues romanes, le français a deux types de mots d'origine latine : ceux qui ont connu une usure normale (formation populaire) et ceux qui ont été empruntés directement au latin classique, et qui ont gardé une forme plus proche du latin (formation savante).

On peut se divertir en cherchant à remplacer les points de suspension de la liste ci-dessous par le mot qui manque. Pour y parvenir, il suffit de se rappeler que :

– la formation savante ressemble beaucoup plus au mot latin;

– les mots de formation populaire sont toujours plus courts parce qu'ils ont subi l'élimination d'une consonne ou d'une syllabe entière.

Le n° 16 a eu deux formations populaires, et c'est la deuxième qu'il faut trouver.

	Latin classique	Forme populaire	Forme savante
1	FABRICAM	forge	.....
2	FRAGILEM	.....	fragile
3	FRIGIDUM	froid	.....
4	.....	grêle	gracile
5	SACRAMENTUM	serment	.....
6	SECURITATEM	.....	sécurité
7	.....	employer	.....
8	CADENTIAM	chance	.....
9	POTIONEM	.....	potion
10	.....	verre	vitre
11	MASTICARE	mâcher	.....
12	MUSCULUM	..... (n. f.)	muscle
13	MODULUM	moule (n. m.)	.....
14	.....	épaule	spatule
15	MONASTERIUM	.....	monastère
16	.....	roide	rigide
		.....	
17	PALMAM	paume	.....
18	.....	porche	portique
19	MINISTERIUM	métier	.....
20	TABULAM	.....	table
21	CLAVICULAM	cheville	.....
22	AUGUSTUM	.....	auguste

Réponses : 1. fabrique. 2. frêle. 3. frigide. 4. gracilis. 5. sacrement. 6. sûreté. 7. impliquer, impliquare. 8. cadence. 9. poison. 10. vitrum. 11. mastiquer. 12. moule (fruit de mer). 13. module. 14. spatula. 15. moutier. 16. rigidus, raide. 17. palme. 18. porticus. 19. ministère. 20. tôle. 21. clavicule. 22. août.

La langue française : une affaire de l'État

Là re-latinisation du français a donc été voulue. On peut même dire que cette mainmise des instances dirigeantes sur la langue n'a été que la première de toute une série d'interventions, qui se poursuivra jusqu'à nos jours. Après Charlemagne, c'est François Ier qui, par l'ordonnance de Villers-Cotterêts, en 1539, prendra la décision de remplacer le latin par le français dans tous les écrits officiels.

NÎMES AVAIT PRÉCÉDÉ VILLERS-COTTERÊTS

En 1531, répondant à Nîmes aux Remontrances des états généraux du Languedoc, François Ier avait, dans un premier temps, confirmé l'ordonnance de Louis XII au profit des langues régionales, en précisant :

*Les trois Estats de nos pays de Languedoc..: nous ayant humblement fait dire et remontrer que... lesdits notaires escripvoient **en latin** et autre langage que de ceux qui font lesdits contractz et dispositions... **Ordonnons et enjoignons auxdits notaires passer et escripvre tous et chacun en langue vulgaire des contractants...***

Huit ans plus tard, François Ier promulgue en 1539 l'ordonnance de Villers-Cotterêts, qui annule les ordonnances précédentes et prescrit l'usage du français dans les actes administratifs : art. 111

*... Nous voulons doresnavant que tous les arrests ensemble toutes autres procédures soient de nos Cours souveraines et autres subalternes et inférieures soient de registres, enquestes, contrats, commissions, actes et exploits de justice, ou qui en dépendent, soient prononcés, enregistrés et délivrés aux parties **en langage maternel françois et non autrement*** [415].

Le processus de francisation s'est donc fait en deux temps : on a d'abord éliminé le latin au profit des langues régionales, puis ces dernières au profit du seul français.

Un siècle plus tard, en 1635, Richelieu créera l'Académie française, qui aura pour mission de codifier le lexique et de fixer la grammaire. La première édition du *Dictionnaire de l'Académie* consacre en 1694 un « bel usage », celui de la cour et des gens de qualité, ainsi qu'une orthographe respectueuse de l'étymologie.

Encore un siècle plus tard, en 1794, l'abbé Grégoire lance un appel en vue de l'abolition de tous les patois, à la fois pour que les lois de la République soient comprises de tous et pour répondre à la demande de citoyens qui avaient réclamé une instruction en français afin d'assurer l'avenir de leurs enfants.

En 1964, le général de Gaulle crée le Haut Conseil de la langue française, devenu par la suite le Haut Commissariat et actuellement la Délégation à la langue française.

L'État a donc constamment pesé sur l'évolution de la langue française depuis le haut Moyen Age.

La situation au Moyen Age

Cependant, à cette lointaine époque, il serait abusif de parler de « **la** » langue française, car le latin avait pris des formes un peu différentes dans chacune des régions, et le dialecte de l'Ile-de-France n'avait pas encore réussi à s'imposer en devenant le français pour l'ensemble du royaume.

La grande division tripartite entre langue d'oïl, langue d'oc et francoprovençal se caractérisait alors :
– dans la zone d'oc, par des parlers plus proches du latin ;
– dans la zone d'oïl, par une évolution plus poussée, en partie due à l'influence germanique ;
– dans la zone francoprovençale, par des parlers de type occitan, mais très influencés par les parlers d'oïl.

La France multilingue

Malgré l'emprise toujours grandissante de la langue française devenue la langue du roi dès la fin du Xe siècle, les langues régionales font encore partie de notre paysage linguistique. Comme leur vitalité est très différente d'une région à l'autre, toute carte de répartition géographique de ces langues est un peu trompeuse. La carte LES LANGUES DE LA FRANCE (p. 246) ne fait qu'indiquer des lieux où ces parlers peuvent encore s'entendre de nos jours, bien que, dans certains cas, ils soient en voie d'extinction alors que dans d'autres ils sont encore bien vivants [416].

On y reconnaît, dans les régions périphériques, des langues non romanes :
– basque (Pyrénées-Atlantiques)
– celtique (Finistère, Morbihan, Côtes-d'Armor)
– germanique : flamand (Nord)
               alsacien (Haut-Rhin et Bas-Rhin)
               francique lorrain (Moselle).

Ces langues ont fait l'objet d'un développement dans d'autres chapitres de cet ouvrage (cf. le chapitre AUTOUR DES LANGUES CELTIQUES p. 93, pour le breton, le chapitre AUTOUR DES LANGUES GERMANIQUES p. 326, 327, 359, pour le flamand, l'alsacien et le francique lorrain, ainsi que le chapitre AUTOUR DE L'ESPAGNOL p. 183, pour le basque).

Les langues romanes, dont les limites sont plus difficiles à établir, peuvent être réparties en domaine d'oïl, francoprovençal, domaine d'oc, catalan (Pyrénées-Orientales) et corse (Corse).

Elles seront présentées ci-après selon leur degré de vitalité dans la France d'aujourd'hui.

LES LANGUES DE LA FRANCE

Les langues non romanes sont indiquées au moyen de hachures en biais : breto
flamand, lorrain, alsacien et basque. Les parties hachurées horizontalement repr
sentent des **zones anciennement allophones** : on parlait autrefois breton dans une pa
tie du pays gallo, occitan en Saintonge et flamand dans une région plus vast
qu'actuellement.

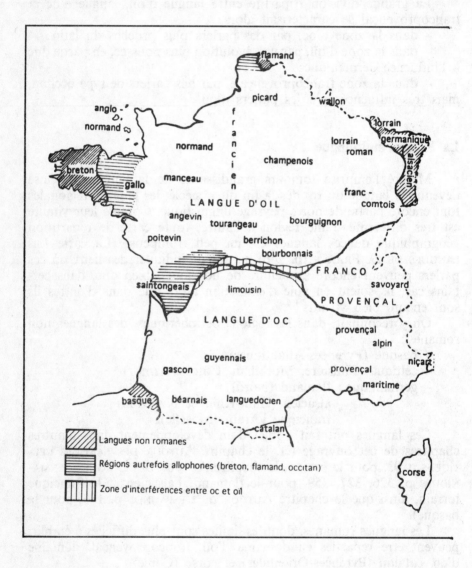

anglo-normand
flamand
picard
wallon
lorrain
germanique
normand
francien
lorrain
roman
champenois
alsacien
breton
gallo
manceau
franc-comtois
LANGUE D'OIL
angevin
tourangeau
bourguignon
poitevin
berrichon
bourbonnais
FRANCO
saintongeais
limousin
savoyard
PROVENÇAL
LANGUE D'OC
provençal
alpin
guyennais
niçard
gascon
provençal
maritime
basque
béarnais
languedocien
catalan
corse

Langues non romanes

Régions autrefois allophones (breton, flamand, occitan)

Zone d'interférences entre oc et oil

Le corse

Devenue très tôt colonie romaine (vers 240 av. J.-C.), juste après la Sicile et en même temps que la Sardaigne, la Corse a été successivement soumise à Pise (xie-xiiie s.), puis à Gênes pendant cinq siècles. Elle est française depuis 1769, mais à cette époque et jusqu'au xixe siècle toute la population y parlait corse, tandis que la classe cultivée parlait italien. Aujourd'hui, c'est un bilinguisme français/corse qui s'est généralisé, mais le corse est resté une langue très vivante, aussi bien à la campagne qu'à la ville. Bien que cette langue se caractérise par une grande diversité des usages [417], une graphie unique, basée sur l'orthographe italienne, a permis de mettre au point des méthodes d'enseignement concordantes [418].

Apparenté à l'italien, le corse a gardé certains traits anciens du latin disparus de l'italien, comme par exemple la voyelle *u* (prononcée *ou*) en position finale :

pastu « repas » (it. *pasto*)
topu « rat » (it. *topo*)
ditu « doigt » (it. *dito*)
sollu « sou » (it. *soldo*), etc.

Le catalan en France

L'ensemble catalan se partage entre la France (Roussillon et Cerdagne) et l'Espagne (cf. chapitre AUTOUR DE L'ESPAGNOL, § Le catalan en Espagne, p. 189), mais il existe aussi une petite communauté catalanophone en Sardaigne, près d'Alghero. Le plus ancien texte catalan date du xiie siècle, et cette langue s'est illustrée au xive siècle par une littérature poétique exceptionnelle. Le rattachement de la Catalogne à la Castille à la fin du xve favorisera ensuite l'emprise du castillan dans le sud du pays catalan [419], tandis qu'au nord (dans le département des Pyrénées-Orientales), l'influence du français se fera sentir à partir du xixe siècle. Il y a un siècle, la langue catalane était encore parlée par le quart des enfants, mais le processus de francisation a été accéléré dans la deuxième moitié du xxe siècle par une double immigration : celle des rapatriés d'Afrique du Nord et celle des retraités venus du nord de la Loire.

Aujourd'hui, le catalan reste vivant à la campagne et plutôt chez les personnes âgées, mais un goût de plus en plus prononcé se manifeste en faveur d'un enseignement de cette langue à partir de l'école primaire. C'est en 1976 que la première école maternelle en catalan, la *Bressola,* a été créée à Perpignan et, depuis 1982, un cursus complet d'enseignement du catalan a été mis en place à l'université de Perpignan. Mais, comparée à celle qu'il a de l'autre côté des Pyrénées, la situation du catalan dans la Catalogne française reste assez fragile [420].

Malgré des ressemblances avec le languedocien, le catalan s'en distingue par plusieurs traits, dont
- le maintien du u latin (prononcé *ou*) :

MADURU(M) a évolué en *madur* (prononcé *madour*)		« mûr »
LUNA	*lluna*	« lune »

- la chute des consonnes nasales devenues finales :

MANUS	*mà*	« main »
BENE	*bé*	« bien »
CAPITANEUS (adj.)	*capità*	« capitaine » [421].

Le domaine d'oc

Au milieu du XIᵉ siècle, au moment où le français ne connaissait encore aucune œuvre écrite importante, la langue du pays d'oc avait déjà produit des œuvres poétiques, et à partir du XIIᵉ siècle elle avait été considérée comme le véhicule de la première grande poésie lyrique de l'Occident [422].

La poésie des troubadours et ses raffinements joueront un rôle important dans le développement du français et des autres langues romanes : le gallaïco-portugais, ancêtre du portugais (cf. chapitre AUTOUR DU PORTUGAIS, § Une langue littéraire prestigieuse, p. 206), le catalan ou l'italien (cf. chapitre AUTOUR DE L'ITALIEN, § Les sœurs voisines, p. 136). Plus tard, et malgré le déclin qu'elle avait subi depuis la croisade contre les Albigeois au XIIIᵉ siècle, cette langue résistera pendant longtemps au prestige de la langue du roi de France, en restant une langue vivante dans la pratique journalière. Elle a connu une renaissance littéraire éclatante en Provence au XIXᵉ siècle avec le Félibrige (1854) et le poète provençal Frédéric Mistral, tandis qu'au XXᵉ siècle, c'est une conception plus globale de l'occitanisme qui est proposée par l'Institut d'Études occitanes. Elle est aujourd'hui parlée ou comprise surtout par les personnes de plus de cinquante ans et hors des grandes agglomérations, et elle fait l'objet d'un culte identitaire pour certains groupes de jeunes et d'intellectuels.

Comme on peut le voir sur la carte de la page 246, de nombreuses variétés se sont développées, dont il est impossible de rendre compte ici. Indiquons seulement que les consonnes intervocaliques du latin n'y sont nulle part effacées comme en français : SECURU(M) a abouti à *segur* « sûr » et CATENA à *cadena* « chaîne ». Bien que sous des formes différentes, la consonne latine s'est maintenue.

Le gascon

Dans le groupe occitan, une place à part est à réserver au gascon, dont la spécificité s'explique par la présence ancienne des Aquitains – les hypothétiques ancêtres des Basques – à l'ouest de la Garonne, où l'on parle aujourd'hui gascon [423].

Voici une caractéristique du gascon facile à retenir : les **f** du latin y sont prononcés avec un **h** (un vrai **h** expiré) : *haria* « farine » (du latin FARINA), *hlor* « fleur » (du latin FLOR) ou *hilha* « fille » (du latin FILIA).

Une variété de cette langue existe aussi en Espagne (cf. chapitre AUTOUR DE L'ESPAGNOL, § L'aranais n'est pas du catalan, p. 190).

Le francoprovençal

Si le francoprovençal – parlé en France, mais aussi en Italie et en Suisse – a aujourd'hui du mal à survivre, c'est qu'aucun de ses dialectes n'a pris de véritable importance, alors qu'ils avaient été parlés dans de grandes capitales régionales comme Lyon ou Genève. Mais, dès le XIVᵉ siècle, aussi bien Lyon que Genève avaient favorisé la pénétration, puis la diffusion du français. C'est donc sans doute en raison de sa grande fragmentaion en de multiples dialectes que le francoprovençal a subi une régression qui se poursuit et s'accélère irrémédiablement depuis un siècle.

Le francoprovençal se distingue à la fois de l'occitan et des dialectes d'oïl en particulier par l'évolution originale de la succession CA du latin. En Savoie, par exemple, elle a évolué en *th* (prononcé entre les dents), ainsi :

CARBONEM	→ *tharbon*	« charbon »
CANTARE	→ *thantò*	« chanter »
CAPRAM	→ *thévra*	« chèvre [424] ».

Les dialectes d'oïl

La question de la survivance des dialectes se pose de façon beaucoup plus complexe – et beaucoup plus dramatique – en zone d'oïl car les formes des mots issus du latin y sont souvent très proches de celles qui ont été perpétuées en français. La perte de l'idiome local se fait alors, d'abord imperceptiblement, puis par fusion progressive avec le français, qui finit par l'absorber [425].

C'est ce que l'on constate par exemple pour le gallo, forme que le latin a prise en Haute-Bretagne et qui, chez ceux qui le parlent encore quotidiennement, ne se maintient pas totalement distinct du français.

En Normandie, un phénomène analogue se produit, mais on peut encore trouver des habitants des campagnes, surtout dans la presqu'île du Cotentin, qui conservent dans leur usage deux idiomes qu'ils distinguent parfaitement : le normand et le français.

EN FAVEUR DES LANGUES RÉGIONALES

Alors que l'Ordonnance de Villers-Cotterêts, par laquelle François Ier faisait obligation de rédiger tous les actes administratifs « en langue françoise et non autrement » et que le discours de l'abbé Grégoire sur la nécessité d'abolir les patois sont restés très célèbres, les décisions officielles en faveur des langues régionales sont moins connues.

Voici quelques dates qui ont marqué leur histoire :

813   **Concile de Tours** :
« ... et ut easdem omelias quisque aperte transferre studeat **in rusticam Romanam linguam aut Thiotiscam**, quo facilius cuncti possint intellegere quae dicuntur. »
« ... et [*que chaque évêque*] s'appliquerait à traduire ces sermons **en langue rustique romane ou tudesque**, afin que les fidèles puissent plus aisément en comprendre le contenu. »

Juin 1510   **Ordonnance de Louis XII** :
« Ordonnons [...] que doresnavant tous les proces criminels et lesdites enquestes, en quelque maniere que ce soit, seront faites en **vulgaire et langage du pais** [...]autrement ne seront d'aucun effet ni valeur. »

1531   **Confirmation par François Ier**, pour le Languedoc, de l'Ordonnance de Louis XII. Cette décision sera rendue caduque par la promulgation de l'Ordonnance de Villers-Cotterêts, huit ans plus tard.

Janvier 1951   **Loi Deixonne** :
« [...] rechercher les meilleurs moyens de favoriser **l'étude des langues et des dialectes locaux** [...] dans les zones d'influence du breton, du basque, du catalan et de la langue occitane. »
Extension au corse par le décret Fontanet (janvier 1974).

Mai 1981   **Proposition de François Mitterrand** :
Dans son programme de candidat à l'élection présidentielle (56e des 110 propositions) : « [...] **les langues et cultures minoritaires** seront respectées et enseignées. » Cette proposition a été concrétisée par la Circulaire Savary du 21 juin 1982, qui programme un enseignement des langues et des cultures régionales sans en donner la liste, ce qui laisse ainsi la possibilité de les enseigner toutes. Le 26 mai 1983 paraît au *Journal officiel* la liste des langues admises au baccalauréat : *breton, basque, catalan, occitan, corse, gallo* et, depuis 1988, *alsacien* [426].

Les parlers de Jersey et des autres îles Anglo-Normandes se sont bien maintenus jusqu'au XVIIIe siècle, époque à laquelle l'anglais a commencé à se répandre dans l'ensemble de la population. Le français, quoique langue officielle aux côtés de l'anglais, ne s'entend plus guère à Jersey, mais le « jerriais » y est encore parlé par quelques milliers de personnes (5 720 d'après le recensement de 1991, soit 6,9 % de la population) dont 90 % sont âgées de plus de 40 ans. La richesse de son système vocalique, qui comprend non seulement des voyelles longues et brèves mais aussi des diphtongues et cinq voyelles nasales, n'est pas sans rappeler celui du français au XVIe siècle [427].

En revanche, dans le Maine-et-Loire par exemple, on peut dire que les habitants, tout en ayant une façon de parler bien particulière et que l'on ne peut pas qualifier de français « neutre », ne connaissent plus qu'une seule langue : une variété de français fortement teintée par le patois disparu.

Dans les régions du nord, du centre et de l'est, la situation est variable : le picard, bien identifiable par rapport au français, a gardé une certaine indépendance, mais le champenois et le bourguignon, ainsi que le berrichon, se sont aujourd'hui pratiquement dissous dans un français régional coloré [428].

Le XVIe siècle et l'emprise de l'italien

Avec deux reines venues d'Italie – Catherine de Médicis, qui épouse Henri II en 1533 et sera régente de 1560 à 1580, puis Marie de Médicis, qui épouse Henri IV en 1600 et deviendra régente de 1610 à 1630 – la cour de France résonne d'accents d'Italie, et la langue française reçoit un afflux de vocabulaire qui concerne aussi bien le domaine de la guerre et celui des arts que celui de la vie quotidienne et de la cuisine. Les manières de table vont devenir plus raffinées, on ne mangera plus avec ses doigts mais avec une fourchette, on séparera les plats salés des plats sucrés. Finies les ripailles sans façon. Le repas devient une célébration [429].

Voici un modeste échantillon du très grand nombre de mots entrés en français à partir de cette époque et dont la forme ne diffère pas du vocabulaire purement français :

alerte	*dessin*	*caleçon*	*agrumes*
bisbille	*filigrane*	*capeline*	*frangipane*
représailles	*figurine*	*costume*	*gélatine*
soldat	*gouache*	*escarpin*	*semoule*
		pantoufle	*vermicelle*
		perruque	

Mais il y a aussi tous les mots qui clament très haut leur origine : *adagio* et *allegro, forte* et *fortissimo, osso-buco* et *pizza, spaghetti* et *gorgonzola*. En un mot, l'italien depuis quatre siècles a beaucoup donné au français, et l'italomanie en France n'a eu d'égale que la francomanie en Italie (cf. AUTOUR DE L'ITALIEN, § Une présence séculaire, p. 163).

La ligne de partage du vocabulaire exotique

Un peu plus tard se manifestent les apports venus d'au-delà des Pyrénées, renforcés par le mariage de Louis XIII avec Anne d'Autriche, fille du roi d'Espagne Philippe III, puis par celui de Louis XIV avec Marie-Thérèse, fille du roi d'Espagne Philippe IV. C'est en grande partie par l'espagnol qu'a pénétré en français le vocabulaire exotique qui avait accompagné les grandes expéditions maritimes, par exemple :
> *cacao, chocolat, cacahuète, tomate, ocelot,* du nahuatl (Mexique)
> *alpaga, caoutchouc, pampa, vigogne,* du quechua (Pérou)
> *iguane, maïs, ouragan, savane,* de l'arawak (Antilles).

C'est en raison du traité de Tordesillas de 1494 (cf. chapitre AUTOUR DU PORTUGAIS, § Le monde coupé en deux, p. 215) que d'autres mots venus de loin sont parvenus plus tard en français par le portugais, comme par exemple :
> *acajou, ananas, tapioca,* du tupi, langue indienne du Brésil
> *cachou, cari, mangue,* du tamoul, langue de l'Inde
> *cangue* « carcan », *typhon,* du chinois
> *bambou, jonque,* du malais [430].

La ligne de démarcation du traité de Tordesillas passe, en quelque sorte, entre ces deux listes.

Le français traverse l'Atlantique

Si, au cours du XVIIᵉ siècle, le français a bénéficié d'apports venus d'au-delà des mers, il a également commencé à cette époque à faire souche en Amérique.

Dès 1534, Jacques Cartier, parti de Saint-Malo, avait pris possession du Canada au nom du roi de France François Iᵉʳ, mais la colonisation – et donc l'implantation de la langue française – n'a vraiment commencé qu'au tout début du XVIIᵉ siècle. La lutte avec l'Angleterre s'étant soldée par la perte de l'empire colonial français au profit des Anglais (traité de Paris, 1763), le français n'a pu se maintenir que dans une partie du Canada. Aujourd'hui les francophones sont massivement majoritaires au Québec (86 %), mais ne constituent qu'une minorité dans les territoires acadiens : 36 % au Nouveau-Brunswick et moins de 3 % en Nouvelle-Écosse. Dans l'Ontario, le groupe francophone est assez important, surtout dans le nord et le long de la frontière avec le Québec, tandis que dans les provinces de l'Ouest, les francophones sont partout très minoritaires.

Le français au Canada

Qu'il soit québécois, acadien ou d'une autre province, le français du Canada se reconnaît à la fois à sa prononciation et à son vocabulaire qui varie aussi d'une région à l'autre. Il y a par exemple trois mots pour désigner la bouilloire : *coquemar*, vieux mot français qui était en usage partout jusqu'au XVIIIᵉ siècle, mais qui ne s'emploie plus que dans la région acadienne, *bombe,* qui est surtout répandu dans le nord du Québec, et *canard*, dans l'ouest.

Certaines locutions se retrouvent dans des régions de France, de Belgique ou de Suisse, comme par exemple *il fait cru* « il fait froid et humide », *couverte* pour « couverture », *dîner* pour le repas de midi et *souper* pour celui du soir. D'autres expressions semblent plus spécifiques : *placoter* « bavarder », *maganer* « maltraiter », *garocher* « lancer », *achaler* « importuner », *trâlée* « grand nombre », ou encore *parler à travers son chapeau* « dire des bêtises », cette dernière expression étant un calque de l'anglais, tout comme *tomber en amour* « tomber amoureux » ou *être dans l'eau bouillante* « être dans le pétrin ».

Pourtant, bien souvent, la résistance à l'anglais se manifeste beaucoup plus nettement qu'en France : par exemple les Québécois francisent systématiquement la terminaison anglaise *-er* en *-eur* (*mixeur, supporteur,* etc.) et ils traduisent sans hésiter les mots de leurs voisins anglophones, comme :

ferry	qui devient	*traversier*
living		*vivoir*
square		*carré*
week-end		*fin de semaine*
parking		*parc de stationnement*
pop-corn		*maïs soufflé*
vol charter		*vol nolisé.*

Certaines formes lexicales, courantes au Canada, sont absolument inconnues en France. Elles peuvent désigner des réalités spécifiquement canadiennes, telles que le *dépanneur* « petite épicerie restant ouverte après les heures normales, pour les courses de dernière minute », le *sous-marin* « sandwich allongé garni de charcuterie, de fromage et de laitue », *beigne* « espèce de pâte frite en forme de couronne, équivalent du *donut* américain », ou encore *tuque* « bonnet de laine conique à pompon ou à gland ».

D'autres formes peuvent parfois prêter à confusion, les dénominations de certaines réalités étant différentes de part et d'autre de l'Atlantique :

Au Canada	En France
lumières	feux de signalisation
pamphlet	brochure
efface (n.f.)	gomme
cadran	réveille-matin
blé d'Inde	maïs
clip	trombone (agrafe)
brassière	soutien-gorge
aiguisoir	taille-crayon.

On appréciera enfin les euphémismes pleins de poésie que sont *l'âge d'or*, pour ce qui n'est en France que le triste *troisième âge*, et le remplacement du terme *handicapé* par celui de *personne exceptionnelle* [431].

Le français aux États-Unis

Au cours du XVIIIe et du XIXe siècle, le français s'est aussi implanté aux États-Unis, tout d'abord en Louisiane, puis en Nouvelle-Angleterre.

C'est en 1755 et en 1763 que des Acadiens, chassés du Canada au cours du « Grand Dérangement », se sont réfugiés en Louisiane, qui était alors possession française. Prononcé à l'anglaise, le nom de ces arrivants (*Acadien*) est devenu *Cajun*. Depuis 1968, le français est langue officielle en Louisiane mais, malgré les efforts faits pour promouvoir le français à l'école et dans les médias, seules les personnes âgées parlent encore cette variété de français où un pâté de maisons s'appelle un *îlet*, où *travailler dans l'huile* signifie « travailler dans le pétrole » et *lâcher la patate*, « relâcher son effort ».

Dans les six États de la Nouvelle-Angleterre (Maine, Vermont, New Hampshire, Massachusetts, Rhode Island et Connecticut) vivent ceux que l'on nomme les *Francos* ou *Franco-Américains*. Ils sont près d'un million à avoir, depuis le milieu du XIXe siècle, quitté le Québec ou l'Acadie pour s'installer aux États-Unis mais, vivant dans des communautés urbaines, ils ont eu du mal à résister à l'emprise de l'anglais, devenu aujourd'hui leur langue la plus spontanée [432].

La Révolution n'avait pas réussi à abolir les patois

Pendant ce temps, en France, les langues régionales étaient restées dans la vie courante le moyen de communication le plus naturel. A l'époque de la Révolution, le français en effet n'était vraiment parlé que par un Français sur dix, et on pense qu'un Français sur quatre ne le connaissait pas du tout. L'enquête organisée par l'abbé Grégoire en

1790 avait montré que la grande majorité des habitants étaient alors bilingues et que, sauf à Paris, les unilingues ne parlaient que leur patois. Et même le discours qu'il prononce en 1794 sur « La nécessité d'abolir les patois » n'aura pas les conséquences attendues.

En vue de mieux faire connaître la langue française à tous les petits Français, il avait pourtant été décidé de mettre dans chaque école un maître pour l'enseigner, mais on n'avait pas pu trouver assez d'enseignants connaissant suffisamment le français. On crée alors les *écoles normales d'instituteurs*, destinées à apprendre le français à ces derniers afin qu'ils puissent eux-mêmes l'enseigner à leurs élèves.

Un bouillonnement de mots

La fin du XVIIIᵉ siècle n'a pas seulement été le temps des bouleversements politiques, elle a aussi été celui du renouvellement lexical et des inventions terminologiques, car le goût des mots était à l'ordre du jour.

Dans le domaine scientifique, avec la naissance de la chimie proprement dite, grâce aux travaux de Lavoisier, de Guyton de Morveau, de Berthollet et de Fourcroy, on adopte une nomenclature rigoureuse pour désigner les éléments qui composent la matière.

En délaissant les anciens termes pour les nouveaux, on perd évidemment un peu en évocation poétique, car on abandonne :

acide marin déphlogistiqué	pour *chlore*
cristaux de Vénus	pour *nitrate de cuivre*
huile de tartre par défaillance	pour *hydroxyde de potassium*
fleurs de Jupiter	pour *oxyde d'étain*
pierre infernale	pour *nitrate d'argent*
sel d'yeux d'écrevisse	pour *acétate de calcium*
sucre de Saturne	pour *acétate de plomb*.

En revanche, on gagne en précision : le suffixe -*ate*, employé systématiquement, permet désormais de savoir qu'il s'agit d'un sel correspondant à un acide à forte teneur en oxygène, lui-même toujours terminé en -*ique* (*sulfate* et acide *sulfurique* [433]).

D'autre part, le poète Fabre d'Églantine, auteur de la chanson « Il pleut, il pleut, bergère... », avait été chargé d'inventer des noms évocateurs pour désigner les mois du calendrier révolutionnaire. Il choisit de les faire rimer trois par trois : en -*aire* pour l'automne, en -*ôse* pour l'hiver, en -*al* pour le printemps et en -*or* pour l'été :

AUTOMNE	*vendémiaire*	*brumaire*	*frimaire*
HIVER	*nivôse*	*pluviôse*	*ventôse*
PRINTEMPS	*germinal*	*floréal*	*prairial*
ÉTÉ	*messidor*	*thermidor*	*fructidor*.

Il y avait eu aussi des discussions interminables et passionnées sur la légitimité des féminins *amatrice, autrice, librairesse, assassine* et *directrice*, et on avait par ailleurs libéralement créé :

républicole, sur le modèle de *agricole*

célère, à partir de *célérité*

impatriote, infragile, incitoyen à partir de *patriote, fragile* et *citoyen*

loyaume « pays où règne la loi », sur le modèle de *royaume*

sanguinocratie « régime sanguinaire »

calotinocratie « domination par les gens d'Église », et même

culocratie, terme qui désignait, pour les ennemis de la Révolution, le « gouvernement de l'Assemblée nationale première, qui opinait par assis et debout [434] ».

Toutes ces trouvailles n'ont eu qu'une vie éphémère, mais bien d'autres inventions de cette époque sont aujourd'hui d'usage courant, ainsi :

bureaucrate	*droits d'auteur*	*inculture*
cataloguer	*enfant naturel*	*révolutionner*
discutable	*incohérent*	*suppléant.*

Quant aux emprunts à l'anglais, déjà très nombreux (*humoriste, inchangé, parlementaire, sentimental, sélection...*), ils sont difficilement reconnaissables car ce sont la plupart du temps des formations latines, et très souvent des « allers et retours ».

Après le patois, le français régional

Après la Révolution, les patois ont donc poursuivi une vie parallèle face au français jusqu'au xxᵉ siècle, mais les deux guerres mondiales ont alors renversé les données : si les unilingues, il y a deux cents ans, étaient les patoisants, de nos jours ils ne parlent que le français.

Devant la menace grandissante de l'extinction de ce patrimoine culturel transmis par voie orale de génération en génération, il existe aujourd'hui dans chaque région des amateurs qui se regroupent en associations et en équipes universitaires pour tenter de lui redonner vie. Le résultat est positif : si l'on connaît effectivement de moins en moins de personnes ayant parlé la langue régionale depuis l'enfance, on trouve de plus en plus de jeunes qui souhaitent la connaître et l'apprendre pour renouer avec le monde des grands-parents. La langue qu'ils apprennent, quelque peu littéraire et « fabriquée » il est vrai, retrouve ainsi néanmoins un regain d'énergie qui l'empêchera de tomber complètement dans l'oubli [435].

DES ÉCOLES EN LANGUE RÉGIONALE

Depuis que s'est précisée une volonté plus affirmée de préserver le patrimoine linguistique diversifié de la France, on a vu naître des écoles pour enseigner en langue régionale et préparer un bilinguisme sans complexes :

- breton : **Diwan**, écoles maternelles créées en 1977. L'enseignement s'y fait en breton [436]
- basque : **Ikastola**, école maternelle en basque, fondée près de Bayonne en 1969 par l'association Seaska, neuf ans après l'Espagne. L'introduction du français se fait progressivement à partir du cycle élémentaire
- catalan : **Bressola** et **Arrels**, écoles maternelles en catalan fondées en 1976. L'ouverture de la première classe primaire en catalan a eu lieu en 1983 [437]
- béarnais : **Calandreta**, école bilingue, à Pau.

Le relais entre les langues traditionnelles et le français commun est encore assuré d'une certaine façon par ce que l'on a appelé le *français régional*, c'est-à-dire, selon la définition de Gaston Tuaillon, « ce qui reste du patois quand il a été oublié ».

Dans les Mauges, une voyelle supplémentaire

Un cas particulièrement intéressant de français régional est représenté par les prononciations que l'on trouve dans les Mauges, une petite région au sud d'Angers, dans le Maine-et-Loire.

Dans les usages les plus communs du français, on distingue seulement trois voyelles à la finale des mots comme *fumeux – fumé, fumée, fumer – fumait, fumais, fumaient, fumet* :

/ø/ *fumeux* (avec la voyelle arrondie),

/e/ *fumé* (avec la voyelle fermée non arrondie, comme dans *fumée* ou *fumer*),

/ɛ/ *fumait* (avec la voyelle ouverte non arrondie, comme dans *fumais, fumaient* et *fumet*).

En plus de ces distinctions, les habitants des Mauges connaissent une quatrième voyelle, qu'on peut noter /ë/, et qui ne se confond avec aucune des trois autres : elle se prononce plus en arrière et sans arrondissement des lèvres. On distingue dans les Mauges ces quatre voyelles, dans une répartition bien particulière :

/ø/ dans *fumeux*

/e/ dans *fumée*

/ɛ/ dans *fumais, fumaient*

/ë/ dans *fumé, fumer, fumait* et *fumet* [438].

Cette même voyelle /ë/ se retrouve dans une grande partie de l'ouest du pays, jusqu'en Normandie, mais, dans ces régions, la distinction n'existe généralement pas entre /ë/ et /ø/ (*fumé, fumer, fumait* et *fumet* y sont prononcés avec un /ø/, comme *fumeux*).

Le goût pour les mots régionaux

La prononciation est un « marqueur » généralement reconnu qui permet d'identifier immédiatement ce que l'on appelle communément des « accents » régionaux, mais c'est plutôt la diversité lexicale qui a, ces dernières années, éveillé la curiosité du grand public.

Par exemple, une enquête régionale m'avait permis, il y a quelques années, de recenser une quinzaine de verbes pour « tourner la salade » et une vingtaine de mots différents pour ce qu'on nomme à Paris la *serpillière* [439]. Parmi ces derniers, le mot *wassingue*, d'un usage courant dans le Nord, vient du flamand de l'ouest *wasshing*.

Bien d'autres expressions du français régional du Nord ont pour origine des expressions flamandes, dont elles sont la traduction :

tomber dans le beurre	« avoir de la chance »
je ne sais plus ni quoi ni qu'est-ce	« je ne sais plus où j'en suis »
devenir tout drôle	« se sentir mal »
pois de sucre	« haricot vert »
acater un enfant	« mettre au monde un enfant » (mot à mot acheter un enfant) [440].

PAIN PERDU OU PAIN GAGNÉ ?

Il est piquant de relever que ce qu'on nomme en français du « pain perdu » – des tranches de pain, trempées dans du lait et des œufs, passées à la poêle après avoir été saupoudrées de cassonade ou de sucre – se nomme du « pain gagné » en flamand de l'ouest : **gewonnen brood** [441].

A ces quelques exemples pourraient s'ajouter les termes utilisés pour désigner le pain, le chiffon, le sac en papier, tel poisson, tel légume ou telle action dans les différentes régions de France.

Depuis une dizaine d'années se sont multipliés des dictionnaires destinés au grand public et regroupant chacun quelques centaines de régionalismes lexicaux [442].

On trouvera dans les encadrés suivants quelques échantillons de vocabulaire couramment employé dans une région donnée, mais qui ne fait pas partie des dictionnaires de français général, sinon éventuellement avec une mention « régional » ou « vieilli ». On remarquera que certains mots, tels que *pochon* ou *agassin*, ou encore que certaines acceptions comme *cru* « humide » ou *patte* « chiffon », peuvent être usuelles dans plusieurs régions différentes, sans pour autant être passées dans l'usage général.

PAYS GALLO

Ce vocabulaire s'entend surtout en pays gallo, c'est-à-dire en Haute-Bretagne, mais il est souvent également connu de l'ensemble des régions dites d'oïl de l'ouest.

chiner	« mendier »
crouiller	« fermer au verrou »
s'affaler	« tomber en avant »
serrer	« ramasser, ranger »
benaise	« content »
bouenner, bouiner	« perdre son temps, faire quelque chose sans compétence »
patache	« pomme de terre »
blé noir	« sarrasin »
chinou	« mendiant »
pochon	« sac en papier »
fossé	« talus »
rendu	1. « arrivé » 2. « fatigué »
asteure, astour	« aujourd'hui »
tantôt	« après-midi [443] »

BASSE-NORMANDIE

barrer, cléver, crouiller	« fermer à clef »
mouver	« remuer, tourner »
verser	« pleuvoir à verse »
lard	« viande de porc » : *un rôti de lard*
pierre (de sucre)	« morceau » (de sucre)
tuile	« poêle plate et lourde »
chique (n. f.)	« chiffon »
emballage, toile	« serpillière »
perron	« balcon »
vermine	« rats » : la *vermine, c'est les rats*
fossé	« talus » (« fossé » se dit *creux du fossé*)
goûtu (adj.)	« qui a du goût »

Une place à part doit être réservée à une grande quantité de mots d'origine scandinave, dont voici un échantillon :

super (v.)	« boire en aspirant »	de *supa* « boire »
se vâtrer	« se salir dans la boue »	de *vatn* « eau »
houvet	« tourteau » (crustacé)	de *hofr* « sabot »
mielle	« terrain sableux »	de *melr* « dune de sable »
mucre	« moisissure, humidité »	de *mygla* « moisissure »
viquet	« petite porte amovible »	de *vik* « baie, anse [444] »

FRANCHE-COMTÉ

aboutonner	« boutonner »
bourriauder	« bousculer, maltraiter »
cacher	« ranger »
devenir	« venir » : *d'où deviens-tu?*
rapondre	« mettre bout à bout »
truffe	« pomme de terre »
agacin (n. m.)	« cor au pied »
carré	« oreiller »
cheni (n. m.)	« poussière, balayures »
cornet	« sac en papier »
glinglin (n. m.)	« auriculaire »
patte	« chiffon »
amitieux (adj.)	« amical »
cru (adj.)	« humide et froid »
fier (adj.)	« acide, aigre » : *une pomme fière*
de bisengois	« de travers, en travers »
au bout le bout	« au fur et à mesure [445] »

DAUPHINÉ-LYONNAIS

pétafiner	« abîmer, détériorer, mourir »
siper	« boire en aspirant »
surlouer	« sous-louer »
ployer	« envelopper » (avec du papier)
s'en voir	« souffrir »
venir	« devenir »
bugne	1. « beignet » 2. « gifle »
carotte	« betterave »
mâchon	{ « repas plantureux » (Dauphiné) { « petit repas, ou banquet » (Lyon)
racine (jaune)	« carotte »
rate	« variété de pomme de terre »
truffe	« pomme de terre »
agassin	« cor au pied »
cuchon	« tas, grande quantité »
patte	« chiffon »
tantôt (n. m.)	« après-midi »
différent (adj.)	« arrogant, méprisant »
enfle (adj.)	« enflé »
flapi (adj.)	« mou »
gonfle (adj.)	« enflé, ballonné » : *je me sens tout gonfle.*
à bouchons	« à l'envers, sur le ventre »
à point d'heure	« très tard » : *on est rentré à point d'heure* [446]

PROVENCE	
bader (quelqu'un)	« admirer »
crier (quelqu'un)	« réprimander »
déparler	« dire des bêtises, des grossièretés »
esquicher	« serrer, écraser »
péguer	« coller »
venir	« devenir » : *il vient vieux*
venir chèvre	« être tourné en bourrique » (m. à m. « devenir chèvre »)
bordille	« détritus »
cébettes	« petits oignons frais sans bulbe »
esquinade	« araignée de mer »
favouille (n. f.)	« petit crabe »
flûte	« ficelle » (de pain) (plus petit que la « baguette »)
grain (de sucre)	« morceau » (de sucre)
pastis (n. m.)	« mélange, confusion »
pile (n. f.)	« évier »
potager	« partie plate de l'évier où on pose la vaisselle »
pièce à frotter, toile	« serpillière »
tapenade	« purée d'olives et de câpres » (de *tapeno* « câpre »)
tartifle (n. f.)	« pomme de terre »
ensuqué (p. p.)	« abruti, abasourdi »
fatigué (p. p.)	« très malade [447] »

« Touche pas à mon orthographe ! »

Face à cette diversité assez généralement reconnue et admise du vocabulaire, il est une réalité de la langue française qui semble devoir se pétrifier dans la forme immuable qu'elle a depuis près d'un siècle : son orthographe. (Cf. *encadré* LES PROJETS AVORTÉS DU XXᵉ SIÈCLE, p. 262.)

D'autres langues, comme par exemple le portugais, ont récemment vu aboutir un grand projet d'unification d'orthographe (le décret du 23 août 1991) pour les sept pays – représentant plus de 150 millions d'habitants – où cette langue est officielle [448]. Grâce à cet accord, une orthographe commune du portugais devait entrer en vigueur le 1ᵉʳ janvier 1994, mais en France, depuis la fin du XIXᵉ siècle, toutes les réformes, si modestes soient-elles, ont toujours échoué.

LES PROJETS AVORTÉS DU XXᵉ SIÈCLE

Alors que plus d'un mot sur deux a changé au moins une fois d'orthographe depuis le xviᵉ siècle et qu'un mot sur cinq d'un dictionnaire de 50 000 mots a au moins deux graphies (exemples : *lis* et *lys* – *tanin* et *tannin* – *alèse* et *alaise* – *mille-feuille* et *millefeuille* [449]), les propositions qui se sont succédé depuis la fin du xixᵉ ont toutes lamentablement échoué. Voici les principales d'entre elles :

1901 Arrêté de tolérances, qui n'a jamais été abrogé, mais jamais appliqué non plus.

1905 Projet de Meyer et Brunot : refusé.

1939 Propositions de Dauzat dans *Le Français moderne* : sans lendemain.

1940 Proposition de Damourette : sans suite.

1948 Rapport Pernot-Bruneau : jamais publié.

1952 Premier projet Beslais. Il aurait conduit à modifier environ 2 000 mots (sur 35 000).

1965 Rapport remis par Beslais au Ministère, mais le projet est enterré, après une campagne de presse hostile.

1973 Rapport du Conseil international de la langue française, fondé sur une étude de Thimonnier.

1977 Arrêté de tolérances, reprenant l'arrêté de 1901 [450].

C'est le projet Beslais qui est à la base de la réforme projetée en 1990, mais sous une forme très réduite car Beslais faisait disparaître des lettres grecques, l'**x** final, une grande partie des lettres non prononcées et réduisait à des consonnes simples la plupart des consonnes doubles [451].

La tempête de protestations soulevée entre 1988 et 1991 par le projet – pourtant bien anodin – de rectifications de l'orthographe a montré à quel point certains Français peuvent perdre leur sang-froid et même tout bon sens dès qu'on ose envisager de modifier ne serait-ce qu'un petit nombre des irrégularités les plus gênantes et quelques-unes des incohérences les plus criantes de leur orthographe bien-aimée.

L'étymologie a bon dos

Sans toujours bien connaître la modeste étendue des modifications proposées, on a souvent invoqué la perte des traces étymologiques, sans prendre conscience que bien souvent l'étymologie n'est pour rien dans la graphie des mots français et même que l'orthographe est indiscutablement contraire à l'étymologie dans plusieurs centaines de mots [452]. Par exemple, n'est pas étymologique le **d** de *poids*, qui vient du latin PENSUM, pas plus que ne l'est le **p** de *dompter*, qui vient du latin DOMITARE. De même le **g** de *legs* n'a pas de raison d'être car ce mot dérive du verbe *laisser* et non du verbe *léguer*. Quand au **z** de *nez* (latin NASUM), ce n'était à l'origine que le prolongement d'un **s** au-dessous de la ligne dans l'écriture à la main.

D'aucuns se sont récriés au nom de la sémantique : sans accent circonflexe, un *faîte* serait moins haut, un *abîme* moins profond, une *île* moins isolée (sans songer à sourire du pléonasme).

LA BATAILLE DE L'ORTHOGRAPHE

1988	Sondage auprès de 1 200 instituteurs : 90 % d'entre eux sont pour la réforme proposée (*L'École libératrice,* février-mars 1988).
24 oct. 1989	Michel Rocard, alors premier ministre, charge le Conseil de la langue française de préparer un rapport sur des rectifications portant sur cinq points principaux.
1989-1990	Nombreux articles contre la « Réforme », sur laquelle courent les bruits les plus divers.
19 juin 1990	Rapport d'un groupe d'experts sur les rectifications, qui est adopté par le Conseil supérieur de la langue française, après accord de l'Académie française, avec l'approbation du premier ministre.
6 déc. 1990	Parution du rapport au *Journal officiel*, dans les Documents administratifs [453].
déc. 90-janv. 91	Nombreux articles virulents contre la réforme.
17 janv. 1991	L'Académie renouvelle son vote de recommandation [454].

CE QUI N'A PAS ÉTÉ ENTENDU EN 1990

Le Conseil supérieur de la langue française avait pourtant dit expressément :
« Ces propositions ne sauraient être imposées aux usagers adultes. Les graphies anciennes seront considérées comme variantes correctes jusqu'à ce que les nouvelles dominent dans l'usage. »

Beaucoup d'encre a coulé à propos de *nénuphar*, dont la nouvelle graphie proposée comportait un **f** au lieu de **ph**, puisque ce mot n'est pas d'origine grecque mais vient du persan *nelufar* « lotus bleu », par l'intermédiaire de l'arabe. La graphie **ph** n'a donc aucune justification ici, alors qu'elle en aurait une, étymologique, dans *philosophe* ou *éléphant*. Il faut aussi ajouter que le nom du pachyderme s'écrivait avec un **f** jusqu'au xvᵉ siècle, de même que *nénuphar* s'écrivait *nénufar* jusqu'au début du xxᵉ siècle (c'est cette graphie qui est encore attestée chez Proust). Mais la force de l'imaginaire est telle que nombreux ont été ceux qui ont déclaré que, sans son **ph**, le nénuphar serait une moins jolie fleur et que l'éléphant paraîtrait moins imposant (mais *éléphant* ne faisait pas partie des mots dont on se proposait de rectifier l'orthographe) (cf. *encadré* LES HUIT POINTS DES RECTIFICATIONS, p. 264).

LES HUIT POINTS DES RECTIFICATIONS

1. Remplacement de certains **traits d'union** par la soudure. Ex. *portemonnaie*, en particulier dans les mots composés étrangers. Ex. *weekend*, *covergirl*.
2. Simplification du **pluriel** de certains mots composés. Ex. *des pèse-lettres*.
3. Pour l'**accent grave** sur un *e* : application de la règle générale aux verbes en *-eler* ou en *-eter* ou du type *céder*, ainsi qu'aux formes interrogatives (1ᵉ pers. du sing.) Ex. *j'allègerais - il ruissèle – puissè-je* (exceptions pour *appeler* et *jeter*).
4. L'**accent circonflexe** est **facultatif** sur i et u, sauf dans les conjugaisons (passé simple et subjonctif) et dans quelques monosyllabes où il apporte une distinction utile. Ex. *mûr* (à côté de *mur*).
5. Le **tréma** est placé sur la voyelle qui doit être prononcée. Ex. *aigüe, argüer, gageüre*.
6. **Pour les mots empruntés,** l'accentuation et le pluriel suivront les règles des mots français. Ex. *des imprésarios, des jazzmans, des lieds, des maximums*.
7. **Rectification d'anomalies** : *boursouffler* (comme *souffler*), *charriot* (comme *charrette*), *joailler, interpeler, dentelière*, etc.
8. Le **participe passé** du verbe *laisser* suivi d'un infinitif est **invariable**. Ex. *Elle* s'est *laissé mourir, je les ai laissé partir*.

Ces réactions passionnées, qui ont pris des allures de guerre de religion sur fond de dialogue de sourds, manifestent au fond un grand amour de la langue française, mais elles montrent en même temps une grande ignorance : il ne faudrait pas confondre l'orthographe et la langue – elle n'en est que l'habit, et parfois l'ornement –, et il ne faudrait surtout pas croire que l'orthographe d'aujourd'hui a existé depuis sa création telle que nous la connaissons. L'orthographe française a une histoire.

L'orthographe a une histoire

Cette histoire commence au Moyen Age, où l'on écrivait le français presque comme on le parlait. Les circonstances ont par la suite conduit des clercs à étoffer la forme écrite des mots car, par l'usure phonétique, des mots différents en latin avaient abouti à des formes orales identiques en français. On écrivait alors, par exemple, *uin* pour « vin », pour « vingt » et pour « vint », ce qui rendait la lecture lente et incertaine. Pour mieux reconnaître les mots, on leur ajouta des consonnes conformes à l'étymologie : d'où la graphie *vingt*, à cause de VIGINTI, *clerc* en raison de CLERICUS, *temps* en souvenir de TEMPUS. Les mots écrits ont alors commencé à comporter plusieurs lettres qui ne se prononçaient pas.

Y a-t-il eu des abus? Les mauvaises langues ont suggéré qu'étant payés à la ligne, les copistes avaient en tout cas tout intérêt à allonger les formes écrites.

Il y avait aussi et surtout un désir et une nécessité d'améliorer la lisibilité. C'est, par exemple, la raison de l'adjonction d'un **h** à l'initiale de *uile* (d'où « huile ») et de *uit* (d'où « huit »), afin de distinguer ces mots, respectivement de *uile (sic)* « ville » et de *uit (sic)* « *(il) vit* ». Cette graphie en **h** destinée à une meilleure identification du mot se retrouve aussi en espagnol, où le **h** de *hueso* « os » et de *huevo* « œuf » n'est pas étymologique (ossum et ovum en latin).

L'allongement du -**s** final en -**z**, dont le jambage descend au-dessous de la ligne dans l'écriture manuelle, procède de la même nécessité dans *nez* (autrefois *nes*) ou dans la deuxième personne du pluriel *(chantez)*.

L'alphabet s'agrandit

Au XVIᵉ siècle, ce sont les imprimeurs qui décident du destin de la langue écrite. Ils apporteront des améliorations importantes en introduisant une innovation déjà proposée en Espagne à la fin du XVᵉ siècle, avec l'adjonction de deux lettres supplémentaires : **v**, distinct de **u** (cf. ci-dessus, la forme *uin* pour « vin » et *uile* pour « huile » et « ville ») et **j** distinct de **i** (autrefois on écrivait *jambe* (anatomie) et *iambe* (versification) avec la même lettre initiale. C'est à la même époque qu'est adoptée la lettre **ç**, venue d'Espagne, et qu'on commence à utiliser l'accent aigu ainsi que l'accent circonflexe [455].

L'accent grave est introduit au XVIIᵉ siècle *(accès* ou *procès)*, mais il n'a été généralisé qu'au XVIIIᵉ siècle. Enfin, la 26ᵉ lettre de l'alphabet, **w**, entre dans le *Dictionnaire de l'Académie* en 1878 [456].

Quelques réformes de taille

C'est au XVIIᵉ siècle que l'orthographe est devenue l'art d'écrire selon un modèle décidé par l'Académie française, dont la mission a toujours été plus exactement d'entériner l'usage, qui était celui « qui distingue les gens de lettres d'avec les ignorans (*sic*, c'était la graphie officielle jusqu'à la fin du XVIIIᵉ siècle) et les simples femmes ». L'Académie s'est donc adaptée au XVIIIᵉ siècle aux pratiques graphiques des imprimeurs, en supprimant par exemple les consonnes intermédiaires : *beste* et *maistre* deviennent *bête* et *maître*, de même que *faict* et *paschal* sont remplacés par *fait* et *pascal* [457].

En prenant pour base les 17 532 mots de la 1ʳᵉ édition de son *Dic-*

tionnaire, on a calculé qu'à la 3ᵉ édition (1740) plus de 6 000 de ces mots avaient eu leur orthographe modifiée [458].

Au XIXᵉ siècle, l'orthographe redevient étymologique et l'Académie remet en honneur les consonnes grecques : *misantrope* prend un **h**, d'où *misanthrope*, et *analise* s'écrit alors avec un **y**, d'où la forme *analyse* encore en usage de nos jours. Dans la 6ᵉ édition (1835), est enfin appliquée la réforme déjà demandée et adoptée par Voltaire un siècle plus tôt : le remplacement de **oi** par **ai** partout où la prononciation était /ɛ/, dans *paroître*, *anglois*, *françois* et dans tous les imparfaits et les conditionnels [459].

La huitième édition du *Dictionnaire*, qui date de 1935, modifie encore l'orthographe de plus de 500 mots.

Au XXᵉ siècle, l'orthographe fascine toujours

Après des siècles où des modifications graphiques, parfois réduites (211 pour la 7ᵉ édition de 1878), parfois considérables (6 177 pour la 3ᵉ édition de 1740), ont été acceptées sans trop de remous, le XXᵉ siècle marque un arrêt en opposant une résistance farouche à tout changement en matière d'orthographe. La bataille séculaire entre les partisans de l'étymologie et ceux de l'adaptation de la forme écrite à la forme parlée a vu la victoire – provisoire? – des premiers.

Il semble bien que ce qui rend aujourd'hui aveugles et sourdes à tout raisonnement les personnes les plus raisonnables, ce soit le spectre de l'écriture phonétique, qui effacerait dans les mots d'aujourd'hui toute trace de leur prestigieux passé. Cette crainte distingue les Français de tous leurs voisins latins, qui ont depuis longtemps remplacé tous les **ph** et les **th** venus du grec par des **f** et des **t** sans que les Espagnols, les Italiens ou les Portugais, quand ils écrivent *filosofia* ou *teatro*, se sentent moins cultivés ou moins proches de leurs racines gréco-latines.

Les jeunes emboîtent le pas...

Les partisans des rectifications n'ont finalement pas réussi à faire entendre leurs arguments, ni même à faire savoir qu'il ne s'agissait que de nouvelles tolérances et nullement de l'obligation d'adopter la nouvelle orthographe. Ils n'ont pas réussi à convaincre qu'elle aurait à la longue abouti à une communication plus aisée et, partant, plus inventive parce que, dégagés du souci de ne pas faire de fautes, les usagers auraient pu employer toute leur énergie créative à exprimer au mieux leurs messages. Même les jeunes font partie des réfractaires. Un petit sondage effectué auprès d'un groupe de jeunes, qui presque tous avaient fait plus de 50 fautes au Championnat d'orthographe de 1992, a montré que, malgré ces mauvais résultats, ils montraient tous une fascination irraisonnée pour cette orthographe qui les faisait souffrir [460].

... ce qui ne les empêche pas d'innover

Mais si les jeunes restent incompréhensiblement des traditiona-
listes en matière d'orthographe, objet tabou, ils se sentent beaucoup
plus libres vis-à-vis de la langue dès qu'il s'agit de trouver de nouvelles
formes d'expression orale. Les créations de nouveaux mots, ou de nouveaux sens ajoutés à des mots anciens, ont fait depuis une dizaine
d'années l'objet de très nombreuses publications car, parties du monde
des jeunes, elles ont peu à peu pénétré dans celui des moins jeunes. Le
monde des adultes en a pris connaissance en partie grâce à des articles
dans la grande presse, à des lexiques à la suite d'ouvrages divers, à leur
présence dans les dictionnaires généraux ou encore grâce à des dictionnaires spécifiques.

On trouve dans ces différents ouvrages :

— des abréviations :

à plus, ou *à plut*	« à plus tard »
bon ap	« bon appétit »
c'est perso	« personnel »
c'taprem	« cette après-midi »
de la mayo	« de la mayonnaise »
intoxe (n.f.)	« fausse nouvelle »
dem (n.f.)	« démission »
p.b. (prononcé pébé)	« problème »
quadra	« quadragénaire »

— des formules ironiques ou simplement proférées par antiphrase :

bonjour le... (la)...	« au revoir le... (la...)
ça va faire mal	« ce sera un grand succès »
ça a fait un malheur	« ça a très bien marché »
c'est la bête, la brute	« il est très bon »
un méchant matériel	« un excellent matériel »
tu m'étonnes	« tu ne m'étonnes pas »
c'est mortel, c'est bestial	« c'est magnifique »

— un certain goût pour les formules négatives :

pas triste	« animé »
pas évident	« pas facile »
pas gai-gai	« vraiment ennuyeux »
décruter	« licencier »
déplaner	« remettre les pieds sur terre »
débugger ou *débogguer* (v.)	« supprimer une erreur dans un ordinateur »
dévirusser	« détruire un virus dans un ordinateur »

– le retour d'un certain vocabulaire littéraire, dans un sens parfois altéré :

niais	« idiot »
glauque	« pas net, dont il faut se méfier »
jubilatoire	« réjouissant »
torride	« aux allusions quelque peu sexuelles »

– des emplois métaphoriques renouvelés :

baliser	« avoir peur »
bétonner	« rendre inattaquable »
cartonner	« réussir au-delà de la normale »
se planter	« échouer »
tracer	« faire de la route »
y a pas de lézard	« tout va bien »
il disjoncte	« il est un peu fou »
j'hallucine	« je n'en crois pas mes yeux ».

Lorsque la grammaire s'en mêle

On a aussi remarqué des changements de catégories grammaticales, comme le passage d'un adverbe à un adjectif, dont l'exemple le plus répandu est : *il est trop*. Cette expression date de plus de dix ans, mais on a pu remarquer que le sens en est aujourd'hui un peu mieux fixé. Alors qu'il y a dix ans elle permettait seulement d'indiquer que la personne produisait un effet certain, mais sans qu'on puisse dire si c'était du côté favorable ou défavorable [461], une petite enquête menée en 1992 auprès de jeunes et de moins jeunes montre que le sens penche aujourd'hui plutôt du côté favorable : si l'on vous dit que vous êtes *trop*, réjouissez-vous !

On constate en outre une extension des passages d'un adjectif à un adverbe, d'un verbe à un nom ou d'un nom à un adjectif : *il l'a eu facile, il est très prof, un champion de la glisse, le roi de la dépouille* (vol à la tire). Enfin, de nombreux verbes, autrefois transitifs, s'emploient aujourd'hui sans complément. *Assurer* et *craindre* avaient été les premiers à étonner les personnes plus âgées, mais aujourd'hui ces verbes ainsi construits ne surprennent plus de la même manière. Alors que *assurer*, dans le sens de « être compétent » ou « être bien dans sa peau » a été popularisé par une publicité très connue *(Elle assure en Rodier)*, *craindre*, qui est son contraire, n'a pas suivi la même courbe. En effet, une récente campagne de publicité pour inciter à réduire les dépenses de la Sécurité sociale : *La Sécu, c'est bien – En abuser, ça craint* n'a généralement pas été comprise par la population [462].

Les nouveautés ne sont pas le domaine réservé des jeunes

Si *ça craint* reste une expression usitée seulement par les jeunes, on innove aujourd'hui à tout âge, et en particulier dans le monde de l'entreprise, de la publicité et des médias. Ainsi sont nées, avec un suffixe signifiant « automation », la *productique*, la *bureautique*, la *domotique* et même la *traductique*. On doit *positiver* « voir le bon côté des choses », *optimiser* « rendre meilleur » ou *relooker* un produit « en modifier et en rajeunir l'aspect », *briefer* le personnel « lui donner les renseignements nécessaires », et mieux vaut *décruter* plutôt que *licencier* (*décruter* suppose en effet la proposition d'un emploi ailleurs). A la télévision, après la vogue des *talk-shows*, c'est le règne des *reality-shows* à l'heure du *prime time*.

L'anglais, grand fournisseur de mots

On aura reconnu au passage quelques emprunts à l'anglais, qui est en cette fin de XXe siècle la langue qui influence le plus toutes ses voisines. Le français a commencé à emprunter à l'anglais depuis deux bons siècles, mais le grand déferlement date surtout de la seconde moitié du XXe siècle, qui a vu les emprunts se multiplier en particulier dans le domaine de la technologie et des sciences, dans celui de la musique et dans tout ce qui concerne le monde de la drogue. Parmi les emprunts récents et entendus quotidiennement, il y a *flipper* « être angoissé », *speeder* « être nerveux et pressé », *flasher* « avoir une attirance subite et irrésistible », *stresser* « angoisser », faire un *break* « faire une pause », c'est un peu *short* « insuffisant » et peut-être *zapper* « changer de chaîne avec la télécommande ». Ce dernier verbe qui, en anglais, signifie à l'origine « faire disparaître brusquement », d'où « tuer », a été emprunté par le français il y a quelques années, mais uniquement avec le sens de « changer de chaîne », emploi attesté en 1986 dans *Le Monde* au sujet des États-Unis, où *to zap* se référait seulement au passage d'une chaîne à l'autre uniquement pour éviter les spots publicitaires à la télévision [463].

Mais, alors que le mot dans ce sens est devenu très vite d'un usage courant en France, il est curieux qu'il n'existe encore qu'avec le sens de « tuer » dans un livre sur les néologismes anglais publié en 1991 à Londres, et qu'il ne figure pas du tout dans deux autres dictionnaires de mots anglais nouveaux publiés en 1989 et en 1991 [464]. Il semble bien que, chez les anglophones, *to zap* ne se soit généralisé dans le sens de « changer de chaîne » qu'assez récemment, alors que *zapper* est courant en France depuis que la télécommande a été largement commercialisée. Le verbe français *zapper* serait-il le représentant d'une nouvelle race de faux anglicismes ? Il s'agirait alors de l'emprunt à l'anglais de l'emploi d'un mot dans un sens particulier, existant déjà en anglais mais d'un usage limité, qui se serait d'abord largement répandu en français avec ce sens restreint, et qui n'aurait connu que par la suite un emploi généralisé en anglais.

Le français dans le monde

On trouve des populations dont la langue quotidienne est le français dans les cinq continents, mais à des degrés divers [465].

LE FRANÇAIS, LANGUE OFFICIELLE [466]

Europe
   Belgique *, France, Val d'Aoste * (Italie), îles Anglo-Normandes *, Luxembourg *, Monaco, Suisse *.

Afrique
   Bénin, Burkina Faso, Burundi, Cameroun *, Centrafrique, Congo, Côte-d'Ivoire, Djibouti *, Gabon, Guinée, Mali, Mauritanie *, Ruanda, Sénégal, Tchad *, Togo, Zaïre.

Amérique
   Canada (provinces du Québec * et du Nouveau-Brunswick *), États-Unis (Louisiane *), Haïti, Guadeloupe (DOM), Martinique (DOM), Guyane (DOM), Saint-Pierre-et-Miquelon (DOM).

Océan Indien
   La Réunion (DOM), Comores *, Madagascar *, Maurice *, Seychelles *, Mayotte (TOM).

Océanie
   Vanuatu *, Nouvelle-Calédonie (TOM), Wallis et Futuna (TOM).

* Sont marqués d'un astérisque les pays ayant d'autres langues officielles en dehors du français.

En Afrique, le français est langue officielle dans 17 pays, mais il n'y est réellement parlé que par un peu plus de 10 % des habitants.

En revanche, dans les pays du Maghreb il est parlé par 25 à 30 % de la population, bien qu'il n'y ait aucun caractère officiel.

Dans l'océan Indien, à côté de Madagascar et de quelques îles autrefois dépendantes de la France, la Réunion est un département d'outre-mer (DOM) où le français est omniprésent à côté du créole.

Une place à part doit être réservée aux Antilles, à Haïti, à la Guyane, ainsi qu'à la Réunion et à l'île Maurice, où le français côtoie le créole, dont les variétés sont nées au XVIIᵉ siècle des contacts du français avec des langues africaines.

QUELQUES PARTICULARITÉS DU FRANÇAIS EN AFRIQUE

enceinter	« rendre enceinte, engrosser » (Bénin, Burkina Faso, Cameroun, Centrafrique, Côte-d'Ivoire, Mali, Niger, Sénégal, Tchad, Togo, Zaïre)
fréquenter	« aller à l'école » *(idem)*
absenter qqun	« manquer qqun, arriver en son absence » *(idem)*
cabiner	« faire ses besoins » (Bénin, Burkina Faso, Côte-d'Ivoire, Niger, Sénégal, Togo)
rester	« demeurer, habiter » (Burkina Faso, Cameroun, Côte-d'Ivoire, Tchad, Togo, Zaïre)
à 3 heures de la nuit	« à 3 heures du matin » (Bénin, Burkina Faso, Côte-d'Ivoire, Sénégal, Togo)
indexer	« indiquer du doigt » (Burkina Faso, Côte-d'Ivoire, Mali, Niger, Sénégal)
doigter	« montrer du doigt » (Burkina Faso, Niger, Sénégal)
ménager	« faire le ménage » (Bénin, Sénégal, Tchad, Togo)
piétiner	« marcher, aller à pied » (Centrafrique, Zaïre, Côte-d'Ivoire)
demander la route	« demander à son hôte l'autorisation de prendre congé » (Bénin, Côte-d'Ivoire, Mali)
boulotter	« travailler » (Mali, Niger, Sénégal)
brailler (se)	« remettre sa chemise dans son pantalon » (Mali, Sénégal)
coraniser	« apprendre un cours par cœur » (Cameroun)
cigaretter	« donner une cigarette » (Zaïre)
panner	« tomber en panne » (Sénégal)
déplacer	« voler, dérober » (Zaïre)
bilaner	« faire courir des bruits » (Burkina Faso)
bilan	« rumeur (fausse) » (Burkina Faso)
pain chargé	« sandwich » (Cameroun, Sénégal)
avocat	« pot-de-vin » (Zaïre)
sac de ciment	« pot-de-vin » (Zaïre [467]).

En Océanie, la langue française se maintient bien en Nouvelle-Calédonie, dans les îles Wallis et Futuna et en Polynésie française, qui sont des Territoires d'outre-mer (TOM), ainsi que dans le Vanuatu.

Enfin, en Europe, le français est langue officielle régionale dans le Val d'Aoste (Italie) et dans les îles Anglo-Normandes (Royaume-Uni) mais langue officielle d'État en Belgique (cf. chapitre AUTOUR DU FRANÇAIS, § La Belgique et ses langues, p. 273), au Luxembourg (cf. chapitre AUTOUR DU LUXEMBOURGEOIS, § Le Luxembourg et ses langues, p. 333) et en Suisse.

UN PEU DE FRANÇAIS DES ÎLES

Guadeloupe-Martinique

bomber « aller vite »
serrer « cacher »
Béké « Blanc né aux Antilles »
argent braguette « allocations
    familiales »
comparaison « prétentieux »
couloir « passoire »
matoutou « crabe »
lolo « épicier »

Haïti

bêtiser « dire des bêtises »
avoir un coup de soleil « avoir un coup de foudre »
aller à la commode « faire ses besoins [468] ».

La Réunion

fariner « pleuvoir d'une petite
    pluie fine »
casser un contour « prendre un virage »
carreau « fer à repasser »
goûter (n. m.) « petit déjeuner »
endormi (n. m.) « caméléon »

Île Maurice

cocasse « mignon »
cuscute « personne importune »

Le français en Belgique

Très proche du français parlé en France, le français de Belgique est néanmoins reconnaissable à quelques traits de prononciation, à de rares traits grammaticaux et à certaines particularités lexicales.

Parmi les traits de prononciation qui permettent d'identifier « l'accent » belge, signalons :

– la permanence de quatre voyelles nasales avec, en particulier, une nette distinction entre les voyelles de *brin* et de *brun*;

– la présence générale de voyelles longues dans *baie, fée, fête, mie, rue, boue*;

– la prononciation syllabique du *i* de *lion* (prononcé *li-on*), *avion* ou *marié*, du *u* de *tuer, nuée*, du *ou* de *nouer* et de *Louis*;

– la prononciation de *u* comme *ou* dans *huit* ou dans *buis*, qui rime avec *cambouis* [469].

Ces différences de prononciation ne sont pourtant jamais sources de difficultés dans la communication entre Belges et Français.

En revanche, il faudra se méfier de certains mots qui existent dans les deux pays, mais avec des sens différents [470] :

En Belgique	En France	En Belgique	En France
bonbons	biscuits secs	*vidanges*	verres consignés
chiques	bonbons	*farde* (n.f.)	dossier, chemise
chicons	endives	*aubette*	kiosque à journaux
endive	scarole	*sonner*	téléphoner
pralines	petits chocolats	*amigo*	prison, cachot
	fourrés	*amitieux*	affectueux

En Belgique	En France	En Belgique	En France
déjeuner	petit déjeuner	*pigeonnier*	poulailler
dîner	déjeuner		(au théâtre)
souper	dîner	*cru* (adj.)	froid et humide
veau de mars	giboulée d'avril	*septante*	soixante-dix
liche, lichette	languette de tissu servant à suspendre un vêtement	*nonante*	quatre-vingt-dix
		salade de blé	mâche

LA BELGIQUE ET SES LANGUES

POPULATION : 9 870 000 habitants.

LANGUES OFFICIELLES :
- **néerlandais (flamand)**, langue germanique, officielle depuis 1898 : environ 6 millions (58 %) (Flandre occidentale, Flandre orientale, Anvers, Limbourg, région de Bruxelles à l'exception de certaines communes comme Fouron, Menin et Comines à majorité francophone et jouissant d'un « statut linguistique spécial » (cf. chapitre AUTOUR DU NÉERLANDAIS)
- **français**, langue romane, officielle depuis 1830, environ 4 millions (40 %) (Hainaut, Brabant, Namur, Liège, Luxembourg), (cf. chapitre AUTOUR DU FRANÇAIS). La commune de Bruxelles (près de 10 %) est officiellement bilingue selon la Constitution de 1971, mais elle est à 80 % francophone
- **allemand**, langue germanique, officielle dans les cantons de Saint-Vith et d'Eupen, environ 70 000 (0,7 %) [471] (cf. chapitre AUTOUR DE L'ALLEMAND).

AUTRES IDIOMES :
romans
- **wallon** (est du Hainaut, sud du Brabant, provinces de Liège, de Namur et du Luxembourg)
- **picard** (ouest de la province du Hainaut)
- **champenois** (sud de la province de Namur)
- **lorrain romain (gaumais)** (sud de la province du Luxembourg, arrondissement de Virton) (cf. chapitre AUTOUR DU FRANÇAIS, *carte* DIVERSITÉ LINGUISTIQUE EN BELGIQUE FRANCOPHONE)

germaniques
- **luxembourgeois** (pays d'Arlon, sud de la province du Luxembourg)
- **limbourgeois**
- **brabançon** [472] (cf. chapitre AUTOUR DU NÉERLANDAIS, *carte* LE FLAMAND EN BELGIQUE ET EN FRANCE).

Le français de Belgique n'est pas le wallon

Il ne faudrait évidemment pas confondre le français de Belgique avec le wallon, qui est un dialecte d'oïl que l'on trouve également en France, de l'autre côté de la frontière, mais qui est beaucoup plus vivant en Belgique, où il est parlé dans les provinces de Liège et de Namur, dans le sud du Brabant et dans une partie des provinces de Hainaut et de Luxembourg. Une littérature en wallon s'est développée à partir du XVIe siècle, elle est considérée comme la plus riche du domaine d'oïl et elle est encore bien vivante [473].

Le wallon est le dialecte d'oïl qui, ayant le moins été influencé par la langue de Paris, a conservé de nombreux traits anciens, tels que le *u* du latin (prononcé **ou**), par exemple dans *vnou* (de VENUTUM) « venu », le *s* devant consonne (dans *mèstî* « métier ») ou le *w* germanique (dans *wàrder* « garder [474] »).

DIVERSITÉ LINGUISTIQUE EN BELGIQUE FRANCOPHONE

Dans les régions méridionales de la Belgique, où la langue officielle est le français, il existe en outre des parlers régionaux : le **wallon**, le **picard**, le **champenois**, le **gaumais** (lorrain), qui sont tous des dialectes romans, tandis que, dans le sud-est de la province du Luxembourg belge, la langue est proche du **luxembourgeois** parlé dans le grand-duché.

Le long de la frontière avec l'Allemagne, dans les cantons d'Eupen et de Saint-Vith, l'**allemand** est langue officielle.

Le français en Suisse

C'est vers la fin du XIIIe siècle que la langue française a remplacé le latin dans l'administration et le commerce. La propagation du français a ensuite progressé avec la Réforme, tout d'abord à Genève, Lausanne et Neuchâtel, reléguant les parlers francoprovençaux dans les cantons du Valais, de Fribourg et du Jura. Il n'existe pas en Suisse d'organisme officiel régissant la langue française à la manière de l'Académie française ou de la Délégation à la langue française, mais deux associations privées se chargent de veiller à sa défense : l'Association des écrivains rhodaniens et l'Alliance culturelle romande.

Parmi les particularités de prononciation, les Suisses partagent certains traits avec les Belges : par exemple, la voyelle est ouverte dans *pot* ou *sabot* (comme dans *porte* ou *botte*) et la différence entre *patte* et *pâte* est une différence de longueur et non de timbre. Cependant il n'existe pas une variété de français commune à l'ensemble de la Suisse romande. A Genève, par exemple, rares sont ceux qui font une différence entre le *o* de *pot* et le *o* de *peau* [475].

En ce qui concerne la grammaire, la Suisse se signale par un usage très vivant du surcomposé, aussi bien dans une proposition subordonnée *(Quand il a eu mangé...)* que dans une indépendante *(Ce couteau, il a eu coupé* [476]*)*.

Pour le lexique, on peut citer :

guichue	« chevelure ébouriffée »
pive	« cône de sapin, pomme de pin »
panosser	« passer la serpillière »
bisse	« canal d'irrigation »
gouille	« flaque d'eau »
réduire	« remiser, ranger » (par exemple une voiture [477]).

Les langues germaniques

I. Avant la différenciation

Entre roman et germanique

On a pu, tout au long des chapitres précédents, constater que les limites linguistiques coïncidaient rarement avec les frontières des États : les encadrés sur les pays et leurs langues ainsi que les différentes cartes ont permis de mieux en apprécier les écarts. Sur la carte générale des grandes divisions linguistiques de l'Europe (cf. Préambule, *carte* Les grandes zones linguistiques, p. 14), c'est à dessein que les lignes de séparation n'avaient pas été tracées entre les zones romane, germanique et slave. On peut maintenant préciser la ligne de partage entre le monde roman et le monde germanique, ligne qui traverse à plusieurs reprises les frontières des États en créant des zones composites, dans lesquelles les langues voisinent ou se superposent. Le Haut-Adige, en Italie, représente une petite enclave germanique en zone romane, comme le sont en France les zones flamande, lorraine et alsacienne. La Suisse et la Belgique sont traversées par des frontières linguistiques fixées par la loi, mais le grand-duché du Luxembourg est linguistiquement tout entier à la fois germanique et roman. Enfin, dans les îles Anglo-Normandes, de langue anglaise généralisée, des patois romans ont pu survivre jusqu'à nos jours dans la population rurale (cf. *carte* Les superpositions latino-germaniques, p. 280).

Les situations actuelles résultent de l'histoire des populations qui se sont succédé sur ces territoires depuis le premier millénaire av. J.-C.

Des peuples en mouvement

Au moment où les Celtes dominaient la plus grande partie de l'Europe (cf. chapitre Autour du celtique, *carte* L'Europe celtique vers 300 av. J.-C., p. 66), les populations porteuses des langues ger-

LES SUPERPOSITIONS LATINO-GERMANIQUES

Au cœur de l'Europe des langues se trouve la grande division sinueuse entre langues d'origine latine (à l'ouest et au sud) et langues d'origine germanique (à l'est et au nord). Matérialisée par une ligne au tracé épais, elle dessine de part et d'autre une bande de territoire où, indifférents aux frontières des États, les idiomes germaniques et romans débordent leurs domaines respectifs.

On remarquera en outre des enclaves slaves en domaine germanique (Allemagne et Autriche) et en domaine roman (Italie).

maniques n'avaient pas encore quitté le nord du continent européen. L'habitat le plus ancien qu'on leur connaisse se situe dans le sud de la péninsule scandinave (Scanie), dans le Danemark (Jutland et les îles) et dans l'Allemagne du Nord (Mecklembourg [478]) (cf. dans ce chapitre, Langues germaniques : carte d'orientation, p. 284).

On ne sait pas exactement depuis quelle époque ces populations y vivaient, mais leur présence dans ces régions n'est pas douteuse aux alentours de l'an 1000 av. J.-C. Au début de l'âge du fer (vers le vᵉ siècle av. J.-C.) elles avaient sans doute déjà eu des contacts importants avec les Celtes : le mot germanique pour « fer » (*eisarn* en gotique, *Eisen* en allemand, *iron* en anglais) est probablement un emprunt au celtique (les formes sont *iarann* en irlandais et *houarn* en breton).

Comme les Celtes, mais après eux, les Germains étendront leur domaine hors de leur habitat primitif et leurs migrations se feront aussi bien vers l'est que vers l'ouest et le sud. Aux alentours de 500 av. J.-C., certaines tribus germaniques occupaient déjà les Pays-Bas, tandis que d'autres avaient atteint la Vistule (la Pologne actuelle) et d'autres encore l'Allemagne centrale [479].

Leur expansion s'est poursuivie dans toute l'Europe au début de notre ère, mais elle s'est trouvée momentanément interrompue dans les régions du Rhin et du Danube par la puissance de l'Empire romain, dont les frontières fortifiées étaient pourtant aussi des lieux de contacts et d'échanges (cf. *encadré* ci-dessous).

LES FRONTIÈRES DE L'EMPIRE ROMAIN : UN MYTHE ?

Il reste aujourd'hui des traces visibles de constructions romaines fortifiées, comme le **mur d'Hadrien** entre l'Angleterre et l'Écosse, doublé plus au nord par le **mur d'Antonin**, ou encore le *limes germanicus* entre le Rhin et le Danube. On a longtemps cru que ces constructions de pierre étaient effectivement des obstacles infranchissables. En fait, les recherches les plus récentes ont montré que la circulation se faisait très régulièrement à travers ces murs. Sans doute édifiées par précaution contre les incursions ennemies, ces lignes fortifiées n'en étaient pas moins des zones d'échanges commerciaux et culturels [480].
Les emprunts des langues germaniques au latin en font foi.

L'héritage latin

La preuve que ces contacts entre Romains et Germains n'étaient pas uniquement ceux des armes apparaît clairement dans les nombreux emprunts lexicaux précoces faits par le germanique au latin parlé. Les premiers remontent au Iᵉʳ siècle av. J.-C. [481].

En voici quelques exemples, cités sous la forme qu'ils ont aujourd'hui en allemand :

Strasse	« route »	de STRATA	« route pavée »
Wall	« rempart »	de VALLUM	« palissade autour du camp »
Ziegel	« tuile »	de TEGULA	« tuile »
Kalk	« chaux »	de CALX, CALCIS	« caillou, chaux »
Mauer	« mur »	de MŪRUS	« mur »
Fenster	« fenêtre »	de FENESTRA	« fenêtre, ouverture »
Pfeil	« flèche »	de PILUM	« javelot ».

On constate qu'à l'exception de *Pfeil* « flèche », les Germains ont peu emprunté dans le domaine militaire, mais qu'ils ont largement bénéficié des techniques de construction.

Ils ont aussi en partie assimilé le mode de vie des Romains. Par exemple, le mot allemand *Tisch* « table » a été emprunté au latin DISCUS « plateau », ce qui rappelle la coutume romaine des tables qu'on apportait déjà servies devant les convives et que l'on remportait après la fin du repas. Il y a également :

Schüssel	« plat »	de SCUTELLA	« petite coupe »
Kessel	« chaudron »	de CATILLUS	« petit plat »
Kelter	« pressoir »	de CALCATURA	« lieu où l'on foule le raisin »
Keller	« cellier »	de CELLARIUM	« garde-manger, office »
Wein	« vin »	de VINUM	« vin »
Frucht	« fruit »	de FRUCTUS	« fruit »
Birne	« poire »	de PIRUM	« poire »
Pfirsich	« pêche »	de PERSICUM (MALUM)	« pomme de Perse : pêche ».

Le latin a été également le véhicule du grec dans les langues germaniques. Ainsi le latin MONACHUS « moine », venu du grec *monachos* « solitaire », puis « moine », est à l'origine du toponyme *München* (Munich [482]).

De son côté, mais sans atteindre des proportions semblables, le latin a aussi emprunté un certain nombre de termes au germanique, comme par exemple RENO « peau de renne », SAPO « savon », GANTA « oie », GLAESUM « ambre [483] ».

Les peuples germaniques et leurs langues

Au Ier siècle de notre ère, Tacite donne à l'un de ses ouvrages le titre de *Germania,* comme si les Germains avaient constitué une seule nation, unifiée sur le plan politique. En fait, jusqu'à leur conversion au christianisme, ils formaient au contraire des tribus indépendantes qui occupaient des territoires voisins mais dont les contacts fréquents avaient longtemps empêché toute différenciation linguistique.

Plus tard, leur dispersion a favorisé le développement d'idiomes différents, que l'on peut rattacher, selon leurs zones de départ, à trois groupes principaux :

– les peuples du Nord : leurs descendants parlent aujourd'hui les différentes langues scandinaves (danois, norvégien, suédois, islandais) que les linguistes désignent comme les langues germaniques du Nord

– les peuples de la mer du Nord : Frisons, Angles et une partie des Saxons. Ils sont aujourd'hui représentés par les populations qui parlent le frison et l'anglais, et qu'il faut distinguer de celles qui, à partir de l'Allemagne du Nord, de l'Elbe au Rhin, s'étendront, soit vers l'ouest, comme les Francs, soit vers le sud. Parmi ces derniers, il y avait en particulier les Longobards, qui déboucheront sur l'Italie du Nord, les Alamans, finalement installés dans ce qui est aujourd'hui l'Alsace et la Suisse, et les Suèves, dont les pérégrinations en Europe se termineront dans l'ouest de la péninsule Ibérique. C'est beaucoup plus tard que se différencieront le bas-allemand, qui est à la source du néerlandais et du *Plattdeutsch*, et le haut-allemand, d'où dérive l'allemand d'aujourd'hui. Les linguistes désignent toutes ces langues sous le nom de germanique de l'Ouest

– les peuples de l'Oder et de la Vistule : Goths, Vandales, Burgondes. Leurs langues, du groupe germanique dit de l'Est, n'ont plus de descendance, mais on parlait encore une variété de gotique dans la presqu'île de Crimée au xviiie siècle [484].

La carte d'orientation ci-après permettra de situer les divers noms de lieux qui figurent dans le texte.

Les noms des Germains

On connaît les tribus germaniques sous des dizaines de noms différents, dont certains sont très connus : Wisigoths, Ostrogoths et Vandales, Angles et Saxons, Frisons et Bataves, Burgondes, Alamans et Francs. Mais il y avait aussi des dizaines de peuples aux noms moins fréquemment cités, comme les Suèves, les Marcomans, les Ménapes, les Taifales, les Chauques, les Chamaves, les Bructères, etc. Tous ces noms portent généralement témoignage de leur lieu d'origine ou de résidence prolongée, mais seuls certains d'entre eux désignent aujourd'hui des langues ou des dialectes germaniques perpétuant leur souvenir : anglais, frison, allemand, saxon ou francique.

De façon un peu plus inattendue, certaines tribus germaniques se sont distinguées en donnant leur nom à des langues issues du latin : le français, le bourguignon, le lombard, l'andalou ne sont pas de souche germanique, mais des aboutissements du latin.

LANGUES GERMANIQUES
Carte d'orientation

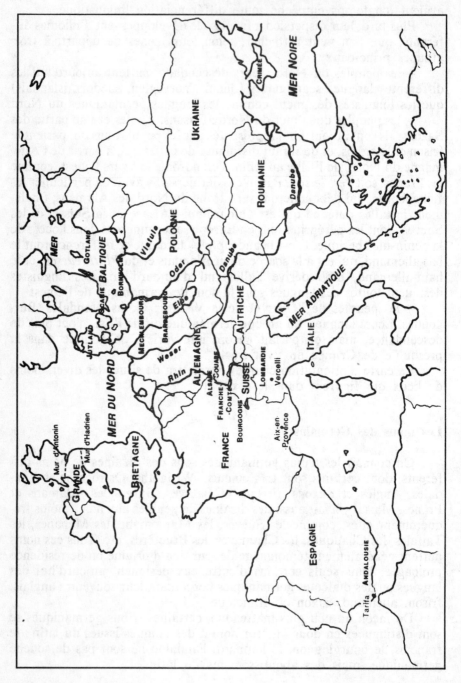

La poussée vers l'est

Dès les premiers siècles de notre ère, et jusqu'à la chute de l'Empire romain (476), les peuples germaniques avaient été constamment en mouvement dans toute l'Europe, et les Goths avaient probablement été les premiers à se séparer du groupe. On pense qu'ils étaient partis de l'île de Gotland, dans la Baltique, pour se diriger vers le sud, puis vers l'est. Au milieu du IIIe siècle apr. J.-C., ils avaient atteint la mer Noire. Leur langue, qui n'a pas de représentant moderne, a néanmoins été conservée grâce à une traduction de la Bible en gotique, vers 350 apr. J.-C., par l'évêque arien Wulfila.

L'existence de ce texte écrit permet de constater que le gotique partageait certains traits avec les langues scandinaves, et en particulier l'évolution de l'ancien /ww/ germanique en /g^{w}w/. Aujourd'hui, on dit *true* « vrai » en anglais, évolution de l'ancien /ww/ (moyen anglais *trewe*), mais *tryg* « fiable » en danois (évolution du /g^{w}w/). De même, on trouve *trève* en français, forme sans /g/ transmise par les Francs (idiome germanique de l'Ouest), mais *tregua* en italien et en espagnol, où le mot (avec /g/) est venu par l'intermédiaire des Ostrogoths et des Wisigoths (idiome germanique de l'Est [485]) (cf. *encadré* ÉVOLUTION COMMUNE EN GERMANIQUE DE L'EST ET DU NORD).

ÉVOLUTION COMMUNE
EN GERMANIQUE DE L'EST ET DU NORD

/w w/ germanique ancien	évolution en /u :/	langues **germaniques de l'Ouest** Ex. anglais *true* « vrai »
	innovation en /g^{w}w/	**gotique**, langue germanique de l'Est, sans descendance langues **scandinaves**. Ex. danois *tryg* « fiable »

C'est vers le IVe siècle que les Goths se scindent en deux groupes, qui vont se déplacer cette fois vers l'ouest : les Wisigoths, que l'on retrouvera au début du Ve siècle en Aquitaine, puis en Espagne, où leur royaume durera jusqu'à l'arrivée des Arabes en 711, et les Ostrogoths, qui s'installeront en Italie au cours des Ve et VIe siècles [486].

Les Burgondes, dont le nom rappelle celui de l'île danoise de *Bornholm* (l'ancienne forme est *Burgunderholm*), située au sud de la Suède, atteindront la Bourgogne et la Savoie en 444, avant d'être finalement absorbés par les Francs, tandis que les Vandales poursuivront leur course jusqu'en Espagne avant de passer en Afrique. Les rares traces linguistiques de leur passage apparaissent dans des noms de lieux comme *Andalousie* et *Bourgogne*.

Au Ve siècle, une nouvelle différenciation se produit entre les langues germaniques de la mer du Nord, qui donne naissance au *vieux-saxon* en Allemagne du Nord (Westphalie), au *vieux-frison* sur la côte de la mer du Nord et au *vieil-anglais* en Angleterre [487].

Scandza insula, « officine des nations »

C'est la Scanie, province méridionale de la Suède, qui, par une erreur graphique due à Pline l'Ancien [488], a donné son nom à la *Scandi-navie* (Scadinauia). Cette région est présentée par l'historien Jordanes, au VIe siècle apr. J.-C., comme « *Scandza insula, quasi officina natio-num aut certe velut vagina gentium* [489] », en quelque sorte une usine à fabriquer des peuples.

L'image était juste, car cette région a effectivement été le lieu de départ de nombreux peuples germaniques qui se retrouveront plus tard bien loin de leur pays d'origine.

Partis de la presqu'île voisine, le Jutland, les Cimbres et les Teutons ont été ceux qui ont connu les déplacements les plus désordonnés (cf. *encadré* ci-dessous).

L'ERRANCE DES CIMBRES ET DES TEUTONS

L'histoire des **Cimbres** et des **Teutons** illustre bien dans quelles conditions ont pu se dérouler les « Grandes Invasions ». Peut-être chassées par un raz de marée dévastateur de la presqu'île du Jutland vers la fin du IIe siècle av. J.-C., ces tribus germaniques commencent alors un long périple à travers l'Europe. En 14 ans, de − 115 à − 101, elles la traverseront tout d'abord du nord au sud, puis d'est en ouest, de la Forêt-Noire à l'Espagne, pour refaire ensuite le chemin en sens inverse, d'ouest en est, et finalement être anéanties par les troupes romaines de Marius : pour les Teutons à Aix-en Provence en 102 av. J.-C., et pour les Cimbres à Vercelli, dans le Piémont, en 101 av. J.-C. [490].

Cinq siècles plus tard, également partis du Jutland, mais pour un moins long voyage, les Jutes et les Angles, auxquels se joint un groupe de Saxons venus d'Allemagne, n'auront à traverser que la mer du Nord pour s'établir en (Grande) Bretagne au moment où se retirent les légions romaines (cf. *carte* LES SOURCES DE L'ANGLAIS, p. 371).

Des séparations et des regroupements

En Allemagne du Nord, seuls les Saxons qui n'avaient pas suivi les Angles et les Jutes demeureront sur place. Ils résisteront plus tard aux efforts de l'empereur des Francs, Charlemagne, qui tentait de les soumettre.

Les Longobards, partis des bords de l'Elbe, se retrouvent en Autriche vers le VIe siècle apr. J.-C., puis en Italie du Nord, où ils se convertissent tous au catholicisme en 607 [491]. Le nom actuel de la Lombardie rappelle encore aujourd'hui leur séjour ancien dans la région.

Les Alamans, qui sont signalés dans le Brandebourg vers le IIIe siècle apr. J.-C., regroupent en fait un grand nombre de tribus. On pourrait peut-être chercher à voir, dans la forme latinisée *Alamanni*, un écho des formes germaniques *alle* « tous » et *Männer* « hommes ». Ils installeront des colonies en Alsace, en Suisse et en Franche-Comté à partir du Ve siècle apr. J.-C. Les toponymes en -*heim*, innombrables en Alsace, et les toponymes en -*ange*, -*ands*, -*ans* (< germanique -*ingen*), très fréquents en Franche-Comté, témoignent d'un habitat germanique ancien dans ces régions [492].

Les Suèves, d'abord établis en Allemagne du Nord, puis dans ce qui est aujourd'hui la Souabe, iront beaucoup plus loin. On les retrouvera au début du Ve siècle apr. J.-C. à l'extrême ouest de l'Europe, en Galice, où leur royaume durera près de deux siècles, mais sera détruit par les Wisigoths à la fin du VIe siècle.

Récréation

NOMS GERMANIQUES MAIS LANGUES ROMANES?

Parmi les peuples **germaniques**, certains ont, paradoxalement, donné **leur** nom à des langues **romanes**. Lesquels?

Alamans	Angles	Bataves
Burgondes	Francs	Longobards
Saxons	Teutons	Vandales

Réponses : Burgondes : le bourguignon, un dialecte gallo-roman d'oïl de l'est de la France – *Francs :* le français ; *Longobards :* le lombard, un dialecte italo-roman du nord de l'Italie – *Vandales :* l'andalou, dont le nom remonte à *Portu Wandalu*, nom donné par les nouveaux arrivants germaniques à la ville romaine de *Julia Traducta*, aujourd'hui *Tarifa*, en Andalousie, dans le sud de l'Espagne [493].

Enfin, les Francs étaient promis à un grand avenir : au départ une fédération de peuples sur la basse Weser, très tôt installés sur le Rhin, ils le franchiront en masse à la fin du Ve siècle et finiront par constituer le puissant empire franc en absorbant un grand nombre d'autres tribus germaniques. Le baptême de leur chef Clovis, vers 498, intègre nominalement les Francs dans l'Église chrétienne de Rome et les distingue de la plupart des autres Germains, hérétiques ariens, ce qui ouvre la voie vers un amalgame final des envahisseurs et des Gallo-Romains qui assurera la suprématie franque sur l'Europe occidentale et centrale.

Les plus vieux écrits

· Les premières traces écrites des langues germaniques ont été trouvées surtout en Scandinavie, mais aussi en Allemagne, en Ukraine, en Pologne, le long de l'Adriatique et jusqu'en Roumanie. Elles figurent le plus souvent sur des objets qui pouvaient avoir été transportés : fer de lance, pommeau d'épée, fibule, carquois. La plus ancienne date de 200 apr. J.-C. et la plus connue, qui remonte au IVe siècle, était gravée sur une corne d'or, qui a malheureusement disparu.

Ces inscriptions n'utilisent pas l'alphabet latin, mais un alphabet runique, dont les six premières lettres se prononcent comme un seul mot : *futhark*.

L'ALPHABET RUNIQUE

Les Germains ont longtemps écrit au moyen d'un alphabet de 24 lettres qui, d'abord gravé sur du bois, évitait toutes les lignes horizontales. On en connaît plusieurs variantes, ainsi qu'un alphabet plus tardif, réduit à 16 lettres [494].

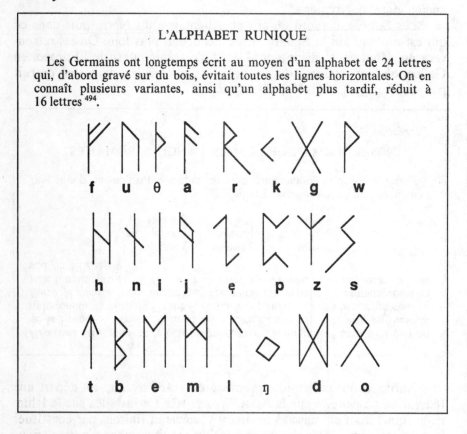

Les runes germaniques

Les runes, d'un mot qui signifiait en vieux scandinave « secret chuchoté », ont d'abord été utilisées pour noter des textes de commémoration très courts et peut-être de brèves formules magiques, puis des œuvres poétiques. Ce terme désigne des lettres dérivées d'anciens alphabets adaptés de modèles latins de l'Italie du Nord, eux-mêmes venus du grec [495] (cf. *encadré* ÉVOLUTION DE L'ALPHABET, p. 39).

Elles ont la particularité d'être constituées de traits droits et uniquement verticaux ou obliques, jamais horizontaux. Cette caractéristique s'explique si l'on sait qu'avant d'être gravées sur de la pierre ou de la corne ces lettres avaient d'abord eu pour support du bois de hêtre. Elles ne pouvaient donc être tracées que si l'on évitait à la fois les lignes parallèles au fil du bois (pour qu'elles ne se confondent pas avec elles) et les lignes courbes (trop difficiles à graver [496]).

DU HÊTRE AU LIVRE

Dans la plupart des langues germaniques, le mot qui désigne le **livre** ressemble beaucoup à celui qui désigne le **hêtre**. Et pour cause : c'est sur des tablettes en bois de hêtre qu'avaient été gravées les premières inscriptions en alphabet runique. On dit aujourd'hui,
 – pour désigner le « livre » : *book* en anglais, *Buch* en allemand, *boek* en néerlandais et *bog* en danois;
 – pour désigner le « hêtre » : *beech* en anglais, *Buche* en allemand, *beuk* en néerlandais, et *bøg* en danois. L'étape précédente est attestée en vieil-anglais, où *bōc* désignait aussi bien le « hêtre » que le « livre ».

Ainsi la lettre T est constituée d'une barre verticale surmontée d'un V à l'envers, la lettre H de deux barres verticales coupées par un trait en biais, la lettre S par trois lignes obliques en zigzag, etc.

La première lettre de cet alphabet correspond à un [f], comme dans *faihu* « bétail ». On retrouve ce même mot en anglais moderne sous la forme *fee* « rémunération », ce qui rappelle que toute rémunération se faisait, à l'origine, sous forme de têtes de bétail [497].

Récréation

POUVEZ-VOUS LIRE LES RUNES?

Les trois mots ci-dessous sont les noms latins de trois pays situés à l'ouest de l'Europe.

1. ᛒᚱᛁᛏᚨᚾᚾᛁᚨ

2. ᚷᚨᛚᛚᛁᚨ

3. ᚺᛁᛒᛖᚱᚾᛁᚨ

Si vous reconnaissez le troisième, c'est que vous connaissez bien les pays celtiques.

Solution : 1. Britannia (aujourd'hui Grande-Bretagne) – 2. Gallia (auj. Gaule) – 3. Hibernia (auj. Irlande).

La force de la première syllabe

Parmi les traits qui permettent de distinguer toutes les langues germaniques anciennes des autres langues indo-européennes, le plus important est peut-être l'accentuation de tous les mots sur la première syllabe.

UNE CORNE D'OR PLEINE D'ENSEIGNEMENTS

C'est sur la corne d'or de Gallehus (fin du ive siècle apr. J.-C.) que figurait l'inscription runique la plus célèbre. Elle ne contient que cinq mots, mais ils sont riches d'enseignements pour la connaissance de la forme des langues germaniques à date ancienne :

Ek hlewasgastiz holtingaz horna tawido

En leur appliquant les principes de la comparaison des langues, on peut tout d'abord y reconnaître des ressemblances avec d'autres langues indo-européennes :

hlewa- rappelle le grec *kle(w)os* « gloire, renommée »
-gast-, le latin HOSTIS « hôte » ou « ennemi »
holt-, l'allemand *Holz* « bois ».
Quant à *horna,* c'est l'équivalent du latin CORNU « corne ».
Cela permet de proposer la traduction suivante :
« C'est moi, Hlewasgast, fils de Holt, qui ai préparé la corne [498]. »
Sur le plan phonique, on peut en outre constater qu'au début de notre ère toutes les voyelles en syllabe finale sont encore bien présentes dans cette langue germanique.

Ce fort accent initial est encore sensible dans les langues germaniques modernes : en danois, par exemple, si un mot est accentué ailleurs que sur la première syllabe, il y a toutes les chances pour qu'il s'agisse d'un emprunt à une langue étrangère [499]. Ainsi *natur* « nature », qui est accentué sur la deuxième syllabe, n'est pas d'origine germanique mais un emprunt au latin. Le même critère peut également être appliqué à l'anglais [500] (cf. *encadré* PRONONCIATION DES EMPRUNTS EN DANOIS ET EN ANGLAIS).

La force de l'accentuation germanique a souvent eu pour effet de provoquer l'élimination complète des syllabes inaccentuées, ou tout au moins la réduction des timbres vocaliques après l'accent. C'est effectivement ce que l'on constate dans toutes les langues germaniques modernes, mais les voyelles des syllabes finales avaient encore des timbres divers aux premiers siècles de notre ère. On peut en trouver le témoignage dans des inscriptions très anciennes comme celle de la corne d'or de Gallehus (cf. *encadré* UNE CORNE D'OR PLEINE D'ENSEIGNEMENTS).

PRONONCIATION DES EMPRUNTS
EN DANOIS ET EN ANGLAIS

Accent sur la **1re** syllabe = origine germanique		Accent sur une **autre** syllabe = emprunt	
danois			
ankel	« cheville »	*abrikos*	« abricot »
fløde	« crème »	*allé*	« avenue »
gade	« rue »	*fromage*	« mousse sucrée »
kage	« gâteau »	*kantarel*	« girolle »
ladning	« cargaison »	*karbonade*	« steak haché pané »
leve	« vivre »	*lakrids*	« réglisse »
meget	« beaucoup »	*natur*	« nature »
skyldig	« coupable »	*notits*	« entrefilet » (d'un journal)
suppe	« potage »	*parat*	« prêt »
svale	« hirondelle »	*privat*	(adj.) « privé »
tyve	« vingt »	*referat*	« compte rendu » [501]
anglais			
barley	« orge »	*advice*	« conseil »
lady	« dame »	*affair*	« relation amoureuse »
morning	« matin »	*brunette*	« femme brune »
nostril	« narine »	*cathedral*	« cathédrale »
oven	« four »	*dessert*	« dessert »
rudder	« gouvernail »	*prestige*	« prestige »
stubborn	« têtu »	*regime*	« régime politique »
swallow	« hirondelle »	(to) *regret*	« regretter »
whisper	« chuchoter »	*savannah*	« savane »
wonderful	« merveilleux »	*superb*	« magnifique »

Les consonnes se modifient

Un autre trait caractérise à date ancienne les langues germaniques dans leur ensemble : toute une série de consonnes y a changé de mode d'articulation. On a donné à ce phénomène le nom savant de « première mutation consonantique », que l'on illustrera par un seul exemple : au /d/ indo-européen, resté /d/ en latin, correspond en /t/ en germanique :

latin : /d/ DECEM   **anglais** : /t/*ten*   **danois** : /t/*ti*   « dix »
        /d/ DENS   /t/*tooth*   /t/*tand*   «dent»

Si les exemples ont été choisis en anglais et en danois, et non pas en allemand, c'est que les consonnes de l'allemand ont ensuite subi une nouvelle évolution, connue sous le nom de « seconde mutation consonantique ». Ainsi, au lieu de se maintenir sous la forme /d/ (comme en latin) ou /t/ (comme en anglais ou en danois), le /d/ indo-européen a évolué ultérieurement en /ts/ (graphie *z*) : en allemand, « dix » se dit *zehn* et « dent » se dit *Zahn* [502] (cf. chapitre LE GERMANIQUE DE L'OUEST, § Les innovations du haut-allemand, p. 312).

Un lexique bien particulier

Un dernier trait de ces langues germaniques mérite d'être signalé : une grande partie de leur lexique n'appartient pas au fonds indo-européen commun, mais les caractérise en propre.

Voici un échantillon de ces termes sous leur forme anglaise, où l'on peut constater que ce vocabulaire concerne des domaines très variés :
- la mer : *boat, ebb, keel, mast, rudder, sail, sea, ship, strand*
- les points cardinaux : *east, north, south, west*
- les armes : *bow, helmet, shield, sword*
- les animaux : *bear, calf, eel, lamb, stork*
- la vie domestique : *bone, bread, drink, leap, wife*
- les institutions : *king, knight, thing* [503].

La présence de ce dernier mot *(thing)* parmi les institutions peut surprendre si l'on songe qu'il veut seulement dire aujourd'hui « chose, objet ». En fait, il avait à l'origine le sens de « assemblée judiciaire [504] ».

Les trois grands groupes linguistiques

C'est au cours du premier millénaire de notre ère que s'est opérée la différenciation des langues germaniques en plusieurs variétés, que l'on répartit en trois grands groupes, en prenant pour critère les directions approximatives de départ de leurs migrations :

- le GERMANIQUE DE L'EST, dont la descendance linguistique n'a pas été assurée ;
- le GERMANIQUE DU NORD, qui réunit les langues scandinaves ;
- Le GERMANIQUE DE L'OUEST, le plus important, subdivisé en deux sous-groupes :
    - allemand, sous les deux formes du bas-allemand et du haut-allemand (la « Teutonia »),
    - anglo-frison, qui a donné naissance à l'anglais (dans les îles Britanniques) et au frison (aujourd'hui essentiellement dans les Pays-Bas).

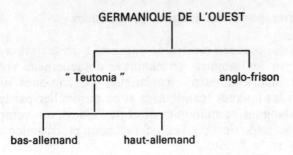

GERMANIQUE DE L'OUEST

"Teutonia"   anglo-frison

bas-allemand   haut-allemand

TABLEAU
DES PRINCIPALES LANGUES GERMANIQUES ACTUELLES

Le **francique,** qui était la langue des Francs, devrait figurer parmi les langues issues du bas-allemand, comme le **néerlandais** ou le *Plattdeutsch,* mais il a, par la suite, subi certaines des évolutions du haut-allemand, en particulier dans les régions lorraines.

germanique de l'Est

- gotique †
- vandale †
- burgonde †

germanique du Nord
(langues scandinaves)

- suédois
- danois
- dano-norvégien

- norvégien
- féroïen
- islandais

germanique de l'Ouest

- longobard †

haut-allemand
- alémanique
- lorrain
- luxembourgeois
- allemand
- yiddish

- alsacien
- souabe
- schwytzertütsch

« Teutonia »

bas-allemand
- Plattdeutsch (Allemagne du Nord)
- néerlandais (dont le flamand)
- afrikaans (Afrique du Sud)

anglo-frison
- anglais
- frison

† langue éteinte

Pour s'y retrouver parmi les langues germaniques

Le tableau qui précède servira de cadre à la présentation des chapitres suivants sur les langues germaniques actuellement vivantes.

Après une incursion parmi les langues germaniques du Nord, représentées par les langues scandinaves et en particulier par le danois, on abordera les langues germaniques dites de l'Ouest, qui comprennent d'une part les variétés de la « Teutonia » (haut et bas-allemand), de l'autre l'anglais et le frison.

C'est avec l'histoire de l'*allemand* standard, langue commune élaborée à partir de variétés de haut-allemand, que débutera l'exposé sur les langues germaniques de l'Ouest. Viendront ensuite les divers autres parlers haut-allemands *(yiddish, lorrain, alsacien, schwytzertütsch, luxembourgeois)*.

L'étape suivante conduira à la description des aboutissements du bas-allemand : le *néerlandais* aux Pays-Bas, auquel se rattachent le *Plattdeutsch* en Allemagne ainsi que les variétés de néerlandais parlées en Belgique et en France (appelées *flamand* dans ces deux pays).

Enfin on constatera que le *frison* et l'*anglais*, deux langues germaniques proches à l'origine, ont connu des destins prodigieusement différents.

II. Le germanique du Nord

Les débuts réels des langues scandinaves

La langue que l'on a pu reconstruire à partir des inscriptions runiques ne montre aucune des innovations qui caractérisent aujourd'hui les langues scandinaves, et qui ont dû se produire pendant la période des Vikings. Dans les premiers siècles de notre ère, en même temps que les Germains dits de l'Ouest commencent leurs migrations en Europe, des Scandinaves de Scanie s'établissent dans ce qui est aujourd'hui le Danemark. A la même époque, des populations slaves venues de l'est vont établir une coupure entre les Danois et les Germains de l'Ouest. Cette séparation aura pour conséquence l'émergence des langues scandinaves, que l'on doit séparer du reste des langues germaniques pour deux raisons : elles n'ont pas participé à certaines des innovations qui se sont produites ailleurs, et elles ont connu un certain nombre d'évolutions propres qui en font aujourd'hui encore des langues très proches les unes des autres.

Une seule langue ou plusieurs ?

Un étranger est toujours fasciné, incrédule et admiratif, lorsqu'il constate la facilité avec laquelle un Danois, un Norvégien et un Suédois peuvent converser ensemble, chacun dans sa propre langue, sans l'aide d'un interprète. Et il se demande même pourquoi on ne considérerait pas comme des variantes de la même langue ces trois idiomes issus d'un scandinave commun, d'ailleurs resté indifférencié jusqu'au ixe siècle. Mais ce serait ne faire aucun cas d'autres considérations, sociales et politiques, qui ont défini pour chacune d'entre elles des normes pour l'écriture et pour la prononciation, et qui, depuis des siècles, confortent les usagers dans leur sentiment d'appartenance spécifique.

La norme du danois a été fixée à la fin du XVIIIe siècle, mais la reconnaissance de son indépendance s'était déjà produite au moment de la Réforme, qui avait vu paraître la traduction de la Bible dans trois langues distinctes : danois, suédois, islandais. De son côté, le norvégien ne s'est libéré de l'emprise du danois qu'au XIXe siècle, car c'est le danois qui avait été la langue officielle de la Norvège pendant près de quatre siècles [505]. Cela explique la situation paradoxale du norvégien qui, tout en adoptant le vocabulaire cultivé du danois sous sa forme écrite, a continué à le prononcer à sa façon. Or, la prononciation du norvégien est beaucoup plus proche de celle du suédois, dont le vocabulaire est en revanche très différent. Les Scandinaves résument la question par une formule lapidaire : « Le norvégien, c'est du danois prononcé à la suédoise [506]. »

« LANGUE DES LIVRES » ET « LANGUE DE LA CAMPAGNE »

En raison de sa soumission au Danemark durant plus de quatre siècles (1380-1814), le norvégien connaît aujourd'hui deux langues officielles distinctes.

L'une, qui descend du vieux danois, introduite en Norvège sous sa forme écrite, anciennement appelée *riksmål* « langue de l'État », est aujourd'hui désignée sous le nom de *bokmål*, la « langue des livres ». Elle s'écrit de nos jours avec une orthographe proche de la prononciation norvégienne.

L'autre, qui descend du vieux norvégien, anciennement *landsmål* « langue de la campagne », c'est-à-dire la langue parlée par le peuple, est aujourd'hui connue sous le nom de *nynorsk* ou « nouveau norvégien ». C'est une langue dont la norme est fondée sur différents dialectes parlés.

Une origine commune et des influences partagées

Si aujourd'hui les langues du Danemark, de Norvège et de Suède ne font pas trop obstacle à la communication d'un pays à un autre, c'est tout d'abord en raison de leur origine commune et de leur indifférenciation jusqu'au IXe siècle, date après laquelle elles évoluent en deux groupes :

– à l'est, la branche qui aboutira au vieux-danois et au vieux-suédois

– à l'ouest, la branche plus conservatrice du vieux-féroïen, du vieil-islandais et du vieux-norvégien, cette dernière langue devant ensuite se trouver en contact plus intime avec le danois.

LES LANGUES SCANDINAVES

On divise les langues scandinaves en deux groupes, dont le premier a gardé des formes plus proches de l'ancien scandinave :

islandais	**dano-norvégien** (ou *bokmål*)
féroïen	**danois**
norvégien (ou **nynorsk**)	**suédois**
(anc. *landsmål*)	

De la fureur des hommes du Nord...

Lorsqu'on pense aux pays scandinaves, c'est le nom des Vikings qui vient immédiatement à l'esprit. Venus de Scandinavie, qui était encore au VIIIᵉ siècle un agrégat de petits royaumes rivaux, ils sont devenus célèbres grâce à un long poème intitulé *Beowulf*, écrit en vieil-anglais au VIIIᵉ siècle et qui est le récit à moitié légendaire des combats de Beowulf, héros danois, qui vient finalement à bout des monstres à forme humaine qui ravageaient le royaume de son frère.

Ces Vikings – Danois, Norvégiens ou Suédois – commencent à faire parler d'eux hors de Scandinavie le 8 juin 793, lorsqu'ils mettent à sac le monastère de *Lindisfarne*, en Écosse. Pendant les deux siècles suivants, toute l'Europe a continué à trembler devant leurs razzias et leurs pillages, à tel point que dans toutes les églises une seule **prière** importait : A FURORE NORMANNORUM, LIBERA NOS, DOMINE « De la fureur des hommes du Nord, libère-nous, Seigneur [507]. »

DRAKKAR : UNE INVENTION FRANÇAISE...

... et une double faute contre la langue d'origine.

1°. Les Vikings ne naviguaient pas sur un *drakkar* : leurs embarcations s'appelaient de divers noms, dont *knörr* « bateau à la puissante étrave », *karfi* « caboteur », *langskip* « bateau long » ou *kaupskip* « bateau de commerce », mais jamais *drakkar*.

2°. S'il est vrai que la figure de proue de leurs bateaux était souvent une tête de dragon – qui se disait dans l'ancienne langue scandinave : *dreki* au singulier, *drekar* au pluriel –, ce qui explique l'origine du mot *drakkar* en français, ce n'était pas une raison pour faire à la fois une faute de grammaire (un pluriel pour indiquer un singulier) et une faute d'orthographe (*drakkar* au lieu de *drekar* [508]).

Ces hommes venus du Nord n'étaient pas seulement les pillards cruels qui avaient semé la terreur sur toutes les côtes de l'Europe – des Norvégiens avaient pris d'assaut l'Écosse et l'Irlande dès le VIIIᵉ siècle –, ils avaient aussi poussé des incursions à l'intérieur des terres et s'étaient

LES EXPÉDITIONS DES VIKINGS

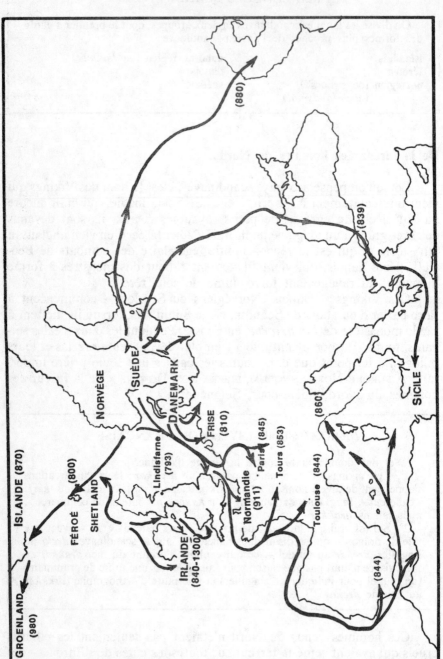

enfoncés dans les plaines russes en remontant les fleuves. Ils y avaient fondé le premier État russe (le mot *russe* vient du finnois *ruotsi*, qui désigne les Suédois [509]) et ils avaient débarqué finalement en Sicile après avoir contourné la Turquie et la Grèce [510].

Ils étaient surtout de grands commerçants qui partaient sur leurs solides embarcations à la recherche de nouveaux débouchés, mais aussi des artisans habiles et même des poètes raffinés [511]. Doués d'une vitalité hors du commun, dès la fin du IXe siècle ils colonisent aussi l'Islande, « l'île de glace (et de feu) », et ils découvriront l'Amérique plusieurs siècles avant Christophe Colomb [512].

COMMENT PARLAIENT LES VIKINGS

C'est en **Islande** qu'on peut le mieux se faire une idée de la langue que parlaient les Vikings. Colonisée par des Norvégiens entre 874 et 930, en pleine période viking, l'Islande a conservé les formes les plus anciennes de la langue germanique alors commune à toute la Scandinavie [513]. Mais, après le Xe siècle, les différences s'accentueront entre l'islandais et le féroïen d'une part, et les langues des trois pays continentaux de l'autre.

L'islandais est en outre la seule langue scandinave dont une grande partie du vocabulaire n'est pas formée d'emprunts à l'allemand ou au français [514]. C'est aussi la seule langue germanique qui a gardé l'accent de première syllabe sur tous les mots.

Enfin ils deviendront aussi les souverains de pays étrangers : ducs de Normandie (au début du Xe siècle), rois de Dublin (de 869 à 1000) et rois danois d'Angleterre (de la fin du IXe siècle jusqu'au milieu du XIe). On date la fin de la période viking du milieu du XIe siècle (cf. chapitre Autour de l'anglais § Des pillards qui finissent par s'installer, p. 373).

Autour du danois

LE DANEMARK ET SES LANGUES

POPULATION : 5 160 000 habitants.

LANGUE OFFICIELLE :
  – **danois**, langue germanique du Nord, langue officielle de l'État danois.

LANGUES OFFICIELLES RÉGIONALES :
  – **allemand**, langue germanique de l'Ouest (Jutland du Sud)
  – **féroïen**, langue germanique du Nord, langue officielle aux îles Féroé
  – **groenlandais (inuktitut)**, langue de la famille eskimo, langue officielle au Groenland.

AUTRES IDIOMES :
  – **frison**, langue germanique de l'Ouest, du groupe anglo-frison (des traces sur la côte jutlandaise de la mer du Nord).

N.B. Les îles Féroé et le Groenland sont des territoires autonomes, respectivement depuis 1948 et 1979, mais ces pays restent dépendants du Danemark pour la défense et les affaires étrangères. Ils ont chacun deux députés au Parlement danois (sur 179 membres).

L'article à la fin du mot

Une des particularités propres aux langues scandinaves est la naissance d'un article défini postposé. En danois, par exemple, l'article défini (-en ou -et) se place à la fin du mot, alors qu'en anglais ou en allemand il se trouve toujours devant le mot :

	danois	anglais	allemand
« l'eau »	*vandet*	*the* water	*das* Wasser
« l'enfant »	*barnet*	*the* child	*das* Kind
« l'homme »	*manden*	*the* man	*der* Mann
« la barbe »	*skægget*	*the* beard	*der* Bart [515].

Cette même caractéristique grammaticale se retrouve dans les autres langues scandinaves, qui partagent aussi d'autres traits sur le plan de la prononciation et du lexique.

Des tons d'un côté, un coup de glotte de l'autre

Il est un phénomène phonique commun aux langues scandinaves, mais qui se réalise d'une façon tout à fait originale en danois. Pour peu qu'un mot suédois ou norvégien ait deux syllabes, il ne suffira pas, pour l'identifier pleinement, de reconnaître la succession des consonnes et des voyelles qui le constituent. Il faudra encore prendre garde à la mélodie sur laquelle il est prononcé. En effet, si, par exemple, le mot suédois *buren* est prononcé sur un ton plus haut sur la deuxième syllabe, il signifie « les cages »; mais s'il est prononcé sur un ton plus bas sur la deuxième syllabe, il a alors le sens du participe passé « porté ».

Le danois fait le même genre de distinction mais, au lieu de mélodies différentes, il utilise ce qu'on appelle le *stød*, ou coup de glotte. Il s'agit d'un étranglement de la glotte, qui est perçu comme un arrêt brutal du flot de l'air dans la gorge pendant l'articulation de la voyelle, comme lorsqu'on tousse : les mots *gul* « jaune » et *guld* « or » se prononcent presque de la même manière (le *d* de *guld* étant seulement graphique), à cette différence près que la prononciation de « jaune » est interrompue comme par une sorte de hoquet entre la voyelle et le *l* final. Avec humour, les Danois aiment bien plaisanter à ce sujet et disent que « le danois ne se parle pas, il se tousse [516] ».

Le danois « se tousse », mais avec une douceur infinie

Il faut pourtant ajouter que, si le danois connaît un rythme heurté qui détruit la mélodie, en même temps il a des consonnes très douces qui en font une langue presque caressante. Et ce paradoxe devient une évidence chaque fois qu'un étranger commence à apprendre le danois : cette langue lui apparaît à la fois comme une langue syncopée – à cause du *stød* – et comme une langue aux consonnes légères et évanescentes.

Cette impression de douceur provient de la réalisation très relâchée de certaines consonnes, celles qui apparaissent à l'écrit respectivement sous la forme *d, g* et *r*. Si dans *bade* « se baigner » et *fløde* « crème fraîche » on entend encore un soupçon de *d* très léger, les mots *kage* « gâteau » ou *bage* « cuire au four » se prononcent presque comme s'il n'y avait pas de *g* entre le *a* et le *e*. Chez les jeunes, dans cette position, le *g* a complètement disparu [517].

La consonne *r* s'articule aujourd'hui tout au fond de la gorge, et de façon très relâchée, ce qui fait qu'elle s'entend plutôt comme une voyelle, surtout dans certains contextes, par exemple dans : *bager* « boulanger », *lære* « apprendre » ou *fare* « danger ».

Tel n'était pas le cas jusqu'au milieu du XVIIIe siècle. Jusque-là, toute la population prononçait un *r* roulé de la pointe de la langue, et les premières attestations d'une articulation au niveau de la luette ont été signalées à Copenhague vers 1780. Cette nouvelle prononciation s'est ensuite répandue d'abord dans les villes, puis elle a gagné les campagnes. Aujourd'hui, on ne trouve plus l'ancienne prononciation avec *r* fortement roulé de la pointe de la langue que dans certains coins reculés du Jutland [518].

Mais cela représente vraiment l'exception, et les Danois se divertissent beaucoup à faire prononcer aux étrangers le nom d'un dessert typiquement danois fait d'une sorte de gelée de fruits rouges servie avec de la crème fraîche, qui s'écrit *rødgrød med fløde*, et où toutes les consonnes *r, d* et *g* sont pratiquement (mais pas complètement, c'est là le hic) inexistantes. Seul un locuteur natif ou un phonéticien très entraîné y parviendra sans faire rire les autochtones.

Les langues scandinaves et le latin

Au cours de leur histoire, les langues scandinaves ont été à plusieurs reprises en contact avec le latin. Très tôt, il y avait eu le latin des marchands romains, dont le souvenir est resté particulièrement vivant dans deux termes de la vie courante : le verbe danois *købe* « acheter » dérive du latin CAUPO, « cabaretier », et le mot *vin* « vin » est un vieil emprunt au latin VINUM. Cela signifie que le cabaret devait être un lieu favori pour les rencontres et les transactions.

COPENHAGUE : UN NOM A MOITIÉ LATIN

C'est aux marchands romains que les Scandinaves avaient emprunté le terme qui exprimait l'idée d'acheter ou de vendre. Le verbe danois *købe* « acheter », venu du latin, se retrouve dans le nom de la capitale du Danemark, Copenhague : *København* « le port des marchands ». On peut rapprocher ce verbe de l'allemand *kaufen* « acheter » et de l'anglais *cheap* « bon marché [519] ».

A la suite des commerçants romains, les missionnaires chrétiens ont apporté, soit des mots latins d'origine grecque, comme dans *kirke* « église » ou *præst* « prêtre », soit des mots purement latins comme *messe* « messe », du latin MISSA, ou *provst* « doyen », du latin PROPOSITUS.

On retrouve le même vocabulaire latin dans toutes les langues scandinaves, en dehors de l'islandais, mais avec parfois des nuances de sens : alors que l'adjectif danois *rar* a été emprunté au latin RARIS avec le sens favorable de « bon, raffiné », le même mot, en suédois, évoque quelque chose de beaucoup moins positif : « bizarre, étrange ».

Il faut ajouter que les apports du latin se sont poursuivis au cours des siècles, souvent par l'intermédiaire du français. Comme dans toute l'Europe, le latin est même devenu la seule langue des universités scandinaves. La première université avait été créée à Uppsala (Suède) en 1477 et à Copenhague en 1479 [520], mais il faudra attendre 1830 pour que la première thèse en danois soit acceptée à l'université de Copenhague [521].

Des monceaux de mots venus d'Allemagne

Si le latin est à la base d'une partie non négligeable du lexique danois, beaucoup plus massifs ont été les emprunts venus à la fin du Moyen Age de l'Allemagne du Nord, où dominait alors le bas allemand (cf. chapitre LE GERMANIQUE DE L'OUEST, § Le nord et le sud, p. 314). On les compte par milliers entre 1250 et 1500. On pense même que l'influence du bas-allemand sur le danois à cette époque est comparable à celle du normand et du français sur l'anglais au Moyen Age (cf. AUTOUR DE L'ANGLAIS, § L'anglo-normand, p. 380 et § Le double filon de l'anglais, p. 382) [522]. On ne doit pas s'en étonner car le bas-allemand était avant tout la langue de la Ligue hanséatique, cette association de villes marchandes du nord de l'Europe, qui avait commencé par un accord entre les négociants de Lübeck et de Hambourg, et qui s'était ensuite étendue à de nombreuses autres villes. Elle avait assez tôt ouvert des comptoirs commerciaux en Suède et au Danemark, entraînant des contacts particulièrement étroits entre les peuples de la Baltique et ceux du nord de l'Allemagne. C'était aussi la langue de la cour du Danemark, où régnait alors une dynastie d'origine allemande.

En dehors d'un apport lexical considérable, le bas-allemand a aussi laissé au danois des éléments grammaticaux productifs, tels que :

– les préfixes *be-, er-, for-* :
    be-, comme dans *begribe* « comprendre », *befale* « commander »...
    er-, comme dans *erklære* « déclarer », *erindre* « se rappeler »...
    for-, comme dans *forbyde* « interdire », *fornavn* « prénom »...

– ou les suffixes *-hed* ou *-isk* :
-hed, comme dans *menneskehed* « humanité, *skønhed* « beauté »...
-isk, dans de très nombreux adjectifs comme *dramatisk, fantastisk, identisk, idiotisk, ironisk*...

L'influence du bas-allemand cesse à partir du XVIᵉ siècle, avec la Réforme et l'apparition de la Bible de Luther, qui était écrite en haut-allemand. Le danois s'enrichit alors d'emprunts nouveaux à cette autre langue.

Langue commune et purisme

Le XVIIᵉ siècle marque une étape importante, car c'est à la fois l'époque où la langue parlée à Copenhague devient peu à peu la langue de prestige que l'on commence à prendre pour modèle, et celle où une réaction puriste préconise l'expulsion des mots étrangers. Mais ce rejet ne touche pas les emprunts anciens faits à l'allemand. N'étaient considérés comme étrangers que les mots d'origine latine ou grecque, dont beaucoup étaient devenus internationaux. On a alors remplacé, en les traduisant : *adjectivum* par *tillægsord*, c'est-à-dire « mot en supplément », ou encore *numerale* « nombre » par *talord* « mot pour compter ».

Le temps de la francomanie

Pourtant, au XVIIIᵉ siècle, une autre langue étrangère attire les Danois : la langue française, portée par la mode et la diplomatie. On fait venir des professeurs de France et c'est en français que les gens cultivés écrivent leur correspondance. Le prestige de cette langue devient presque irrésistible, ce qui pousse l'écrivain Ludwig Holberg (1684-1754), le Molière danois, à faire une piquante satire de cette francomanie envahissante dans une de ses plus célèbres comédies. On y voit Jean de France, ex-Hans Frandsen, qui, à son retour de France, ne peut plus prononcer une phrase en danois sans y mêler des paroles ou des tournures françaises [523].

Ces scènes de comédie ont alors remporté un franc succès, mais elles n'ont pas éliminé ce qui avait déjà pénétré profondément dans la langue, et la liste reste longue, aujourd'hui, du vocabulaire danois d'origine française. En voici un aperçu, qui permet toutefois d'apprécier le cachet strictement danois de certains mots français :

danois	venu du français
alle « avenue »	*allée* « petit chemin »
avis « journal »	*avis* « opinion, annonce »
bøf « bifteck, steak » mais *steg* = « rôti »	*bœuf* (l'animal ou la viande)
millionbøf « bœuf haché servi avec une sauce à la crème »	*million* + *bœuf* (mais cette association est inconnue en français)
entré « entrée, prix d'entrée (à un spectacle) »	*entrée* (sens plus étendu, non restreint aux spectacles)
bon (n.) « reçu »	*bon* (adj. et n.)
toupet « postiche »	*toupet* « touffe de cheveux/ effronterie »
lune « caprice »	*lune* (l'astre)
kontor « bureau »	*comptoir* « support d'exposition de marchandises »
parlør « manuel de conversation »	*parleur* « qui s'écoute parler » (ne s'applique qu'à un être humain)
citronfromage « mousse au citron » (dessert)	*citron* + *fromage* (jamais sucré)
flute « baguette (de pain) »	*flûte* « instrument de musique » mais aussi « baguette de pain » (dans certaines régions de France)
brunet (smør) « (beurre) noir »	*brunette* « fille brune » (ne s'applique pas à des objets)

En anglais dans le texte

A partir du XIXe siècle, c'est l'anglais qui envahit le danois, mais selon des modalités différentes à mesure que l'on approche de l'époque actuelle. Ainsi *kiks*, de *cakes* « biscuits », *strejke*, de *to strike* « faire grève », *cykel*, de (bi)*cycle* « bicyclette », ont été empruntés au XIXe siècle, mais leur orthographe a été modifiée au XXe siècle de façon à la rendre conforme à celle du danois. Les emprunts plus récents se font en conservant telle quelle l'orthographe anglaise, comme dans *computer, design, layout, nylon, sweater, teenager* ou *weekend*, ou avec seulement quelques adaptations au modèle danois : *checke* à partir de *to check* « vérifier », *droppe* à partir de *to drop* « laisser tomber »..., si bien que la distance paraît aujourd'hui bien faible entre l'anglais et le danois [524].

Il faudra toutefois se méfier de certaines similitudes trompeuses pour des mots très proches, tels que *sky, anger* ou *small* car, en danois :

sky	c'est « nuage »	(« ciel »	se dit *himmel*)
stol	– « chaise »	(« tabouret »	– *taburet*)
anger	– « remords »	(« colère »	– *vrede*)
tælle	– « compter »	(« raconter »	– *fortælle*)
smal	– « étroit »	(« petit »	– *lille*)
blanket	– « formulaire »	(« couverture »	– *tæppe* [525]).

Mais l'anglais n'est pas la seule source de « faux amis ». D'autres confusions peuvent également naître à partir de formes plus largement répandues dans les autres langues de l'Europe, comme certaines créations savantes à base grecque : le cas le plus troublant est peut-être celui de *biograf*, qui n'est pas le « biographe », mais le « cinéma ».

Les noms de famille danois

Au Moyen Age, le nom caractérisait une personne, soit comme étant le fils de quelqu'un (comme on l'a vu dans l'inscription de la corne d'or), soit comme ayant un certain métier, soit comme habitant un endroit particulier. Mais seuls les nobles avaient alors le droit de transmettre leurs noms. La grande bourgeoisie commence à adopter des noms de famille à partir du XVIIIᵉ siècle. L'habitude de latiniser les noms (*Celsius, Pladius, Montanus*) fait ensuite place, dans tous les pays scandinaves, à la francisation de ceux-ci : ainsi *Linnaeus* devient *Linné*.

Lorsque, venue du Schleswig-Holstein où elle était effective depuis 1771, l'obligation fut faite, en 1828, à tous les Danois d'adopter un nom de famille, le résultat avait été une incroyable prolifération de noms terminés par *-sen* « fils de » [526]. Comme les prénoms étaient eux-mêmes peu nombreux, on a eu une abondance de ***Christensen, Rasmussen, Jensen*** ou ***Andersen***. Et, malgré les encouragements de l'État pour choisir de nouveaux noms, il suffit d'ouvrir un annuaire téléphonique danois pour constater que les noms en *-sen* y sont encore très majoritaires (cf. *encadré* ON NE DIT PAS ANDERSEN TOUT COURT).

ON NE DIT PAS ANDERSEN TOUT COURT

Si l'on veut parler de l'auteur de ***La petite sirène***, au Danemark, on ne dit jamais ***Andersen*** tout court, mais ***Hans Christian Andersen***, ou plutôt ***H. C. Andersen***, en épelant les initiales. Car il y a des milliers d'Andersen au Danemark.

Écrire en danois

Le danois, en plus des 26 lettres de l'alphabet que nous connaissons en français, utilise trois voyelles supplémentaires, qui ont été classées à la fin de l'alphabet, après Z :

æ, voisin de la voyelle du français *net*. Exemple : *tælle* « compter », *æble* « pomme », *træ* « arbre », *knæ* « genou » ;

ø, voisin du *eu* du français *feu*, dans *møde* « rencontrer », ou du *eu* du français *peur*, dans *dør* « porte » ;

å, voisin du *a* de l'anglais *water*, par exemple dans *hår* « cheveu [527] ».

Mais l'adjonction de ces trois voyelles supplémentaires n'a pas réussi à éviter les chausse-trappes de l'orthographe, qui peut être aussi trompeuse que celle du français ou de l'anglais. Par exemple, la lettre *y*, qui représente dans *skylde* « devoir » l'équivalent de la voyelle du français *pus*, correspond dans *skylle* « rincer » à la voyelle du français *peu*.

Depuis la réunion d'experts danois, suédois et norvégiens en 1869, qui avait pour but de trouver un terrain d'entente pour réaliser une orthographe unifiée pour les trois langues, une partie des réformes proposées par la commission a pu être adoptée [528].

Parmi les réformes réalisées, celle de 1948 a aboli en danois l'usage de capitales pour les noms communs, habitude qui, sur le modèle allemand, avait été prise au début du XVIIIᵉ siècle. D'autre part, l'ancienne graphie *aa* (comme dans *Kierkegaard*, qui a gardé l'ancienne graphie) a été remplacée par la lettre suédoise *å*, par exemple dans le nom commun *kirkegård* « cimetière [529] ».

La plupart des *x* ont été remplacés par *ks*, par exemple dans *for eksempel* ou dans *seks* « six ». Mais ce mot ne se confond pas avec *sex* « sexe », qui a gardé l'ancienne graphie avec *x*.

Des abréviations typiquement danoises

Remarquons tout d'abord que certaines abréviations danoises ne suivent pas l'usage quasi international basé sur le latin.

Pour *etc. (et cætera)*, les Danois écrivent   *o.s.v. (og så videre)*
– *Cf. (confer)*   –   –   –   *jvf. (jævnfør)*.

En outre, les prénoms sont souvent abrégés, sans pour autant se réduire à la simple initiale :

Alfred = Alfr.	*Christian = Chr.*	*Frederik = Fr.*
Johannes = Johs.	*Sven = Sv.*	*Vilhelm = Vilh.*

Cette habitude abréviative s'étend aussi aux noms de lieux : *København* « Copenhague » devient ainsi *Kbh.*

Enfin, même des noms communs peuvent être remplacés par des sigles. L'exemple le plus déroutant est peut-être le nom du soutien-gorge, qui se dit *b.h.* (prononcé *bého*), abréviation de *brystholder* [530].

Récréation

LIRE LE DANOIS À LIVRE OUVERT

En dépit des apparences, on doit pouvoir déchiffrer quelques phrases de danois en comprenant un peu ce qu'on lit. Avec un tout petit effort d'imagination, et l'aide de quelques formes analogues en anglais, ce court texte devrait se laisser deviner presque complètement.

On a jugé inutile de fournir, à côté des formes anglaises, les formes d'origine latine proches du français, mais il est peut-être bon d'avoir quelques notions grammaticales, et en particulier de savoir que l'article danois est placé à la fin du nom auquel il se rapporte lorsqu'il n'est pas accompagné d'un adjectif : *manden* « l'homme », mais *en rig mand* « un homme riche ».

En idiotisk kriminalhistorie

En rig ældere dame er myrdet klokken elleve fredag formiddag på et hotel i København. Politiet fandt morderens pibe og hans brune hat på en stol. En af hotellets gæster så en person gå ud af hotellets dør seks minutter over elleve; manden havde en tyk bog under armen. Politiet har nu arresteret over hundrede personer; de havde alle en tyk bog under armen [532].

book	murdered
door	murderer
eleven	now
found	o'clock
Friday	of
go out of	old
guest	rich
hundred	saw
man	thick

Traduction

Une histoire policière idiote

« Une vieille dame riche a été assassinée à onze heures vendredi matin dans un hôtel à Copenhague. La police a trouvé la pipe du meurtrier et son chapeau marron sur une chaise. Un client de l'hôtel a vu une personne sortir par la porte de l'hôtel à onze heures six; l'homme avait un gros livre sous le bras. La police a maintenant arrêté plus d'une centaine de personnes; elles avaient toutes un livre épais sous le bras. »

On aura facilement reconnu les mots de racine grecque (*idiotisk, politiet*) et latine (*kriminal, historie, dame, hotel, pibe*).

Étaient sans doute restés opaques : *på*, préposition à tout faire signifiant, selon les contextes « sur, à, dans... » ; *er*, verbe « être » au passé ; *har*, verbe « avoir » au présent ; *og*, la conjonction « et » ; *de*, le pronom personnel « ils » (correspondant à l'anglais *they*).

On abrège aussi pour compter

Pour compter, les Danois mêlent très libéralement le système décimal et le système vigésimal [531], ce qui ne devrait pas trop dépayser les Français, eux qui disent très naturellement *soixante-dix-neuf* (système décimal) et *quatre-vingts* (système vigésimal). Mais les Danois vont beaucoup plus loin, avec *tre* pour 3 et *tres* pour 60, où *tres* est une abréviation de *tresindstyve* « trois fois vingt », la forme brève *tres* étant pour eux suffisamment explicite.

Ce goût du non-dit se retrouve, cette fois avec beaucoup plus d'audace, dans *halvtreds* « 50 ». On y reconnaît *treds* « soixante », précédé de *halv* qui signifie « moitié ». Mais la moitié de soixante n'a jamais été cinquante. Il faut en fait comprendre qu'il s'agit de la moitié de la troisième vingtaine, en tenant implicitement pour acquises les deux premières, d'où : *halvtreds* = trois vingtaines, auxquelles on retranche la moitié de la troisième vingtaine (j'espère que vous m'avez bien suivie...). L'abréviation *(halvtreds)* est obligatoire, sauf pour l'ordinal, qui est nécessairement *halvtresindstyvende* « cinquantième ».

Cette façon de compter en anticipant sur l'étape suivante se retrouve dans l'indication de l'heure où, comme en allemand, cinq heures et demie se dit « moitié de six heures », ou plutôt « moitié de la sixième heure » : *Klokken er halv seks* « il est cinq heures et demie ».

Le danois et le reste du monde

Le danois est peu parlé hors des frontières du Danemark, mais cela n'a pas empêché d'autres langues européennes de prendre appui sur le danois pour nommer quelques étapes importantes de l'histoire de l'humanité. C'est en effet à partir des termes danois *stenalder, bronzealder* et *jernalder* que les archéologues ont traduit
en allemand : *Steinzeit, Bronzezeit, Eisenzeit,*
en anglais : *Stone Age, Bronze Age, Iron Age,*
et en français : *âge de la pierre, âge du bronze, âge du fer*[533].

III. Le germanique de l'Ouest

Un groupe linguistique aux destins contrastés

Les populations germaniques ont connu des déplacements d'une telle ampleur, depuis l'époque où, aux alentours de l'an 1000 av. J.-C., elles se trouvaient réunies dans le nord de l'Europe, qu'il est difficile de suivre dans tous leurs développements les langues qui se sont formées au hasard des contacts entre les populations.

On a déjà vu (cf. chapitre AUTOUR DE L'ESPAGNOL § Les invasions germaniques, p. 72 et chapitre AUTOUR DE L'ITALIEN § Influences germaniques, p. 132) que les langues du groupe de l'Est n'ont pas eu de descendance mais que leur influence s'est fait sentir par l'intermédiaire des Wisigoths et des Ostrogoths au cours de leurs migrations ultérieures vers l'ouest, et que celles du groupe du Nord, bien circonscrites, et le plus anciennement attestées, ont constitué un ensemble homogène, les langues scandinaves.

Les langues dites de l'Ouest se sont séparées selon des clivages plus complexes, dus à des circonstances historiques qui ont entraîné des mouvements de populations très divers. En même temps que s'élaboraient des langues communes aussi bien établies que l'anglais, l'allemand ou le néerlandais, d'autres variétés moins largement répandues connaissaient de leur côté d'autres destins, par exemple l'alsacien, le yiddish ou le schwytzertütsch, plus proches de l'allemand, ou encore le frison, plus proche de l'anglais (cf. *encadré* TABLEAU DES PRINCIPALES LANGUES GERMANIQUES ACTUELLES, p. 293).

Une première différenciation

On se souvient sans doute que, vers les premiers siècles de notre ère, de nombreuses tribus germaniques (Angles, Frisons, Saxons, etc.) se trouvaient encore situées dans ce qui est aujourd'hui l'Allemagne.

Vers le vᵉ siècle, certains des peuples de la mer du Nord, parmi lesquels les Angles, se joindront à une partie des Saxons pour aller conquérir la (Grande) Bretagne, tandis que les Frisons resteront sur le continent. On reconnaît les « peuples de la mer » à une particularité phonétique ancienne : leur prononciation très avancée des consonnes *k* et *g* devant *i* et *e* a abouti à ce qui est noté *ch*, *j* ou *y* dans la graphie de l'anglais : *chin* « menton » en anglais correspond à *Kinn* en allemand, et *yellow* ou *yesterday* en anglais sont à rapprocher de *gelb* « jaune » ou de *gestern* « hier » en allemand. L'évolution du frison a été sur ce point la même que celle de l'anglais.

Les gens du continent

Tandis que les « peuples de la mer » envahissaient l'Angleterre, les populations restées sur le continent se sont tellement déplacées que l'on ne peut guère attribuer à chacune l'origine d'une variété de langue actuelle. Et la recherche s'avère d'autant plus difficile que les contacts entre les différents peuples germaniques se sont accentués avec l'accroissement de la puissance des Francs après le vᵉ siècle.

Il faut ajouter que les Francs eux-mêmes ne constituaient pas une tribu unique mais une confédération, un regroupement de peuples, d'abord stationnés sur le Rhin inférieur (Chamaves, Bructères, Chattes). Devenus mercenaires dans les armées romaines, ils envahiront ensuite la Gaule et soumettront successivement de nombreux autres peuples germaniques : Alamans et Wisigoths, Thuringiens et Burgondes, puis Longobards, Saxons et Bavarois, de sorte que le francique rhénan s'imposera progressivement à eux (cf. *encadré* ci-dessous).

LES FRANCS, L'ALLEMAND ET LE FRANÇAIS

A partir du vᵉ siècle apr. J.-C., **les Francs** avaient soumis la plupart des tribus germaniques et conquis la Gaule romaine, mais leur langue connaîtra en Gaule et ailleurs des destins contradictoires. Ils l'imposeront dans les régions orientales, où elle sera finalement la base de l'**allemand commun**, mais en Gaule ils l'abandonneront au profit de celle des vaincus et ils adopteront le latin vulgaire, d'où sortira le **français**.

Les innovations du haut-allemand

Avant même la naissance de l'empire franc, une séparation s'était établie sur le plan linguistique, entre le nord, où s'était développé le bas-allemand, plus conservateur, et le sud, où des innovations s'étaient manifestées. L'une d'entre elles, représentée par ce qu'on appelle « la seconde mutation consonantique » du haut-allemand, avait affecté toute une série de consonnes (cf. chapitre AUTOUR DES LANGUES GERMANIQUES § Les consonnes se modifient, p. 291). Par exemple, là où le bas-allemand (dans le nord) prononçait /t/, le haut-allemand (dans le sud) disait /ts/, et là où le bas-allemand avait un /p/, le haut-allemand avait un /pf/.

Ce phénomène apparaît clairement dans quelques exemples pris à l'allemand littéraire, qui présente les innovations du haut-allemand en face du néerlandais et de l'anglais, qui perpétuent celles du bas-allemand :

	anglais	**néerlandais**	**allemand**
	/**p**/ est resté /**p**/		/**p**/ est devenu /**pf**/
« plante »	*plant*	*plant*	*Pflanze*
« poivre »	*pepper*	*peper*	*Pfeffer*
« casserole »	*pan*	*pan*	*Pfanne*
« pipe »	*pipe*	*pijp*	*Pfeife*
	/**t**/ est resté /**t**/		/**t**/ est devenu /**ts**/ ou /**s**/
« deux »	*two*	*twee*	*zwei* [ts]
« dent »	*tooth*	*tand*	*Zahn* [ts]
« cœur »	*heart*	*hart*	*Herz* [ts]
« manger »	*to eat*	*eten*	*essen* [s]
	/**k**/ est resté /**k**/		/**k**/ devient /**kx**/ puis /**x**/ ou /**ç**/
« livre »	*book*	*boek*	*Buch* [x]
« faire »	*to make*	*maken*	*machen* [x]
« parler »	*to speak*	*spreken*	*sprechen* [ç]

C'est au sud d'une ligne allant approximativement de Cologne à Berlin (connue par les linguistes sous le nom de ligne Benrath) que l'on constate cette évolution des consonnes, mais de part et d'autre de cette ligne théorique s'étend une large zone de transition où les caractéristiques sont mêlées [534]. Avec la conquête des Francs, les caractéristiques du sud, qui sont celles du haut-allemand, vont ensuite se répandre dans le nord, donnant lieu à des évolutions un peu mêlées dans une région de transition entre Cologne et Francfort (cf. chapitre AUTOUR DE L'ALLE-MAND, *carte* BAS-ALLEMAND ET HAUT-ALLEMAND EN ALLEMAGNE, p. 318). A l'intérieur de chacune de ces régions s'est ensuite opérée une fragmentation dialectale qui s'est prolongée durant tout le Moyen Age et qui a depuis résisté à l'épreuve des siècles.

C'est maintenant la situation des langues en Allemagne qui retiendra notre attention, et tout d'abord l'allemand, langue commune.

Autour de l'allemand

Une langue standard sans lieu de naissance

Comme dans les autres pays d'Europe, une langue commune recouvrira finalement la diversité dialectale du Moyen Age en Allemagne mais, alors qu'on peut identifier le toscan comme l'ancêtre de l'italien, ou le castillan comme celui de l'espagnol, il est impossible de localiser sur le terrain l'ancêtre de l'allemand standard d'aujourd'hui, qui n'a pas été une langue parlée avant d'être une langue écrite. Du fait de la situation politique de l'Allemagne, où n'existait au Moyen Age aucun centre comparable à ce qu'avaient été Paris pour le français ou Londres pour l'anglais, l'émergence d'une langue commune y a été beaucoup plus tardive, chaque région gardant un attachement exclusif pour sa variété dialectale jusqu'au XVIᵉ siècle, au moins en ce qui concerne la langue parlée. La question s'est posée différemment pour la langue écrite, qui, dès le Moyen Age, avait connu, au-delà de la diversité des usages locaux, deux tentatives d'uniformisation, dont la première s'était produite dans le nord.

Le nord et le sud

Dans le nord, une langue supra-régionale mixte avait pris forme dès le XIIᵉ ou le XIIIᵉ siècle. Une sorte de bas-allemand unifié était alors né des besoins de la Ligue hanséatique, qui reliait sur le plan économique et commercial les grandes villes de l'Allemagne du Nord (Hambourg, Brême et Lübeck) à leurs homologues de l'Europe septentrionale : Londres et Bruges, mais aussi Visby en Suède ou Bergen en Norvège (cf. AUTOUR DU DANOIS, § Des monceaux de mots venus d'Allemagne, p. 303). Cette langue perdra son caractère supra-régional en Allemagne vers la fin du XVᵉ siècle, au moment où s'amorcera le déclin économique et politique de la Hanse.

L'ALLEMAGNE ET SES LANGUES

POPULATION : 79 500 000 habitants.

LANGUE OFFICIELLE :
– **allemand,** langue germanique de l'Ouest, langue officielle de l'État allemand.

LANGUE OFFICIELLE RÉGIONALE :
– **danois,** langue germanique du Nord (sud du Jutland et nord du Schleswig-Holstein) depuis 1920.

AUTRES IDIOMES :
germaniques
– **alémanique, austro-bavarois, francique, haut-saxon, bas-saxon, frison;**
slave
– **sorabe** (Lusace, au sud de Berlin).

Dans le sud, c'est seulement vers la fin du XIVe siècle que commence à se former une langue commune dans la région centrale et orientale, lieu de rencontre de populations parlant différents dialectes haut-allemands. Elle était née de la nécessité de disposer d'une langue permettant des communications aisées entre les diverses chancelleries impériales, et il semble que celle de Charles IV (1347-1378), dont le siège se trouvait à Prague, ait joué, grâce à sa position centrale, un rôle assez important dans son élaboration.

LE BAS-ALLEMAND VAUT LE HAUT-ALLEMAND

Il ne faudrait pas croire que ces dénominations traditionnelles correspondent à des jugements de valeur. Elles désignent seulement les variétés de germanique qui se sont développées dans les plaines du nord de l'Europe (bas-allemand) et dans les régions montagneuses de l'Europe centrale (haut-allemand) : la langue du « plat pays » d'une part et celle des hauteurs de l'autre.

Cette langue de chancellerie d'abord essentiellement écrite, manifestait à la fois une tendance à l'uniformisation des formes et une recherche d'harmonisation dans la graphie. C'est cette langue administrative de l'Allemagne moyenne qui sera le point de départ de l'allemand standard [535].

Mais auparavant, il fallait renoncer au latin.

Le latin et l'allemand

Comme dans tous les pays d'Europe, le latin avait été en Allemagne depuis des siècles la seule langue écrite. La « Renaissance carolingienne » s'était faite en latin, et le latin était resté la langue officielle de l'Empire germanique des successeurs de Charlemagne dans les domaines administratif, juridique et diplomatique. Il avait aussi été la langue des sciences et de l'enseignement, de la philosophie et du droit. Aux xvᵉ et xviᵉ siècles, beaucoup d'écrivains allemands n'écrivaient qu'en latin et, en 1570, 70 % des livres imprimés l'étaient en latin [536]. Beaucoup plus tard, Leibniz, mort en 1716, écrit encore la plupart de ses œuvres en latin (mais également en français).

De cet attachement au latin, langue de l'Église, et qui s'était largement répandue avec le christianisme, il reste de nombreuses traces dans la langue allemande d'aujourd'hui. C'est ainsi que, dans le domaine religieux, il y a *Reliquien* « reliques », *Hostie* « hostie » ou *Monstranz* « ostensoir » et, dans celui de la musique, *Oktave, Fuge, Kontrapunkt* ou *Dissonanz*, qu'il est inutile de traduire, ou encore *Takt*, qui désigne la « mesure ». Enfin, la vie sociale et universitaire a gardé de nombreux termes latins, parmi lesquels :

Abitur « baccalauréat »	*Aula* « salle de conférences »
Dekan « doyen »	*Fakultät* « faculté »
Pensum « devoir, leçon »	*Examen* « examen »
Gymnasium « lycée »	*Katheder* « chaire »
Datum « date »	*Alumnat* « internat » (sur ALUMNUS « élève »)
Kompendium « abrégé »	*interpretieren* « expliquer, interpréter »
Zensur « note »	*memorieren* « apprendre par cœur ».

L'allemand, langue écrite

Vers la fin du xivᵉ siècle et parallèlement au latin, qui était encore favori, s'élaborait pourtant peu à peu une langue écrite qui était un compromis entre divers usages de l'Allemagne moyenne autour de Leipzig, Erfurt et Dresde, des villes où se mêlaient des populations d'origines variées. Plus tard, la région d'Augsbourg-Ulm (Bavière et Bade-Wurtemberg), devenue économiquement prépondérante, propagera à son tour les usages haut-allemands, qui atteindront aussi Francfort et Cologne [537].

Favorisée par le développement des villes, qui attiraient des foules de commerçants originaires de diverses régions, et où l'on ressentait de façon particulièrement aiguë la nécessité d'une langue commune autre que le latin, la diffusion de cette langue de l'Allemagne moyenne bénéficiera aussi des progrès de l'imprimerie à partir de 1450 (cf. ci-contre *encadré* GUTENBERG, UN ORFÈVRE EN IMPRIMERIE et aussi chapitre

AUTOUR DU NÉERLANDAIS, *encadré* GUTENBERG AVAIT UN PRÉCURSEUR HOLLANDAIS, p. 348).

GUTENBERG, UN ORFÈVRE EN IMPRIMERIE

Gutenberg, né dans une famille d'orfèvres, a su préparer un alliage subtil de plomb, d'étain et d'antimoine pour fabriquer en série des caractères séparés dont la forme permettait de les ajuster avec précision les uns à côté des autres. Grâce à ce procédé, qui facilitait les grands tirages, la production de livres imprimés a pu se faire en grand nombre à partir de 1454 dans son atelier de Mayence [538].

Au milieu du siècle suivant, c'est la langue de cette même région que Luther, qui était né en Thuringe et avait fait ses études à Erfurt, choisira tout naturellement pour sa traduction de la Bible (1521-1522). Mais ce choix avait une autre justification : cette langue mixte, qui était déjà celle de la chancellerie saxonne, était aussi celle qui, selon lui, pouvait être comprise aussi bien en haute-Allemagne qu'en basse-Allemagne [539].

C'était effectivement une langue « au-dessus des dialectes », et que l'on retrouvait aussi dans diverses autres chancelleries princières et municipales au début du XVIᵉ siècle. C'est donc déjà un peu uniformisée qu'elle se répandra alors dans les pays germaniques en même temps que le protestantisme et qu'elle touchera également les pays catholiques.

Aux XVIIᵉ et XVIIIᵉ siècles, elle pénétrera lentement en Autriche et en Suisse, où d'autres variétés germaniques s'étaient pendant des siècles développées indépendamment. Mais en Prusse, il faudra attendre le XIXᵉ siècle pour que ce haut-allemand, devenu l'allemand standard, soit adopté. Dans cette région, où l'on n'utilisait jusque-là que le bas-allemand comme langue commune, le haut-allemand a longtemps été uniquement une langue apprise.

Pendant ce temps, les dialectes

Morcelée sur le plan politique, l'Allemagne l'avait été aussi pendant des siècles sur celui de la langue orale car, si la langue écrite était unifiée, chaque région continuait à parler un dialecte différent.

Cette diversité dialectale se retrouve dans l'Allemagne d'aujourd'hui.

Le sud se partage entre l'alémanique à l'ouest (qui inclut l'alsacien en France, le *schwytzertütsch* en Suisse et auquel on peut rattacher le souabe), et l'austro-bavarois à l'est (qui se prolonge en Autriche).

La zone centrale est dominée par le francique à l'ouest, et se partage entre le thuringien, le haut-saxon et le silésien à l'est.

BAS-ALLEMAND ET HAUT-ALLEMAND EN ALLEMAGNE

On divise habituellement les langues germaniques de la « Teutonia » en deux groupes : au nord, le bas-allemand, et au sud, le haut-allemand. La ligne épaisse qui sépare ces deux régions se trouve en fait au milieu d'une zone intermédiaire, hachurée, et montrant que cette séparation est toute théorique. On constate en effet que la ligne qui sépare les formes *Dorp* et *Dorf* « village » se trouve très au nord de celle qui sépare les formes *Appel* et *Apfel* « pomme [540] ».

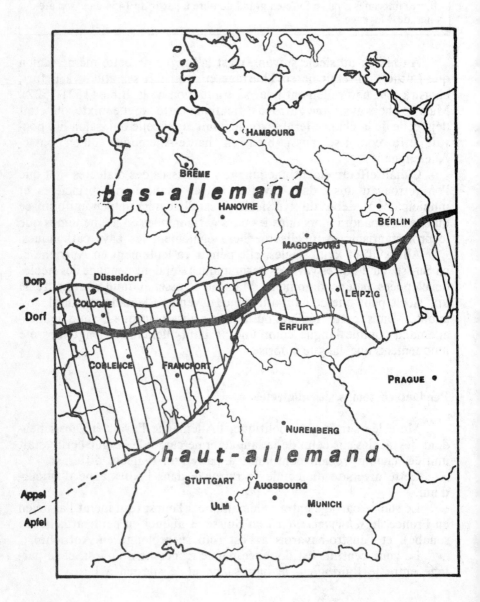

La zone septentrionale recouvre des régions conquises sur les Slaves depuis le xiiiᵉ siècle et comprend le bas-francique (jusqu'à Dusseldorf), le westphalien, le bas-saxon du nord, le bas-allemand de l'est et, autour de Berlin, le brandebourgeois [541] (cf. *carte* BAS-ALLEMAND ET HAUT-ALLEMAND EN ALLEMAGNE).

La vitalité dialectale aujourd'hui

Une enquête menée au milieu du xxᵉ siècle en Allemagne fédérale (1955-1959) a permis de relever sur tout le territoire (à raison d'une localité témoin par carré de 16 km de côté) l'existence de dialectes vivants, sans discontinuité territoriale [542].

Une autre enquête, en 1966, montrait une plus grande vitalité dans le sud : 71 % des Bavarois, mais seulement 41 % des Allemands du Nord avaient déclaré parler couramment un dialecte. Plus récemment, en 1980, alors que 53 % des personnes interrogées déclaraient pouvoir parler couramment le dialecte, 16 % d'entre elles ne l'utilisaient jamais [543]. Mais depuis quelques années on constate aussi, comme dans les autres pays d'Europe, une remontée de l'utilisation du dialecte à la fois chez les jeunes et chez les plus scolarisés.

La diffusion de plus en plus généralisée de l'allemand commun a cependant compromis depuis une vingtaine d'années la transmission régulière de ces parlers régionaux. C'est dans l'Allemagne moyenne – surtout dans sa partie orientale, région qui a le plus contribué à la formation de l'allemand commun – que les dialectes sont le plus menacés, par fusion progressive dans la langue commune [544].

L'allemand parlé et la norme

C'est en 1687, à l'université de Leipzig, qu'a été donné le premier cours en allemand, mais cette langue n'a commencé à être enseignée dans les universités qu'au xixᵉ siècle. Même dans les régions où on le parlait, l'allemand ne l'avait été jusqu'au début du xixᵉ siècle que par les gens cultivés.

A partir de 1830, avec l'école devenue obligatoire et le développement de la presse, la langue allemande se généralisera et, avec la fondation de l'Empire allemand en 1871, son uniformisation sera véritablement réglementée. L'orthographe est désormais fixée selon une norme rendue publique en 1901 avec un *Dictionnaire officiel pour l'orthographe allemande*, établi sur le modèle de celui qu'avait publié Duden vingt ans plus tôt [545].

La prononciation aussi a été codifiée, et le dictionnaire de Siebs, d'abord publié en 1898 et périodiquement mis à jour, fait toujours autorité [546].

La prononciation de l'allemand standard

La norme de l'allemand repose en principe sur les formes du haut-allemand, mais elle fait certaines concessions au bas-allemand des régions du Nord. Les manuels de prononciation enseignent par exemple que les consonnes /p-/, /t-/ et /k-/ en début de mot sont aspirées, c'est-à-dire qu'elles sont suivies d'un léger [h]. Or c'est là un trait général des parlers bas-allemands du nord, mais très rare dans les parlers haut-allemands du sud [547].

D'autres traits de prononciation sont d'usage général, comme l'absence de certaines distinctions pour des consonnes à la finale. Si un mot, sous sa forme écrite, se termine par l'une des consonnes _b, d,_ ou _g,_ on le prononce comme s'il s'écrivait _p, t,_ ou _k._ Cela est particulièrement troublant pour les Français, qui ne peuvent pas se permettre de confondre la prononciation de _rade_ et de _rate_ dans leur propre langue et qui ont du mal à concevoir que les deux mots allemands _Rat_ « conseil » et _Rad_ « bicyclette » se prononcent tous deux avec [t], ou que la dernière consonne de _halb_ « demi » se prononce comme la dernière consonne de _Alp_ « elfe ». De même, _Werk_ « travail » et _Werg_ « étoupe » se prononcent tous deux avec un [k] à la finale. Dans certains usages, la voyelle comporte une différence de longueur, qui compense la confusion des consonnes.

Cette particularité de la phonologie de l'allemand ne constitue cependant pas une difficulté insurmontable pour celui qui apprend cette langue.

Attendre patiemment le verbe

La tâche sera autrement plus ardue avec la grammaire, car il faudra s'habituer à attendre la fin de la proposition subordonnée pour connaître le verbe, et donc le sens général du message. Le suspense peut même être cruel, comme dans la phrase suivante, qui reprend la légende du cruel archevêque qui s'était réfugié dans la tour des souris afin d'échapper à son châtiment :

> _Ich habe gelesen, daß die Mäuse den bösen Bischof,_
> _der sich in einen Turm geflüchtet hatte, auffraßen._

Le mot à mot est pourtant à peine ambigu :

> « J'ai lu, que les souris le méchant évêque,
> qui dans une tour enfui s'était, dévorèrent. »

Mais, avant d'avoir entendu ou lu le dernier mot, on ne peut vraiment pas deviner ce qu'avaient fait les souris à l'évêque : l'avaient-elles simplement regardé, poursuivi, ou vraiment dévoré ?

Ce rejet de ce qui est important à la fin de l'énoncé se produit aussi dans des constructions nominales, comme _das von dem Großvater_ *gekaufte Buch*, c'est-à-dire tout simplement « le livre acheté par le grand-père », mais il faut se rendre compte que le mot à mot est « le par le grand-père acheté livre ». On doit donc patienter.

Cela signifierait-il que les gens de langue allemande sont foncièrement polis et particulièrement patients ? C'est en tout cas ce que l'on constate dans les débats diffusés sur la chaîne culturelle de télévision franco-allemande *Arte*, où ils ne s'interrompent jamais l'un l'autre, à l'inverse des Français, qui, eux, ne s'en privent pas.

Prodige de la syntaxe allemande : elle engendre convivialité et politesse.

Un lexique abondant

L'allemand a aussi la vertu de pouvoir fabriquer des mots composés sans avoir recours à des prépositions ou à des périphrases : *Handtasche* « sac à main », *Wollpreis* « prix de la laine », *die Platzanweiserin* « l'ouvreuse », c'est-à-dire « celle qui montre la place », *Wachsfigurenkabinett* « musée de (figures de) cire ».

Cette souplesse de la langue permet de former des mots d'une longueur parfois un peu pesante, mais dont la composition est agréablement transparente. Ainsi, assurent les germanistes, il suffit de connaître quelques centaines de racines pour comprendre pratiquement tout le vocabulaire allemand (mais, bien sûr, ils exagèrent).

Voici trois exemples attestés récemment :

Rechtschreibvereinfachung « simplification de l'orthographe »,

Sprachgruppenzugehörigkeitserklärung « déclaration d'appartenance à un groupe linguistique »,

Hochleistungsultrakurzwellengeradeausempfänger « récepteur à ondes ultra-courtes à amplification directe à haute performance »[548].

A cette propension à forger libéralement des mots interminables – surtout dans la langue écrite – à partir de racines germaniques, ou même latines, s'ajoute la facilité des emprunts directs aux autres langues. Ainsi, en face de *Unvoreingenommenheit* « impartialité », jugé un peu lourd parce que démesuré, on trouve *Objektivität*, plus maniable. Le mot *Periode* (emprunté au latin) est parfois préféré à son équivalent germanique *Zeitabschnitt* « laps de temps », ainsi que *Billet* en face de *Fahrkarte*[549]. Ce double choix offert aux usagers fait de l'allemand une langue dont l'abondance lexicale est célèbre à juste titre.

L'allemand et le français

Si, très tôt, l'allemand a largement puisé dans le latin, c'est pourtant au français et à l'anglais que cette langue a le plus emprunté. On retrouve l'origine française du vocabulaire allemand dans certains domaines privilégiés :

- la vie militaire : *Leutnant, Kapitän, General, Regiment, Kaserne, Etappe*
- l'architecture : *Fassade, Balkon, Nische, Etage, Mansarde, Garage, Rosette* « rosace », *Marquise* « auvent vitré », *Allee* « avenue », *Chaussee* « grande route »
- l'habillement : *Kostüm, Decolleté, Plissee, beige, Garderobe*
- la cuisine : *Bouillon, Omelett, Frikassee, Ragout, Krokette, Champignon* « champignon de Paris », *Dessert, Kasserolle, Mus* « mousse », *Kompott, Baiser* « meringue », *Krokant* « praline ».

On aura sans doute remarqué qu'en passant à l'allemand, l'allée est devenue une avenue, la chaussée une grande route, et que le baiser a pris un goût sucré.

IN DER BREDOUILLE SEIN

Si l'on sait que cette expression allemande se traduit en français par « être dans le pétrin », on ne s'étonnera pas qu'en passant en allemand d'autres termes français n'aient pas gardé leur sens premier. Ainsi :

poussieren	signifie	« flirter, faire du plat »
(sich) blamieren	–	« (se) rendre ridicule »
promovieren	–	« être reçu docteur »
fidel	–	« gai, joyeux »
mit Manieren	–	« avec élégance »
Tresor	–	« coffre-fort »
Rendez-vous	–	« rendez-vous galant »
Portemonnaie	–	« portefeuille [550] ».

L'allemand et l'anglais

L'attirance de l'anglais est devenue de plus en plus irrésistible au cours du xxᵉ siècle. Après l'adoption des mots de l'habillement (*Frack, Smoking, Spenzer,* ou *Shorts*), il y a eu ceux de la musique (*Jazz, Swing*), du sport (*joggen* « faire du jogging ») ou du monde du travail (*jobben* « gagner de l'argent grâce à un travail occasionnel [551] »). On préfère parfois *Hobby* à *Liebhaberei* ou *Party* à *Abendgesellschaft* et, souvent, seul le mot anglais existe :

comic	pour la bande dessinée,
high-tech	pour la haute technologie,
software	pour le logiciel,
chip	pour la puce électronique,
brain-drain	pour la fuite des cerveaux.

Il y a aussi, dans un tout autre registre, *Peep-show, Showbusiness, Video-clip, Rocker* ou *Popfan.* Enfin, dans le domaine de la restauration rapide, on trouve *Fast-Food Gastronomie*, ce qui est plutôt une espèce de contradiction dans les termes.

Si l'on considère l'ensemble des emprunts contemporains à l'anglais, on s'aperçoit que cette abondance aboutit en fait paradoxalement à un nombre accru de formes d'origine grecque ou latine. Telles sont aussi les caractéristiques de la plus grande partie du vocabulaire devenu international. Le mot allemand *Telegramm*, par exemple, forgé en anglais et qui lui a été transmis par le français, est formé sur des racines grecques. En revanche, le mot allemand *Computer* a pour base un verbe latin, mais sa forme allemande (écrite et orale) montre que c'est tout de même à l'anglais qu'il a été emprunté car, s'il avait été créé directement à partir du latin, c'est la forme * *Komputator* qui aurait été choisie.

Une grande partie du vocabulaire emprunté à l'anglais s'est aujourd'hui parfaitement intégrée à l'allemand, soit en s'écrivant à l'allemande (*Streik* « grève », de l'anglais *strike*), soit en prononçant comme se prononcent les mots allemands : le mot *Job* comme s'il s'écrivait *Jop* [552].

Un dernier exemple illustrera les manifestations du prestige de l'anglais dans la langue allemande contemporaine : celui de *shop*, qui, en anglais, désigne n'importe quel magasin. En allemand, le sens s'est spécialisé dans « boutique élégante et chère, généralement petite et où l'on vend plutôt des vêtements ». Autrement dit, exactement ce que l'anglais appelle *boutique*, d'un mot qu'il a lui-même emprunté au français.

Comme quoi, c'est toujours le mot venu d'ailleurs qui semble le plus prestigieux.

L'allemand aujourd'hui

On trouve des évolutions de forme et de sens analogues dans les emprunts actuels à l'anglais chez la jeune génération. Comme dans d'autres pays, une des caractéristiques du vocabulaire des jeunes est en particulier l'instabilité des sens et des formes, un même mot pouvant avoir plusieurs significations, souvent opposées, et un mot pouvant être remplacé en peu de temps par son contraire. Par exemple, pour exprimer leur appréciation, les jeunes disaient à une certaine époque « *Das find ich ja heiß* » (littéralement : « je trouve ça brûlant », en français des jeunes : « c'est super »). Plus récemment, cet adjectif *heiß* a été remplacé par l'emprunt *cool*, apparemment moins chaud, et qui a pris le sens de « plaisant, sympa [553] ».

Les autres langues d'Allemagne

Si l'on fait abstraction des minorités linguistiques dues à l'immigration récente et qui sont concentrées dans les régions industrielles et les grandes villes, ainsi que des Tsiganes répartis dans tout le pays, deux régions méritent une attention particulière : la Lusace, située au sud-est de Berlin, dans le territoire de l'ancienne République démocratique allemande, où l'on parle une langue slave, et le Schleswig-Holstein, où coexistent, à côté de l'allemand, le danois, le jutlandais, le frison et un dialecte bas-allemand.

Une langue slave : le sorabe

Une minorité de quelques dizaines de milliers d'habitants parlent en Allemagne le sorabe, une langue du groupe slave occidental, qui se maintient dans les milieux ruraux et qui est surtout parlée en famille. On l'appelle aussi quelquefois le « wende de Lusace ». Le territoire sorabe est aujourd'hui restreint uniquement à la campagne entourant Cottbus et Bautzen, mais divers noms de lieux d'Allemagne sont un témoignage de l'ancienne présence slave : *Leipzig* « (ville des) tilleuls » (formé sur *lipa*, « tilleul » en polonais et en russe), *Görlitz*, formé sur un nom slave signifiant « forêt », *Chemnitz* « la pierre » (cette ville était devenue *Karl-Marx-Stadt* du temps de la RDA) [554].

Le domaine slave s'étendait autrefois à l'ouest jusqu'à l'Elbe, où des parlers slaves existaient encore au XVIIIe siècle.

Depuis 1969, la région entre Cottbus et Dresde est déclarée région bilingue : le sorabe y est admis comme langue officielle régionale, à côté de l'allemand, dans l'administration et les tribunaux. Il est entré à l'école depuis 1950, et il est devenu la langue principale de l'enseignement dans certains établissements.

Cependant, tous les habitants de Lusace sont aujourd'hui bilingues, et on assiste depuis quelques dizaines d'années à un recul constant du sorabe, par suite de l'industrialisation de la région, où l'exploitation de gisements de lignite a entraîné un afflux de travailleurs venus d'autres régions d'Allemagne [555].

Le Schleswig-Holstein, petite région plurilingue

La partie allemande de la péninsule du Jutland, entre la mer du Nord et la Baltique, apparaît comme la région la plus polyglotte de l'Allemagne. Il s'agit du *Land* du Schleswig-Holstein, partie allemande d'un territoire plus vaste qui, durant des siècles et jusqu'en 1920, constituait une seule entité politique. A cette date, c'est par référendum que les habitants ont choisi d'être rattachés, soit à l'Allemagne, soit au Danemark. Après le vote, la frontière s'est alors déplacée vers le sud, ce qui explique pourquoi l'on parle aujourd'hui danois dans ce petit territoire allemand situé au nord-ouest du Schleswig-Holstein. Plus exactement, cette région est une zone mêlée où toute la population parle la langue

BAS-ALLEMAND ET HAUT-ALLEMAND DANS L'EUROPE DU NORD

Seules les grandes divisions ont été représentées sur la carte, où les langues non germaniques ont été notées en italique. Le **frison** est une langue germanique apparentée à l'anglais. On remarquera l'enclave du **sorabe**, langue slave, au sud de Berlin [556]. Cette carte reflète la situation avant la Seconde Guerre mondiale ; depuis, les limites orientales tendent à se confondre avec les frontières politiques.

d'État (le haut-allemand) en plus d'une ou de plusieurs autres langues telles que le danois, le jutlandais méridional, le frison ou le bas-allemand.

Bien que la minorité danoise bénéficie d'écoles danoises sur le sol allemand (comme réciproquement la minorité allemande, d'écoles allemandes sur le sol danois), tous les habitants de cette région n'y parlent pas le danois ou le jutlandais. Le nombre des locuteurs de frison y est encore plus faible. On le parle encore dans un petit territoire au bord de la mer du Nord et dans les îles de la Frise septentrionale, où il est enseigné dans plusieurs écoles, en particulier dans l'île de Sylt [557].

Aux alentours de l'allemand

Dans le cadre de ce qu'on appelle parfois la « Teutonia », espace qui ne se confond pas avec l'Allemagne, mais terme commode pour désigner des territoires où la langue allemande a joué et joue encore un rôle dominant, il faut maintenant apporter quelques indications sur d'autres idiomes germaniques, et en particulier sur le *yiddish*, langue sans territoire, le *francique lorrain* et l'*alsacien* en France, le *schwytzertütsch* en Suisse, ainsi que sur les variétés de l'allemand en Suisse, au Liechtenstein, en Autriche, en Italie, en Belgique et au Luxembourg.

Le yiddish, langue voyageuse

Parlée à l'origine dans la partie occidentale de la haute-Allemagne (moyenne vallée du Rhin : Spire, Worms, Mayence, Coblence, Cologne), cette langue germanique était depuis le IXᵉ siècle celle de milliers de Juifs qui avaient été appelés à partir du XIIIᵉ siècle dans l'est de l'Europe par les monarques et les nobles pour s'occuper de leurs affaires en Pologne, en Lituanie, en Petite Russie, en Bessarabie ou en Roumanie. Cette langue a évolué un peu différemment dans chacun des pays où elle a été transplantée. Elle se différencie en particulier des autres idiomes germaniques du fait qu'elle s'écrit en caractères hébraïques et qu'elle a beaucoup emprunté à l'hébreu [558].

Au cours d'une histoire souvent dramatique, cette langue a bénéficié d'apports aussi divers que ceux de l'hébreu et de l'araméen, des langues romanes et des langues slaves, ce qui lui confère un caractère de langue « mixte » et qui la rattache typologiquement au domaine des langues créoles [559].

A la veille de la Seconde Guerre mondiale, près de onze millions d'individus parlaient le yiddish, que l'on connaît aussi sous le nom de judéo-allemand en France. Il existait alors, par exemple, dans la seule ville de Varsovie, quatre-vingt-trois quotidiens en yiddish. Après les massacres de la guerre, le yiddish a considérablement régressé en Europe. Aujourd'hui, c'est essentiellement aux États-Unis et en Israël que cette langue est encore parlée quotidiennement [560].

Le francique lorrain

Ce parler germanique – appelé *Lothringer Platt* – se rattache à ceux de l'Allemagne moyenne (Rhénanie, Sarre, Palatinat), de la Belgique (Arlon, Saint-Vith) et du grand-duché du Luxembourg. Il occupe en France plus de la moitié du département de la Moselle et une petite partie au nord du Bas-Rhin, constituant ainsi la Lorraine germanophone et l' « Alsace bossue », où ce parler germanique, aujourd'hui très fragmenté, existe depuis la chute de l'Empire romain.

Les Francs s'y étaient installés à partir du Vᵉ siècle apr. J.-C., en y imposant à la population celte et romaine leur langue germanique. Bien que la Lorraine, ait été rattachée à la France à la mort du dernier duc

Stanislas Leszczynski en 1766, et qu'en 1779 le Luxembourg soit devenu officiellement département français, le bilinguisme lorrain-français a persisté. En 1871, la Lorraine (avec l'Alsace) est annexée à l'Allemagne et restera allemande jusqu'en 1918, date à laquelle, après la germanisation de l'époque précédente, a succédé une francisation à outrance entre les deux guerres, elle-même suivie par une nouvelle germanisation de 1940 à 1945, puis par une nouvelle francisation. La population, écartelée entre deux cultures, en ressentira des effets traumatisants, qui se sont traduits, surtout depuis 1960, par une lente régression du francique lorrain, déjà cantonné depuis longtemps dans des usages familiaux et ruraux. Mais on assiste depuis une vingtaine d'années à un renouveau d'intérêt des jeunes générations pour leur langue et pour leur culture [561].

L'alsacien

A côté des parlers franciques lorrains dans l' « Alsace bossue », les parlers alsaciens sont de souche alémanique, avec une variation progressive qui peut aller jusqu'à empêcher l'intercompréhension dans les zones extrêmes.

La bascule linguistique de cette région, tour à tour allemande et française, a créé, comme dans la Lorraine voisine, des situations de crise d'identité qui ont abouti vers les années 80 de ce siècle à la situation suivante : la pratique de l'alsacien y était de 84 % pour les plus de quarante-cinq ans mais seulement de 65 % pour les moins de trente-cinq ans. Dans la population scolarisée de trois à dix ans, seuls 17 % des élèves déclaraient il y a quelques années comprendre et parler le dialecte, avec une proportion un peu plus importante dans le Bas-Rhin que dans le Haut-Rhin. L'alsacien aujourd'hui se restreint de plus en plus à l'usage rural, familial et intime [562], mais il n'est pas rare à Strasbourg d'entendre les gens s'exprimer en alsacien dans les boutiques, à la poste ou au marché.

La vitalité du schwytzertütsch

Comme l'alsacien, le *schwytzertütsch*, langue traditionnelle de Suisse, est une variété de l'alémanique. Malgré son manque d'uniformité, le *schwytzertütsch* est la langue quotidienne de tous les habitants des cantons de la Suisse germanophone, chaque locuteur utilisant son propre parler sans que cesse l'intercompréhension. Comme, dans ces mêmes cantons, la langue écrite est presque exclusivement l'allemand standard, les cartes des restaurants présentent un amalgame très naturel de *schwytzertütsch* et d'allemand. Par exemple, les *Rösti*, typique plat suisse de pommes de terre râpées et rôties, de même que le poulet (*Güggeli*) ou la soupe paysanne (*Buuresuppe*) y gardent leur appellation autochtone, tandis que le rôti de porc ou l'escalope de veau sont toujours désignés par leurs noms allemands : *Schweinsbraten* et *Kalbsschnitzel*.

L'allemand en Suisse

L'allemand standard qu'on entend en Suisse présente quelques caractéristiques de prononciation, telles que les *r* roulés du bout de la langue, ou le suffixe -*ig* prononcé [-ik], mais surtout quelques particularités lexicales, comme :

Landamman « président du canton »   *Milken* « ris de veau »,
Randensalat « salade de betterave »   *Nüsslisalat* « mâche »,
Flaumer « plumeau »   *Matur* « baccalauréat ».

Signalons enfin l'amusant *Kellöretli* (*sic*) « montre de gousset », où l'on reconnaît avec surprise le français « Quelle heure est-il [563] ? »

CARTE LINGUISTIQUE DE LA SUISSE

Seuls l'**allemand** (74,2 %), le **français** (20,6 %) et l'**italien** (4 %) ont le statut de langue administrative et officielle de la Confédération helvétique, tandis que le **romanche** (1,1 %) n'est langue officielle que dans le canton des *Grisons*, où se trouvent également des îlots de parlers germaniques et italiens.

Ne figurent sur la carte ni le **schwytzertütsch**, qui est la langue quotidienne parlée dans tous les cantons germanophones, ni le **francoprovençal**, parlé dans les cantons francophones [564].

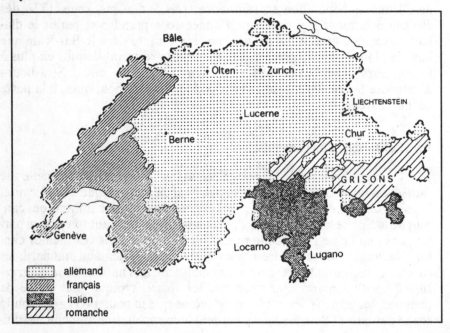

L'allemand au Liechtenstein

Le Liechtenstein, petite principauté située entre la Suisse et l'Autriche, est lié par une entente douanière avec la Confédération helvétique et abrite les sièges sociaux de nombreuses compagnies industrielles internationales.

Les autochtones y parlent un dialecte proche du *schwytzertütsch*, et c'est aussi l'allemand standard qui est utilisé dans l'administration et dans toutes les occasions officielles [565].

Idiomes germaniques d'Autriche

L'allemand parlé en Autriche dans la vie publique et à l'école est l'allemand standard, qui est la seule langue officielle du pays, mais la population pratique tous les jours divers parlers austro-bavarois régionaux, variétés haut-allemandes proches de celles que l'on trouve en Bavière.

Les usages linguistiques de l'Autriche se regroupent d'ailleurs le plus souvent avec ceux de l'Allemagne du Sud et de la Suisse, en se différenciant par plusieurs traits de ceux de l'Allemagne du Nord. C'est ainsi que le suffixe diminutif *-lein* est plus fréquent dans le sud qu'en Allemagne du Nord, où on lui préfère le suffixe *-chen*. De même, le Sud s'oppose au Nord pour la désignation du « samedi » (*Samstag* dans le Sud et *Sonnabend* dans le Nord) ou pour celle de « cravate » (*Krawatte* dans le Sud et *Schlips* dans le Nord [566]).

Certains autres éléments lexicaux permettent de reconnaître les germanophones d'Autriche :

Autriche		Allemagne
Nachtmal	« dîner »	*Abendessen*
Palatschinken	« crêpe »	*Pfannkuchen*
Marille	« abricot »	*Aprikose*
Orange	« orange »	*Apfelsin*
Karfiol	« chou-fleur »	*Blumenkohl*
Kukuruz	« maïs »	*Mais*
Obers	« crème (fouettée) »	*Schlagsahne*
Ribisel	« groseille »	*Johannisbeere*
Zuckerl	« bonbon »	*Bonbon*
Schale	« tasse »	*Tasse*
Stiege	« escalier »	*Treppe*
Plafond	« plafond »	*Decke*
Matura	« baccalauréat »	*Abitur*
Sessel	« chaise »	*Stuhl* [567] (alors que *Sessel* signifie « *fauteuil* » en allemagne).

L'Autriche non germanique

Outre les parlers germaniques de type méridional déjà signalés, on trouve en Autriche deux autres groupes : une minorité *hongroise* dans le Burgenland, et une minorité *slovène* dans la Carinthie du Sud. Le territoire de langue slovène s'étendait au ixᵉ siècle très largement au nord et couvrait toute la Carinthie, la Styrie et la Pannonie, mais les populations ont été assimilées par des populations germaniques dès le xᵉ siècle, si bien que le slovène a progressivement reculé. Par plébiscite, la Carinthie méridionale a été attribuée à l'Autriche en 1920. On y trouve aujourd'hui une minorité de slovénophones, parmi lesquels on distingue d'une part les Slovènes proprement dits, et de l'autre les Wendes, qui parlent le slovène dans leurs conversations familières mais dont l'identité culturelle est fortement germanisée [568].

MINORITÉS LINGUISTIQUES EN AUTRICHE

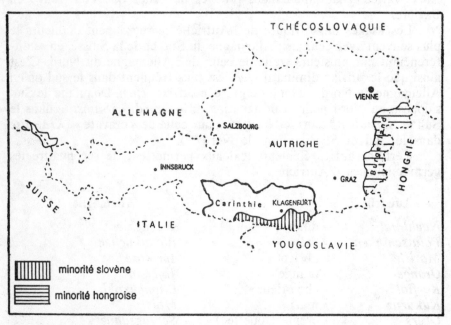

L'allemand en Italie

Après la Première Guerre mondiale, la partie sud du Tyrol a été cédée à l'Italie, devenant la province italienne du Haut-Adige, avec des résistances de la population germanophone. En 1972 a été instauré un « statut d'autonomie » qui reconnaît le bilinguisme officiel de cette province, un bilinguisme italo-germanique qui semble se développer assez harmonieusement.

L'allemand en Belgique

L'allemand est parlé dans une petite zone de l'est de la Belgique, dans des territoires qui ont appartenu tour à tour à la France, à l'Espagne, aux Pays-Bas, à l'Autriche et à la Prusse, et qui ont été occupés par l'Allemagne au cours de la Deuxième Guerre mondiale.

MINORITÉS GERMANOPHONES EN BELGIQUE

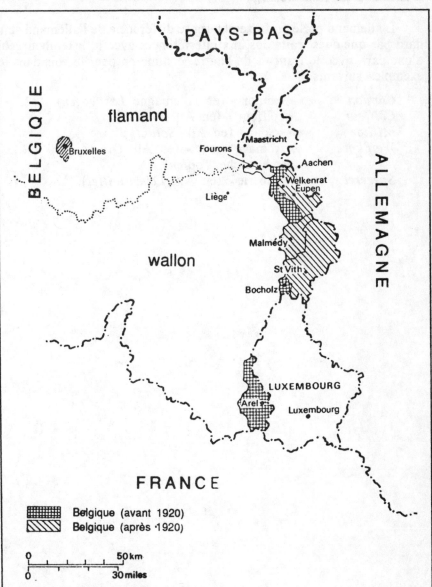

La situation de l'allemand est différente dans les régions appartenant à la Belgique depuis 1830 et dans celles qui lui ont été cédées en 1920 par le traité de Versailles : c'est seulement dans les districts belges de Eupen et de Saint-Vith et dans une partie de celui de Malmédy que l'allemand est langue officielle [569].

L'allemand au Luxembourg

L'allemand parlé au Luxembourg se différencie de l'allemand standard par quelques traits dus aux interférences avec le luxembourgeois d'une part, avec le français de l'autre, comme on peut le voir dans les exemples suivants :

Camion	« camion » (en Allemagne *Lastwagen*)
Coiffeur	« coiffeur » (en All. *Friseur*)
Militär	« soldat » (en All. *Soldat)*
Weißkäse	« fromage blanc » (en All. *Quark*, en Autriche *Topfen*)
Spezerei	« épicerie » (en All. *Lebensmittel*) [570].

Autour du luxembourgeois

Au confluent du monde latin et du monde germanique

A la suite de la migration de peuples francs venus de la mer du Nord (les Francs saliens) et du Rhin (les Francs ripuaires) dans la région du Luxembourg, au pied des Ardennes, des contacts se sont produits vers le IIIe siècle apr. J.-C. entre ces populations germaniques et les populations de l'est de la Gaule, des Gallo-Romains qui parlaient des langues issues du latin. C'est de la symbiose des parlers germaniques des envahisseurs et des langues romanes parlées dans cette région qu'est né le luxembourgeois [571].

LE LUXEMBOURG ET SES LANGUES

POPULATION : 360 000 habitants.

LANGUES « OFFICIELLES » :
Selon la Constitution de 1948, aucune langue n'est officielle, mais le français, l'allemand et le luxembourgeois jouent le rôle de langues nationales utilisées de façon complémentaire :
– **français** : langue romane, enseignée dès l'âge de sept ans et utilisée par l'administration et pour la rédaction des lois
– **luxembourgeois** : langue germanique de l'Ouest (francique mosellan), parlée par tous les Luxembourgeois
– **allemand** : langue germanique de l'Ouest, langue de l'école avant l'âge de sept ans et très présente dans la presse.

Le nom du Luxembourg est attesté pour la première fois en 963 sur un parchemin pour désigner une vieille forteresse, sous le nom de *Licilinburhuc* « petit bourg », mais le grand-duché du Luxembourg n'a été créé, comme État indépendant, qu'au Congrès de Vienne en 1815. En 1839, son territoire a été considérablement réduit par l'attribution à la

Belgique de la province du Luxembourg belge, où toute la population parlait des langues romanes (soit le français, soit le wallon), à l'exception de la région d'Arlon, au sud, où s'est maintenu un dialecte mosellan-francique voisin du luxembourgeois parlé dans le grand-duché [572].

Le luxembourgeois à la croisée des langues

Dans le paysage linguistique de l'Europe, le luxembourgeois se situe géographiquement à un point de rencontre et de différenciation bien particulier. En effet, il se parle dans une région qui est le point d'aboutissement de la frontière entre langues germaniques et langues romanes qui, depuis huit siècles, traverse la Belgique selon une ligne est-ouest presque droite, mais c'est aussi la zone qui, dans les pays de langue germanique, établit la limite entre le haut-allemand, au sud, et le bas-allemand, au nord (cf. chapitre LES LANGUES GERMANIQUES, *carte* LES SUPERPOSITIONS LATINO-GERMANIQUES, p. 280).

L'histoire récente

Le luxembourgeois, qui fait partie des parlers haut-allemands, est la langue parlée par tous les habitants du grand-duché, en famille et dans le travail, et elle est aussi le plus souvent la langue de la prédication. Elle est également celle de la liturgie de l'Église catholique, qui utilise cependant l'allemand pour ses communications écrites. Depuis 1945, le luxembourgeois a connu une progression spectaculaire dans la vie publique, et il a reçu le statut de langue nationale par la loi du 24 février 1984.

Les consonnes finales du luxembourgeois

Proche des parlers germaniques de l'Allemagne de la région de Trèves, le luxembourgeois se distingue phonétiquement de l'allemand standard par un trait particulier : comme en allemand, la différence entre /p/ et /b/, /t/ et /d/, /k/ et /g/ ne se fait pas à la finale des mots mais, alors qu'en allemand seules les articulations [p], [t] et [k] peuvent se réaliser dans cette position (*Rad* « bicyclette » se réalise avec [t], tout comme *Rat* « conseil »), ce sont les articulations adoucies [b], [d], et [g] que l'on trouve en luxembourgeois [573].

Trois langues qui vivent en harmonie

La répartition des langues ne semble pas créer de situations conflictuelles : l'allemand est considéré, avec le français et le luxembourgeois, comme la langue de l'administration et de la justice, tandis que le français reste, sans poser de problèmes, la seule langue de la législation.

Il est vrai que, depuis le xive siècle, le Luxembourg connaît une longue tradition française, car les souverains du grand-duché avaient été élevés à la cour des rois de France. Les chancelleries des comtes du Luxembourg avaient abandonné assez tôt le latin pour le français et l'allemand, et elles avaient établi un bilinguisme écrit dès l'époque où, en 1354, le Luxembourg était devenu un duché.

Ce bilinguisme de l'écrit s'est perpétué de nos jours, où il est même devenu un trilinguisme, car la grande presse donne les nouvelles et les analyses politiques en allemand et en français, présente les annonces administratives ou officielles uniquement en français, tandis que les annonces publicitaires et le carnet mondain, ainsi que le courrier des lecteurs, sont rédigés indifféremment dans les trois langues du pays. Le luxembourgeois, de son côté, n'a qu'une courte tradition écrite, qui ne date que de 1825. En 1850, une orthographe officielle a été proposée, qui tente de rapprocher les principes de l'orthographe de l'allemand et ceux du français, qui sont les deux langues principales de l'école.

A l'école maternelle, on emploie le luxembourgeois, puis l'allemand, mais, dès l'âge de sept ans, l'enseignement se poursuit en français pendant tout le primaire et le secondaire. L'enseignement ne se fait pas en luxembourgeois, mais cette langue est enseignée comme une matière indépendante depuis 80 ans à l'école primaire, et depuis 50 ans dans le secondaire.

C'est à l'école que s'opère, apparemment en toute sérénité, le passage de l'unilinguisme (tout luxembourgeois) au trilinguisme (luxembourgeois-allemand-français). Un bon exemple de ce trilinguisme naturel est offert par les séances dans les tribunaux : les témoignages y sont prononcés en luxembourgeois, les plaidoiries en français et le verdict est rédigé en allemand. Enfin, la langue de la télévision du Luxembourg est le français, mais la radio accueille les trois langues [574].

Pays de la cohabitation linguistique sereine, le Luxembourg pourrait sans doute servir de modèle pour tous les pays attachés à la diversité de leurs langues.

Autour du néerlandais

Hollande ou Pays-Bas ?

Si l'on demande à un étranger où se trouvent Amsterdam, Utrecht, Nimègue ou Groningue, il y a fort à parier que la réponse la plus spontanée sera : en Hollande. Témoignage peut-être d'une bonne culture historique, mais qui laisserait transparaître une connaissance approximative de la réalité géographique. En effet, la Hollande n'est pas l'ensemble des Pays-Bas, mais seulement une – ou plutôt deux – de ses onze provinces actuelles. Si Amsterdam ou Haarlem se trouvent effectivement en Hollande et plus précisément en Hollande du Nord, de même que Rotterdam, La Haye, Delft ou Gouda sont en Hollande du Sud, ce n'est pas le cas d'Utrecht, de Groningue, de Nimègue ou encore de Bréda, qui se trouvent respectivement dans les provinces d'Utrecht, de Groningue, de Gueldre et du Brabant du Nord (cf. *carte* LES ONZE PROVINCES).

LES PAYS-BAS ET LEURS LANGUES

POPULATION : 15 000 000 habitants.

LANGUE OFFICIELLE :
 – **néerlandais**, langue germanique de l'Ouest, du groupe bas-allemand, langue officielle de l'État néerlandais.

AUTRES IDIOMES :
germanique
 – **frison**, langue germanique de l'Ouest, du groupe anglo-frison

divers
 – **tsigane**, langue indo-iranienne, non territorialisée.

LES ONZE PROVINCES

Les Pays-Bas comptent aujourd'hui 11 provinces : Groningue, Frise, Drenthe, Overijssel, Gueldre, Hollande du Nord, Hollande du Sud, Utrecht, Zélande, Brabant du Nord et Limbourg [575].

Hollandais, néerlandais, flamand?

L'étranger est aussi un peu embarrassé pour nommer la langue que parlent les habitants de ce pays. Est-ce le hollandais? le néerlandais? le flamand? Quelle différence y a-t-il, et y a-t-il une différence? Pour peu qu'il consulte ensuite un livre de linguistique, un nouveau sujet de perplexité surgit lorsqu'il y apprend que cette langue fait partie des variétés du bas-allemand, par opposition à celles du haut-allemand qui sont à la base de l'allemand. Et la confusion est à son comble lorsqu'il prend conscience que *Dutch*, qui en anglais désigne la langue des Pays-Bas, est à l'origine le même mot que *Deutsch* qui, en allemand, désigne la langue allemande (cf. *encadré* DUTCH ET DEUTSCH).

DUTCH ET DEUTSCH

Comment ces deux mots, dont l'origine germanique est exactement la même, en sont-ils arrivés à désigner, en anglais (*Dutch*) la langue néerlandaise, et en allemand (*Deutsch*) la langue allemande?

Pour comprendre cette curiosité, il faut remonter à l'époque de l'Empire romain, où des populations de langue germanique avaient progressivement été romanisées. Pour désigner de façon non ambiguë la langue germanique des régions où le latin était devenu la langue de l'administration et de la culture, mais où le peuple continuait à parler quotidiennement sa langue germanique, on employait le terme *theudisk* « appartenant au peuple ». En 842, c'est en *teudisca lingua* qu'ont été adressés les Serments de Strasbourg aux soldats de Louis le Germanique, et c'est ce mot de latin médiéval *teudiscus* qui a donné *tedesco* en italien et *tudesque* en français. On retrouve *theudisk* à l'origine de *deutsch* en allemand, *duits* en néerlandais, *Dutch* en anglais.

Tous ces termes, à l'exception du dernier, font aujourd'hui référence à l'allemand. Le mot anglais *Dutch* signifiait aussi « allemand » jusqu'à la fin du XVIe siècle, et peut encore avoir cette valeur en Amérique. Ce n'est qu'au moment où les Pays-Bas deviennent un pays indépendant que le mot *Dutch*, vers le XVIIe siècle, et seulement en anglais, a subi une restriction de sens, pour désigner la langue des sept Provinces-Unies d'alors, les Néerlandais étant à l'époque les populations germaniques avec lesquelles les Anglais avaient les contacts les plus proches[576].

Une frontière fluviale

Dans un pays où l'eau est omniprésente et où se mêlent rivières et marais, polders gagnés sur la mer et digues pour contenir les flots, on ne doit pas s'étonner qu'il existe une curieuse expression néerlandaise très courante, mettant en vedette toute cette eau : « au-dessus » ou « au-dessous des fleuves ». Mais comment choisir parmi tous les cours d'eau de ce pays? L'expression ne prend son véritable sens que si l'on s'avise que l'eau est encore un peu plus abondante dans la région comprise entre les deux plus importants cours d'eau qui traversent le pays d'est en ouest : le Rhin et la Meuse [577].

Ils forment en réalité une frontière qui, à plus d'un titre, coupe le pays en deux.

On pourrait y reconnaître une sorte de ligne de démarcation entre le Nord protestant et le Sud catholique, malgré quelques enclaves, mais c'est surtout sur le plan linguistique que cette ligne marque une véritable limite. Elle sépare en effet les parlers du nord – frison occidental, parlers saxons et parlers des provinces de Hollande et d'Utrecht – des parlers du sud (provinces de Zélande, des Flandres occidentale et orientale, du Brabant, du Limbourg).

Dans la pratique du néerlandais standard lui-même, on peut reconnaître un habitant du « dessous des fleuves », à sa manière de prononcer ce qui s'écrit *g : graag* « avec plaisir, volontiers » se prononce du fond de la gorge dans le nord, mais avec une consonne « douce » dans le sud. La grammaire aussi vient buter contre cette frontière (cf. plus loin § Le destin du féminin).

Alors que cette ligne des fleuves matérialise ainsi effectivement des limites linguistiques sur le terrain, la frontière d'État entre les **Pays-Bas** et la **Belgique**, qui passe un peu plus au sud, ne compte pas sur le plan linguistique. En effet, bien que l'on désigne plus communément comme du flamand la langue néerlandaise de Belgique, c'est le même néerlandais que l'on enseigne de part et d'autre de cette frontière d'État (cf. *encadré* HOLLANDAIS, NÉERLANDAIS, FLAMAND?).

HOLLANDAIS, NÉERLANDAIS, FLAMAND?

Parce que la Hollande a été au XVIIe siècle la province la plus florissante des Pays-Bas, ce sont surtout des personnes originaires de cette province qui ont été en contact avec les autres pays. De cette époque date l'habitude pour les étrangers d'identifier Hollande et Pays-Bas, et de ne pas faire de différence entre hollandais et néerlandais, lorsqu'il s'agit de la langue.

Si l'on voulait être vraiment précis, il faudrait distinguer entre :

– le **néerlandais** standard, encore appelé *A.B.N., Algemeen Beschaafdt Nederlands* « néerlandais général cultivé », qui est la même langue officielle aux Pays-Bas et en Belgique

– le **hollandais**, variété régionale des provinces de Hollande, de la même façon que le brabançon, par exemple, est la variété de la province du Brabant

– le **flamand**, terme qui recouvre de façon un peu lâche les variétés parlées dans les provinces des Flandres en Belgique et en France (cf. dans ce même chapitre, Le flamand, p. 359).

En revanche, c'est bel et bien au milieu de la Belgique que se trouve la grande frontière linguistique qui sépare en Europe les langues germaniques, au nord, des langues romanes, au sud (cf. *carte* LA LIGNE DES FLEUVES).

LA LIGNE DES FLEUVES

Le Rhin et la Meuse séparent les parlers néerlandais du nord (où le frison doit être classé à part) de ceux du sud. On remarquera que la frontière politique entre les Pays-Bas et la Belgique ne correspond pas à une limite linguistique, et que la ligne de démarcation entre le néerlandais (appelé *flamand* en Belgique) et le français ne correspond à aucune réalité géographique [578].

Trois points de départ pour le néerlandais

Pour pouvoir se faire une idée de la manière dont s'est constituée la langue néerlandaise, il faut remonter le cours du temps et évoquer l'histoire des populations qui occupaient autrefois les plaines du nord de l'Europe. Comme cela a été le cas pour la plupart des autres langues de ces régions, trois groupes de populations ont contribué, de façon diverse sur le plan qualitatif et quantitatif, à la création de cette langue.

Ce sont, dans l'ordre chronologique :

– les Celtes, qui ont laissé des traces de leur présence à date ancienne dans les toponymes ;

– les Romains, responsables d'une grande masse de mots d'origine latine ;

– les Germains, derniers venus, mais qui ont finalement imposé leur langue.

Quelques vestiges gaulois

Bien que l'on ait peu de précisions sur les populations qui occupaient le plat pays (*Nederland* = « Pays-Bas ») avant la conquête romaine (Ier siècle av. J.–C.), la présence de Celtes dans la région peut y être confirmée, en particulier grâce aux toponymes. La ville de *Nimègue*, par exemple, porte un nom gaulois, *Noviomagus* « nouveau marché », nom gaulois qu'elle partage avec un autre *Noviomagus*, situé en France et qui, du fait d'une évolution phonétique différente, est devenu *Noyon*, dans l'Oise, où est né Jean Calvin (cf. chapitre AUTOUR DES LANGUES CELTIQUES, *encadré* PETIT LEXIQUE CELTIQUE, p. 70).

Mais il faut reconnaître que les noms de lieux d'origine gauloise sont plus nombreux au sud de la Meuse, en Belgique et en France, ce qui justifie d'une autre manière la « ligne des fleuves » : *Gand* (en Flandre orientale), qui remonte probablement au gaulois *condate* « confluent », *Tongres*, dans le Limbourg belge, *Tournai* (en flamand *Doornik*) du gaulois *turno-* « éminence », et *Cambrai* (en flamand *Kamerijk*), où apparaît le suffixe gaulois *-ik*.

Dans le vocabulaire commun, les traces de gaulois sont rares, mais on peut citer parmi les termes très anciens, empruntés avant la différenciation : *duin* « dune », *eed* « serment », *ambt* « fonction » (que l'on retrouve dans le français *ambassade* et l'italien *ambasciata*[579]).

Au total, l'apport celtique aura été modeste, surtout si on le compare à celui du latin, qui, au moment de l'occupation romaine, a profondément marqué cette langue germanique qu'est le néerlandais (cf. dans ce même chapitre § L'époque ancienne et le latin, p. 343).

Le néerlandais, langue germanique

Parmi les nombreux peuples germaniques qui, à la suite des Celtes, commencent à déferler sur l'Europe dès les premiers siècles de notre ère (cf. 1. AVANT LA DIFFÉRENCIATION § Les peuples germaniques et leurs langues, p. 282), seuls certains d'entre eux devaient jouer un rôle dans la formation des langues actuellement parlées aux Pays-Bas : les Frisons, les Saxons, les Bataves et surtout les Francs.

Les Frisons et le frison

Les Frisons occupaient alors un territoire beaucoup plus vaste que la Frise actuelle. Leur langue a eu peu d'impact sur le néerlandais, mais elle demeure aujourd'hui une langue de communication quotidienne dans le nord du pays.

LES PEUPLES DE LA MER DU NORD

Parmi les tribus germaniques, les peuples dits « de la mer du Nord » ont aussi été désignés comme les **Anglo-Frisons**, qui partagent certaines caractéristiques linguistiques, comme par exemple l'évolution du *k* en *tch* : « église » se dit *kerk* en néerlandais, *kirke* en danois, mais *church* en anglais et en frison.

Autrefois répandues sur une vaste région allant des Flandres à la Weser, en Allemagne, des populations parlant le frison résident de nos jours en partie en Allemagne (Frise orientale et Frise du Nord), et en partie dans le nord des Pays-Bas. Cette province est aujourd'hui la seule des onze provinces des Pays-Bas à avoir sa propre langue, une langue germanique plus proche de l'anglais que de l'allemand (cf. chapitre AUTOUR DE L'ANGLAIS § L'anglais ressemble au frison, p. 370). Sur les 600 000 habitants de la province, les deux tiers environ parlent encore le frison, mais ils sont maintenant tous bilingues frison-néerlandais.

Après avoir été considérée comme le « bastion de la liberté » au XIIᵉ siècle, époque où elle était une des régions les plus prospères de l'Europe occidentale et où le frison progressait, la Frise a gardé sa réputation d'esprit d'indépendance. Depuis le milieu du XVIIᵉ siècle, la langue frisonne connaît cependant un recul constant, mais un mouvement pour sa réhabilitation a abouti, depuis 1975, à son adoption comme langue d'enseignement pour toutes les classes du primaire, afin de lutter contre son abandon par les jeunes. En effet, l'exode rural, dans une province dont la richesse essentielle a toujours été l'agriculture, s'accompagne inévitablement d'un appauvrissement et d'un vieillissement de la population, et fait de cette région essentiellement un lieu de vacances ou de retraite [580].

Le frison aujourd'hui

Des précisions chiffrées ont été apportées par une enquête qui s'est déroulée entre 1979 et 1983 sur un échantillon représentatif de 1 126 personnes. Elle a révélé que plus de 90 % de la population de la Frise comprend le frison et que plus de 70 % de celle-ci le parle comme première langue. Ce pourcentage monte à 90 % hors des grandes agglomérations, où la néerlandisation s'est accélérée au cours des dernières décennies. La langue écrite est beaucoup moins favorisée : si 65 % des personnes interrogées peuvent lire le frison, seules 10 % peuvent l'écrire [581].

L'apport des Saxons

Partis de l'embouchure de l'Elbe, les Saxons arriveront par la mer sur les côtes flamandes, et c'est de ces rivages qu'une partie d'entre eux passera en Angleterre au Vᵉ siècle apr. J.-C. Leur langue a laissé quelques traces en néerlandais, par exemple l'adverbe *vaak* « souvent », ainsi que certains éléments du vocabulaire courant : *ladder* « échelle », *eiland* « île », *wiel* « roue » et tous les toponymes en *-drecht, -trecht (Dordrecht, Utrecht)*.

Certains traits de prononciation rapprochent le néerlandais de l'anglais. Si l'on compare l'allemand *fünf* « cinq », le néerlandais *vijf* et l'anglais *five,* on constate la chute du *n* primitif dans ces deux dernières langues alors que l'allemand l'a conservé.

Les Bataves et les Francs

Les Bataves, qui se trouvaient à l'embouchure du Rhin avant l'arrivée des Romains, ont finalement, comme beaucoup d'autres populations germaniques, été soumis par les Francs. C'est la langue de ces derniers, et en particulier celle des Francs saliens, qui est à l'origine de celle qui allait devenir le néerlandais.

L'époque ancienne et le latin

L'occupation romaine, qui avait fortement marqué les populations germaniques, les avait mises en contact constant avec le latin. Les

Romains leur avaient appris à se servir du « fléau » (néerl. *vlegel,* du latin FLAGELLUS), de la « fourche » (néerl. *vork,* du latin FURCA), à fabriquer le « beurre » (néerl. *boter,* du latin BUTYRUM) et le « fromage » (néerl. *kaas,* du latin CASEUS). Délaissant leurs cabanes de branchages, ils avaient appris auprès d'eux à construire des maisons entourées de murs (néerl. *muur,* du latin MURUS), couvertes de tuiles (néerl. *tegel,* du latin TEGULA) et pourvues d'un grenier (néerl. *zolder,* du latin SOLARIUM). C'est encore au latin que le néerlandais doit d'innombrables termes de la vie quotidienne :

   straat « rue » (du latin VIA STRATA « chemin pavé, route »)
   molen « moulin » (du latin MOLINA « moulin »)
   kool « chou » (du latin CAULIS « tige de plante »)
   kist « coffre » (du latin CISTA « corbeille, coffre »)
   wijn « vin » (du latin VINUM « vin »)
   kelder « cave » (du latin CELLARIUM « garde-manger, office »)
   keuken « cuisine » (du latin COQUINA « cuisine »)
   ezel « âne » (du latin ASINUS « âne » [582]).

Avec l'évangélisation du pays, qui commence au VIIe siècle, c'est un nouvel afflux de termes gréco-latins qui vient encore enrichir le stock lexical de la langue (cf. *encadré* QUELQUES MOTS NÉERLANDAIS D'ORIGINE GRÉCO-LATINE).

QUELQUES MOTS NÉERLANDAIS
D'ORIGINE GRÉCO-LATINE

Malgré leur allure germanique, tous ces mots néerlandais – et bien d'autres encore – sont pourtant d'origine gréco-latine.

engel « ange », du grec *angelos*	*dom* « cathédrale », du latin DOMUS
zegen « bénédiction », du latin SIGNUM	*brief* « lettre », du latin BREVIS
bisschop « évêque », du latin EPISCOPUS	*inkt* « encre », du latin ENCAUSTUM
leek « profane », du latin LAICUS	*schrijven* « écrire », du latin SCRIBERE

peterselie « persil », du grec *petroselinon*

Le néerlandais en trois époques

   La différenciation des dialectes germaniques de cette région ne s'est précisée qu'après le partage du royaume de Charlemagne entre ses petits-fils. Les Pays-Bas avaient d'abord fait partie du territoire de Lothaire (la Lotharingie), puis du Saint-Empire romain germanique.

   On ne connaît le vieux néerlandais que par reconstruction, car les premières attestations écrites dans cette langue ne datent que du XIIe siècle, mais on divise traditionnellement l'histoire du néerlandais en trois périodes :

– avant le XIIe siècle, ou la diffusion du christianisme
– du XIIe au XVIe siècle, ou le triomphe des parlers méridionaux
– après le XVIe siècle, ou l'émergence du néerlandais commun.

Comme en français, le *l* devient *ou*

Au Moyen Age, les habitants des plaines s'étaient déjà séparés des autres peuples germaniques par une caractéristique de leur prononciation : alors que « vieux » se dit *old* en anglais et *alt* en allemand – avec un *l* qui se maintient dans la prononciation – c'est *oud*, prononcé [awd] que l'on a en néerlandais, qui dit aussi *goud* pour l' « or », alors qu'en allemand c'est *Gold* et en anglais *gold*. Le néerlandais a ainsi connu, pendant le haut Moyen Age, la même évolution que le français où, dans *chaud*, le *l* de *calidus* a d'abord donné naissance à une diphtongue *aou* (prononcée plus tard [o]). Il en est de même pour des mots comme *marteau, saut* ou *mauve* [583] (cf. *encadré* LE JEU DES CORRESPONDANCES).

Récréation
LE JEU DES CORRESPONDANCES

Si on a la chance de connaître quelques mots allemands ou anglais terminés par un *l* suivi d'une consonne, on peut deviner la forme de leurs équivalents néerlandais, où le *l* est rempalcé par *ou*. (Cachez la dernière colonne pour faire le test.)

	anglais	allemand	néerlandais
« or »	*gold*	*Gold*	*goud*
« vieux »	*old*	*alt*	*oud*
« froid »	*cold*	*kalt*	*koud*
« sel »	*salt*	*Salz*	*zout*
« tenir »	*to hold*	*halten*	*houden*
« boulon »	*bolt*	*Bolzen*	*bout*
« épaule »	*shoulder*	*Schulter*	*schouder*

La diversité dialectale

Au cours des siècles, des évolutions particulières se sont produites dans les différentes régions, donnant ainsi naissance à de nombreux dialectes (cf. *carte* VARIÉTÉS LINGUISTIQUES DES PAYS-BAS), dont il reste encore des traces dans les usages contemporains du néerlandais.

Par exemple, on reconnaît un habitant de la région de Groningue à ce qu'il prononce nettement la finale des mots terminés par *-en*, alors qu'elle est muette partout ailleurs dans le pays, où *lopen* « marcher » se prononce *lopn* ou *lopm*, et *krabben* « gratter » se prononce *krabn* ou *krabm*.

VARIÉTÉS LINGUISTIQUES DES PAYS-BAS

Si l'on met à part le **frison**, les dialectes des Pays-Bas peuvent se diviser en deux groupes :

– à base **saxonne**, au nord-est, à la frontière avec les dialectes saxons d'Allemagne, dont ils se distinguent mal

– à base **francique**, partout ailleurs. Le dialecte du Limbourg est le seul à être resté très vivant, même dans les villes.

On remarquera que le **hollandais** recouvre à la fois les deux provinces de Hollande ainsi que celle d'Utrecht, et que les frontières d'État entre les Pays-Bas et la Belgique et entre la Belgique et la France ne correspondent pas à des limites linguistiques [584].

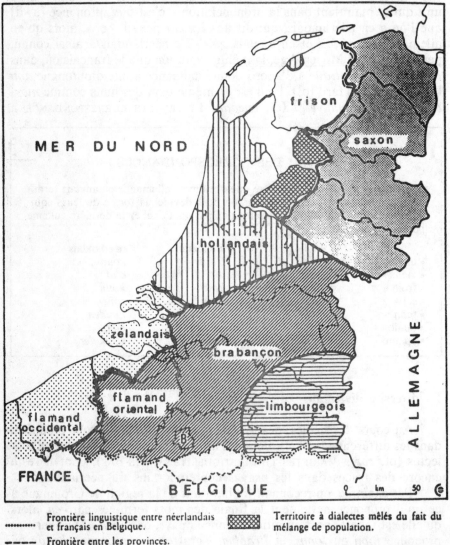

••••••• Frontière linguistique entre néerlandais et français en Belgique.	▨ Territoire à dialectes mêlés du fait du mélange de population.
– – – – Frontière entre les provinces.	
——— Frontière entre les États.	B Bruxelles: région bilingue (néerlandais-français).

Les noms de famille terminés en *-inga, -stra* ou *-ma* portent la marque d'une origine frisonne.

Dans les provinces de Hollande, c'est la prononciation de *v* prononcé comme *f*, et de *z* prononcé comme *s* qui est habituelle : le substantif *vel* « peau » se confond avec l'adjectif *fel* « violent » et la première consonne de *zoet* « sucré » se prononce *s* comme celle de *soep* « soupe ». Mais, alors que la confusion de *v* et *f* est tolérée (mais, dans une prononciation soignée, la distinction est maintenue entre /f/ et /v/), celle de *z* et de *s* est absolument stigmatisée.

Utrecht a aussi sa particularité, celle de ne pas prononcer un *t* final après consonne, par exemple dans *Utrecht*, prononcé *Utrech*[585].

Deuxième époque : prédominance du Sud

Le XIIIe siècle voit naître et se renforcer la prospérité des villes flamandes : Bruges (cf. *encadré* LA BOURSE EST NÉE À BRUGES), Ypres et Gand font filer, teindre et tisser la laine dans d'innombrables petits ateliers, et les marchands exportent leur drap dans tous les pays d'Europe.

LA BOURSE EST NÉE À BRUGES

Bruges était devenue au XIVe siècle l'une des places financières les plus importantes d'Europe, et les échanges d'argent s'y faisaient dans le palais de la famille **Van den Bursen** (ou **der Burse**), dont la façade était effectivement ornée de trois bourses. C'est depuis cette époque que l'on distingue en français entre une **bourse** (avec une minuscule) qui contient des pièces de monnaie, et une autre **Bourse** (avec une majuscule) où s'effectuent des transactions financières.

Avec l'Angleterre, leur commerce est actif : ils y exportent le vin français, la bière et le sel, et en reçoivent des produits tinctoriaux pour leur industrie. Leur fréquentation régulière des foires de Champagne et leur appartenance politique à la France favorisent naturellement l'introduction du vocabulaire français dans leur langue.

Les premiers textes littéraires fourmillent de mots d'origine française, avec l'adoption de formes grammaticales qui deviennent très productives, comme les suffixes *-ier, -age, -es* (du français *-esse*) pour les noms, *-eren* pour les verbes. Ainsi, sur le modèle français *épicier* on forme *kruidenier* à partir de *kruiden* « épices », et à partir de *tuin* « jardin », *tuinier* « jardinier ». Le féminin de *minnaar* « amant » devient *minnares*, et sur *half* « moitié » on fabrique un nouveau verbe *halveren* « diviser en deux[586] ».

Les emprunts au français prennent aussi la forme de calques, c'est-à-dire de traductions mot à mot. Ainsi, sur *beau-père* on reproduit textuellement *schoonvader*, sur *petit-fils, kleinzoon*, et sur *faire la cour*, littéralement *het hof maken*[587].

Mais au siècle suivant l'ensablement du golfe de Zwin, où se trouve Bruges, marque le début du déclin des villes flamandes, qui seront bientôt supplantées par Anvers et Bruxelles, villes du Brabant. On trouve un reflet de cette situation dans l'abondance des textes écrits, d'abord seulement en flamand puis, aux alentours du XIVᵉ siècle, en flamand et en brabançon.

A la fin du Moyen Age, on parle aux Pays-Bas une langue standard basée sur le dialecte de Bruxelles qui, à cette époque, est une ville de langue germanique.

Au XVᵉ siècle se produit un événement qui aura des répercussions sur l'histoire de la langue : l'invention de l'imprimerie.

On attribue généralement l'invention de l'imprimerie, cette nouvelle technique de typographie utilisant des caractères indépendants et en relief, à Johannes Gutenberg, entre 1436 et 1440, à Strasbourg. La première Bible imprimée, dite « à 42 lignes », appelée Bible mazarine – parce qu'elle avait appartenu à Mazarin –, date de 1450.

Mais si c'est bien à Gutenberg, originaire de Mayence, que revient le mérite de la mise au point de l'ensemble des opérations (élaboration des matrices, fonderie des caractères, impression sur presse à bras), c'est le Hollandais Laurens Janszoon, dit Coster, né à Haarlem, qui, dès 1423, avait sculpté sur bois les premières lettres mobiles.

GUTENBERG AVAIT UN PRÉCURSEUR HOLLANDAIS

Né à Haarlem, on l'appelait **Coster**, et il avait été l'inventeur des premiers caractères mobiles, chacun représentant une lettre gravée en relief dans du bois. Il avait imprimé par ce procédé un petit livre de huit pages. Ce livre, dont chaque page était imprimée des deux côtés, contenait l'alphabet et deux prières, l'Oraison dominicale et le Symbole des apôtres (le Credo).

La naissance de l'imprimerie facilite la diffusion du néerlandais naissant. Anvers ayant très tôt pris la première place dans cette nouvelle technique, ce sont surtout les formes du dialecte du Brabant qui se répandent, aussi bien dans le sud que dans le nord du pays, devenant en quelque sorte un modèle de référence pour la langue écrite (*schrijftaal*). Ainsi, des mots tout à fait ordinaires dans le Brabant, comme *thans* « maintenant », *wenen* « pleurer », *schoon* « beau », *werpen* « lancer » ou *zenden* « envoyer », deviennent des formes de prestige en Hollande, où ces termes de la vie quotidienne étaient respectivement *nu* « maintenant », *huilen* « pleurer », *mooi* « beau », *gooien* « lancer » et *sturen* « envoyer[588] ».

Le siècle d'or

Trouvant un terrain favorable dans les provinces du nord et en particulier en Hollande, cette langue sera néanmoins bientôt fortement influencée par celle de milliers d'immigrants riches et cultivés venus des provinces du sud, qui s'étaient installés dans les grandes villes du nord et surtout à Amsterdam. En 1622, on estime que 30 % de la population de cette ville étaient des immigrants. On pense, par exemple, que la prononciation, au lieu de voyelles longues, des diphtongues [ij] et [ui] qui sont aujourd'hui les seules prononciations recommandées, avaient été mises à la mode dans le Nord vers le début du xviie siècle par des personnes originaires du Brabant [589].

Après la domination des usages linguistiques des Flandres et du Brabant, du xiie à la fin du xve siècle, l'essor des villes de Rotterdam, Haarlem et Amsterdam va dès lors favoriser la diffusion des parlers de Hollande. C'est l'époque où, malgré l'Église et l'Université qui étaient restées fidèles au latin – Erasme de Rotterdam (1439-1536) écrivait en latin –, des centres d'imprimeurs célèbres vont s'installer à Delft, Utrecht, Leyde et Haarlem, dans le nord. Ils aideront à diffuser une nouvelle langue, que l'on commence alors à appeler *Nederduytsch* « néerlandais ». Il faut voir dans ce mot la forme évoluée de *theudisk* « appartenant au peuple », aujourd'hui *duits*, précédée de *neder* « bas », qu'on retrouve dans *Nederland* (Pays-Bas).

C'est cette langue, qui prend corps en Hollande dans la deuxième partie du xvie siècle, qui sera à la base de l'ABN ou néerlandais standard qui s'affirmera au cours du xviie siècle (cf. *encadré* KLM ET ABN).

KLM ET ABN

Voici deux sigles d'égale notoriété publique aux Pays-Bas, mais dont seul le premier est bien connu des étrangers. Du moins de ceux qui prennent l'avion... et encore. Le premier sigle concerne le domaine des transports et le second désigne la langue néerlandaise officielle.

KLM : *Koninklijke Luchtvaart Maatschappij*, c'est-à-dire « Compagnie royale aérienne »,

ABN : *Algemeen Beschaafd Nederlands*, qui signifie « néerlandais (général) cultivé ».

Un nouvel afflux de vocabulaire français

En outre, alors que la fin du xvie siècle avait été marquée par une forte tendance au purisme, accompagnée du désir d'éliminer de la langue tous les emprunts au français, la révocation de l'Édit de Nantes, en 1685, va entraîner l'arrivée en Hollande et en Zélande de dizaines de milliers de Huguenots français fuyant l'intolérance religieuse de leur patrie. Amsterdam, Haarlem et La Haye deviennent des centres de la vie culturelle d'où se diffusent des formes linguistiques nouvelles, souvent imprégnées d'usages venus de France.

Le vocabulaire d'origine française, d'abord restreint aux cercles les plus cultivés, se propage maintenant dans le peuple et supplante les formes traditionnelles : l'ancien terme *lerarin* « professeur femme » perd son suffixe germanique pour devenir *lerares*, avec le suffixe *-es*, réplique du français *-esse*, comme dans *prinses* « princesse ».

Du français au néerlandais...

Si l'on examine de plus près l'histoire du vocabulaire dans les deux langues, on constate que les échanges entre le français et le néerlandais ont en fait été réciproques, avec des emprunts du français au néerlandais particulièrement abondants au Moyen Age, tandis que le néerlandais a emprunté au français à plusieurs reprises, d'abord au Moyen Age, puis aux XVIIe et XVIIIe siècles.

Une partie du vocabulaire français passé en néerlandais a gardé à la fois une forme reconnaissable et le même sens qu'en français :

avontuur « aventure »   *bordeel* « bordel »
cadeau (mais aussi *kado*) « cadeau »   *confuus* « confus »
ideaal « idéal »   *garage* « garage »
locomotief « locomotive »   *plezier* « plaisir »
portefeuille « portefeuille »   *portemonnee* « portemonnaie ».

D'autres termes, dont la forme a été plus ou moins modifiée, ont connu une restriction de sens ou des emplois différents :

chanteren « exercer un chantage »   *charmant* « séduisant »
jus « jus de viande »   *discreet* « modeste »
coupé « compartiment »   *coupon* « ticket »
fatal « néfaste »   *karbonade* « côtelette »
élitair « élitiste »   *flux de bouche* « flot de paroles »
octrooi « brevet »   *perron* « quai »
bon « contravention »   *predikant* « pasteur »
bonbon « chocolat fourré » (mais « bonbon » se dit *snoepje* ou *zuurtje*).

Signalons enfin que dans les chemins de fer on employait, au XIXe siècle, les termes de :
    diligence, pour « voiture de 1re classe »,
    char à bancs, pour « voiture de 2e classe »,
    wagon, pour « voiture de 3e classe », et, aujourd'hui, *retour* ou *retourtie*, avec le sens de « aller et retour ».

Le cas de *lits jumeaux*, qui a le même sens qu'en français, ne mériterait pas d'être cité s'il n'était un nom singulier en néerlandais [589].

Grâce à des suffixes d'origine française, ce sont des séries de formations nouvelles qui prennent naissance, par exemple :

-tie ou *-sie* (sur le français *-tion* ou *-sion*) : *alimentatie* « pension alimentaire », *arrestatie, commissie, demonstratie, editie, emancipatie, excursie, generatie, infectie, inflatie, informatie, injectie, installatie, instructie*, etc.

-antie ou *-entie* (sur le français *-ance, -ence*) : *assurantie, correspondentie, elegantie, intelligentie*, etc.

-iteit (sur le français *-ité*) : *antiquiteit, capaciteit, criminaliteit, formaliteit, immuniteit, specialiteit*, etc.

-eren (sur le français *-er*) : *accepteren, adopteren, centraliseren, constateren, corrigeren, crediteren, dresseren, escorteren, fabriceren* (le *c* prononcé comme *s*), *factureren, fouilleren, garanderen* « garantir », *introduceren* (le *c* prononcé comme *s*), *inspecteren, kalmeren, manicuren* « soigner les ongles », *rapporteren* « relater », etc.

-eus (sur le français *-eux*) : *mysterieus, nerveus, officieus, serieus*, et également *modieus*, qui n'existe pas en français et qui signifie « à la mode » en néerlandais.

... mais aussi du néerlandais au français

Malgré leur abondance, tous les exemples cités sont loin d'épuiser l'ensemble des emprunts du néerlandais au français, et ils risquent de faire oublier que le français a également emprunté plusieurs centaines de mots au néerlandais, emprunts qui datent presque tous du Moyen Age [590]. Parmi ceux-ci, citons seulement :

affaler	de *afhalen* « faire dscendre »
bâbord	de *bakboord* littéralement « le bord du dos » c'est-à-dire la partie du bateau du côté du dos du marin, qui tient la barre de la main droite
beaupré	de *boegspriet*, de *spriet* « mât » et *boeg* « proue »
bouquin	de *boekelkijn* « petit livre »
boulevard	de *bolwerk* « fortification »
étape	de *stapel* « entrepôt » (à l'origine « un tas entreposé »)
kermesse	de *kermisse* « fête patronale », formé sur *kerk* « église » et *misse* « messe »
matelot	de *mattenoot*, à l'origine « compagnon » (*genoot*). Le mot a été ré-emprunté au français au xviiie siècle, sous la forme *matroos*
tribord	de *stuur-boord* « du côté du gouvernail ».

Le néerlandais et les autres langues étrangères

On trouve aussi du vocabulaire d'origine néerlandaise en allemand, dans les langues scandinaves, en russe, en japonais et aussi en anglais.

Outre les divers emprunts au vocabulaire nautique (*skipper, yacht*), ou plus général, comme *landscape* « paysage », l'anglais a conservé quelques expressions surprenantes, et plutôt péjoratives car elles remontent à l'époque où la rivalité des deux pays sur les mers et dans le commerce international avait dû causer quelques tensions :

– *Dutch wife*, qui pourrait se traduire par « épouse acariâtre »
– *double Dutch* « charabia »
– *to talk like a Dutch uncle* « parler sèchement »
– *Dutch courage* « faux courage, celui que l'on a quand on est pris de boisson ».

Aux États-Unis, le nom de la ville de New York est resté *Nieuw Amsterdam* jusqu'en 1667 et d'anciens plans de la ville attestent que *Wall Street*, *Broadway* ou *Long Island* ne sont que la traduction des anciens noms hollandais *Walstraat*, *Breede Weg* ou *'t Lange Eiland*. Jusqu'au milieu du xviiie siècle, le néerlandais avait en effet été la langue de la majorité de la population de cette ville [591].

L'influence du néerlandais s'est aussi fait sentir sur le malais dans le sud de l'Indonésie (archipel des Moluques) et, en Afrique du Sud, c'est une nouvelle langue, *l'afrikaans*, qui s'est développée à partir de la langue que parlaient les colons venus des Pays-Bas au xviie siècle.

L'afrikaans, langue germanique

L'afrikaans est, depuis 1925, avec l'anglais, l'une des deux langues officielles de l'Afrique du Sud. C'est aujourd'hui la langue maternelle de 60 % des Blancs et de 90 % des « hommes de couleur ». Cette expression ne désigne pas des hommes noirs mais des métis de Blancs et de Hottentots, ou de Blancs et d'Asiatiques, et ils sont en tout 5 millions sur les 25 millions d'habitants [592].

L'afrikaans est une forme évoluée du néerlandais transporté en Afrique du Sud par les Boers, ces colons partis de Hollande et de Flandre zélandaise en 1652. Des contacts entre les colons avec des populations noires de langue bantoue et d'autres populations parlant malais, portugais, allemand, français, s'est dégagée un siècle et demi plus tard une nouvelle langue, d'abord appelée *néerlandais du Cap*, puis *afrikaans*.

L'afrikaans se différencie du néerlandais par des formes grammaticales beaucoup plus simples – l'uniformisation des formes verbales est particulièrement nette –, et surtout par un vocabulaire spécifique. Par exemple :

« source » se dit *fontein* (néerl. *bron*),

« cuisine » se dit *kombuis* (et non *keuken*), *kombuis* étant en néerlandais la « cuisine d'un bateau », d'où le français *cambuse*

« pièce à provisions », *spens* (et non *provisiekamer*).

Ces deux derniers mots étaient d'ailleurs à l'origine des termes néerlandais, mais utilisés uniquement dans la marine.

L'afrikaans a fait aussi de nombreux emprunts à des langues diverses, comme :

pesang « banane » (au hottentot)

aia « bonne d'enfant » (au portugais)

laer « camp militaire » (à l'allemand)

bermotpeer « poire bergamote » (au français).

L'époque des perruques

Après la domination espagnole (entre 1519 et le milieu du XVIIᵉ siècle) qui a laissé fort peu de traces dans la langue néerlandaise, le XVIIIᵉ siècle est souvent désigné aux Pays-Bas sous le nom de *pruiken-tijd*, ou « époque des perruques », parce qu'il a été dominé par tout ce qui venait de France : les perruques, mais aussi les manières, la littérature, la langue. Les gallicismes fourmillent dans les conversations et dans les textes écrits : *annexeren, compagnon* « associé », *fabrikant, industrie, permissie, personeel, reserveren*[593].

Des quantités de formes « à la française », mais que le français ne connaît pas, ont alors été créées en néerlandais. Parmi beaucoup d'autres, on peut citer : *atheist* « athée », *leverancier* « fournisseur », *attest* « attestation », *modieus* « à la mode », *componist* « compositeur », *secretaresse* « secrétaire » (n. f.) et *secretaris* « secrétaire » (n. m.), et on ne confond pas *vacature* « vacance » avec *vakantie* « vacances ».

Il est un phénomène assez curieux : certaines formations françaises semblent même avoir été mises à la mode aux Pays-Bas avant de l'être en France. Tel est le cas du verbe français *recruter*, qui était senti comme un néologisme inutile par Racine. Nous le savons par une lettre écrite en 1691 à son fils, alors en Hollande : « Vous me faites plaisir de me mander des nouvelles : mais prenez garde de ne pas les prendre dans les gazettes de Hollande; car [...] vous y pourriez prendre certains termes qui ne valent rien, comme celui de *recruter*, dont vous vous servez, au lieu de quoi il faut dire *faire des recrues*[594] ». Petit à petit la gallomanie gagne l'ensemble des usages, mais les formes françaises d'origine sont aujourd'hui souvent méconnaissables (cf. *encadré* SOUS LEURS HABITS NÉERLANDAIS, DES MOTS FRANÇAIS).

SOUS LEURS HABITS NÉERLANDAIS, DES MOTS FRANÇAIS

Voici quelques mots néerlandais venus du français :
krek vient du français *correct*, mais il signifie « précisément »
astrant vient du français *assurant*, mais il a pris le sens de « impertinent »
krant vient du français *courant*, mais il signifie « journal »
abuis, du français *abus*, mais il a pris le sens de « méprise »
advertentie « annonce »
sla « salade »
navenant, du français *à l'avenant*
inclusief « compris » (au restaurant)
exclusief « non compris » (au restaurant)
taart « gâteau ».

Le « petit livre vert »

Depuis le Moyen Age, la langue cultivée s'était écrite en prenant pour modèle le latin et le français (la graphie *eu*, par exemple, avait été empruntée au français à la fin du Moyen Age [595]).

Les premières tentatives de standardisation datent de la fin du XVIe siècle, mais c'est surtout au XIXe que le gouvernement adopte officiellement certaines modifications de l'orthographe, en tentant de tenir compte à la fois de la prononciation et de l'étymologie, ce qui est souvent contradictoire. En 1891, le philologue Kollewijn propose des simplifications. Elles déchaînent de véhémentes réactions de rejet, mais finissent par être acceptées... en 1947.

Depuis 1954, une commission composée de Néerlandais et de Belges publie une liste des mots néerlandais dans l'orthographe recommandée. Ce livre est plus connu sous le nom de *het groene boekje* « le petit livre vert » (cf. *encadré* L'ORTHOGRAPHE DU NÉERLANDAIS).

L'ORTHOGRAPHE DU NÉERLANDAIS

L'orthographe néerlandaise obéit généralement à des règles simples et pose peu de problèmes de lecture, une fois passée la surprise des 't et des 'n (abréviations de l'article défini *het* et de l'article indéfini *een*). Elle conserve fort peu d'incohérences, en dehors de deux exceptions :
1. **ei** et **ij** sont deux graphies différentes pour noter la même diphtongue [ei] : ainsi *eis* « exigence » et *ijs* « glace » se prononcent de la même façon.
2. On écrit *rauw* « cru » différemment de *rouw* « deuil » bien que, dans ces deux mots, *au* et *ou* se prononcent avec la même diphtongue [au] [596].

Depuis 1967, de nouvelles propositions de simplification pour une « orthographe préférentielle » (*voorkeurspelling*) ont vu le jour, mais le « petit livre vert » reste pour le moment la base pour l'étudiant étranger.

Au xixe siècle : l'allemand et l'anglais

Avec le xixe siècle commence à naître un véritable intérêt pour la langue vernaculaire, intérêt qui a été marqué par la création de la première chaire de néerlandais à Leyde en 1797. C'est aussi l'époque où l'influence de l'allemand et de l'anglais supplante celle du français.

Emprunts à l'allemand (surtout après la Réforme)	**Emprunts à l'anglais** (surtout après la 2e Guerre mondiale)
gletscher « glacier »	*checken* « vérifier »
in-zwang « à la mode »	*dancing* « dancing » (faux
kitsch « art de mauvais goût,	anglicisme, pour *dance hall*)
fabriqué en série »	*droppen* « laisser tomber »
overigens « en outre »	*plannen* « faire des projets »
rugzak « sac à dos »	*racen* « partir en courant »
schlager « chanson en vogue,	*relaxen* « se détendre »
tube »	*smoking* « smoking » (faux
schmink « maquillage »	anglicisme, pour *dinner-*
so wie so « de toute façon »	*jacket* ou *tuxedo*)
tijdschrift « magazine »	*stoned* « défoncé, drogué »
überhaupt « en général »	*starten* « partir [597] ».

Parmi les mots d'origine allemande, il y en a peu qui gardent leur forme originale, tandis que les mots empruntés à l'anglais posent des problèmes aux usagers car ils conservent le plus souvent l'orthographe anglaise. Cette dernière entre alors en conflit avec les règles orthographiques du néerlandais, d'où une intégration moins facile. Malgré cette difficulté, c'est pourtant l'anglais qui est la langue à laquelle le néerlandais emprunte le plus depuis environ trente ans. A la télévision, toutes les séries américaines et les émissions en anglais sont diffusées en version originale avec sous-titres, ce qui favorise grandement les interférences d'une langue à l'autre.

Deux spécialités de la grammaire néerlandaise

Deux points de la grammaire du néerlandais méritent d'être montés en épingle, mais pour des raisons opposées :
– les diminutifs, pour leur exceptionnelle abondance,
– les féminins, pour l'histoire de leur élimination, qui n'empêche

pas leur apparition fantomatique, sporadique et conditionnée par la géographie.

Des diminutifs par monceaux

On reconnaît un diminutif en néerlandais à ce qu'il se termine par -*je*, précédé de consonnes diverses. Ainsi :

tafeltje « petite table », sur *tafel*
bloempje ou *bloemetje* « petite fleur », sur *bloem*
koninkje « petit roi », sur *koning*
oogje « petit œil », sur *oog*
glaasje « petit verre », sur *glas*
scheepje « petit bateau », sur *schip*.

Tous les substantifs peuvent prendre un diminutif, mais quelquefois avec une acception particulière : *wijfje* désigne la femelle de n'importe quelle espèce animale, tandis que *wijf* est un terme péjoratif pour « femme [598] ».

Il faut en outre se méfier de certaines contractions : *grootje,* mot à mot « petite grande », c'est la « mamie », contraction de *grootmoedertje.* Comme cet exemple le montre, les diminutifs peuvent modifier non seulement des substantifs, mais aussi des adjectifs, des adverbes, des prépositions ou des conjonctions :

zuurtje « bonbon acidulé » est formé sur l'adjectif *zuur* « aigre »
uitje « excursion », sur la préposition *uit* « hors de »
stilletjes « tout silencieusement », sur *stil* « silencieux », qui peut être à la fois un adjectif ou un adverbe.

L'amour du diminutif va si loin en néerlandais qu'on le retrouve dans *spoorboekje* « indicateur des chemins de fer », mot à mot « le petit livre des chemins de fer », pourtant généralement plutôt gros, dans *spoorkaartje* « ticket », mot à mot « petite carte de chemin de fer », et dans *retourtje,* « aller et retour », mot à mot « petit retour ».

L'usage des diminutifs est généralement plutôt en régression depuis une trentaine d'années – *kiekje* « photo, instantané » (probablement formé sur le surnom du photographe *Kiek*) est de plus en plus souvent remplacé par *kiek,* et *klusje* « corvée » par *klus* –, mais il semble qu'il reste encore assez vivant chez les femmes [599].

Le destin du féminin

Il y avait dans les anciens usages germaniques trois genres : le masculin, le féminin et le neutre. C'est ce que l'on trouve encore en allemand, où l'article défini permet de distinguer formellement un masculin (*der Wein*), un féminin (*die Milch*) et un neutre (*das Wasser*).

La situation est plus complexe en néerlandais, où les usages diffèrent d'une région à l'autre. Partout, il n'y a que deux formes pour l'article, qui est soit *het* (neutre), soit *de* (non neutre), mais on peut aussi exprimer le féminin lorsqu'on reprend un substantif par un pronom ou par un possessif. Cette troisième possibilité n'existe toutefois qu'au-dessous de la « ligne des fleuves » : *hij* représente alors le pronom masculin et *ze* le pronom féminin.

La commission responsable du « petit livre vert », réunie en 1954, a tenté de fixer une norme sur des critères formels. Seront considérés comme féminins tous les noms terminés par un des suffixes germaniques comme :

-heig, -ing, -nis, -schap, -st, -de, -te,

ou par un des suffixes étrangers tels que :

-ee, -ie, -iek, -teit, -ij.

Lorsque ce critère fait défaut, comme dans *kracht* « force », *leer* « doctrine », *zorg* « souci », la commission indique que sa préférence va vers le féminin, mais pour ces mots, comme pour *poes* « chat », *bij* « abeille », *vlieg* « mouche », *mus* « moineau », *muis* « souris », elle admet à la rigueur le masculin. Elle a tranché en faveur du masculin pour *wijn* « vin » et *mosterd* « moutarde », mais en faveur du féminin pour *melk* « lait ».

Pour les noms abstraits, le masculin est considéré comme totalement incorrect (*deugd* « vertu », *drift* « colère », *eer* « honneur ») tandis que pour les noms concrets le masculin est toléré. En revanche, les noms d'animaux femelles, comme *kœ* « vache », *merrie* « jument » ou *geit* « chèvre », qui prenaient un pronom ou un possessif masculin dans les usages du nord, seront dorénavant obligatoirement repris par des pronoms féminins [600] (cf. *encadré* LE SUD PRÉFÈRE LE FÉMININ).

LE SUD PRÉFÈRE LE FÉMININ

Les Néerlandais ne sont pas d'accord sur le genre de certains substantifs, qui sont du masculin (ou plutôt du genre commun non neutre) dans le Nord, c'est-à-dire au nord de la « ligne des fleuves », tandis que le Sud préfère les considérer comme des féminins. Tel est le cas des mots suivants, qui ne sont féminins que dans le Sud :

beek « ruisseau »	**deugniet** « vaurien »	**dij** « cuisse »
gedachte « pensée »	**getuige** « témoin »	**knie** « genou »
kracht « force »	**linde** « tilleul »	**mus** « moineau »
peer « poire »	**poes** « chat »	**regering** « gouvernement »
stad « ville »	**ster** « étoile »	**taal** « langue »
vlieg « mouche »	**wees** « orphelin »	**zon** *« soleil »*
zorg « souci »		

Tel est aussi le cas – et c'est plus étonnant – de quelques termes qui ne peuvent désigner que des femelles, mais qui sont malgré tout masculins dans le Nord :

geit « chèvre »	**koe** « vache »	**merrie** « jument ».

Le néerlandais aujourd'hui

Sur le plan phonétique, on constate de nos jours une tendance de plus en plus fréquente à la confusion de /f/ et de /v/ : *vel* « peau » et *fel* « violent » sont homophones [fel]. Le même phénomène se produit pour /s/ et /z/ (la consonne initiale de *suiker* et celle de *zoet* « doux » se prononcent de plus en plus de la même façon, comme [s]), mais la norme préconisée maintient ces distinctions [601].

Sur le plan sémantique, certains éléments du vocabulaire acquièrent de nouvelles acceptions : *overkomen*, dont le sens général d'origine est « traverser », a aussi de plus en plus celui de « être compris, faire passer son message »; *ergens* « quelque part » a, comme dans certains usages français récents dits « branchés », le sens de « d'une certaine façon ».

Depuis une vingtaine d'années, une façon de parler appelée « turbo », d'abord propre à la jeunesse, se répand dans le grand public. Témoin le succès remporté par le petit livre *Turbo Taal* (« langue turbo »), publié en 1987 et qui en était en février 1990 à son 33e tirage, avec 250 000 exemplaires vendus : un livre qui présente en 91 pages humoristiques les nouvelles tendances du vocabulaire à la mode [602].

Le néerlandais dans le monde

En dehors des Pays-Bas, le néerlandais est aussi la deuxième langue de 4 millions d'Afrikaanders en Afrique du Sud. Il est également une des langues officielles de la Belgique, où il est parlé par 6 millions d'habitants, et une langue minoritaire en France où, sous le nom de **flamand**, ou **westvlaamsch**, il est parlé dans l'extrême nord du département du Nord. (Cf. dans ce même chapitre LE FLAMAND EN FRANCE, p. 359.)

LA BELGIQUE ET SES LANGUES

(Cf. chapitre AUTOUR DU FRANÇAIS, *encadré* LA BELGIQUE, p. 273.)

La Belgique, pays de transition

La Belgique a des attaches extrêmement étroites avec les Pays-Bas, dont elle a partagé l'histoire et la langue depuis des siècles; mais, voisine de la France, elle a également avec cette dernière des affinités qui remontent aux temps lointains de l'Empire romain. Sur le plan plus général de l'Europe, la Belgique constitue de ce fait un point de rencontre privilégié entre les deux grands groupes linguistiques : langues germaniques et langues romanes.

Le flamand : une cohabitation difficile

Comme le Luxembourg, la Belgique constitue donc une zone de jonction entre domaine roman et domaine germanique mais, contrairement à la cohabitation douce qui règne dans le grand-duché entre le français, l'allemand et le luxembourgeois, la situation en Belgique reste conflictuelle depuis la naissance de l'État belge en 1830.

Cette situation résulte de circonstances historiques anciennes. Au moment où la Belgique acquiert son indépendance en 1830, le pays est depuis des siècles divisé par une ligne horizontale en deux zones linguistiques de souches différentes : au nord on parle le *flamand*, qui est une variété locale du néerlandais, c'est-à-dire une langue germanique, et au sud le *wallon*, une variété des dialectes romans d'oïl. En plus de ces langues, c'est le français qui était alors utilisé dans la vie publique, et c'est aussi le français que parlaient les classes sociales supérieures, un usage qui n'a pas disparu aujourd'hui.

Territorialité et personnalité

Du fait de pressions diverses, économiques et démographiques, le flamand devient, en 1898, avec le français, l'une des deux langues officielles, et plusieurs lois linguistiques sont votées au cours du XXe siècle. Elles consacrent *le principe général de territorialité*, chacune des deux langues officielles jouissant d'un territoire dont les limites sont fixées par la loi : le flamand au nord, le français au sud, et l'allemand à la limite orientale entre les deux zones, dans les cantons de Saint-Vith, Eupen et Malmédy.

En outre, un statut linguistique spécial est accordé à des minorités voisines de la frontière linguistique : douze enclaves francophones dans la partie flamande et treize enclaves flamandes dans la partie française. Mais la situation y reste explosive, et les six villages des Fourons (communautés francophones ayant été rattachées à la région flamande) se sont signalés à plusieurs reprises par des manifestations violentes [603].

Après des années de conflits linguistiques encore mal apaisés, les relations semblent s'être améliorées depuis quelques années grâce à des lois qui protègent les diverses communautés [604].

Le flamand en France

Le *flamand*, ou *westvlaamsch* « flamand occidental », est parlé aujourd'hui dans ce qu'on nomme le *Westhoek* « le coin ouest », qui recouvre l'extrême nord du département du Nord, entre la mer, la frontière belge, la Lys et l'Aa.

LE FLAMAND EN BELGIQUE ET EN FRANCE

Cette carte ne présente que les variétés de flamand. Elle vient en complément de la carte Diversité linguistique en Belgique francophone (cf. Autour du français, p. 274).

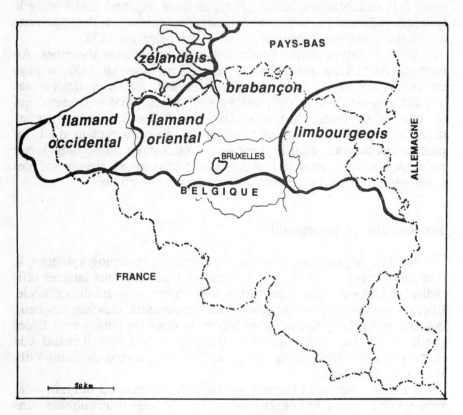

Cette langue remonte au germanique que parlaient des populations installées dans la région probablement dès le IIe siècle av. J.-C., c'est-à-dire avant même l'occupation romaine. A partir du IVe siècle apr. J.-C., ce groupe est composé en majeure partie de Francs Saliens venus de l'est et du nord, et dont la langue se rattache au bas-germanique. Mais le flamand a aussi subi l'influence latine pendant plusieurs siècles, ce qui explique, à côté de mots comme *stake* « pieu », *busch* « forêt », *berre* « lit », d'origine purement germanique, la présence de nombreux mots d'origine latine comme *kaes* « fromage », *straete* « rue », *peper* « poivre » ou *puut* « trou » (de PUTEUS « puits [605] »).

L'influence du français a ensuite été constante, mais le flamand a aussi influencé le français (cf. chapitre Autour du français, § Le goût pour les mots régionaux, p. 258).

LES TOPONYMES FLAMANDS EN -*GHEM*

Les lignes marquent les limites du flamand du XIIIe au XXe siècle, et chaque point noir représente un toponyme en -*ghem* ou en -*ghen*. La répartition de ces points montre la présence très ancienne de la langue flamande, même au sud de Boulogne.

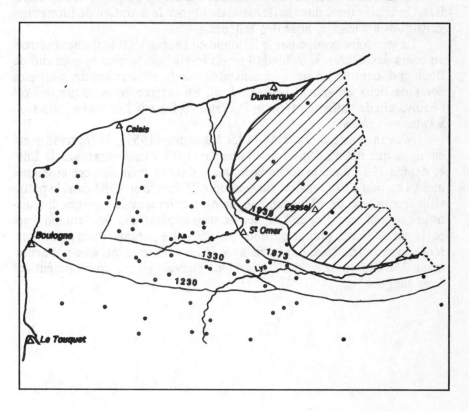

LISTE DES TOPONYMES EN -*GHEM, -GHEN*
(classés par tranche historique, en commençant par la zone hachurée)

Eringhem, Merckeghem, Ledringhem, Terdeghem, Hondeghem, Téteghem
----
Ruminghem, Booneghem, Ebblinghem

Bayenghem, Leulinghem, Moringhem, Barbinghem, Tatinghem, Boisdinghem, Heuringhem, Racquinghem, Blaringhem, Boëseghem, Balinghem, Rodelinghem, Hermelinghen, Sanghen, Herbinghen, Hocquinghen, Bainghen, Nabringhen, Bouvelinghem
----
Hervelinghen, Tardinghen, Leubringhen, Audinghen, Leulinghen, Bazinghen, Locquinghen, Hardinghen, Wacquinghen, Maninghen, Maquinghen, Echinghen, Questinghen, Velinghen, Lottinghen, Seninghem, Vaudringhem, Ledinghem, Vedringhem, Assinghem, Inghem, Glomenghem
----
Halinghen, Bezinghem, Wicquinghem, Maninghem, Hardinghem, Reclinghem, Radinghem, Matringhem, Honninghem, Molinghem, Mazinghem, Linghem, Oblinghem.

C'est depuis l'annexion du territoire par Louis XIV en 1713 par le traité d'Utrecht que la Flandre française a été séparée de la Flandre de Belgique et de la Flandre zélandaise des Pays-Bas, ce qui l'a coupée des évolutions que le néerlandais a connues depuis en Belgique et aux Pays-Bas. On trouve donc dans le flamand de France le maintien de formes linguistiques anciennes, absentes ailleurs.

Le territoire occupé par le flamand en France s'est lentement rétréci au cours des siècles. Il s'étendait avant le XIIIᵉ siècle bien loin au sud de Boulogne, comme on peut le constater par la répartition de multiples noms de lieux en *-ghem* (*-ghen, -hen*), un suffixe germanique qui est l'équivalent de l'allemand *-heim* « village » (cf. *carte* LES TOPONYMES FLAMANDS EN *-ghem*).

N'ayant pas bénéficié de la loi Deixonne (1951), le flamand n'est enseigné que depuis 1982 (circulaire Savary) à l'École normale de Lille et depuis 1983 dans le secondaire, mais dans le primaire cet enseignement a du mal à s'organiser. Une enquête [606] menée en 1984 dans la petite ville frontalière de Hondschoote montre comment les usages linguistiques se sont modifiés en l'espace de trois générations : le flamand y est parlé par 38 % des grands-parents, par 25 % des parents, mais en concurrence avec le français, et jamais avec leurs enfants, ainsi que par seulement 2 % des enfants, qui déclaraient pouvoir parler couramment les deux langues [607].

Autour de l'anglais

Une langue venue du continent

Alors qu'elle est aujourd'hui répandue dans le monde entier, la langue anglaise a eu des débuts bien modestes. Elle n'était encore au Ve siècle apr. J.-C. que l'idiome parlé par quelques tribus germaniques déplacées sur cette terre inconnue. Et il a fallu bien des retournements historiques pour que se développe une langue nouvelle sur un sol étranger, jusque-là occupé par des populations de langue celtique. La domi-

---

**LE ROYAUME-UNI DE GRANDE-BRETAGNE
ET SES LANGUES**

POPULATION : 57 200 000 habitants.

LANGUE OFFICIELLE :
- **anglais**, langue germanique de l'Ouest, groupe anglo-frison, langue officielle du Royaume-Uni.

LANGUES OFFICIELLES RÉGIONALES :
- **gallois**, langue celtique (pays de Galles, 600 000 hab., dont 32 000 unilingues en 1971 [608])
- **français**, langue romane (Jersey).

AUTRES IDIOMES :
germanique
- **scots**, langue germanique de l'Ouest, groupe anglo-frison (Lowlands)
celtique
- **gaélique d'Écosse** (Highlands)
- **gaélique d'Irlande**
- **manxois** (île de Man)
- **cornique** (Cornwall). A repris vie comme langue culturelle.

romane
- **jersiais** (Jersey).

nation romaine, qui s'était prolongée pendant trois siècles et demi, avait cessé seulement depuis une quarantaine d'années lorsque des populations de langue germanique, parties de ce qui est aujourd'hui le Danemark, l'Allemagne du Nord-Ouest et les Pays-Bas déferlent sur le pays.

Sur cette terre convoitée et envahie à plusieurs reprises, c'est une langue composite qui va naître au gré d'influences successives, et qui tirera sa spécificité et sa richesse de la multiplicité de ses origines : germaniques de l'Ouest mais aussi latines, scandinaves, puis normandes et françaises.

La minceur des apports celtiques

Les traces celtiques sont plus dissimulées. La résistance aux emprunts de vocabulaire celtique dans la langue anglaise demeure même un vrai mystère si l'on se représente la situation après la conquête saxonne. Il est impossible que tous les Celtes aient émigré vers le nord, l'ouest ou les côtes françaises, et il semble bien que les nouveaux arrivants germaniques avaient occupé les fonds de vallée les plus fertiles, laissant aux Brittons les lieux marécageux ou les hauteurs peu accueillantes.

Il est donc vraisemblable qu'une partie de la population, restée sur place, avait connu une période de bilinguisme avant d'adopter la langue des envahisseurs. Cela est confirmé par le maintien de noms de lieux celtiques dans les régions de l'est et du nord occupées très tôt par les conquérants [609]. Pourtant, même en cherchant bien, on trouve moins d'une vingtaine de mots celtiques anciens en anglais, et les linguistes citent toujours les mêmes exemples : *crag* « rocher escarpé », *tor* « éminence », *combe* ou *coomb* « combe, vallée, vallon », ou encore le nom de *Puck*, le lutin espiègle du *Songe d'une nuit d'été*, qui remonte à un mot celtique signifiant « esprit malin [610] ».

Cette réticence de la langue anglaise à intégrer des éléments celtiques s'est prolongée au cours des siècles et, en dehors de *plaid* et *slogan*, empruntés au gaélique d'Écosse au XVIᵉ siècle, et de *whisky* au XVIIIᵉ siècle, les emprunts les plus récents aux langues celtiques modernes revêtent toujours, dans une phrase anglaise, un petit air d'étrangeté régionale :

de l'irlandais : *colleen* « jeune fille », *shillelagh* « gourdin », *spalpeen* « valet de ferme » ;

du gaélique d'Écosse : *claymore* « grand sabre à double tranchant », *sporran* « bourse en peau portée sur le devant du kilt, *conie* « cirque au flanc d'une montagne » ;

du gallois : *eisteddfodd* « concours de poésie et de chant » ;

du breton (probablement par le français) ou du cornique : *dolmen et menhir* [611].

La mémoire des noms de lieux

Si l'on veut découvrir une plus grande abondance de souvenirs celtiques dans les régions où ces langues ne se sont pas maintenues de nos jours, c'est dans les noms de lieux qu'il faut chercher.

Lorsqu'ils sont composés d'un seul élément, ils évoquent souvent l'eau, comme c'est le cas pour *Dover* (Douvres), du celtique *dubris* « eau », *Avon* « cours d'eau », *Exe* « eau », *Trent* « cours d'eau sujet à débordements », *Tweed* « cours d'eau puissant ».

Plus nombreux sont les composés hybrides comme *Gloucester*, *Worcester* ou *Dorchester*, où le premier élément est celtique et le second, latin. Sous la forme *-cester, -chester*, on devine le latin CASTRA « lieu fortifié ». C'est cette même forme, amalgamée, qui se dissimule dans *Exeter* où *Exe*, on l'a vu, désigne l'eau. De même, dans *Lincoln*, *lin-*« étang » est d'origine celtique tandis que *-coln* est l'évolution du latin COLONIA « colonie ».

Dans certains autres toponymes, c'est avec des formes germaniques que se combinent les noms celtiques. Tel est le cas de *Canterbury* ou de *Salisbury*, où *-bury* représente l'évolution d'une forme germanique désignant à l'origine une forteresse. Dans *Lichfield*, *-field* est d'origine germanique et *lich-* d'origine celtique. Ce lieu était au départ un « champ au bord d'une forêt grise [612] », mais les habitants avaient sans doute vite oublié la signification de ces dénominations composites – à supposer qu'ils l'aient jamais connue. Celtes et Saxons ont dû rester étrangers les uns aux autres, et ils se comprenaient vraisemblablement avec difficulté. Ce qui permet de le penser, c'est que certains toponymes comme *Cheetwood* (Lancashire) ou *Brill* (Lincolnshire) sont en fait des tautologies : *cheet* et *wood* signifient tous deux « forêt », le premier en celtique, le second en germanique. Quant à *Brill*, c'est la contraction du celtique *bre* « colline » et du germanique *hill*, qui désigne aussi une colline. Le deuxième terme (saxon) était, semble-t-il, nécessaire pour comprendre le premier (celtique).

Le même cas de formations répétitives se retrouve au Pays basque avec le *Val d'Aran* (cf. chapitre AUTOUR DE L'ESPAGNOL, encadré LE VAL D'ARAN : une tautologie, p. 167) ou en Sicile avec *Montegibello* (« montagne » en latin et en arabe).

Enfin, il est significatif que le nom saxon pour désigner les Celtes était *Wealas*, les « étrangers ». C'est de ce mot que vient le nom des Gallois en anglais : *Welsh*. De leur côté, les Celtes confondaient tous leurs ennemis sous le nom de *Saxons*. Ce dernier nom a plus tard été éclipsé par celui des Angles, et leur langue a été nommée *Englisc* (d'où *English*) dès les premiers écrits. Mais c'est seulement à partir de l'an 1000 que le pays a pris le nom de *Engla-land* « terre des Angles », d'où *England* [613].

BIS REPETITA PLACENT

Sur ce territoire, où se sont rencontrés Celtes et Romains, puis Celtes et Saxons, ensuite Saxons et Scandinaves et enfin Saxons et Normands, l'intercompréhension n'allait pas de soi. D'où en anglais l'existence de formes tautologiques particulièrement nombreuses, qui sont en fait des traductions juxtaposées du même mot : **mansionhouse** « maison » (du français) + « maison » (du germanique); **haphazard**, qui correspond à « hasard » + « hasard », ou **courtyard**, à « cour » + « cour ».

C'est aussi probablement du besoin de bien se faire comprendre que sont nées des expressions à deux termes pratiquement synonymes. En voici quelques exemples :

part and parcel (of)	« partie intégrante (de) »
lo and behold...	« et voilà que... »
far and away (the best)	« de loin (le meilleur) »
hale and hearty	« qui a bon pied bon œil »
first and foremost	« d'abord et avant tout »
odds and ends	« bribes et morceaux »
hue and cry	« clameur, tollé »
ways and means	« voies et moyens »
lord and master	« seigneur et maître ».

Les apports récurrents du latin

Alors que les traces des langues celtiques sont rares et peu apparentes, il n'est pas de phrase anglaise où l'on ne reconnaisse des mots d'origine latine.

On pourrait s'imaginer que la longue présence romaine sur tout le territoire en deçà du mur d'Hadrien (édifié en 122 apr. J.C.) ou du mur d'Antonin (en 139) avait fini par imposer la langue latine à la population, mais il n'en a rien été. Les Romains avaient construit des routes – *Ermine Street, the Fosse Way,* ou surtout *Watling Street*, la plus célèbre, qui allait de Londres à Chester – et créé des villes comme *Chester, Leicester, Lincoln* ou *Eburacum (York)* dans lesquelles s'était en effet concentré le pouvoir économique et politique. Mais seules les villes étaient devenues des foyers de latinisation et, hors des centres urbains, le latin était resté une langue étrangère pour les Celtes insulaires, bientôt confrontés à l'arrivée des tribus germaniques.

Les Romains s'étaient retirés en 410, et les premiers débarquements des Anglo-Saxons se produisent en 449. C'est par leur intermédiaire que pénètrent en anglais les premiers éléments du lexique latin que les Germains avaient eux-mêmes empruntés au contact des Romains avant leur départ du continent [614].

LA GRANDE-BRETAGNE ET L'IRLANDE

Carte d'orientation

Récréation

GATWICK : LA FERME AUX CHÈVRES

Le nom de l'un des aéroports de Londres, **Gatwick**, est un bon exemple des nombreux composés hybrides latino-germaniques. On y trouve *gat*, où l'on reconnaît **goat** « chèvre », d'origine germanique, et **-wick**, du latin VICUS « village », mais qui a souvent le sens de « ferme ».

En parcourant la campagne anglaise, on peut aussi rencontrer :
    Cowick, Butterwick, Chiswick, Honeywick, Bewick ou Fenwick
où le premier élément est souvent transparent. Pouvez-vous le reconnaître ?

Réponses : cow « vache », butter « beurre », cheese « fromage », honey « miel », bee « abeille » et fen « marais »⁶¹⁵.

Parmi ces très anciens emprunts au latin, que l'on retrouve aussi en anglais moderne, dominent des termes qui rappellent l'origine romaine
    – de nouveaux produits :
    copper « cuivre rouge », du latin CUPRUM « cuivre » ;
    – de nouvelles techniques :
    street « (route) pavée », de STRATA (VIA)
    wall « mur », de VALLUM « palissade »
    inch « pouce » (unité de mesure), de UNCIA « la douzième partie d'un tout » ;
    – de nouveaux aliments :
    cheese « fromage », de CASEUS
    wine « vin », de VINUM
    plum « prune », de PRUNUM
    turnip « navet », de NAPUS « navet » ;
    – et de nouvelles habitudes de vie :
    cup « tasse », de CUPPA « grand vase en bois, tonneau »
    dish « plat », de DISCUS « disque, plateau »
    kitchen « cuisine », de COQUINA
    pillow « coussin », de PULVINUS.
L'adjectif anglais *cheap* « bon marché » remonte au latin CAUPO « cabaretier, aubergiste ». Il y a encore à Londres une rue de la City connue sous le nom de *Cheapside*, mot à mot « le côté du marché ». C'est de ce même mot que vient l'allemand *kaufen* « acheter ».

A partir de la fin du VIᵉ siècle, de nouveaux emprunts au latin afflue-ront dans la langue anglaise, conséquence de la christianisation de la Grande-Bretagne, qui se développera à partir de deux centres de diffu-sion : en 563, saint Colomba, venu d'Irlande avec douze compagnons, fonde un monastère dans la petite île d'Iona, dans le nord-ouest du pays, d'où partiront des missionnaires vers l'Écosse, tandis que le moine Augustin, envoyé de Rome par le pape Grégoire le Grand, débarque en 597 à l'extrême sud-est, dans le Kent, où le monastère de Cantorbery deviendra un lieu de pèlerinage de grand renom (cf. *encadré* LES ANGLES : DES ANGES ?).

LES ANGLES : DES ANGES?

Ce jeu de mots du futur pape Grégoire le Grand est, selon Bède le Vénérable (673-731), à l'origine de la christianisation de l'Angleterre. Ayant vu sur le marché de Rome de beaux et jeunes esclaves blonds, et ayant appris que c'étaient des **Angles**, Grégoire a immédiatement déclaré que leur nom convenait bien à leurs visages d'**anges**. Grand amateur de calembours, Grégoire ne s'en était pas tenu à cette première plaisanterie et avait aussi joué sur le nom de leur province d'origine, *Deira*, qu'il interpréta comme *Dei ira* « la colère de Dieu » (irrité de leur paganisme) et sur celui de leur roi *Aella* : *alleluia!*

Il n'avait pas oublié ce souhait lorsqu'il devint pape quelques années plus tard. Ne pouvant se déplacer lui-même, il envoya en 597 Augustin, accompagné de cinquante autres moines, évangéliser le Kent, où se trouvait déjà une petite communauté chrétienne. Trois mois plus tard, le roi était baptisé et, sept ans plus tard, tout le royaume de Kent était chrétien [616].

On voit alors apparaître et se répandre de nombreux termes :

– de la vie religieuse : *abbot* « abbé », *psalter* « psautier », *bishop* « évêque », *alms* « aumône », *pope* « pape », *monk* « moine », *nun* « nonne »

– et de la vie scolaire : *school* « école », *verse* « vers », *master* « maître », *provost* « principal d'un établissement scolaire »)

Récréation

POURQUOI *D.* POUR *PENCE*?

Parce que cette abréviation n'est pas celle d'un mot anglais mais d'un mot latin, comme beaucoup d'autres :

d	= DENARII	*pence*	mais depuis 1971, l'abréviation est **p** et non plus **d**. De plus, la prononciation est [pens] au lieu de [pəns]
s	= SOLIDI	*shillings*	
£ (monnaie)	= LIBRAE	*pounds*	
lb (poids)	= LIBRAE	*pounds*.	

D'autres initiales latines sont usuelles en anglais :

i.e.	« c'est-à-dire »
e.g. ou *v.g.*	« par exemple »
viz	« à savoir, nommément ».

Question : Quelles sont les formes latines complètes de ces trois derniers exemples?

Solutions : *i.e.* = ID EST; *e.g.* = EXEMPLI GRATIA; *v.g.* = VERBI GRATIA; *viz* = VIDELICET (le **z** de *viz* n'est pas la lettre *z* mais un ancien signe d'abréviation, qui se prononce tout de même [z])[617].

– mais aussi de la vie domestique : *box* « boîte », *cap* « bonnet, chapeau », *pear* « poire », *chervil* « cerfeuil », *fork* « fourchette », *chest*
« coffre », *pail* « seau », *to spend* « dépenser », etc.

L'abondance de termes latins ne doit pas surprendre si on se rappelle que le latin était alors la langue de l'enseignement dans les monastères. L'Angleterre était aussi devenue un des hauts lieux de l'érudition
en Europe, et on la considérait de ce fait comme le conservatoire de la
latinité. C'est donc tout naturellement qu'en 782 Charlemagne avait
fait appel à Alcuin, évêque d'York, pour l'aider à opérer la « renaissance
carolingienne » à partir de son palais d'Aix-la-Chapelle et de l'abbaye de
Saint-Martin-de-Tours (cf. chapitre AUTOUR DU FRANÇAIS, § Quand
commence le français? p. 241).

Le paradoxe de l'anglais

Sur cette terre où le latin avait été durant trois siècles et demi la
langue du pouvoir, mais sans pour autant entamer l'attachement
séculaire des populations à la langue celtique de leurs aïeux, le sort a
voulu qu'une autre langue, d'origine germanique cette fois, se répande
avec succès, celle de leurs envahisseurs : les Jutes (venus du Danemark),
les Angles (originaires du Schleswig), les Saxons (d'Allemagne du Nord),
et les Frisons (des actuels Pays-Bas) (cf. *carte* LES SOURCES DE L'ANGLAIS).

D'abord installées sur les côtes du sud et de l'est, ces différentes tribus de langue germanique progressent à l'intérieur du pays, repoussant
les populations de langue celtique vers l'ouest (Cornwall, pays de
Galles) et vers le nord (Écosse), ou les chassant vers les côtes irlandaises
et françaises (cf. chapitre AUTOUR DES LANGUES CELTIQUES, § La
« petite » Bretagne, p. 93).

Trois siècles plus tard, la langue qui avait pris forme sur cette terre
étrangère était bien différente de celle des populations germaniques restées sur le continent.

L'anglais ressemble au frison

Un trait en particulier distinguait l'anglais des autres idiomes germaniques et le rapprochait du vieux-frison : une évolution particulière
de la prononciation du /k/ germanique (cf. chapitre AUTOUR DU NÉER-
LANDAIS, § Les Frisons et le frison, p. 342). Alors que cette consonne est
restée [k] en danois ou en allemand, elle a évolué en *tch* en anglais :
« menton » se dit *Kinn* en allemand, *kind* en danois, mais *chin* en
anglais. D'autres exemples, comme *cheese* « fromage », *chalk* « craie »,
cheap « bon marché », *church* « église », font apparaître cette même prononciation chuintante de la consonne, alors que la consonne d'origine
était [k], même quand le mot était emprunté à une langue étrangère
(*church* vient du grec, *cheese* et *cheap*, du latin[618]).

LES SOURCES DE L'ANGLAIS

Les populations germaniques dont la langue allait devenir l'anglais provenaient des côtes orientales de la mer du Nord : les **Jutes**, de ce qui est aujourd'hui le Danemark, les **Angles**, de la province actuelle du Schleswig, les **Saxons**, du nord de l'Allemagne et les **Frisons**, des Pays-Bas.

Ces envahisseurs germaniques allaient chasser une partie des tribus celtiques vers le nord et l'ouest du pays et vers les côtes de France, tandis qu'ils soumettaient, après une farouche résistance, les populations restées sur place [619].

Une langue diversifiée

Après quelques siècles de ce contact entre des populations germaniques déplacées et des populations celtiques vaincues, le vieil-anglais avait évolué de façon différente selon les régions, et il a fallu de longs siècles avant que n'émerge une norme rassemblant une diversité dialectale particulièrement développée.

LES DIALECTES DU VIEIL-ANGLAIS

Pendant tout le Moyen Age, le vieil-anglais est resté très diversifié. Les différents dialectes peuvent néanmoins se regrouper en quatre zones géographiques : au nord, le **northumbrien**, au centre, le **mercien**, au sud le **west-saxon** et au sud-est, le **kentois** [620].

ECOSSE

Mur
d'Antonin

Tweed

Lindisfarne

Mur
d'Hadrien

northumbrien

IRLANDE

Île de Man

Dublin

ANGLETERRE

PAYS

DE

GALLES

mercien

Mur d'Offa

Tamise

Londres

kentois

west-saxon

100 km

CORNWALL

Tamar

▲▲▲   Murs élevés contre les Pictes par Hadrien en 122 apr. J.-C.,
▲▲▲   Murs élevés contre les Pictes par Antonin en 140 apr. J.-C.,
▲▲▲   Murs élevés contre les Gallois par Offa, roi de Mercie (VIIIᵉ siècle).

En dehors des zones où s'étaient réfugiés les habitants de langue celtique à l'arrivée des envahisseurs (Irlande, Écosse, pays de Galles, Cornwall, île de Man) et où se maintenaient les langues celtiques, on peut regrouper les dialectes du vieil-anglais en quatre zones : le northumbrien au nord, le mercien au centre, et le west-saxon au sud de la Tamise, avec le kentois à l'extrémité orientale (cf. *carte* LES DIALECTES DU VIEIL-ANGLAIS).

Les premiers textes en vieil-anglais datent du VIIIe siècle, et le dialecte le mieux connu est le west-saxon. C'est dans cette langue qu'est écrit le poème *Beowulf*, qui raconte la saga d'un prince danois aux prises avec des monstres à forme humaine (cf. LE GERMANIQUE DU NORD, § De la fureur des hommes du Nord..., p. 297).

Alfred le Grand, le roi traducteur

Le IXe siècle marque une étape dans l'histoire de la langue anglaise, grâce à la personnalité exceptionnelle du roi west-saxon Alfred le Grand. Sans lui, cette histoire de la langue anglaise aurait été tout autre. Constatant le déclin du savoir depuis les temps heureux où Bède et Alcuin avaient fait de l'Angleterre un centre de rayonnement culturel pour toute l'Europe, le roi s'était mis en devoir de restaurer cette gloire passée. A 40 ans, il s'était mis à apprendre le latin afin de pouvoir traduire en vieil-anglais les textes essentiels pour l'édification du peuple, comme par exemple cette histoire de l'Église et du peuple anglais que Bède le Vénérable avait écrite en latin (*Historia ecclesiastica gentis Anglorum*). Alfred le Grand avait en outre non seulement créé et développé un grand centre de traduction dans son royaume, mais il avait mis sur pied un véritable plan d'alphabétisation et organisé la rédaction d'une chronique de la vie de son temps, unique en Europe [621].

En cherchant à promouvoir la langue vernaculaire face au latin, le roi Alfred avait aussi réussi à favoriser au IXe siècle la constitution d'une norme écrite, fondée sur le dialecte west-saxon de son royaume. Une norme qui aurait pu devenir l'anglais si de nouvelles invasions venues du nord n'en avaient interrompu la diffusion.

Des pillards qui finissent par s'installer

Commencées dès la fin du VIIIe siècle par des raids isolés et rapides contre de riches monastères – celui de Lindisfarne, situé sur une petite île au nord-est de l'Angleterre, est attaqué en 793 –, les incursions des pillards scandinaves venus du Danemark ou de Norvège avaient ensuite tellement progressé vers le sud qu'elles étaient devenues une menace dramatique pour le royaume du roi Alfred. Ce dernier réussit cependant en 878 à repousser les envahisseurs dans les limites de ce qu'on a appelé le *Danelaw* « territoire où règne la loi des Danois », limité par la Tamise au sud, l'ancienne route romaine Watling Street à l'ouest et le fleuve Tees au nord (cf. dans ce chapitre la *carte* DES CENTAINES DE TOPONYMES EN -*by*, p. 377).

Dans ce vaste espace se sont alors côtoyées et mêlées de façon tour à tour violente et harmonieuse, pendant près de deux siècles, des populations de langue anglo-saxonne et de langue scandinave.

Les éléments scandinaves en anglais

L'origine germanique commune de ces langues a certainement facilité l'intercompréhension des populations, qui ont pu adopter très naturellement et en toute inconscience des termes de la langue du voisin. Pour la plupart, ces termes sont ceux de la vie quotidienne, comme on peut le constater d'après la brève sélection suivante, où l'on trouve :

- des verbes : *get* « obtenir », *give* « donner », *hit* « frapper », *cut* « couper », *lift* « soulever », *take* « prendre », *cast* « lancer », *withdraw* « se retirer », *raise* « élever » ou *trust* « faire confiance »
- des substantifs : *leg* « jambe », *skull* « crâne », *root* « racine », *egg* « œuf », *steak* « tranche de viande », *knife* « couteau », *dirt* « saleté », *birth* « naissance », *anger* « colère » ou *window* « fenêtre » (de *vindauga* « œil du vent »)
- des adjectifs : *low* « bas », *weak* « faible », *meek* « doux », *ugly* « laid », *ill* « malade », *odd* « (nombre) impair », *rotten* « pourri », *tight* « serré », *flat* « plat », ou encore *awkward* « maladroit ».

Enfin, indice encore plus évident de l'imbrication des deux langues, les emprunts ne se sont pas cantonnés dans le domaine du lexique, ils se sont aussi introduits dans les formes grammaticales : la 3e personne du pluriel du verbe « être », *are*, est un emprunt au scandinave, de même que l'ont été les pronoms et adjectifs *they* « ils », *their* « leur », *same* « même », *both* « l'un et l'autre [622] ».

Le test de la prononciation

Il existe un bon moyen de repérer les emprunts anglais à la langue des Vikings : celui de tirer parti de l'histoire de la prononciation du /g/

et du /k/, qui ont continué à se prononcer à l'arrière de la gorge dans les langues germaniques du Nord, mais qui ont abouti en anglais à des consonnes prononcées en avant de la bouche. Ainsi se signalent comme des emprunts au scandinave les formes comme *get, give, gild* ou *egg* car, si la forme anglaise s'était maintenue, on aurait eu *yet, yive, yild* et *ey,* comme dans *yesterday* « hier », *yellow* « jaune », *year* « année » ou *yield* « céder ».

Le cas de la succession *sk* est encore plus net : sont des emprunts au scandinave, parce que *la prononciation* est [sk] alors qu'on attendrait *sh*, comme dans *fish : sky* « ciel », *skin* « peau », *scrub* « récurer », *scowl* « se renfrogner », *scrape* « érafler », *scare* « effrayer », *score* « entaille » et « vingtaine », *screech* « pousser des cris perçants » etc. (cf. *encadré* A L'ORIGINE, *SHIRT = SKIRT*).

A L'ORIGINE, *SHIRT = SKIRT*

Alors qu'en anglais d'aujourd'hui *shirt* est une « chemise » et *skirt* une « jupe », les deux mots n'en faisaient qu'un à l'origine, mais *shirt* est l'évolution spécifiquement anglaise du germanique *sk* (comme dans *fish, ship* ou *shoe*) tandis que la forme *skirt* a été empruntée au scandinave, où la succession primitive *sk* s'est maintenue (comme dans le danois *fisk* « poisson », *skib* « bateau » ou *sko* « chaussure »).

Des significations nouvelles

Parmi les premiers emprunts, on trouve le mot qui a donné *husband* « mari », mais qui à l'origine désignait « le maître de la maison ». On y reconnaît, dans la première syllabe, la forme germanique commune qui a abouti à l'anglais *house*, et le mot danois actuel *bonde* « paysan, propriétaire terrien », ce qui rappelle l'importance de la vie rurale sous la domination scandinave.

Lorsque les Anglo-Saxons avaient emprunté le mot *fellow* aux envahisseurs vikings, ce mot signifiait « partenaire, compagnon », et plus exactement « celui qui met de l'argent dans une association » : dans *fellow*, il y a l'anglais *fee* « argent versé » et *lay* « déposer ». La signification actuelle est plus tardive.

D'autres changements de sens se sont produits pour des mots d'origine germanique commune, qui existaient déjà en vieil-anglais. Par exemple, le mot qui est devenu *dream*, et qui signifiait « joie », a pris le sens de « rêve » qu'il avait pour les Vikings; *bread* est passé de « morceau » à « morceau de pain », puis à « pain », et la forme scandinave *die* « mourir » a remplacé l'ancien verbe *starve*, qui a pris le sens de « mourir de faim ». Enfin, le mot *wrong,* qui signifie aujourd'hui « faux, erroné », avait à l'origine le sens de « tordu ».

Survivance des deux formes

Souvent, le terme scandinave n'a pas complètement supplanté le terme anglo-saxon, et les deux formes se sont maintenues jusqu'à nos jours, mais avec parfois une nuance de sens. Ainsi : *wish*, anglo-saxon, s'est maintenu auprès de *want* d'origine scandinave, de même que *hide* « peau épaisse, cuir » en face de *skin* « peau ». D'autres exemples sont fournis par *craft* (anglo-saxon) et *skill* (scandinave), *to rear* et *to raise* « élever », *less* « dépourvu de » et *loose* « sans attache », *from* et *fro* (dans la locution *to and fro* « ça et là ») et *whole* « sain, entier » en face de *hale*, surtout dans l'expression *to be hale and hearty* « être frais et gaillard » [623] (cf. *encadré* UNE HISTOIRE D'ŒUFS SCANDINAVES).

UNE HISTOIRE D'ŒUFS SCANDINAVES

Un jour, bien longtemps après l'invasion des Vikings, un voyageur s'étant arrêté dans une boutique le long de la Tamise pour acheter des œufs, formule sa demande en anglais sous la forme *eggys* (pluriel de *egg*) alors courante dans sa région. Tout étonné de s'entendre répondre par la marchande qu'elle ne parle pas le français, il se met en colère, car lui non plus ne parle pas le français, et il a fallu que quelqu'un d'autre dise *eyren* (pluriel de *ey*), forme ancienne restée vivante dans le village, pour que la marchande comprenne.

Moralité : un mot emprunté met parfois des siècles à déloger l'ancienne forme sur toute l'étendue du territoire. C'est seulement au XVIᵉ siècle que la forme scandinave *egg, eggs* aura complètement supplanté l'ancienne forme anglo-saxonne *ey, eyren* [624].

Les lieux habités et leurs noms

L'influence scandinave aura donc été profonde sur la langue anglaise, et on ne sera pas étonné d'apprendre qu'il y a en Angleterre plus de 1 400 noms de lieux d'origine scandinave. Les plus nombreux (environ 600) se terminent en *-by* « habitat » (cf. *carte* DES CENTAINES DE TOPONYMES EN *-BY*).

La lecture d'une carte routière de l'Angleterre est très instructive à cet égard, et on peut même identifier à la simple forme de leurs noms les habitats primitifs saxons et vikings, à condition d'avoir toutefois certaines indications :

DES CENTAINES DE TOPONYMES EN *-BY*

Tous les points de la carte représentent des toponymes terminés en *-by*, d'un mot scandinave signifiant « habitat », attestant ainsi l'étendue de l'implantation des Vikings, qui est limitée au **Danelaw**, territoire où s'appliquait la loi danoise.

Derby était à l'origine « la ferme aux cerfs » (de *deer* « cervidé ») et **Rugby,** « la ferme aux freux » (de *rook* « freux » [625]).

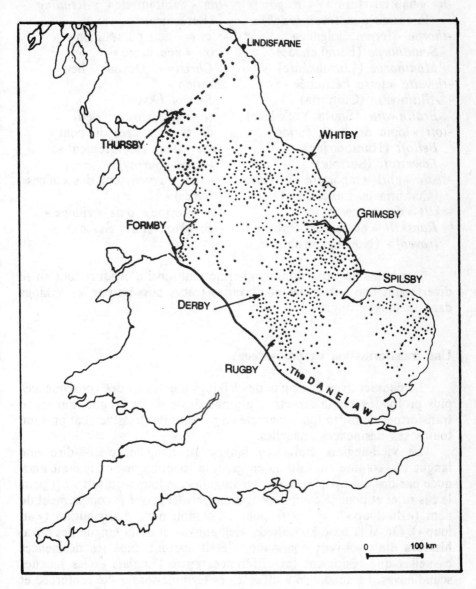

Sont d'origine scandinave	*Sont d'origine saxonne*
-*beck* « ruisseau » : *Troutbeck* (Cumbria) « ruisseau à truites » *Caldbeck* (Cumbria) « ruisseau froid »	-*don* « colline » : *Wimbledon* (Greater London)
-*by* « habitat, ferme » : *Rugby* « la ferme aux freux (*rook*) »	-*ham* « établissement, colonie » : *Durham* (Durham)
-*thorpe* « ferme éloignée » : *Scunthorpe* (Humberside) *Manthorpe* (Lincolnshire)	-*ing* « habitant de » : *Reading* (Berkshire)
-*thwaite* « terre défrichée » : *Allithwaite* (Cumbria) *Braithwaite* (South Yorkshire)	-*stowe* « lieu de réunion » ou « lieu sacré » : *Christow* (Devon) « lieu chrétien »
-*toft* « lopin de terre, ferme » : *Beltoft* (Humberside) *Lowestoft* (Suffolk)	*Bristol* (Avon) (*bridge* + *stowe* = lieu de réunion près du pont »
-*scale* « abri temporaire » : *Scales* (Cumbria et Lancashire)	-*sted* « lieu, emplacement » : *Oxted* (Surrey) « lieu où poussent des chênes (*oaks*) »
-*skill* « éminence, butte » : *Ranskill* « butte aux corbeaux (*raven*) » (Nottinghamshire [626]).	-*ton* « ferme » puis « village » *Brighton* (East Sussex).

Des noms de lieux familiers permettent ainsi d'évoquer tout en se divertissant une partie des nombreuses traces laissées par les Vikings dans la langue anglaise.

Une transformation en profondeur

Le contact avec la langue des Vikings a eu aussi des conséquences plus profondes sur la structure grammaticale de la langue, qui va se transformer de façon fondamentale en perdant progressivement presque toutes ses désinences casuelles.

Le vieil-anglais était une langue flexionnelle, c'est-à-dire une langue où, comme en latin ou en grec, la fonction des mots était marquée par des cas : par exemple, au singulier, le loup se disait *wulf* pour le cas sujet et pour le complément direct, *wulfes* pour le complément de nom (« du loup »), et *wulfe* pour le complément d'attribution (« au loup »). Or, si la base lexicale du vieil-anglais et de la langue des envahisseurs était souvent commune, c'était surtout dans les désinences casuelles que résidaient les différences entre l'anglais et les langues scandinaves. La tendance à effacer ces terminaisons a été renforcée et accélérée par la présence des envahisseurs scandinaves : il était naturel d'insister sur ce qui était commun et de se contenter de prononcer indistinctement la fin des mots. La simplification des formes grammaticales telle qu'on la constatera à la période suivante a certainement commencé à se produire au temps des Vikings [627].

Mais l'influence de ces derniers va bientôt être éclipsée par l'arrivée de nouveaux envahisseurs au milieu du xie siècle, et la langue va prendre un nouveau tournant, le plus important de son histoire : à partir de cette époque, l'anglais ne sera plus jamais une langue germanique comme les autres, car elle sera profondément imprégnée des caractères indélébiles de la langue romane des nouveaux conquérants.

Le grand bouleversement du xie siècle

Après avoir battu Harold, le roi des Saxons, à Hastings en 1066, Guillaume le Normand, devenu roi d'Angleterre, y installera sa cour, nommera de nouveaux prélats dans les cathédrales et les monastères et distribuera des terres aux gentilshommes venus de France. Du jour au lendemain, l'anglais disparaîtra de la cour d'Angleterre au profit de la langue venue de France, et un long silence s'abattra sur l'anglais écrit. Le latin restera la langue des érudits, comme on peut le constater sur la tapisserie de Bayeux, où les commentaires sont en latin, une langue familière aux nobles normands comme aux nobles saxons [628] (cf. *encadré* LA TAPISSERIE DE BAYEUX.)

La situation de l'Angleterre était alors bien particulière, avec trois langues sur le territoire, qui étaient distribuées non pas essentiellement sur le plan géographique – comme l'étaient encore les dialectes issus du vieil-anglais – mais surtout en couches hiérarchisées : le latin avait le monopole du savoir et de l'écrit, le français était la langue de l'élégance et de la classe dirigeante, l'anglais, sous des formes diverses, celle des petites gens. Les témoignages de cette séparation verticale entre le français et l'anglais sont innombrables. Vers la fin du xiiie siècle, l'historien Robert de Gloucester se plaint même de constater que seuls ceux qui parlent français sont considérés.

Le clivage était si net que le fait de parler l'une ou l'autre langue constituait un indice infaillible de classe sociale. Sous le règne de Richard Cœur de Lion, à la fin du xiie siècle, l'évêque William of Ely, tombé en disgrâce, l'apprend à ses dépens. Cherchant à quitter l'Angleterre, déguisé en femme et avec, comme les marchands, une pièce de tissu sous le bras, il était arrivé sans encombre à Douvres, mais il s'y était fait prendre parce qu'il n'avait pas pu répondre en anglais à un acheteur qui lui demandait le prix de son tissu [629].

Le trilinguisme du pays ne correspondait donc pas à un trilinguisme chez l'individu. Alors que le latin était seulement la langue de l'écrit, chacun, semble-t-il, ne parlait que sa propre langue : l'anglais pour la plus grande partie de la population et le français pour les classes dirigeantes et les grands commerçants.

LA TAPISSERIE DE BAYEUX

C'est en latin que la tapisserie de Bayeux raconte la victoire des Normands à Hastings, comme on peut le voir sur ce fragment. On peut lire HIC EXEUNT CABALLI DE NAVIBUS « Là, les chevaux sortent des navires ». On remarquera la forme CABALLI « chevaux », en latin vulgaire, au lieu de la forme EQUI du latin classique.

En anglais, un reflet de l'histoire de la langue française

Il est cependant abusif de parler de l'influence du français aux premiers temps de la Conquête, car la langue des compagnons de Guillaume n'était pas encore le français, mais le normand. Au milieu du XIᵉ siècle en effet, le français n'était encore que le modeste patois d'une petite région autour de Paris et n'avait pas acquis le prestige qu'il aura par la suite. Voilà pourquoi les premiers emprunts en anglais portent la marque de leur origine normande, tandis que les emprunts ultérieurs refléteront la nouvelle situation française, lorsque la langue de l'Ile-de-France se sera progressivement imposée au reste du pays. En observant les emprunts faits par l'anglais, on apprend aussi un peu l'histoire de l'expansion de la langue française.

L'anglo-normand

Le français qui se parlait alors en Angleterre était un français bien particulier, que l'on désigne sous le terme d'anglo-normand [630] et qui a donné naissance à une littérature florissante, surtout sous le règne d'Henry II, époux d'Aliénor d'Aquitaine, et sous celui d'Henry III. Ce sont certaines des particularités de cet anglo-normand que l'on retrouve dans les premiers emprunts de l'anglais au français. La situation linguistique de l'Angleterre entre le milieu du XIᵉ siècle et le XIVᵉ siècle est rendue d'autant plus complexe que la langue des conquérants était elle-même en pleine mutation : le normand et le picard des premiers temps allaient bientôt faire place à la langue française. Les formes empruntées en anglais reflètent aussi ce changement de norme dans la situation linguistique française.

Il y a par exemple une série de mots comportant tous un *w*, comme en normand, là où le français avait alors, et a encore, un *g*.

Tel est le cas de :

wafer	« gaufrette »
wage	« gages »
(to) wait for	« attendre » (cf. le fr. *guetter*)
war	« guerre »
warden	« directeur d'une institution » (cf. le fr. *gardien*)
wardrobe	« garde-robe, armoire »
warrant	« garantie »
warren	« garenne »
waste	« gaspiller » (même origine que le fr. *gâter*, mais avec un sens différent)
wince	« tressaillir de douleur » (cf. le vx fr. *guenchir* « se détourner, éviter »).

Les emprunts plus tardifs ne porteront plus la marque du normand, mais celle du français : à côté de *warrant* « garantie », on a aujourd'hui *guarantee*, sans doute emprunté beaucoup plus tard au français, et en face de *warden* il y a *guardian* « tuteur » où, malgré la graphie avec *u*, la prononciation est restée [gɑː] en anglais.

Un autre critère permet de reconnaître, pour les mots qui avaient en latin la succession -CA-, les emprunts au normand : la présence, dans les mots anglais, de la consonne [k], et non pas du *ch* français. Ainsi les verbes *to catch* « attraper » et *to chase* « chasser » viennent tous deux du latin CAPTIARE, mais le premier par l'intermédiaire du normand, le deuxième par le français. Le mot *cattle* « bétail », qui est passé en anglais par le normand, a aussi donné le mot français *cheptel*, lui-même emprunté par l'anglais juridique sous la forme *chattels* « biens mobiliers ». De même, *case* « boîte » est venu d'une forme normande en [k], alors que la forme française a abouti à *châsse*. Enfin, *to cancel* « annuler » a gardé son /k/ d'origine, tandis que le mot *chancellor* « chancelier », d'abord attesté sous la forme *canc(h)eler*, a ensuite perdu son /k/ initial au profit de *ch* [631].

Voici d'autres exemples de mots d'origine latine empruntés au normand-picard ou au français :

Emprunts au normand-picard	**Emprunts au français**
market « marché »	*merchant* « marchand »
castle « château »	*(to) change* « changer »
(to) carry « porter »	*chapel* « chapelle »
case « boîte »	*chain* « chaîne »
(to) escape « s'échapper »	*chair* « chaise »
cauldron « chaudron ».	*chamber* « chambre, salle ».

Le double filon de l'anglais

Grâce à cette double filiation, latine d'un côté – à travers le normand et le français – et germanique de l'autre, l'anglais peut aujourd'hui s'offrir le luxe d'avoir le plus souvent deux mots là où les autres langues n'en ont qu'un.

La déjà longue liste ci-dessous ne donne qu'un petit échantillon des étonnantes possibilités lexicales actuelles de l'anglais.

LA DOUBLE FILIATION DE L'ANGLAIS

Verbes

to begin	et	*to commence*
to bother		*to annoy*
to clothe		*to dress*
to die		*to perish*
to end		*to finish*
to feed		*to nourish*
to fight		*to combat*
to give up		*to abandon*
to help		*to assist*
to hide		*to conceal*
to hinder		*to prevent*
to keep back		*to retard*
to look for		*to search for*
to overcome		*to vanquish*
to put up with		*to tolerate*
to rise		*to mount*
to shun		*to avoid*
to spit		*to expectorate*
to take		*to apprehend*
to win		*to gain*

Adverbes

indeed	et	*in fact*

Noms

bill	et	*beak*
blossom		*flower*
bough		*branch*
folk		*people*
inner		*interior*
looking-glass		*mirror*
might		*power*
outer		*exterior*
share		*part*
spell		*enchantment*
weariness		*lassitude*
wish		*desire*
wits		*reason*
work		*labour*

Adjectifs

blunt	et	*brusque*
cheeky		*curt*
clever		*intelligent*
darling		*favourite*
deep		*profound*
hazy		*vague*
hearty		*cordial*
holy		*saint*
lonely		*solitary*
loving		*amorous*
raw		*crude*

On aura certainement remarqué que les mots des colonnes de gauche, d'origine germanique, sont toujours plus familiers et plus courants que les autres, plus littéraires, plus recherchés, et qui sont d'origine française ou latine.

L'inverse est moins fréquent. On en trouve un exemple dans *dale*, plus rare et plus poétique que *valley*, pourtant d'origine latine. Les cas de *deed*, anglo-saxon, en face de *action*, plus commun, et de *exploit*, plus recherché, mais tous deux d'origine latine, montrent que le classement des mots selon ce critère souffre quelques exceptions.

COMMENT UN ANIMAL SAXON DEVIENT NORMAND

Dans *Ivanhoe*, le roman de Walter Scott, une leçon inattendue de vocabulaire anglais :

– *I advise thee, said Wamba, [...] to leave the herd to their destiny, which, whether they meet with bands of travelling soldiers, or of outlaws, or of wandering pilgrims, can be little else than to be converted into Normans before morning, to thy no small ease and comfort.*

– *The swine turned Normans to my comfort! quoth Gurth; expound that to me, Wanba, for my brain is too dull, and my mind too vexed, to read riddles.*

– *Why, how call you those grunting brutes running about their four legs? demanded Wamba.*

– *Swine, fool, swine, said the herd, every fool knows that.*

– *And swine is good Saxon, said the Jester; but how call you the sow when she is flayed, and drawn, and quartered, and hung up by the heels like a traitor?*

– *Pork, answered the swineherd.*

– *I am very glad every fool knows that too, said Wanba, and pork, I think, is good Norman-French; and so when the brute lives, and is in the charge of a Saxon slave, she goes by her Saxon name; but becomes a Norman, and is called pork, when she is carried to the Castle-hall to feast among the nobles; what dost thou think of this, friend Gurth, ha? [...] There is old Alderman Ox continues to hold his Saxon epithet, while he is under the charge of serfs and bondsmen such as thou, but becomes Beef, a very French gallant, when he arrives before the worshipful jaws that are destined to consume him. Mynheer Calf, too, becomes Monsieur de Veau in the like manner; he is Saxon when he requires tendance, and takes a Norman name when he becomes matter of enjoyment* [632].

TRADUCTION

– Je te conseille, dit Wamba, [...] de laisser le troupeau à son destin car, si ces bêtes rencontrent des bandes de soldats en marche ou de hors-la-loi, ou des pèlerins en voyage, elles ne pourront qu'être transformées en Normands avant demain matin, pour ton plus grand bien.

– Les porcs qui deviennent Normands pour mon plus grand bien! dit Guth, explique-moi ça, Wamba, car mon cerveau est trop lent et mon esprit trop contrarié pour deviner les énigmes.

– Eh bien, comment appelles-tu ces bêtes qui grognent en courant sur leurs quatre pattes? demanda Wamba.

– Des porcs *[swine]*, imbécile, des porcs *[swine]*, dit le porcher, tous les imbéciles savent ça.

– Et le mot *swine* est du bon saxon, dit le bouffon. Mais comment appelles-tu la truie quand elle est abattue, vidée, débitée en quartiers et suspendue par les talons comme un traître?

– Du porc *[pork]*, répondit le porcher.

– Je suis très content que tous les imbéciles sachent ça aussi, dit Wamba. Et le mot *pork* est, je pense, du bon franco-normand, et donc, quand la bête est vivante, et confiée aux bons soins d'un esclave saxon, elle a un nom saxon, mais elle devient normande, et on l'appelle *pork* quand elle est conduite au château pour festoyer parmi les nobles. Que dis-tu de ça, ami Gurth, hein? [...]

– [...] Il y a le vieux monsieur Lebœuf *[Ox]* qui continue à porter son nom saxon *Ox* tant qu'il est sous la garde des serfs et des esclaves comme toi, mais qui devient *Beef* [« la viande de bœuf »], un gentilhomme très français, quand il arrive devant les vénérables mâchoires qui sont destinées à le consommer. De la même manière, le signor *Calf* devient aussi monsieur Leveau *[Veal]*. Il est saxon quand le vacher le soigne et il prend un nom normand quand il devient un objet de plaisir.

Des distinctions bien anglaises

L'existence de deux sources de vocabulaire permet néanmoins toujours des effets stylistiques et le plus souvent des distinctions fort utiles.

L'exemple qui a le plus frappé les imaginations est celui de la distinction que fait la langue anglaise entre un animal vivant – *swine* (ou *pig*), *cow, calf, sheep,* mots d'origine germanique – et le même animal lorsqu'il arrive sur la table – *pork, beef, veal, mutton* –, tous empruntés au français. Déjà montée en épingle au milieu du XVIIᵉ siècle [633], cette particularité de l'anglais a surtout été rendue célèbre en 1819 par Walter Scott dans son roman *Ivanhoe* (cf. *encadré* COMMENT UN ANIMAL SAXON DEVIENT NORMAND).

Seuls les exemples ci-dessus sont généralement cités. Les produits de la chasse sont moins connus, mais il faut savoir que *deer*, nom saxon des cervidés, ne s'emploie que pour les animaux vivants, et que seul *venison* « venaison » figure sur les menus des restaurants.

Une distinction verbale « suggérée » par le français

La longue période de bilinguisme a probablement aussi été responsable de distinctions grammaticales nouvelles. Il est par exemple remarquable que seul l'anglais, parmi toutes les langues germaniques, a développé tout un arsenal de moyens pour exprimer la notion d'imparfait différente de celle du prétérit. En face de *he worked* « il travailla », il y a, pour exprimer la continuité de l'action, la forme avec l'auxiliaire *(to) be + -ing : he was working* « il travaillait, il était en train de travailler ». Pour exprimer l'habitude, l'anglais utilise deux autres formes : *would +* infinitif *(he would work* « il travaillait »), ou *used to +* infinitif (*he used to work* « il travaillait, il avait l'habitude de travailler »). Cette nécessité d'exprimer un imparfait distinct d'un passé indifférencié a sans doute été suggérée par le contact avec le français[634].

Les effets d'un bilinguisme prolongé

Jusqu'au début du XIIIe siècle, les relations entre l'Angleterre et la France sont restées particulièrement étroites car les rois d'Angleterre étaient en même temps ducs de Normandie. Non seulement toute l'aristocratie et le haut clergé, mais de nombreux marchands et artisans venus de France s'étaient installés en Angleterre.

Récréation

LE JEU DES MÉTIERS

De nouveaux métiers se sont développés avec l'installation des Normands, et leurs noms portent témoignage de leur origine française. Pouvez-vous reconnaître les six noms d'origine normande ou française parmi les métiers plus traditionnels qui, eux, ont gardé leur forme anglo-saxonne?

baker	« boulanger »	*butcher*	« boucher »
carpenter	« charpentier »	*fisherman*	« pêcheur »
joiner	« menuisier »	*mason*	« maçon »
miller	« meunier »	*painter*	« peintre »
saddler	« sellier »	*shepherd*	« berger »
shoemaker	« cordonnier »	*smith*	« forgeron »
tailor	« tailleur »	*weaver*	« tisserand »
wheelwright	« charron »		

Solution : Sont d'origine normande ou française : *butcher, carpenter, joiner, mason, painter* et *tailor.* Ajoutons qu'en français, le *boucher* désignait à l'origine le marchand de viande de bouc et que dans *joiner,* il faut voir l'artisan qui joint et assemble des pièces de bois. On aurait pu ajouter à la liste des emprunts au français le patronyme *Bollinger,* qui n'est autre que *Boulanger.*

Le roi d'Angleterre Henry II, qui était déjà comte d'Anjou et du Maine, agrandit encore, et de façon considérable, son domaine en France en épousant Aliénor d'Aquitaine en 1152 : ses terres s'étendent alors sur tout l'ouest de la France, de la Manche aux Pyrénées. De plus, presque tous les nobles anglais avaient des domaines de part et d'autre de la Manche, ce qui favorisait les échanges avec l'Angleterre.

Les communications entre les deux communautés ont dû poser quelques problèmes. Il en reste des traces dans la littérature, avec des conversations moitié en français, moitié en anglais, comme celles dont Shakespeare a perpétué le souvenir dans sa pièce *Henry V* (cf. *encadré* EN « BILINGUE » DANS LE TEXTE).

EN « BILINGUE » DANS LE TEXTE
Extrait de *Henry V* de Shakespeare, acte V, scène 2

La scène se passe à Troyes, en 1420, entre le roi d'Angleterre Henry V Plantagenêt, vainqueur des Français à Azincourt et qui deviendra roi de France et d'Angleterre, et Catherine, princesse française et fille du roi de France Charles VI, qu'il souhaite épouser. La dame de compagnie de Catherine, Alice, sert d'interprète.

Entre les deux fiancés, le marivaudage prend des allures de cours de langue (si l'on peut dire).

HENRY   Then, I will kiss your lips, Kate.
KATHARINE   *Les dames et les demoiselles pour être baisées devant leurs noces, il n'est pas la coutume de France.*
HENRY   Madam my interpreter, what says she?
ALICE   Dat it is not to be de fashon *pour les* ladies of France, – I cannot tell vat is *baiser* en Anglish.
HENRY   To kiss.
ALICE   Your majestee *entendre* bettre *que moi.*
HENRY   It is not fashion for the maids in France to kiss before they are married, would she say?
ALICE   *Oui, vraiment* [635].

Le français cède sa place

Au cours du XIIIe siècle, la langue française, qui avait largement dépassé les limites de l'Ile-de-France, commençait à devenir pour toute la France, et bientôt pour l'Europe, la langue du raffinement et de la culture. En Angleterre elle gardait une position prépondérante, mais en même temps on voyait lentement se dessiner un intérêt croissant pour l'anglais, qui finalement triomphera à partir du XIVe siècle. Dès lors, même dans la noblesse, le français ne sera plus une langue parlée dès l'enfance mais une langue que l'on doit apprendre, comme on apprend une langue étrangère. Ce nouvel état de fait est confirmé par la prolifération de nombreux manuels d'enseignement du français et la publication de traductions en anglais d'œuvres françaises, traductions qui se multiplient jusqu'au milieu du XIVᵉ siècle. C'est alors que l'on peut mesurer dans les textes littéraires le chemin parcouru par la langue anglaise depuis le vieil-anglais.

Avec Chaucer, le déclin du vieil-anglais

La langue de Chaucer, la plus représentative de cette époque, est, par rapport au vieil-anglais, une langue absolument transformée, non seulement sur le plan lexical mais aussi dans sa structure grammaticale.

Ce qui différencie le plus cette langue du XIVᵉ siècle de celle des écrits en vieil-anglais, c'est certainement la disparition des désinences grammaticales, résultat d'une évolution qui avait déjà commencé à l'époque des Vikings et qui avait été favorisée par les contacts avec les Normands. Ce changement est maintenant accompli : la plupart des désinences casuelles ont disparu, à l'exception du génitif, qui a survécu jusqu'à nos jours sous la forme du cas possessif en *'s*. L'expression des fonctions grammaticales, qui se réalisait en vieil-anglais au moyen des cas, est maintenant assurée par des prépositions (*by* « par », *with* « avec », *of* « de », *from* « à partir de ») ou uniquement par l'ordre des mots. Voilà pourquoi, alors qu'un texte en vieil-anglais reste absolument opaque à tout anglophone non spécialiste, l'anglais de Chaucer (1340-1400) apparaît déjà comme de l'anglais « moderne », même si la compréhension n'est pas toujours immédiate et que demeurent quelques zones d'ombre surtout en ce qui concerne le sens des mots.

Dans les *Contes de Cantorbéry,* on lit sans peine la description des pèlerins, et en particulier celle du chevalier :

He was a verray parfit gentil knyght.

Mais si on reconnaît, à peine altérées, les formes anglaises *he was a knyght* (aujourd'hui *knight*) et les formes françaises *parfit* « parfait » et *gentil* « de noble naissance », on risque toutefois de faire une erreur sur la signification de *verray*, où le mot français *vrai* est moins évident. Cette forme, plus tard graphiée *very*, était alors un adjectif et avait encore à cette époque le sens de « véritable », comme en français. Ce n'est que plus tard que *very* est devenu l'adverbe signifiant « très ».

Cette langue du XIVᵉ siècle, déjà très évoluée par rapport au vieil-anglais, n'était cependant pas encore de l'anglais moderne.

SOUS L'ANGLAIS, DU FRANÇAIS BIEN CACHÉ

On a beau savoir que l'anglais a beaucoup emprunté au français, on est tout de même très surpris d'apprendre que *jeopardy* « danger », *custard* « crème (à base d'œufs et de lait) », *pedigree* « pedigree », *kickshaw* « friandise, bon petit plat », *puppy* « petit chien » et même *fuel* « fuel, combustible » sont des mots français, d'autant plus que le sens aussi n'est plus le même.

Pourtant, sous *jeopardy,* il y a le français *jeu parti* (« jeu divisé, à chances égales »);

custard	*croustade* (à l'origine *custard* désignait une sorte de pâté cuit au four);
pedigree	*pied de grue* (en raison de la forme des signes de filiation dans un arbre généalogique);
kickshaw	*quelque chose* (kekchose) (de bon);
puppy	*poupée;*
fuel	*fouaille* (ce qui alimente le foyer).

L'anglais prend son essor

On ne peut pas donner de date précise pour la naissance de l'anglais comme langue commune de l'Angleterre, mais on peut dire qu'à la fin du XIVe siècle le français n'était plus, même pour la noblesse, qu'une langue étrangère apprise à l'école, une langue réservée au domaine de la culture et de l'élégance, tandis que toutes les couches de la population parlaient anglais dans toutes les circonstances de leur vie.

Plusieurs raisons ont été invoquées pour expliquer ce revirement, et en particulier la grande peste du milieu du XIVe siècle, connue en Angleterre sous le nom de *Black Death*, et qui avait été terriblement meurtrière, ainsi que la guerre de Cent Ans (1337-1453), qui avait accéléré et rendu irréversible le déclin de l'usage quotidien et familier du français en Angleterre. Enfin, dès 1349, les professeurs enseignent en anglais à Oxford, et la session du Parlement s'ouvre pour la première fois en anglais en 1362 [636]. A la fin du XIVe siècle, l'anglais avait donc acquis une position dominante.

Mais de quel anglais s'agissait-il?

Émergence d'une norme nouvelle

La question se pose en effet, car la langue parlée en Angleterre revêtait encore des formes bien diverses selon les régions, et c'est seulement dans les textes écrits de la fin du XIVe siècle que l'on peut constater la naissance d'une langue commune. Fondée sur le dialecte de l'est des Midlands, au sud-est du pays, une nouvelle norme s'était lentement élaborée, qui allait bientôt remplacer celle qui s'était établie du temps d'Alfred le Grand, mais pour le west-saxon (cf. dans ce même chapitre, § Alfred le Grand, le roi traducteur, p. 373).

Ce déplacement du centre de diffusion s'explique en partie par le prestige qu'avaient acquis les célèbres universités d'Oxford et de Cambridge en attirant, depuis le milieu du XIIe siècle pour l'une, et depuis le XIIIe siècle pour l'autre, des étudiants et des savants de toute l'Europe. Mais le grand pôle d'attraction était surtout Londres, centre politique et commercial de l'Angleterre où affluaient des commerçants, des gens de loi et des intellectuels venus de toutes les provinces.

Mêlant des usages d'origines diverses, ce dialecte anglais du sud-est prendra de plus en plus d'importance au cours du XVe siècle, si bien que c'est dans cette variété de langue – et on peut dès lors l'appeler simplement l'anglais – que seront imprimés les premiers textes dès 1476, ce qui leur donnera une large diffusion. A partir de cette date, Londres deviendra le modèle incontesté du beau parler et, au XVIe siècle, un livre sur l'art poétique conseillera, avec une précision qui peut faire sourire, d'imiter la langue de toute la région autour de Londres « dans un rayon de soixante miles, mais pas au-delà [637] ».

Culture et religion au service de l'anglais

Comme dans les autres pays d'Europe, la Renaissance en Angleterre est caractérisée par une grande soif de savoir et par un retour vers les chefs-d'œuvre de l'Antiquité grecque et latine. Mais ces œuvres n'étaient pour la plupart accessibles qu'en latin. Or le latin avait aussi l'avantage d'être depuis des siècles la seule langue de communication des savants dans toute l'Europe. Avant de régner véritablement, l'anglais devra donc livrer la bataille du latin.

Par un curieux effet en retour, c'est cette nécessité de mettre les œuvres classiques à la portée de tous ceux que la fièvre de la connaissance avait atteints qui jouera en faveur de l'anglais. En traduisant en anglais des textes grecs ou latins, on prouvait que l'anglais était capable de tout exprimer, mais à condition d'enrichir son vocabulaire. Ce sera la préoccupation des générations suivantes.

Un autre élément, religieux cette fois, a certainement dû jouer en faveur de l'essor et de la diffusion de l'anglais : avec la Réforme, non seulement le monopole de l'enseignement a été retiré au clergé – qui parlait latin –, mais la traduction du Nouveau Testament en anglais en 1525 rehaussera encore le prestige attaché à cette langue [638]. De ce fait, le latin perdait son monopole à la fois dans le domaine religieux et dans celui de l'enseignement.

Le choix d'une graphie

Il ne suffisait pas de s'entendre sur une norme commune. Encore fallait-il se décider sur une façon de l'écrire, car l'anarchie régnait jusqu'alors, et la forme des mots pouvait varier d'un écrivain à un autre. En 1476, on trouve chez Caxton, le premier imprimeur anglais, le même mot orthographié de deux façons différentes à quelques lignes d'intervalle : *eggys* et *egges* « œufs », mot dont la graphie est aujourd'hui *eggs*.

A la fin du xve siècle, les imprimeurs ont souvent tranché dans les cas de ce genre. Plus généralement, ils ont été jusqu'à fixer par écrit les mots qu'ils entendaient dans les rues de Londres, avant même que les écrivains n'arrivent à un consensus sur la forme écrite à recommander. Ils ont ainsi été les responsables d'une bonne partie des incohérences actuelles de l'orthographe anglaise.

GHOTI, UN POISSON DÉGUISÉ

C'est pour ridiculiser les inconséquences de l'orthographe anglaise que, plusieurs siècles plus tard, George Bernard Shaw, fervent adepte d'une réforme de l'orthographe, a imaginé que *ghoti* pourrait être – pourquoi pas – une autre façon d'écrire le mot *fish* « poisson »

avec   *gh* pour *f*,   comme dans *enough,*
       o   pour *i*,   comme dans *women,*
       ti pour *sh*, comme dans *nation.*

Certaines simplifications ont alors été opérées, comme par exemple la suppression des lettres inutiles, mais en même temps des complications ont été introduites. C'est au désir de rappeler la racine latine que l'on doit la présence d'un *b* dans la graphie de *debt* (du latin DEBITUM), ou de *to doubt* (de DUBITARE), mots qui s'étaient toujours prononcés comme en français, sans *b*. La même remarque peut être faite pour le *s* de *island* « île » (du latin INSULA) et pour le *p* de *receipt* « recette ». Dans le cas de *fault*, la graphie avec un *l* a finalement influencé la prononciation [639].

Les mots « nés dans l'encrier »

L'orthographe de l'anglais se rapproche donc du latin, qui reste encore le modèle de tout ce qui s'écrit. Il faudra attendre le début du xviiie siècle pour que l'anglais s'impose comme langue écrite et que les savants ne se sentent plus tenus de rédiger leurs travaux en latin. Newton, qui en 1687 avait écrit ses *Principia* en latin, publie en 1704 son ouvrage *Opticks (sic)* en anglais [640].

Entre-temps l'anglais s'était enrichi de centaines de termes grecs ou latins comme *encyclopaedia, thermometer, skeleton, pneumonia, atmosphere, gravity, chronology*, ou encore *catastrophe, paradox* et *lexicon*. Souvent les formes latines avaient même été empruntées telles quelles : *epitome, exterior, climax, appendix, delirium, axis, circus, vacuum*, etc. [641].

Mais ces mots compliqués avaient aussi leurs détracteurs, qui les qualifiaient du terme méprisant de *inkhorn words* « mots nés dans l'encrier » (de *inkhorn* « corne à encre »).

Shakespeare, ou le goût des mots

Shakespeare avait été beaucoup plus tolérant en qualifiant ces inventions de *taffeta phrases* et de *silken terms*. C'est que lui-même, comme beaucoup d'écrivains élisabéthains, mais avec un génie hors du commun, se sentait absolument libre vis-à-vis de la langue. Il en jouait constamment, faisant passer, sans mesure et sans état d'âme, tantôt un adjectif dans la classe des noms, tantôt un nom ou un adverbe dans celle des verbes. Certaines de ses trouvailles sont devenues célèbres, et leur mot-à-mot est beaucoup plus piquant que leurs équivalences en français :

	but me no buts	« il n'y a pas de *mais* »
	uncle me no uncle	« vous n'avez pas le droit de me sermonner »
	to out-Herod Herod	« dépasser les bornes de la cruauté »
ou	*to tongue somebody*	« sermonner quelqu'un ».

En fait, ses constructions hardies, ses images inattendues, son exubérance même étaient si conformes au génie de la langue qu'elles ont été répétées et acceptées par tous et qu'elles sont finalement passées dans l'usage quotidien. Si bien qu'aujourd'hui, en parlant anglais, on fait souvent des citations shakespeariennes sans le savoir.

Certaines images restent peut-être seulement littéraires, comme : *the witching hour* « minuit, l'heure où sortent les sorcières », qui se trouve dans *Hamlet* (III, 2), et *the green-eyed monster* « le monstre aux yeux verts » (la jalousie) dans *Othello* (III, 3). Quant aux *salad days* qui évoquent la verdeur de la jeunesse, « les vertes années », c'est dans *Antoine et Cléopâtre* (I, 5) qu'il faut en chercher l'origine. L'expression *it's caviar(e) to the general*, qui se trouve dans *Hamlet* (II, 2), n'a rien de militaire. Elle fait seulement allusion à la foule en général, au *vulgum pecus*, et l'équivalent français serait : « c'est (jeter) des perles aux pourceaux ». Enfin, quand on croit citer Aldous Huxley avec *Brave New World (Le Meilleur des mondes)*, c'est encore Shakespeare qu'on fait revivre (*The Tempest* V, 1) (cf. *encadré* SHAKESPEARE TEL QU'ON LE PARLE).

SHAKESPEARE TEL QU'ON LE PARLE

Sait-on qu'on cite Shakespeare sans le vouloir quand on dit :

it's all Greek to me	« c'est de l'hébreu pour moi » (*Jules César*, I, 2)
it's high time	« il est grand temps »
it was a foregone conclusion	« l'issue était prévue » (*Othello*, III, 3)
a laughing stock	« un objet de risée »
good riddance	« bon débarras »
tongue-tied	« bouche cousue »,
he wears his heart on his sleeve	« il porte son cœur en écharpe » (*Othello*, I, 1)
the long and the short of it	« en un mot comme en cent »
to play fast and loose	« jouer double jeu »
to knit one's brows	« froncer les sourcils »
all's well that ends well	« tout est bien qui finit bien [642] »

La variété de la langue de Shakespeare peut aussi s'évaluer quantitativement : on a calculé que le vocabulaire de ses œuvres s'élevait à plus de 30 000 mots, ce qui est près de quatre fois plus que la version autorisée de la Bible, parue en 1611, qui n'en compte que 8 000 [643].

Le tutoiement avait déjà disparu

C'est à partir du XVIᵉ siècle qu'un changement s'était produit dans l'emploi des pronoms personnels. Jusque-là on faisait une distinction entre *thou* « tu » (sujet), *thee* « toi » (complément) quand on s'adressait à une seule personne, et *ye* « vous » (sujet), *you* « vous » (complément) quand il y en avait plusieurs. Mais déjà au XIIIᵉ siècle, sur le modèle des habitudes venues de France, on tutoyait les enfants et les personnes de rang inférieur, tandis que le vouvoiement était réservé aux supérieurs. Petit à petit, *you*, forme unique, n'avait plus été la forme réservée au pluriel. On l'utilisait aussi pour s'adresser à une seule personne envers qui on voulait se montrer respectueux. Plus tard, *you* est devenu la seule forme utilisée, sans considération de rang social. Aujourd'hui, les formes *thee* et *thou* ont été délaissées et restent des archaïsmes, qui se perpétuent dans les prières à Dieu, mais qui survivent aussi dans quelques usages du nord de l'Angleterre et de l'Écosse, ainsi que dans ceux des Quakers, dont les ancêtres étaient arrivés en Pennsylvanie à la fin du XVIIᵉ siècle [644].

L'anglais hors d'Angleterre : le pays de Galles

Cette époque où la langue anglaise s'est affirmée et enrichie est aussi celle où elle s'est largement étendue hors des limites de l'Angleterre.

Bien qu'il ait été introduit au pays de Galles dès le Moyen Age, c'est seulement au XVIe siècle que l'anglais y est devenu langue officielle. Le bilinguisme n'a pas fait reculer le gallois jusqu'au XIXe siècle, mais à cette époque l'industrialisation de la région du sud y a fait progresser l'usage de l'anglais (cf. chapitre AUTOUR DES LANGUES CELTIQUES, § Le gallois, p. 90).

Bien que, jusqu'à une date récente, l'anglais ait été au pays de Galles une langue apprise à l'école, l'anglais qu'on y parle diffère généralement peu de l'anglais standard, surtout dans le sud [645].

En prêtant un peu l'oreille, on peut toutefois reconnaître les Gallois à certains traits particuliers : ils prononcent souvent une consonne longue entre deux voyelles (*monney* au lieu de *money*). Une autre caractéristique, mais moins répandue, porte sur la distinction entre la voyelle de *made* (participe passé de *to make* « faire »), qui est, au pays de Galles, une voyelle longue, et celle de *maid* « servante », qui est une diphtongue, alors qu'en anglais standard les deux mots sont prononcés de façon identique, avec une diphtongue. La même remarque peut être faite pour *nose* « nez » (voyelle longue) et *he knows* « il sait » (diphtongue [646]).

L'Écosse partagée entre trois langues

Jusqu'à la mort d'Élisabeth Ire, l'anglais « standard » n'avait pas atteint l'Écosse, qui était restée partagée entre le gaélique, langue celtique (cf. chapitre AUTOUR DES LANGUES CELTIQUES, § Le gaélique d'Écosse, p. 84) et le *scots*, une langue de la branche germanique, résultat de l'évolution de la langue des envahisseurs anglo-saxons. En 1603, Jacques VI d'Écosse, fils de Marie Stuart, avait réuni les deux couronnes et, une fois devenu Jacques Ier d'Angleterre, il avait transféré sa cour à Londres, dont la langue s'était déjà répandue dans toute l'Angleterre. Tous les autres idiomes avaient ainsi été relégués au rang de langues locales peu prisées.

C'est aussi le sort qui attendait le *scots*, resté jusque-là la seule langue parlée dans le sud et l'est de l'Écosse, et qui remontait à l'invasion des Anglo-Saxons (prise d'Edimbourg au VIIe siècle apr. J.-C. [647]).

LE *SCOTS*, UNE LANGUE MÉCONNUE

Cette langue, parlée au sud et à l'est de l'Écosse ainsi qu'aux îles Orcades et aux îles Shetland, n'est pas d'origine celtique mais anglo-saxonne. Elle a aussi été transportée au XVIIᵉ siècle en Irlande du Nord par des émigrants écossais [648].

Shetland

Orcades

Hébrides

Inverness

Aberdeen

E c o s s e

Iona

Dundee

Glasgow

Edimbourg

Irlande du nord Belfast

République

Dublin

Angleterre

Pays

d'IRLANDE

de

Galles

Cardiff

Londres

0   100 km

scots

Émigration des populations d'Écosse
vers l'Irlande du Nord au XVIIᵉ siècle

Le *scots*, une langue pour les poètes

Le *scots* est le seul dialecte traditionnel de l'île à s'enorgueillir d'une tradition littéraire moderne distincte de celle de l'anglais. Il est issu de l'évolution du northumbrien, qui, à l'époque du vieil-anglais, était le dialecte anglo-saxon le plus septentrional de l'île, car seules des populations de langue gaélique vivaient au-delà du mur d'Hadrien. Au moment de la conquête normande, la cour d'Angleterre s'étant réfugiée en Écosse, les usages anglo-saxons avaient encore gagné du terrain dans une zone jusque-là de langue celtique. Langue germanique aujourd'hui méconnue, prise entre l'anglais officiel et le gaélique d'Écosse, le *scots* se trouve dans une situation analogue à celle du gallo en France, langue romane à l'avenir incertain, entre une langue officielle omniprésente, le français, et une langue celtique reconnue, le breton.

Le *scots* avait pourtant connu une tradition littéraire de valeur entre la fin du xIv^e siècle et le début du xvI^e siècle et avait même bénéficié au xvIII^e siècle d'une renaissance poétique. Mais, dès le xvII^e siècle, le *scots* parlé avait commencé à reculer devant l'anglais envahissant. Lorsque la cour s'était déplacée à Londres, l'aristocratie écossaise avait abandonné le *scots* pour adopter l'anglais. Quant au peuple, c'est par l'intermédiaire de l'Église qu'il s'anglicisera, et la publication en 1611 de la version autorisée de la Bible en anglais sera un élément essentiel qui favorisera l'apprentissage de cette langue.

Un peu plus tard, on avait organisé la chasse aux *scotticisms* et, au xvIII^e siècle, le philosophe David Hume, écossais d'origine, avait publié un recueil d'équivalences en « bon anglais ». Le *scots* s'était alors réfugié dans les campagnes, mais il avait gardé une certaine vitalité dans la littérature et les chansons. A la fin du xvIII^e siècle, cette langue avait même suscité un intérêt renouvelé grâce à la renommée du poète Robert Burns. C'est aussi à lui que le monde entier doit de connaître *Auld lang syne*, cette chanson que l'on chante un peu partout avant de se séparer (*Ce n'est qu'un au revoir*).

Le *scots* hors du pays natal

Avant son déclin, le *scots* avait continué à vivre sous d'autres cieux. En effet, Jacques Ier d'Angleterre, dans sa lutte contre l'Irlande celtique, avait confisqué des terres situées dans le nord de cette île pour les donner à des « planteurs » d'Angleterre ou d'Écosse. Plus proches et plus pauvres, les Écossais avaient alors formé l'essentiel des émigrants vers l'Irlande. Ils étaient environ 200 000 au début du xvII^e siècle à s'embarquer pour l'Ulster tout proche, et l'on estime à deux millions le nombre de leurs descendants qui, au cours des siècles suivants, ont ensuite émigré vers l'Amérique.

Ne pas confondre *scots* et anglais d'Écosse

Il ne faudrait surtout pas croire que le *scots* est une déformation de l'anglais ou un dialecte de celui-ci. C'est effectivement une langue germanique proche de l'anglais, mais dont l'évolution s'est faite indépendamment et qui, comme on vient de le voir, avait été la langue de la cour des rois d'Écosse jusqu'au XVIIe siècle.

A partir de cette époque, c'est l'anglais venu de Londres qui s'est progressivement introduit en Écosse. Parlé par des gens aux habitudes linguistiques différentes, cet anglais d'Écosse, ou *Scottish English*, avait pris une certaine coloration que l'on reconnaît à quelques traits de prononciation et à un vocabulaire un peu particulier.

Une des caractéristiques les plus remarquées du *Scottish English* est la présence de la consonne *r*, réellement prononcée, dans des mots comme *car* ou *cart*, alors que cette consonne est complètement absente en anglais standard. Cette prononciation, majoritaire aux États-Unis, y est généralement attribuée à l'influence des émigrés écossais et irlandais (cf. dans ce chapitre § Unité et diversité de l'anglais d'Amérique, p. 400), alors qu'elle n'est plus du tout générale en Écosse aujourd'hui [649]. De plus, cette prononciation du *-r* final de syllabe était probablement assez largement répandue en Grande-Bretagne au XVIIe siècle.

Un autre trait permettant de reconnaître un habitant de l'Écosse porte sur certaines voyelles, qui sont prononcées de la même manière, sans longueur, dans *full* « plein » et *fool* « idiot », *pull* « tirer » et *pool* « mare », ou encore dans *good* « bon » et *rude* « impoli », alors qu'en Angleterre la première voyelle est relâchée et brève, la deuxième tendue et longue [650].

L'anglais d'Irlande : une langue faite pour la littérature

Même après le débarquement du roi Henry II d'Angleterre en Irlande en 1171, rien n'avait changé dans les habitudes linguistiques de l'île, qui était restée celtophone malgré la présence des Anglais, repoussés dans le sud-est du pays, dans une région dénommée *the Pale* « l'enclos », sous l'autorité du roi d'Angleterre mais où, jusqu'à la fin du XVIe siècle, les Anglais eux-mêmes parleront aussi irlandais (cf. chapitre AUTOUR DES LANGUES CELTIQUES, § L'irlandais, p. 80.)

Il est vrai que, lorsque Henry VIII, devenu roi d'Irlande, avait en

1541 distribué des « plantations » à des colons anglais, l'anglais avait vraiment commencé à prendre racine dans l'île. Sous le règne d'Elisabeth Ire et pendant tout le XVIIe siècle, la diffusion de l'anglais avait progressé, mais l'Église catholique était restée fidèle à la langue vernaculaire celtique.

Séparé de son lieu d'origine, cet anglais devenu progressivement la langue dominante du pays conservera vivants des mots et des tournures arrivés avec les premiers colons au milieu du XVIe siècle.

Est-ce parce que l'anglais d'Irlande a gardé des échos de l'anglais de Shakespeare qu'il semble plein de charme à un puriste comme le grand lexicographe Samuel Johnson au XVIIIe siècle? Est-ce un peu de l'exubérance créative élisabéthaine que les Irlandais ont gardée dans leur proverbiale éloquence? Il faut en tout cas remarquer le nombre impressionnant d'écrivains irlandais ou d'origine irlandaise qui ont fait la gloire de la langue anglaise. Cinq d'entre eux ont d'ailleurs obtenu le prix Nobel de littérature :

En Europe

Oscar Fingal O'Flahertie Wilde (1854-1900)
George Bernard Shaw (1856-1950) (prix Nobel 1925)
William Butler Yeats (1865-1939) (prix Nobel 1923)
John Millington Synge (1871-1909)
Sean O'Casey (1880-1964)
James Joyce (1882-1941)
Samuel Beckett (1906-1989) (prix Nobel 1969);

En Amérique

Eugene O'Neill (1888-1953) (prix Nobel 1936)
Thomas Stearns Eliot (1888-1965) (prix Nobel 1948)
Francis Scott Fitzgerald (1896-1940).

Comment reconnaître le « brogue »

Pour désigner l'anglais parlé par les Irlandais, on emploie l'expression *Irish brogue*, d'un mot gaélique désignant la chaussure, attesté pour la première fois en 1689, et qui laisse perplexe sur les raisons de cette image. A cette époque, avait-on l'impression que les Irlandais parlaient comme s'ils avaient une chaussure dans la bouche ou, plus raisonnablement, faisait-on seulement allusion à leurs chaussures particulières?

Sous ce terme général de *brogue*, on confond en fait l'anglais d'Irlande du Nord – qui se rapproche de la prononciation écossaise – et celui de l'Irlande du Sud, où l'anglais de l'ouest de l'Angleterre avait été introduit d'abord à Dublin et s'était ensuite diffusé dans l'île.

Un trait commun à tous les Irlandais, et qui les distingue des Anglais, concerne la prononciation de la consonne *l*. Ils la réalisent toujours comme en français, avec la langue portée vers l'avant, alors qu'en anglais standard il y a deux sortes de *l* : le *l* « clair » devant voyelle *(line, alone)* et le *l* « sombre » devant consonne *(milk, bell)*. Mais c'est seulement en Irlande du Sud qu'est attestée la confusion entre *t* et *th* (*tin* « boîte de conserve » et *thin* « mince » se prononcent avec un [t], ou entre *d* et *th* (*den* « antre » et *then* « alors » se prononcent avec un [d][651]).

Certaines particularités lexicales, comme *smithereens* « petits morceaux, miettes », *galore* « à foison, en abondance », ou encore *shanty* « hutte, masure », d'origine celtique, sont familières aux usagers de l'anglais standard, mais seuls les spécialistes savent que *to bother* « ennuyer, importuner » a pour origine un mot irlandais.

D'autres éléments du vocabulaire, qui étaient fréquents du temps de Shakespeare, ont subsisté en irlandais alors qu'ils n'existent plus en anglais standard : le verbe *to cog over* « copier, tricher (à un examen) », par exemple, qui correspond à *to crib* ou *to cheat* dans les usages londoniens. D'autre part, comme en Amérique, les Irlandais emploient l'adjectif *mad* pour *angry* « en colère ».

Toutes ces particularités apportent seulement un peu de couleur locale sans grand danger pour la communication. Il en est une, en revanche, qui pourrait perturber le sens de l'orientation d'un touriste anglophone de passage en Irlande du Nord, où l'on dit :

back	pour	*to the west, westwards,*
over	pour	*to the east, eastwards,*
below	pour	*to the north, northwards,*
up above	pour	*to the south, southwards.*

L'anglais à la conquête de l'Amérique

La traversée de l'Atlantique a été pour l'anglais le début d'une nouvelle ère d'expansion, car les générations d'immigrants qui, depuis le XVIIᵉ siècle, se sont succédé sur le sol américain ont ensuite adopté cette langue, quelle qu'ait été leur langue d'origine (cf. *encadré* L'ANGLAIS EN AMÉRIQUE : QUELQUES DATES).

Parlée par des générations successives de provenances diverses, loin de son pays d'origine, cette langue anglaise d'Amérique contient, à côté d'archaïsmes préservés de l'oubli, un grand nombre d'innovations, dont certaines remontent aux premiers colons.

L'ANGLAIS EN AMÉRIQUE : QUELQUES DATES	
1583	Fondation de la première colonie anglaise : Terre-Neuve.
1584	Première expédition près de l'île de Roanoke, aujourd'hui rattachée à la Caroline du Nord : les arrivants anglais sont exterminés par les Indiens.
1607	Débarquement de bateaux anglais dans la baie de Chesapeake (Maryland, Virginie) et fondation de Jamestown.
1614	Installation par les Hollandais d'un fort dans l'île de Manhattan.
1620	Les Pères Pèlerins *(Pilgrim Fathers)* arrivent sur le *Mayflower* à Plymouth (Massachusetts). Les 102 passagers avaient voyagé pendant deux mois.
1625	Fondation par les Hollandais de la ville de *Neuwe Amsterdam* comme capitale de leur colonie, la Nouvelle-Hollande, et rachat de toute l'île de Manhattan aux Indiens (1626).
1636	Fondation de l'université de Harvard (un maître et seize élèves).
1664	Les Anglais s'emparent de la colonie hollandaise de l'île de Manhattan et rebaptisent la capitale, qui devient *New York*.
1682	Fondation de Philadephie.
1776	Indépendance américaine.
1790	Fin de l'ère coloniale. A cette date, 95 % de la population (environ 4 millions) venue d'Europe vivait à l'est des monts Appalaches, et 90 % de cette même population était originaire des îles Britanniques.
1848	Découverte de gisements d'or en Californie et début de la ruée vers l'ouest.
1860-1890	Important afflux d'Irlandais, d'Allemands et de Scandinaves.
A partir de 1890	Arrivée massive d'immigrants venant d'Italie ou des pays slaves, suivis au début du xxᵉ siècle par des Mexicains et des Portoricains, puis par des Juifs d'Europe centrale fuyant le nazisme.
A partir du xviiᵉ	Jusqu'au milieu du xixᵉ siècle, immigration forcée d'une population d'esclaves noirs venus d'Afrique [652].

Un conservatoire linguistique

Parmi les formes grammaticales archaïques encore vivantes aux États-Unis, on peut remarquer *gotten*, participe passé de *to get*, dans des phrases comme *he's gotten a new car* « il s'est acheté une nouvelle voiture », mais *we've got to work* « il faut que nous travaillions [653] », alors que les Britanniques emploient *got* dans tous les cas.

En ce qui concerne la prononciation, il faut se rappeler que la prononciation américaine [æ] dans des mots tels que *fast* ou *path* est exactement celle qu'avaient ces mots en Angleterre jusqu'à la fin du xviiiᵉ siècle, avant de se changer en [ɑː]. De même, beaucoup d'Américains continuent à prononcer le *h* dans *which, what, why, where*, et *when*, et ils distinguent donc, comme on le faisait autrefois en Angleterre, entre *whether* (conjonction) et *weather* « le temps » (qu'il fait) ou entre *which* (pronom relatif) et *witch* « sorcière ».

Pour le vocabulaire, ajoutons que, lorsque les Américains emploient l'adjectif *mad*, ils lui donnent le sens que ce mot avait du temps de Shakespeare (« en colère »), et qu'en disant *I guess* là où les Anglais diraient *I think*, les Américains prolongent un usage qui remonte à Chaucer, et qui était resté courant en Angleterre pendant tout le xviie siècle [654].

Un afflux de nouveautés

Très tôt la langue des colons américains s'était aussi enrichie de nouvelles formes lexicales :
– de mots venus de leurs contacts avec les Indiens :

sweet potato	« patate douce »
pecan	« (noix) pacane »
moose	« orignal (sorte d'élan) »
hickory	« noyer blanc »
tapioca	« tapioca »
opossum	« opossum (sorte de sarigue) »
skunk	« sconse, moufette »
to scalp	« scalper »
paleface	« visage pâle »
warpath	« sentier de la guerre »
peacepipe	« calumet de la paix »

– de mots nés de leur nouveau système politique et de leur nouveau mode de vie :

caucus	« réunion restreinte »	*toboggan*	« toboggan »
popcorn	« maïs soufflé »	*snowplow*	« chasse-neige »
moccasin	« mocassin »	*squatter*	« occupant illégal d'un logement ».

Unité et diversité de l'anglais d'Amérique

On a l'habitude d'opposer globalement l'anglais d'Amérique à l'anglais d'Angleterre, comme si chacune de ces entités était un bloc unifié. Il est vrai qu'en raison de la mobilité proverbiale de la population on constate, sur le sol américain, une forte tendance à l'uniformisation de la prononciation et du vocabulaire, mais on peut tout de même distinguer certaines caractéristiques régionales.

« DEUX PAYS SÉPARÉS PAR UNE MÊME LANGUE »

George Bernard Shaw avait-il raison?

	en Grande-Bretagne	aux États-Unis
« blé »	*corn*	*wheat*
« maïs »	*maize, Indian corn*	*corn*
« frites »	*chips*	*French fries*
« pommes chips »	*crisps*	*potato chips*
« note (de restaurant) »	*bill*	*check*
« boîte de conserve »	*tin*	*can*
« ordures »	*rubbish*	*garbage*
« rez-de-chaussée »	*ground floor*	*first floor*
« premier étage »	*first floor*	*second floor*
« ascenseur »	*lift*	*elevator*
« trottoir »	*pavement*	*sidewalk*
« automne »	*autumn*	*fall*
« vacances »	*holiday*	*vacation*
« aller simple »	*single ticket*	*one-way ticket*
« billet aller et retour »	*return ticket*	*round trip ticket*
« essence »	*petrol*	*gas, gasoline*
« camion »	*lorry*	*truck*
« métro »	*tube, underground*	*subway*
« smoking »	*dinner-jacket*	*tuxedo*
« gomme »	*rubber*	*eraser*
« robinet »	*tap*	*faucet*
« Z »	*Z* [zɛd]	*Z* [zi:] [655]

Il est toutefois très difficile de dresser une carte linguistique de l'Amérique du Nord en tenant vraiment compte de la complexité des faits. Si certaines différences peuvent être localisées géographiquement, en particulier en raison de l'origine des premiers peuplements, il y a eu un tel brassage de populations par la suite qu'à cette différenciation géographique s'est superposée une différenciation sociologique.

Si c'est le plus souvent sur des critères lexicaux que s'établissent les caractéristiques régionales, certaines prononciations sont encore plus significatives, par exemple la présence ou l'absence de la consonne *r* après voyelle dans des mots comme *car* ou *park*. On peut ainsi reconnaître les usages du nord-est de la côte Atlantique – la Nouvelle-Angleterre – par l'absence de *r*, ce qui est en conformité avec la norme britannique.

La ville de New York tient une place à part car elle abrite une population cosmopolite dont les usages linguistiques ont la particularité de jouir d'un prestige... totalement négatif. Située à l'origine dans la zone sans *r*, la ville de New York a connu depuis une quarantaine d'années un changement de norme, favorisant la prononciation de *r* dans toutes les positions [656].

VARIÉTÉS DE L'ANGLAIS AUX ÉTATS-UNIS

La **Nouvelle-Angleterre** (séparée par un trait épais) correspond aux six États situés à l'est de l'État de New York. A l'origine, elle était peuplée presque en exclusivité d'immigrants venus d'Angleterre. Le reste du territoire peut être divisé en trois zones : le **nord**, le **centre**, où **New York** constitue un îlot particulier, et le **sud**.

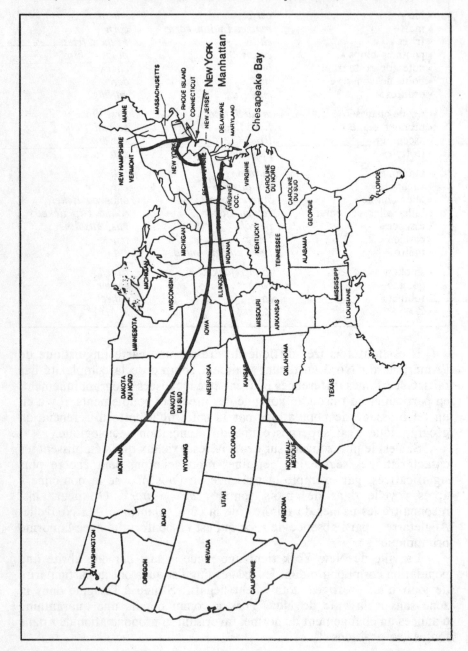

Dans le sud des États-Unis, la réalité actuelle est très mêlée, mais la prononciation de certaines voyelles permet de reconnaître un habitant du Sud : il allonge de façon considérable les voyelles accentuées, qui deviennent alors souvent des diphtongues et, dans les mots du type *foot*, l'arrondissement des lèvres est très peu sensible [657].

Enfin, dans le centre et l'ouest des États-Unis, dont le peuplement hétéroclite a été constamment renouvelé, la différenciation géographique est beaucoup moins nette et beaucoup plus complexe. C'est de cette difficulté d'établir des régions linguistiques cohérentes qu'est née, il y a une cinquantaine d'années, la notion d'un *General American* qui correspondrait à un anglais d'Amérique commun. Ce *General American* caractériserait globalement les usages d'Amérique du Nord par rapport aux usages britanniques.

Le *General American* existe-t-il ?

Cette conception, que les dialectologues contestent parce qu'ils la trouvent trop simplificatrice, permet néanmoins de mettre en lumière certains traits particulièrement fréquents chez la majorité des habitants des États-Unis, et constitue en quelque sorte une norme d'usage, celle qui est utilisée dans les médias audiovisuels. On l'appelle aussi *Network English* ou *Standard American English*, ou encore *Network Standard* [658].

Ces points communs concernent surtout la prononciation, dont les caractéristiques principales seraient les suivantes :

– *r* prononcé après voyelle (*car, park*)
– prononciation [æ] dans *fast, path*, etc.
– pas ou peu de diphtongaison pour *a* et *o* dans les mots du type *late* ou *note*
– *t* entre deux voyelles dont la première est accentuée, prononcé comme un *r* à un seul battement [ᴅ] (*water, butter, Peter, Betty*).

C'est enfin par la place de l'accent tonique que la prononciation américaine se distingue de la prononciation britannique dans des mots comme :

britannique	américain
labọrat(o)ry	*lạb(o)ratọry*
advẹrtisement	*advertisement*

De plus, il arrive que les Américains maintiennent l'articulation de toutes les syllabes là où les Anglais en éliminent certaines :

britannique	américain
s<u>e</u>cret(a)ry	s<u>e</u>cretary
<u>li</u>br(a)ry	<u>li</u>brary [659]

Le « Black English Vernacular »

Si l'on a pu trouver des traits communs définissant le *General American*, il semble en revanche difficile d'identifier un « parler des Noirs », car les traits qui le caractériseraient ne sont pas spécifiques des usages des Noirs, mais se confondent le plus souvent avec les usages du Sud, où par exemple la voyelle de *poor* se prononce comme celle de *door* [d■ə], la voyelle de *pen* et celle de *pin* sont identiques [ɪ], et, dans *nice* ou *wife*, la voyelle n'est pas diphtonguée mais allongée [a:] [660]. D'autre part, la réduction des groupes consonantiques dans *list*, *wasp*, etc. où la consonne finale n'est pas prononcée, et qui est signalée comme typique du *Black English*, est également une caractéristique des prononciations familières en *Standard American English* [661].

On aboutit ainsi à la conclusion que la plupart des traits qui caractérisent l'anglais des Noirs correspondent à une réalité sociale beaucoup plus qu'à une réalité linguistique [662].

Ce qu'il faut souligner, en revanche, c'est l'apport culturel des Noirs à la langue anglaise dans le domaine de la musique : les *negro spirituals* (1866), le *blues* (1870), le *ragtime* (1896), le *jive* (1930), le *rhythm and blues* (années 50) et la *soul music* et le *rap* (années 60) sont des créations des chanteurs et musiciens noirs. Plus récemment, ils ont mis à la mode le goût des termes détournés de leur sens primitif, comme *bad* pour *very good, ugly* pour *beautiful, mean* pour *excellent, to kill* pour *to fascinate* [663]. Cette mode s'est récemment étendue aux langues de l'Europe (cf. chapitre AUTOUR DU FRANÇAIS, §... ce qui ne les empêche pas d'innover, p. 267)

Le lexique anglais s'enrichit

En même temps que la langue anglaise s'exportait aux quatre coins du monde, elle n'avait cessé de s'enrichir de quantités de mots étrangers.

Le français avait continué d'être un grand fournisseur de mots nouveaux, avec *bizarre, detail, genteel, shock, vogue*, mais aussi *cartoon, connoisseur, routine, coquette*, etc.

Des mots d'origine italienne comme *cupola, portico, stucco, design, violin* ou *volcano* avaient également pénétré dans la langue anglaise, et certaines formes aux consonances italiennes avaient même été forgées, comme *braggadocio* « fanfaron », par exemple, qui est une invention de

Edmund Spenser (1552-1599) à partir de l'anglais *braggart* « vantard » et du suffixe péjoratif italien *-accio*.

L'espagnol avait fourni *desperado, armada, cargo, embargo, anchovy* ou *barricade*, et il avait aussi été le véhicule de mots venus d'Amérique, comme *cocoa, vanilla, potato, mosquito, tobacco, canoe, ranch, lasso, bronco* « cheval sauvage », etc. La ruée vers l'or apportera *bonanza* « riche filon », d'où « aubaine », et les dures réalités de la vie des pionniers, *cockroach* « cafard » (de l'esp. *cucaracha*), *stampede* « sauve-qui-peut » (de l'espagnol du Mexique), ainsi que *vamoose!* « hors d'ici! » (de l'esp. *vamos* « partons), qui, déjà attesté au XIXe siècle, se dit encore aujourd'hui dans l'expression *let's vamoose* « partons ». Au XXe siècle, sur le modèle de *cafeteria* « restaurant en libre service », ont été formés des néologismes comme *drugteria, fruteria* ou *sodateria*.

Les emprunts au néerlandais se partagent entre le domaine maritime : *reef* « récif », *deck* « pont (de bateau) », *cruise* « croisière », *to smuggle* « faire de la contrebande », et celui des arts : *sketch* « esquisse », *easel* « chevalet », *landscape* « paysage [664] ».

Avec l'installation des Hollandais outre-Atlantique, c'est en faisant un détour par l'Amérique que se sont introduits d'autres emprunts concernant la vie de tous les jours : *boss* « patron », *cookie* « gâteau sec », *waffle* « gaufre », *to snoop* « mettre son nez partout, fouiner », *coleslaw* « sorte de salade de chou, d'oignons et de carottes à la mayonnaise [665] ».

Les emprunts aux autres langues n'ont pas cessé jusqu'à nos jours, mais, dès le XVIIIe siècle, cette prolifération de mots venus de l'étranger, qui venait s'ajouter aux exubérances élisabéthaines, avait conduit certains intellectuels à réfléchir sur l'avenir de cette langue qui avait évolué sans frein, et sur la nécessité d'endiguer son cours désordonné en prenant des mesures pour lui redonner sa pureté originelle.

Une académie introuvable

Ces problèmes avaient fait l'objet de controverses passionnées pendant tout le XVIIIe siècle.

A cette époque, Jonathan Swift, que les *Voyages de Gulliver* avaient rendu célèbre, était parti en guerre contre la corruption de la langue anglaise, dont il stigmatisait entre autres un défaut particulier : la tendance à abréger les mots. Il mettait au pilori des formes telles que *rep, incog, plenipo, pozz* ou *mob*, abréviations de *reputation, incognito, plenipotentiary, positive* ou *mobile* (cf. *encadré* REP, INCOG, OU MOB).

REP, INCOG OU MOB

Les formes abrégées ne sont pas une invention du xxᵉ siècle. Elles étaient fort à la mode au xviiiᵉ siècle, et Swift critiquait avec véhémence l'emploi de **rep** pour **reputation**, de **incog** pour **incognito** ou de **mob** « populace » dont l'origine est la locution latine **mobile (vulgus)** « (foule) remuante ».

Mais sa voix n'a pas été entendue, car non seulement la tendance à abréger les mots s'est poursuivie jusqu'à nos jours mais, dans le cas de **mob**, seule la forme abrégée a survécu.

Mû par l'ambition d'apporter à la langue anglaise précision et raffinement et d'en fixer l'orthographe encore fluctuante, Swift avait été de ceux qui proposaient la création d'une académie sur le modèle de *l'Accademia della Crusca* italienne ou de l'*Académie française*. Mais, après des controverses passionnées, aucune décision n'avait pu être prise, et le problème attendait toujours sa solution.

Le dictionnaire du Dr Johnson

La réponse devait venir quelques années plus tard, avec le dictionnaire de Samuel Johnson. Entouré d'une équipe de six assistants, il avait publié en 1755, après neuf ans de travail, un gros dictionnaire de 40 000 mots environ, avec quelque 114 000 citations tirées d'écrits depuis les Élisabéthains jusqu'au milieu du xviiiᵉ siècle. Il y avait déjà eu des dictionnaires anglais, dont le premier avait seulement 120 pages composées principalement « pour les dames ou toute autre personne inexperte ». Mais, tout en tranchant arbitrairement sur l'usage ou la prononciation des mots, le dictionnaire de Johnson était beaucoup plus ambitieux, et surtout, il apportait de l'air frais : non seulement il accueillait plus largement le vocabulaire vivant de son époque, mais l'auteur y avait ajouté, à un clair exposé de ses connaissances encyclopédiques, des exemples tirés de l'usage, en y mêlant beaucoup d'esprit et d'humour. Certaines de ses définitions sont restées célèbres. En voici une :

Lexicographer	Lexicographe
a writer of dictionaries, a harmless drudge.	auteur de dictionnaires, gratte-papier inoffensif [666].

Cette œuvre remarquable de Samuel Johnson, qui a marqué une date dans l'histoire de la langue anglaise, avait été portée aux nues par ses contemporains, et un chroniqueur français avait même estimé qu'il était, d'une certaine manière, « à lui tout seul, une Académie pour son île [667] ».

Le dictionnaire de Noah Webster

Comme Johnson l'avait fait pour l'anglais d'Angleterre, Noah Webster rédigera en 1828 un dictionnaire d'importance capitale, mais cette fois pour la langue anglaise d'Amérique. Il y mettra en relief ses idées sur la spécificité de l'anglais d'Amérique et y fera des propositions de réforme de l'orthographe, dont certaines lui avaient été suggérées par Benjamin Franklin plusieurs années auparavant. C'est à Webster que l'on doit la plupart des différences orthographiques entre l'anglais de Grande-Bretagne et celui des États-Unis [668] (cf. *encadré* ci-dessous).

QUELQUES DIVERGENCES ORTHOGRAPHIQUES

Plus proche de la prononciation, l'orthographe des États-Unis diffère de celle de la Grande-Bretagne pour quelques séries de mots (mais il y a des exceptions).

En Grande-Bretagne	Aux États-Unis
-our *honour, colour...*	**-or** *honor, color...*
-re *centre, metre, fibre...*	**-er** *center, meter, fiber...*
-gg- -ll- *waggon, traveller...*	**-g- -l-** *wagon, traveler...*
-ce *defence, offence...*	**-se** *defense, offense...*
-ogue *catalogue, dialogue...*	**-og** *catalog, dialog...*
-ise *apologise...*	**-ize** *apologize...*
-æ- -œ- *mediaeval, foetus...*	**-e-** *medieval, fetus...*

Selon la tradition anglaise, les noms composés sont écrits généralement avec un trait d'union en Grande-Bretagne et collés aux États-Unis :

ash-tray, book-keeper...   *asthtray, bookkeeper...*

La prononciation, un indice de classe sociale

Lorsque, en 1913, George Bernard Shaw avait publié sa pièce *Pygmalion*, devenue plus tard la comédie musicale *My Fair Lady*, il avait parfaitement mis en lumière le rôle que jouait la prononciation de l'anglais dans la vie sociale : toute la pièce met en scène les efforts du professeur Higgins pour enseigner à une petite marchande de fleurs des rues la *Received Pronunciation*, c'est-à-dire la seule prononciation acceptée par la meilleure société anglaise. L'expression, souvent abrégée en *R.P.* et qui avait été créée en 1869 par Alexander Ellis [669], montrait bien qu'il s'agissait d'un produit « fabriqué » à partir d'usages reconnus comme prestigieux. Le choix qui avait été fait de la façon de parler des gens cultivés de la haute société de Londres et du sud-est de l'Angleterre ne reposait pas sur des critères linguistiques. Les motivations avaient un caractère social.

Dans les années 50, on a utilisé les termes de *U (upper class)* pour distinguer les prononciations aristocratiques des autres, celles qui sont *non U* [670].

La *R.P.* n'est plus aujourd'hui l'apanage d'un seul milieu, et elle semble même rejetée par certains jeunes, qui lui préfèrent des formes moins artificielles. Seules les prononciations populaires des banlieues des grandes villes (Londres, Liverpool, Birmingham) restent unanimement stigmatisées. De plus, la prononciation américaine est, de nos jours, parfaitement comprise et acceptée en Grande-Bretagne, ce qui n'était pas le cas au moment des premiers films parlants venus d'Amérique [671]. Il existe même chez certains ce que les Anglais appellent l'accent *mid-Atlantic*, qui désigne une prononciation légèrement américanisée, par exemple dans *British*, où le t est prononcé avec un r à un seul battement [D].

Les difficultés pour les étrangers

Un étranger arrivant pour la première fois en Grande-Bretagne est vraiment surpris de constater qu'il a beaucoup de mal à comprendre ce qu'on lui dit, même s'il a suivi de nombreux cours de phonétique anglaise. Il ne devrait pourtant pas en être étonné car, si la prononciation qu'on enseigne aux étrangers est justement cette *R.P.*, il faut savoir qu'à peine 3 % de la population britannique utilise cette prononciation recommandée [672].

Les 97 % restants gardent donc leur « accent », car la pression sociale qui existait autrefois pour modifier les prononciations en les rapprochant de la *R.P.* s'est aujourd'hui beaucoup atténuée.

La variété des prononciations en Grande-Bretagne

Comme on l'a vu, une des différences entre l'anglais standard d'Angleterre et celui d'Amérique concerne la prononciation du r après voyelle dans des mots comme dans *car* ou *park* : on dit entre spécialistes

DIVERSITÉ DE LA PRONONCIATION DE L'ANGLAIS

Parallèlement à une prononciation soignée, dite **R. P.** (*Received Pronunciation*) et qui se fonde essentiellement sur les usages cultivés du sud-est de l'Angleterre (autour de Londres), chaque région conserve certaines caractéristiques, telles que, par exemple la prononciation de **r** après voyelle dans le sud-ouest, l'Écosse et l'Irlande du Nord.

que l'Américain est « rhotique » (il prononce le *r*, n'y voyez pas malice)
et que l'Anglais est « non rhotique ». Mais en réalité il y a des Anglais
rhotiques, et en particulier dans tout le sud-ouest, tout comme le sont
les Écossais et les Irlandais du Nord [673].

Il y a tout d'abord des différences à l'intérieur même de la *R.P.* Par
exemple, les personnes les plus âgées ont une diphtongue dans *more*
« plus » [ɔə] ou dans *pore* « pore (de la peau) », ce qui leur permet de distinguer ces mots de *maw* [ɔ:] « panse (de ruminant) » et de *paw* « patte »
qui, à leur tour, se prononcent différemment de *moor* « lande » et de
poor [ʊə] « pauvre ». De leur côté, les plus jeunes prononcent *paw*, *pore*
et *poor* avec la même voyelle allongée, c'est-à-dire que, là où les personnes âgées distinguent encore trois voyelles /ɔə/, /ɔ:/ et /ʊə/, les
jeunes n'en connaissent plus qu'une, /ɔ:/.

De plus, les diphtongues de *there* « là » ou de *pear* « poire » sont de
plus en plus souvent remplacées par une voyelle longue /ɛ:/, et les triph-
tongues de *fire* « feu » ou de *power* « pouvoir » sont assez généralement
simplifiées en [a:] et en [ɑ:]. Telles sont les prononciations que l'on peut
entendre dans la haute aristocratie, qui connaît aussi une articulation
très avancée de la diphtongue /ɑʊ/ : *about* est alors prononcé presque
comme *a bite*.

On peut ajouter à ces variations de la *R. P.* quelques différences
régionales, aux nuances multiples, mais que l'on peut classer en quatre
grands ensembles :

1. *Le sud de l'Angleterre*. Au sud-est, la prononciation est la plus
proche de celle qu'on enseigne aux étrangers. Au sud-ouest, on prononce le /r/ de *bar* et de *bark*. Dans *father, half* ou *can't*, on prononce
avec un [a] au lieu d'un [ɑ:]. A Londres, dans l'un des usages les plus
populaires, le *cockney*, on note la présence d'un coup de glotte pour /t/
dans des mots comme *that, button* ou *matter*. Ce trait de prononciation
semble aujourd'hui gagner du terrain et faire partie des tendances
actuelles désignées par l'expression *Estuary English*, parce qu'elles sont
celles des populations autour de l'embouchure de la Tamise [674].

2. *Le nord de l'Angleterre*, qui se caractérise par l'absence de distinction /ʌ/ -/ʊ/ : *mud* « boue », *cud* « bol alimentaire (d'un animal) »,
putt « envoyer la balle de golf d'un coup léger » ou *blood* « sang », s'y
prononcent avec un /ʊ/, tout comme *could* (prétérit de) « pouvoir », *put*
« mettre », *hood* « capuchon » ou *good* « bon ».

3. *Le pays de Galles*, où les prononciations septentrionales sont
très influencées par le gallois.

4. *L'Écosse et le nord de l'Irlande*, où, par exemple, les mots *good*
et *food* se prononcent avec la même voyelle, alors qu'ailleurs *food* a une
voyelle /u:/ longue et *good* une voyelle /ʊ/ brève.

Quelques particularités lexicales

Il est impossible de donner une idée, même approximative, de la diversité lexicale de l'anglais de Grande-Bretagne, mais si quelqu'un dit *fall (of the leaf)* pour désigner l'automne, on peut dire qu'il est probablement originaire du sud-ouest, quoiqu'on trouve aussi cette particularité dans la région de Cambridge ou de Lincoln.

Sur le modèle de *bluebottle* « bleuet », on appelle dans le Kent *red bottle* le coquelicot (en anglais standard : *corn poppy*) et *yellow bottle* le souci (en anglais standard : *marigold*).

La région du nord de l'Angleterre et des Midlands a gardé des souvenirs scandinaves dans son lexique : *elding* « petit bois », *to lait* « aller chercher », *brig* « embarcation », *dale* « vallée ». On y trouve aussi quelques emprunts au français, comme *arren* « araignée », *vennel* ou *gennel* « venelle », et même un mot du francoprovençal : *muckender* « mouchoir de poche ».

Enfin, voici une phrase que l'on peut entendre dans le Yorkshire : « *If you haven't a knife and fork, you can use your doits* (doigts) [675]. »

Des mots pour les temps modernes

Au cours du xixᵉ et du xxᵉ siècle, comme dans d'autres pays, les découvertes de la science ont profondément marqué la langue anglaise qui, du fait de l'importance des médias, a mis à la disposition de tous un vocabulaire scientifique naguère réservé aux seuls spécialistes, si bien que des mots tels que *radioactivity, enzymes, allergy* ou *cholesterol* font aujourd'hui partie du vocabulaire courant.

Le mot *photograph* date de 1839, celui de *refrigerator* de 1841, le *phonograph* de Thomas Edison a été créé en 1877 et le mot *cinema* a fait son apparition en 1899, en même temps que *moving pictures*. Plus tard, les Américains ont manifesté une préférence pour *movies* tandis que les Anglais favorisaient *pictures*. Aujourd'hui on constate une plus grande fréquence du mot *cinema*.

Les guerres ont laissé leur lot de vocabulaire. De la Première Guerre mondiale sont restés : *tank* pour désigner un « char » et non plus seulement un « réservoir », *air raid* « raid aérien », *camouflage,* ou encore *ace* « un as ». Ce mot, qui désignait d'abord uniquement la carte à jouer ayant la plus haute valeur, a alors été utilisé pour qualifier un aviateur qui avait abattu au moins cinq appareils ennemis [676].

C'est entre les deux guerres qu'on a connu *black market*, « marché noir », *nylons* « bas nylon » (1938), et pendant la Seconde Guerre mondiale *pin-up,* qui avait été d'abord une photo de jeune femme « épinglée » par les soldats sur les murs de leur caserne. De sinistre mémoire, le *countdown* « compte à rebours » rappelle le lancement de la bombe atomique à Hiroshima en août 1945, et *brainwashing* « lavage de cerveau » date de la guerre de Corée (1953). Quant à la guerre du Vietnam, elle a laissé l'euphémisme *to escalate,* qui existait déjà en 1938, mais qui a fait la une des journaux en 1965, lorsqu'il a fallu expliquer que le conflit s'était progressivement amplifié, et que c'était *l'escalade* [677].

Plus pacifiquement se sont répandus aussi en Europe *cellophane* (1921), *rayon* « rayonne » (1924) et *zip* (1925) « fermeture à glissière », qui désignait à l'origine une botte munie d'une fermeture à glissière.

De part et d'autre de l'Atlantique

Grâce à la domination technologique américaine, l'anglais est devenu la langue internationale par excellence. Il est parlé par quatre fois plus de locuteurs aux États-Unis qu'en Grande-Bretagne, et probablement par beaucoup plus de personnes comme deuxième langue que comme première langue.

Cette langue anglaise revêt donc des formes diverses, mais en même temps elle garde une large base commune grâce aux facilités des médias modernes. Même les différences que l'on se plaît à souligner entre « l'anglais britannique » et « l'anglais américain » sont beaucoup moins importantes qu'elles ne l'étaient il y a un siècle [678]. A cette époque, dans le vocabulaire du chemin de fer et de l'automobile, les exemples de divergences sont innombrables : le « chemin de fer » se dit *railway* en Grande-Bretagne et *railroad* aux États-Unis, un « pare-brise » se dit *windscreen* en Grande-Bretagne et *windshield* aux États-Unis. Quelques années plus tard, tout le vocabulaire de l'aviation et, plus près de nous, celui de l'astronautique (*jetlag, space shuttle,* etc.) est identique des deux côtés de l'Atlantique, et c'est encore plus net pour l'informatique.

Toutefois il existe des formes identiques, mais qui renvoient à des sens différents selon qu'on se trouve d'un côté ou de l'autre de l'Atlantique. Si vous êtes aux États-Unis et que la maîtresse de maison vous demande : « *Would you like to wash up?* », ne pensez pas que c'est une invitation à faire la vaisselle – ce qui serait le sens de *wash up* en Angleterre –, mais seulement une proposition pudique d'aller « vous laver les mains ».

Quelles nouveautés depuis trente ans ?

Très vite diffusées sur les ondes et dans la grande presse, les inventions lexicales contemporaines sont rapidement connues du public, et parfois adoptées par ce dernier. C'est ainsi que des mots qui étaient considérés comme du *slang* il y a quelques années font aujourd'hui partie de l'anglais courant : tels sont *phone, bike, bus* et *pub* (pour *telephone, bicycle, omnibus, public house*) [679].

Il en avait été de même au XVIIIe siècle pour *snob* « snob », *sham* « simulation, supercherie », *slump* « forte baisse, effondrement » et même *joke* « plaisanterie », qui étaient alors encore considérés comme argotiques.

Un dictionnaire paru en 1991 [680] a recensé 2 700 mots et expressions entrés dans l'usage en anglais depuis 1960. On y trouve pêle-mêle des termes comme :

- *brain drain* (1963) « fuite des cerveaux » (vers des activités mieux rémunérées)
- *cassette* (1960) « boîtier renfermant une bande magnétique sur laquelle de la musique ou des paroles peuvent être enregistrées »
- *mouse* (1960) « souris » (d'un ordinateur)
- *gear* (adj.) (1963) « excellent, merveilleux », mot venu du vocabulaire de Liverpool, et mis à la mode par la vogue des Beatles
- *hawk* « faucon » (1962). Cette métaphore, désignant ceux qui sont partisans du règlement d'un conflit par la force, avait été créée en 1798 par Thomas Jefferson dans l'expression *war-hawks* pour représenter ceux qui désiraient une guerre avec la France. L'expression a été revivifiée en 1962 par les écrivains américains Steward Alsop et Charles Bartlett, qui y ont joint *doves* « colombes » pour désigner au contraire ceux qui, dans un conflit, préconisent la négociation [681]
- *to zap* (1964). Le mot, dans le sens de « tuer », a été lancé au moment de la guerre du Vietnam par les soldats américains. Le sens plus récent de « éviter la publicité à la télévision en changeant de chaîne » semble n'exister en anglais que depuis quelques années. Seul le sens de « tuer » figure dans le dictionnaire de néologismes publié en 1991 [682]. Aujourd'hui *zapping* coexiste avec *channel hopping* dans le sens général de « changer de chaîne », sens qu'il a toujours eu en français (cf. chapitre AUTOUR DU FRANÇAIS § L'anglais, grand fournisseur de mots, p. 269)
- *grungy* (1965) « laid, ennuyeux »
- *microwave* (1965) « four à micro-ondes »
- *cult* (adj.) dans *cult figure, cult movie* (1966). On trouve aujourd'hui des calques de ces expressions en français : *personnage culte, film culte*
- *doggy bag* (1968) « petit sac pour mettre les restes d'un repas pris au restaurant » (prétendument pour le petit chien)
- *spaghetti western* (1969), film de cowboys, de conception italienne, mis à la mode par Sergio Leone et où le dialogue est réduit à sa plus simple expression. D'autres films, du même genre, mais tournés en Espagne, ont été appelés *paella westerns*

- *limousine liberal, radical chic* ou *champagne socialist* (1970) : ces expressions correspondent à ce qu'on nomme en français *la gauche caviar* ou *la gauche cachemire*
- *silent majority* (1970) « majorité silencieuse »
- *smart card* (1977) « carte à puce » (mot à mot « carte intelligente »)
- *video* (1980) « (vidéo) clip » (film promotionnel)
- *CD, compact disc* (1980)
- *wicked* (adj.) (1985) « très bon » (par antiphrase, dans le langage des jeunes). On trouve le même goût pour l'antiphrase chez les jeunes des autres pays d'Europe (cf. chapitre AUTOUR DU FRANÇAIS §... ce qui ne les empêche pas d'innover, p. 267 et cf. chapitre AUTOUR DU PORTUGAIS § Expressions d'hier et d'aujourd'hui, p. 223)
- *rad(ical)* (adj.) (1986) « extrême », dans un sens positif (langage des jeunes)
- *executive* (adj.) (1987) : d'abord appliqué à la direction des grandes entreprises, cet adjectif évoque aujourd'hui plus généralement le luxe
- *frisée* (1987) : salade mise à la mode en Angleterre dans les années 80 et qui est alors passée des restaurants « nouvelle cuisine » aux étals de supermarché
- *safe* (adj.) (1988) « extrême », dans un sens positif (langage des jeunes)
- *seriously* : après les excès langagiers des années 80, le vocabulaire des jeunes semble aujourd'hui se calmer puisque, pour exprimer quelque chose d'exceptionnellement bon, on dit seulement : « *My dear, it's seriously good !* » ou même « *that's quite cool* ». L'adverbe *seriously,* très fréquent, a perdu sa signification propre, et une récente publicité pour une bande dessinée très drôle annonce sans crainte du paradoxe : « *seriously funny* [683] ».

L'anglais dans le monde

Avec une expansion devenue mondiale, la langue anglaise n'a pas manqué de se diversifier encore, et celle que l'on parle en Australie ou en Afrique du Sud n'est pas la même que celle du Canada ou de l'Inde. Mais, malgré des différences parfois très sensibles (par exemple la prononciation typique des *t* et *d* en Inde comme des articulations rétroflexes, c'est-à-dire avec la langue complètement retournée et relevée vers le palais), on peut analyser toutes les variétés selon deux pôles d'attraction principaux : l'anglais britannique et l'anglais d'Amérique.

Les Canadiens anglophones ont une position inconfortable car les Britanniques trouvent qu'ils ont l'accent américain tandis que les Américains pensent qu'ils ont l'accent britannique. S'il est vrai qu'ils partagent beaucoup de traits avec l'anglais des États-Unis (ils prononcent par exemple [æ] dans *ask, glass,* etc., et le *r* dans *car, park,* etc.), ils se conforment dans d'autres cas à l'anglais de Grande-Bretagne, par exemple en prononçant *shone* (prétérit de *to shine* « briller ») non pas avec la forme ancienne [oʊ] conservée par les Américains, mais avec la voyelle de *dog*[684].

Sur le plan du lexique, les Canadiens préfèrent l'anglais *tap* « robinet » à l'américain *faucet* et les bretelles anglaises (*braces*) aux bretelles américaines (*suspenders*).

La position géographique du Canada place l'anglais du Canada du côté des variétés américaines, tout comme l'anglais des Antilles. C'est aussi parmi les variétés de type américain qu'il convient de classer l'anglais des Philippines.

Sont plus proches de l'anglais britannique, malgré des différences inévitables : l'anglais d'Australie, de Nouvelle-Zélande et d'Afrique du Sud, ainsi que l'anglais de Namibie, du Zimbabwe, de Zambie et du Kenya.

ANGLOPHONIE

Langue officielle et première langue
Royaume-Uni, République d'Irlande, Canada (sauf le Québec et une partie du Nouveau-Brunswick), Australie, Nouvelle-Zélande, Afrique du Sud (minorité blanche), États-Unis.
Soit au total environ **354 millions** de personnes.

Langue officielle (seule ou avec d'autres langues), **souvent seconde langue**
En Europe : Gibraltar, Malte et Gozo
En Afrique : Afrique du Sud, Botswana, Gambie, Ghana, Kenya, Lesotho, Liberia, Malawi, Namibie, Nigéria, Ouganda, Sierra Leone, Swaziland, Tanzanie, Zambie, Zimbabwe
Dans la mer des Antilles : Antigua et Barbuda, La Barbade, Belize, La Dominique, Grenade, Jamaïque, St-Christopher et Nevis, Ste-Lucie, St-Vincent et Grenadines, Trinité et Tobago, Anguilla, îles Vierges, îles Caïmans, Montserrat, Turks et Caicos
Dans l'océan Atlantique : Bahamas, Guyana, Bermudes, Ste-Hélène, îles Falkland
Dans l'océan Indien : Maldives, île Maurice, les Seychelles
En Asie : Sri Lanka (Ceylan), Singapour, Hong-Kong
En Océanie : Fidji et Pitcairn, Kiribati, Nauru, Nouvelle-Guinée, Salomon.
Soit au total environ **312 millions** de personnes.

Langue véhiculaire ou langue d'enseignement
En Asie : Bangladesh, Brunei, Inde, Malaisie, Pakistan, Myanmar (Birmanie)
Au Moyen-Orient : Israël.
En Afrique : Soudan, Égypte.
En Océanie : Vanuatu[685].

Pour les millions de personnes dont l'anglais n'est pas la langue maternelle, mais usuelle dans le pays, par exemple au Nigéria, en Inde, au Pakistan ou au Bangladesh, le problème de la norme à enseigner (anglaise? américaine? locale?) se pose de façon cruciale, mais il n'est pas encore résolu [686].

Tant qu'il y aura
des langues

Les langues sont comme des éponges

Avant de refermer ce livre, il faudrait s'arrêter encore un instant et embrasser d'un seul coup d'œil l'histoire de toutes ces langues pour constater qu'une caractéristique commune les rassemble toutes : leur incomparable perméabilité. Des éléments étrangers se sont infiltrés dans chacune d'entre elles, et parfois depuis si longtemps que la forme qu'ils ont aujourd'hui ne permet plus de les reconnaître comme tels. Chacune a pris et chacune a donné, et l'entrelacement de ces emprunts et de ces dons a pris de telles proportions qu'il devient impossible, dans certains cas, de savoir qui a donné à l'autre.

Le français et l'anglais, par exemple, ont même connu des relations si intimes et si fréquentes qu'on peut suivre dans leur vocabulaire comme une longue histoire d'amour entre la plus latine des langues germaniques – l'anglais – et la plus germanique des langues romanes – le français. Le mouvement s'est longtemps exercé à sens unique, avec un afflux par milliers de mots français en anglais, mais il se trouve aujourd'hui complètement inversé, avec des apports constants de mots anglais en français. En conséquence, des quantités de mots ont fait l'aller et retour, mais à quelques siècles de distance, et le plus souvent avec une modification du sens. Le mot anglais *interview*, par exemple, qui avait été emprunté à l'ancien français *entreveue*, est revenu en français moderne, mais avec un sens plus restreint : une *interview*, en français, est toujours destinée au public. Pour le mot *paletot*, c'est l'inverse qui s'est produit. A l'origine il y avait *paltok* « jaquette », que le français avait emprunté au moyen-anglais. L'anglais l'a plus tard repris au français, cette fois sous la forme *paletot*. Comme, par l'intermédiaire du français, ce même mot est aussi passé en italien (*paletot* ou *paltò*), la question se pose, quand on recherche la « nationalité » d'origine d'un mot, du stade auquel on doit s'arrêter.

L'histoire du mot *sketch* réserve d'autres surprises car, emprunté en français sous sa forme anglaise, il ne laisse pas transparaître son origine italienne. Or tout a commencé en réalité avec le mot italien *schizzo* « croquis », qui a pris en néerlandais la forme *schets*. Il a ensuite été emprunté au néerlandais par l'anglais, où il est devenu *sketch* « esquisse », pour arriver finalement en français, sous cette même forme anglaise, mais avec le nouveau sens particulier de « courte scène, généralement comique ».

Un vocabulaire international

C'est ainsi qu'une partie du vocabulaire se retrouve dans plusieurs langues, parfois du fait des passages de l'une à l'autre (cf. *paletot*), et souvent à cause d'une origine commune (cf. *il pleut* en français, *chove* en portugais, *llueve* en espagnol, *piove* en italien, du latin PLUIT). Il existe aussi des créations identiques à partir du grec ou du latin (*biologie, biology, biologia...*, ou encore *transport, transporte, trasporto...*).

Par suite des contacts entre les langues et du recours aux langues anciennes pour le renouvellement du fonds lexical, il existe donc aujourd'hui un vocabulaire international de plus en plus abondant, témoin de l'histoire commune des populations.

Mais quelle est la proportion de ce patrimoine lexical commun par rapport à l'ensemble du vocabulaire, quels sont ces mots sans frontières et quel est leur degré de ressemblance?

Le consensus

On peut se faire une idée de ce vocabulaire international commun en prenant pour point de départ un petit dictionnaire multilingue [687] de 8 000 mots, destiné aux voyageurs dans les pays de l'Union européenne, et portant sur six des neuf langues officielles (français, anglais, allemand, espagnol, italien et portugais). Sur les 8 000 mots de ce dictionnaire, il se trouve que plus de 1 200 mots (15 %) sont des homographes dans les six langues, avec une très grande majorité (1 009) de mots d'origine gréco-latine (80 %).

Les homographes parfaits

Toutefois, il ne fallait pas s'attendre à une identité totale, et seuls vingt mots environ sont des homographes vraiment parfaits (à condition de ne pas tenir compte des accents). Les voici, en graphie française :

album	*jockey*	*motel*	*taxi*
diesel	*karaté*	*paranoïa*	*télex*
embargo	*laser*	*radar*	*virus*
gangster	*libido*	*radio*	*yoga*
hôtel	*mafia*	*revolver*	
jazz	*matador*	*sauna*	

On remarquera dans cette liste la diversité d'origine de ces mots homographes :

- du sanscrit : *yoga,*
- du grec par l'allemand : *taxi,*
- du latin : *radio, virus,*
- du latin par le français : *hôtel,*
- du latin par l'espagnol : *embargo,*
- du latin par l'anglais : *revolver* (mot forgé par Samuel Colt),
- du latin par l'anglais d'Amérique : *motel* (mot forgé),
- du latin par l'allemand : *album, libido,*
- de l'arabe par l'espagnol : *matador,*
- de l'arabe par le sicilien : *mafia,*
- de l'anglais : *gangster, jazz, jockey, radar* (sigle), *laser* (sigle),
- de l'allemand : *diesel* (éponyme à partir du nom de l'ingénieur allemand Rudolf Diesel),
- du finnois : *sauna,*
- du japonais : *karaté.*

Des différences infimes

ON N'AURA PAS DE MAL À SE COMPRENDRE, CAR...

danois	alkohol	allergi	katastrofe	chokolade	chok	klima	klasse
allemand	Alkohol	Allergie	Katastrophe	Schokolade	Shock	Klima	Klasse
néerlandais	alcohol	allergie	catastrofe	chocola	schok	klimaat	klasse
anglais	alcohol	allergy	catastrophe	chocolate	shock	climate	class
français	alcool	allergie	catastrophe	chocolat	choc	climat	classe
italien	alcool	allergia	catastrofe	cioccolato	choc	clima	classe
espagnol	alcohol	alergia	catástrofe	chocolate	choque	clima	clase
portugais	álcool	alergia	catástrofe	chocolate	choque	clima	classe

danois	detektiv	garage	gas	hygiejne	metal	teater	tunnel
allemand	Detektiv	Garage	Gas	Hygiene	Metal	Theater	Tunnel
néerlandais	detective	garage	gas	hygiëne	metaal	theater	tunnel
anglais	detective	garage	gas	hygiene	metal	theatre	tunnel
français	détective	garage	gaz	hygiène	métal	théâtre	tunnel
italien	detective	garage	gas	igiene	metallo	teatro	tunnel
espagnol	detective	garaje	gas	higiene	metal	teatro	túnel
portugais	detective	garagem	gás	higiene	metal	teatro	túnel

Certaines correspondances graphiques sont d'ailleurs systématiques :
th = t, comme dans l'anglais *theatre* et l'italien ou l'espagnol *teatro ;*
ph = f, comme dans le français *catastrophe* et l'italien *catastrofe ;*
ou encore *sh* anglais = *sch* allemand = *ch* français comme dans *shock, Schock, choc.*

Pour la presque totalité des 1 200 autres mots, les différences graphiques sont vraiment minimes et les mots restent facilement reconnaissables, comme on peut s'en rendre compte par les quelques exemples précédents, qui concernent les six langues présentes dans ce dictionnaire, auxquelles ont été ajoutés le danois et le néerlandais.

Des différences généralisées

A l'opposé extrême de ces 1 200 homographes quasi parfaits, on trouve aussi des mots qui sont **tous** différents dans les huit langues étudiées. On a pu en relever près de 300, dont voici une petite sélection :

	« allumette »	« briquet »	« mouchoir »	« poubelle »	« pourboire »
ITALIEN	fiammifero	accendino	fazzoletto	pattumiera	mancia
ESPAGNOL	cerilla	mechero	pañuelo	cubo de basura	propina
PORTUGAIS	fósforo	isquiero	lenço	caixote do lixo	gorgeta
FRANÇAIS	allumette	briquet	mouchoir	poubelle	pourboire
DANOIS	tændstick	cigaret-tænder	lommetørklæde	skraldespand	drikkepenge
ALLEMAND	Streichholz	Feuerzeug	Taschentuch	Abfalleimer	Trinkgeld
NÉERLANDAIS	lucifer	aanstecker	zakdoek	vuilnisbak	fooi
ANGLAIS	match	lighter	handkerchief	dustbin	tip

Méfions-nous des apparences

Bien que les cas où, pour un même sens, tous les mots de ces huit langues se ressemblent soient incomparablement plus fréquents que ceux où ils sont tous différents, on doit rester vigilant devant une forme aux apparences familières, car, par exemple :

sale, c'est l'adjectif « sale » en français, mais un substantif désignant la « vente » en anglais, le « sel » en italien, et c'est une forme verbale « il sort » en espagnol

salir, c'est « salir » en français, mais « sortir » en espagnol, et *salire* signifie « monter » en italien

subir, c'est « subir » en français mais « monter » en espagnol

un *baiser*, qui est un geste particulièrement tendre en français, désigne, plus prosaïquement, un gâteau blanc très sucré en allemand.

On aura reconnu dans ces quelques exemples ce que les professeurs de langue appellent des « faux amis » (cf. *encadré* LE JEU DES « FAUX AMIS »).

Récréation

LE JEU DES « FAUX AMIS »

Certains mots ont une même forme dans deux langues voisines, mais leurs significations y sont différentes : c'est ce qu'on appelle les « faux amis ». Cherchez les formes qui correspondent à :
1. « assiette » en anglais, et à un adjectif au féminin en français;
2. « pur » en allemand, et à un organe du corps humain en français;
3. « foie » en néerlandais, et à un verbe décrivant un mouvement ascensionnel en français;
4. « goutte » en anglais, et à « réglisse » en néerlandais;
5. l'extrémité d'un membre en français, et à un adjectif signifiant « principal » en anglais;
6. un chiffre en anglais, et à un appareil de cuisson en français;
7. « cadeau » en anglais, et à « poison » en allemand.

Réponses : 1. *plate* – 2. *rein* – 3. *lever* – 4. *drop* – 5. *main* – 6. *four* – 7. *gift* en anglais et *Gift* en allemand.

Pour faciliter la communication

Pour la transmission orale à distance, il s'est constitué dans les différentes langues des codes fondés sur le vieux principe acrophonique, qui consiste à désigner une lettre de l'alphabet par un mot commençant par cette lettre (cf. chapitre LE GREC § Du syllabaire à l'alphabet, p. 38). Pour épeler un nom propre au téléphone, les diverses langues ont des habitudes différentes, en utilisant soit des prénoms, soit des noms de villes ou de pays, soit des mots de la langue ordinaire.

Le grec n'en a pas réellement besoin, car chacune des lettres de son alphabet a un nom facilement identifiable du fait qu'il a le plus souvent au moins deux syllabes *(alpha, gamma, delta...)*. Néanmoins, au service des postes, il existe un code qui renvoie le plus souvent à des prénoms. Les Français et les Allemands ont aussi une prédilection pour les prénoms, tandis que les Italiens et les Espagnols préfèrent, à quelques exceptions près, les noms de villes. Plus éclectique, la langue anglaise mêle prénoms *(David, Peter)* et vocabulaire de la vie courante *(sugar, yellow)*, avec une allusion à la royauté pour k *(king)* et à la religion pour x *(Christmas)* (cf. *encadré* LES CODES TÉLÉPHONIQUES).

LES CODES TÉLÉPHONIQUES

EN GREC

A	Antônios	E	Elenê	I	Iôannês	N	Nikolaos	P	Rôksanê	Φ Phôteinê
B	Vasileios	Z	Zôê	K	Kônstantinos	Ξ	Ksenofôn	Σ	Sôtêrios	X Charalampos
Γ	Geôrgios	H	Êlias	Λ	Leônidas	O	Omêros	T	Timoleôn	Ψ Psari
Δ	Dêmêtrios	Θ	Theodôros	M	Maria	Π	Panagiôtês	Y	Ypsilantês	Ω Ômega

EN FRANÇAIS

A	Anatole	E	Édouard	I	Irma	M	Marie	Q	Québec	U	Ursule	Y Yvonne
B	Berthe	F	François	J	Joseph	N	Nicolas	R	Robert	V	Victor	Z Zoé
C	Célestin	G	Gaston	K	Kléber	O	Oscar	S	Suzanne	W	William	
D	Désiré	H	Henri	L	Louis	P	Pierre	T	Théodore	X	Xavier	

Variantes : **I** Isidore **L** Lazare **M** Marcel **S** Samuel **T** Thérèse

EN ALLEMAND

A	Anton	E	Emil	I	Ida	M	Marta	Q	Quelle	U	Ullrich	Y Y psilon
B	Berta	F	Friedrich	J	Jakob	N	Nordpol	R	Richard	V	Victor	Z Zacharias
C	Cäsar	G	Gustav	K	Konrad	O	Otto	S	Siegfried	W	Wilhelm	
D	Dora	H	Heinrich	L	Ludwig	P	Paula	T	Theodor	X	Xantippe	SCH Schule
	Ö Ödipus				Ü Übel					Ä Ärger		

EN ITALIEN

A	Ancona	E	Empoli	I	Imola	M	Milano	Q	Quarto	U	Udine	Y York
B	Bologna	F	Firenze	J	Jersey	N	Napoli	R	Roma	V	Venezia	Z Zara
C	Cagliari	G	Genova	K	Kappa	O	Otranto	S	Sassari	W	Washington	
D	Domodossola	H	hotel	L	Livorno	P	Parma	T	Torino	X	Xantia	

Variantes : **B** Bari **C** Como, Catania **K** Kennedy, Kursaal **P** Palermo **S** Savona **Y** i greco

EN ESPAGNOL

A	America	E	España	I	Italia	M	Madrid	Q	Quebec	U	Ubeda	Y Yugoslavia
B	Barcelona	F	Francia	J	Jueves	N	Navara	R	Roma	V	Valencia	Z Zaragoza
C	Cáceres	G	Gerona	K	kilo	O	Oviedo	S	Santander	W	Washington	
D	Dinamarca	H	Huelva	L	Lerida	P	Portugal	T	Toledo	X	xilófono	
	CH chocolate				LL llover					Ñ niño		

Variantes : **A** Alemania **G** Granada **H** historia **J** Jaen **L** Luis **N** Nación **P** Pamplona
Q Quintal Quimica **R** Ramon **S** Sevilla **U** Ulisses **V** Victor **X** taxi **Y** i griega

EN ANGLAIS

A	Andrew	E	Edward	I	Isaac	M	Mary	Q	Queenie	U	uncle	Y yellow
B	Bertie	F	Frederic	J	Jack	N	Nellie	R	Robert	V	Victor	Z zebra [688]
C	Charlie	G	George	K	king	O	Oliver	S	sugar	W	William	
D	David	H	Harry	L	Lucy	P	Peter	T	Tommy	X	Xmas	

Un code international

Il existe, pour la navigation aérienne, un code international, mais dont la liste de base est de langue anglaise :

A	alpha	E	echo	I	India	M	Mike	Q Quebec	U	uniform	Y Yankee
B	bravo	F	fox-trot	J	Juliet	N	November	R Romeo	V	Victor	Z Zulu
C	Charlie	G	golf	K	kilo	O	Oscar	S sierra	W	whisky	
D	delta	H	hotel	L	Lima	P	papa	T tango	X	X-ray	

Cela confirme une réalité de notre temps : l'anglais est effectivement la langue internationale par excellence. Mais le succès de cette langue constitue-t-il un danger pour toutes celles qui ont été évoquées dans les différents chapitres de ce livre?

Tant qu'il y aura *des* langues

C'est un fait que l'anglais a, ces dernières décennies, pénétré abondamment dans les langues du monde, ce qui fait naître un peu partout l'inquiétude de voir disparaître les spécificités des autres idiomes. Pourtant la proportion des emprunts à cette langue ne dépasse généralement pas 5 % du lexique total, et une sorte d'équilibre international semble vouloir s'établir : le mot *discotheque* est utilisé en Amérique, mais il a d'abord été forgé en français sur des bases gréco-latines, et le mot *brainwashing* « lavage de cerveau » est un calque du chinois. De plus, si *bronzing* est en dernière analyse un emprunt à l'anglais, il s'agit au mieux d'anglais à la française, car ce mot laisserait perplexe un Anglais ou un Américain, de même qu'il aurait du mal à comprendre que *tight* en italien désigne un vêtement habillé pour homme [689].

Toutes les langues sont contaminées, mais chacune à sa manière résiste et survit aux invasions périodiques de toutes les langues qui l'entourent, à la fois en naturalisant ces mots venus d'ailleurs et en exportant ses propres productions. Des mots nouveaux apparaissent pour désigner des réalités nouvelles, et d'autres meurent parce qu'ils n'ont plus d'utilité ou qu'ils n'ont pas su s'intégrer. Il ne faudrait pas oublier qu'un emprunt, tout comme une création, constitue toujours un enrichissement et un renouvellement des possibilités d'expression. Tant qu'il y aura *des* langues, elles continueront à échanger leurs mots sans craindre de perdre leur âme, car une langue qui vit est une langue qui donne et qui reçoit.

C'est pour l'ensemble de l'ouvrage que je tiens à remercier ma fille Isabelle de sa lecture attentive et exigeante.

Mon mari, Gérard Walter, a non seulement été responsable de la délicate réalisation de toutes les cartes et de la chronologie des civilisations européennes, mais le collaborateur patient, expert et dynamique, à tous les stades de la recherche. Il n'est pas exagéré de dire que, sans son soutien, ce travail de longue haleine n'aurait pas pu aboutir, de même que, sans l'aide inappréciable d'André Martinet, je n'aurais jamais eu l'audace de l'entreprendre.

Notes bibliographiques

On trouvera ci-dessous les références des ouvrages consultés pour la rédaction de ce livre, ainsi que les noms des nombreux collègues et amis qui m'ont aidée pour l'un ou l'autre des chapitres qui le composent.

PRÉAMBULE

1. Les données numériques concernant les populations des pays proviennent de JOYAUX, François (sous la dir.), *Encyclopédie de l'Europe*, Paris, Le Seuil, 1993, 358 p. Sauf indication contraire, les renseignements figurant dans les fiches établissant les principales langues de chaque pays proviennent de :
STEPHENS, Meic, *Linguistic Minorities in Western Europe*, Llandysul, Dyfed, Wales, Gomer Press, (1ʳᵉ éd. 1976) 1978, 796 p.
COMRIE, Bernard (sous la dir.), *The Major Languages of Western Europe*, Londres, (1ʳᵉ éd. Croom Helm, 1987), Routledge, 1990, 315 p.
GIORDAN, Henri, « Les langues minoritaires, patrimoine de l'humanité », dans GUILLOREL, Hervé & SIBILLE, Jean (sous la dir.), *Langues, dialectes et écriture. Les langues romanes de France*, Paris, Institut d'études occitanes et Institut de politique internationale européenne, Colloque de Nanterre (16-18 avril 1992), 1993, 319 p., p. 173-185.
CALVET, Louis-Jean, *L'Europe et ses langues*, Paris, Plon, 1993, 237 p., p. 209-225.

INDO-EUROPÉEN

2. HAUDRY, Jean, *L'indo-européen*, Paris, PUF, « Que sais-je? » n° 1798, 1979, 128 p., p. 4.
3. BENVENISTE, Émile, *Le vocabulaire des institutions indo-européennes*, Paris, éd. de Minuit, 1969, tome 1, 376 p. et tome 2, 340 p.
4. MARTINET, André, *Des steppes aux océans. L'indo-européen et les « Indo-Européens »*, Paris, Payot, 1986, 274 p., p. 230-237.
5. HAUDRY, Jean, *Les Indo-Européens*, Paris, PUF, « Que sais-je? » n° 1965 (1ʳᵉ éd. 1981), 1985, 128 p., p. 4.
6. GIMBUTAS, Marija, « Old Europe in the Fifth Millenium B.C. The European Situation on the Arrival of Indo-Europeans », *The Indo-Europeans in the Fourth and Third Millennia*, sous la dir. de Edgar C. POLOMÉ, Karoma Publishers, Ann Arbor, 1982, p. 2. BN [8-X-30159 (14).

7. GIMBUTAS, « Old Europe... » (réf. 6), p. 1-60 et GIMBUTAS, Marija, *Goddesses and Gods of Old Europe, 6.500-3.500 B.C. Myths and Cult Images*, London, Thames & Hudson, (1re éd. 1974), 1982. BN [4° G 5250.

8. GIMBUTAS, Marija, *The Language of the Goddess, Unearthing the Hidden Symbols of Western Civilization*, San Francisco, Harper & Row, 1989, 388 p., p. 323-324.

9. MARTINET, *Des steppes...* (réf. 4), p. 53.

10. ORENS, Marc, *La Civilisation des mégalithes*, Genève, 1977. BN [16-G-4086 (15).

11. RENFREW, Colin, *Les Origines de l'Europe*, Paris, Flammarion, 1983, 324 p., p. 275 (traduction de *Before Civilization*, 1973).

12. Je remercie mon mari, Gérard Walter, de son aide pour la rédaction de cet encadré.

13. GIMBUTAS, *The Language...* (réf. 8), p. 330.

14. RENFREW, *Les origines...* (réf. 11), p. 55-95.

15. GIMBUTAS, Marija, « Proto-Indo-European Culture : the Kurgan Culture during the Fifth, Fourth and Third Millennia B.C. », dans CARDONA, George, HOENIGSWALD, Henry & SENN, Alfred (sous la dir.), *Indo-European and Indo-Europeans*, Philadelphia, Univ. of Pennsylvania Press, 1970, p. 155-197. BN [8-X-27852 (9).

   Pour des positions parallèles, voir :
   THOMAS, Homer, « Archaeological evidence for the migrations of the Indo-Europeans », dans CARDONA, HOENIGSWALD & SENN, *Indo-European...* (réf. 15), p. 267-278.

   Pour des positions différentes, voir :
   RENFREW, Colin, *Archaelogy and Language. The Puzzle of Indo-European Origin*, Londres, Jonathan Cape, 1987 et 1989, XIV + 346 p. BN [8° X 32666, ainsi que le compte rendu par André MARTINET de cet ouvrage dans *La linguistique 26/2*, 1990, p. 160-162.

16. GIMBUTAS, « Proto-Indo-European... » (réf. 15), cartes p. 192-193.

17. GIMBUTAS, « Proto-Indo-European... » (réf. 15), cartes p. 170.

18. GIMBUTAS, « Old Europe... » (réf. 6), notamment p. 18 et cartes p. 26, 54 et 55.

19. MARTINET, André, « Les Indo-Européens et la Grèce », *Diogène 145*, janv.-mars 1989, p. 3.

20. Cette carte a été établie à l'aide des travaux de Marija Gimbutas et en particulier de GIMBUTAS, « Old Europe... » (réf. 6), p. 1-60, cartes p. 53 et 55 ainsi que de l'ouvrage de MARTINET, *Des steppes...* (réf. 4), p. 13-33 et 55-57.

21. MARTINET, *Des steppes...* (réf. 4), p. 53.

22. MARTINET, *Des steppes...* (réf. 4), p. 76-77.

23. MARTINET, *Des steppes...* (réf. 4), p. 40.

24. SÉFLUND, Gösta, *Le Terramare delle provincie di Modena, Reggio Emilia, Parma, Piacenza*, Lund et Leipzig, 1939, 245 p. et 98 tableaux, notamment p. 219-240.

25. MARTINET, *Des steppes...* (réf. 4), p. 42.

26. MARTINET, *Des steppes...* (réf. 4), p. 86-94.

27. SORAVIA, Giulio, *Dialetti degli Zingari italiani*, Pise, Pacini, 1977, 140 p., p. 11, 17, 45, 75.

28. CALVET, Georges, « Le tsigane », dans VERBUNT, Gilles (sous la dir.), *Par les langues de France*, tome 2, Les langues d'origine étrangère, Paris, Centre Pompidou, 1985, p. 65-69.

GREC

29. Je remercie vivement mes collègues Maria Kakridi, de l'université d'Athènes, Hélène Sella, de l'université de Corfou et Agathoclès Charalambopoulos, de l'université de Thessalonique, pour l'aide qu'ils ont bien voulu m'apporter dans la mise au point de ce chapitre.

30. MAULNIER, Thierry, *Cette Grèce où nous sommes nés*, Paris, Flammarion, 1964, 180 p.

31. Contossopoulos, Nicolas G., « Parallèles phonétiques entre le grec moderne et les langues ibériques », *Actas* del 5° Congreso Internacional de Estudios Lingüísticos del Mediterráneo, Madrid, 1977, p. 501-508, notamment p. 502, ainsi que dans : Contossopoulos, Nicolas G., *Dialectes et patois du grec moderne*, Athènes, 1981, p. 1-2 (texte en grec).

32. Pisani, Vittore, « Il macedonico », *Paideia*, 12, 1957, ainsi que
Vaillant, André, « Le problème du slave macédonien », *B.S.L.* 39, 1938. Cf. aussi
Clairis, Christos, « Au-delà de la diglossie », *Situations linguistiques dans les pays de la Communauté européenne, Lez Valenciennes,* n° 14, Presses universitaires de Valenciennes, 1992, p. 85-96.

33. Sella-Mazi, Eléni, « La minorité turcophone musulmane du nord-est de la Grèce et les dernières évolutions politiques dans les Balkans », dans Karyomemou, Marilena (sous la dir.), *Sociolinguistique du grec et de la Grèce, Plurilinguismes* n° 4, Centre d'études et de recherches en planification linguistique, Paris, université René-Descartes, juin 1992, p. 203-231.

34. Sampson, Geoffrey, *Writing Systems, A linguistic Introduction,* London, Hutchinson, 1985, 225 p., 3° page de titre. BN [8°-X-32096.

35. Meillet, Antoine, *Esquisse d'une histoire de la langue latine,* Paris, Klincksieck, 1966, 295 p., p. 82.

36. Naveh, Joseph, *Early History of the Alphabet. An Introduction to West Semitic Epigraphy and Paleography,* Jerusalem, The Hebrew University, The Magnes Press, 1982, p. 176.

37. Cohen, Marcel, *La grande invention de l'écriture,* Paris, Klincksieck, 1958, Vol. 1. Texte 471 p., p. 140, ainsi que :
Masson, Michel, « A propos des écritures consonantiques », *La linguistique* 29, 1993/1, p. 25-40.

38. Martinet, André « L'alphabet : un concours de circonstances », *La linguistique 29,* 1993/1, p. 17-24.

39. Diringer, David, *The Alphabet, a Key to the History of Mankind,* Londres, Hutchinson, (1ʳᵉ éd. 1948) 1968, 2 vol., p. 168. BN [4° Q 6636.

40. Je remercie André Martinet, qui m'a aidée à mettre au point et à enrichir ce tableau comparatif, dont le syllabaire phénicien a été pris dans Sampson, *Writing...* (réf. 34), p. 104. La traduction des termes phéniciens a été faite grâce à l'aide de Ursula Rieser, que je remercie également de son aide. Voir aussi :
Hadas-Lebel, Mireille, *Histoire de la langue hébraïque des origines à l'époque de la Mishna,* Publications orientalistes de France, p. 21-36.

41. Sampson, *Writing...* (réf. 34), p. 100.

42. Respectivement chez :
Contossopoulos, Nicolas G., *L'influence du français sur le grec,* Athènes, 1978, 207 p., p. 67 et 69 et chez :
Rosgovas, T., *Nouveau dictionnaire franco-hellénique avec phonétique,* 1985, 630 p., p. 411.

43. Walter, Henriette, *Le français dans tous les sens,* Paris, Robert Laffont (préface d'André Martinet), 1988, 385 p. Grand Prix de l'Académie française 1988, p. 255.

44. Les étymologies ont été reconstituées grâce à :
Nègre, Ernest, *Toponymie générale de la France,* Genève, Droz, 1990-1991, 3 tomes, 1852 p.
Vincent, Auguste, *Toponymie de la France,* Brionne, éd. Monfort, 1984, 413 p.
Magnien, Victor & Lacroix, Maurice, *Dictionnaire grec-français,* Paris, Belin, 1969, 2167 p.
Le grand atlas de l'histoire mondiale, Encyclopaedia Universalis, 1981, 316 p., p. 74-75 et index.

45. Contossopoulos, Nicolas G., « Los dialectos en la Grecia contemporánea », *Bulletin lexicographique,* Athènes, 1972, 12, p. 51-58, notamment p. 54.

46. Martinet, « Les Indo-Européens... » (réf. 19), p. 11-12.
47. Meillet, Antoine, *Introduction à l'étude comparative des langues indo-européennes,* Paris, Klincksieck, 1964, 564 p., rééd. 1966, 296 p., p. 64-66.
48. Meillet, *Introduction...* (réf. 47), p. 68.
49. Higounet, Charles, *L'écriture,* Paris, PUF, « Que sais-je? » n° 653, (1re éd. 1955) 1969, p. 75-76.
50. Martinet, *Des steppes...* (réf. 4), p. 90-91 et Higounet, *L'écriture* (réf. 47), p. 72.
51. Meillet, *Introduction...* (réf. 47), p. 70-72.
52. Gourvil, Francis, *Langue et littérature bretonnes,* Paris, PUF, « Que sais-je? » n° 527, (1re éd. 1952) 1968, 126 p., p. 20.
53. Meillet, *Introduction...* (réf. 47), p. 68-70 ainsi que :
Jackson, Kenneth, *Language and History in Early Britain,* Cambridge (Mass.), Harvard University Press, 1953, p. 207. BN [8° X 22975.
54. Price, Glanville, *The Languages of Britain,* Londres, Edward Arnold (41 Belford sq., London WC1B 3DQ) (1re éd. 1984), 1985, 245 p., p. 212. BN [8° X 31860.
55. Meillet, Antoine & Cohen, Marcel (sous la dir.), *Les langues du monde,* Paris, C.N.R.S. Champion, 1952, nouvelle éd. 1962, 2 tomes, 1294 p. et 21 cartes, tome 1, p. 65.
56. Cette carte a été établie d'après les données de Mirambel, André, *Grammaire du grec moderne,* Paris, Klincksieck, (1re éd. 1939) 1983, 243 p., p. vi-viii.
57. Babiniotis, Georges, *Brève histoire de la langue grecque,* Athènes, 1985 (en grec), p. 166-167 et
Babiniotis, Georges, « A Linguistic Approach to the " Language Question " in Greece », *Byzantine and Modern Greek Studies,* London, Basil Blackwell, 1979, vol. 5, p. 1 et suiv.
58. Ferguson, Charles, « Diglossia », *Word,* 15, 1959, p. 325-340.
59. Clairis, Christos, « Le cas du grec », dans Fodor Istvan & Hagège Claude (sous la dir.), *Language Reform/ La réforme des langues, histoire et avenir,* Hambourg, Buske, 1983, vol. I, xxii + 544 p., p. 351-362, plus précisément p. 351 et 355.
60. Clairis, Christos, « Quel grec? », *Plurilinguisme,* n° 4, *Sociolinguistique du grec et de la Grèce,* Paris, univ. René-Descartes, juin 1992, p. 28-38, notamment p. 31.
61. Mackridge, Peter, *The Modern Greek Language,* (édit. grecque, Athena, Pataki, 1987) texte en anglais, Oxford, Oxford University Press, (1re édit. 1985) 1987, 387 p., p. 308.
62. Georgoudis, Constantin, « Vocabulaire de base et diglossie », *A propos du grec,* Journée d'études de l'U.E.R. de linguistique générale et appliquée, dirigée par Christos Clairis, *Journée d'études* n° 11, Paris, Sorbonne, 1988, p. 43-53, notamment p. 51.
63. Mirambel, *Grammaire...* (réf. 56), p. 200-202.
64. Contossopoulos, *L'influence...* (réf. 42), p. 51.
65. Mirambel, *Grammaire...* (réf. 56), p. 201.
66. Sella, Hélène, « Langues étrangères dans la publicité grecque », dans *Actes* du XVIIIe Colloque international de linguistique fonctionnelle (Prague, 12-17 juillet 1991), Prague, Université Charles, 1992, 343 p., p. 302-307.
67. Contossopoulos, *L'influence...* (réf. 42), 207 p.
68. Contossopoulos, *L'influence...* (réf. 42), notamment p. 20-21, p. 59-63, p. 66-70.
69. Walter, Henriette, *Des mots sans-culottes,* Paris, Robert Laffont, 1989, 244 p., p. 166 et 158.
70. Sella, « Langues étrangères... » (réf. 66).
71. Cette allocution a été publiée dans le *New York Times* du 27/12/1957.
72. Nicolaïdis, Aristote & Nicolaïdis, Nicos, *Dictionnaire des mots inexistants,* Genève, Metropolis, 1989, 95 p. En 1966 a été fondé l'Institut international de terminologie et du langage, qui, depuis 1974, siège aussi à Genève.
73. Triandaphyllidis, Manolis A., *Petite grammaire du grec moderne,* traduction fran-

çaise de Fernand Duisit et Octave Merlier, Thessalonique, 1975, 261 p., p. 47, qui donne la translittération *funtuki*. BN [16° X 5257.

74. BLOCH, Oscar & WARTBURG, Walther von, *Dictionnaire étymologique de la langue française*, Paris, P.U.F., 1950, 651 p., p. 390.

75. PERNOT, Hubert, « Notes sur le dialecte tsaconien », *Revue de phonétique*, tome 4, fasc. 2, 1987, p. 3-38. BN [4°-X-pièce 384 et :
CHARALAMBOPOULOS, Agathoclès, *Analyse phonologique des dialectes tsaconiens*, Thessalonique, 1980, 196 p. (en grec), ainsi que :
BROWNING, Robert, *Medieval and Modern Greek*, Londres, Hutchinson University Library, 1969, p. 123 et :
CARATZAS, Stam. C., *Les Tzacones*, Supplementa byzantina, band 4, Berlin-New York, de Gruyter, 1976.

76. PANAYI-TULLIEZ, Photini, « Langue, poésie orale et identité culturelle chypriote », dans KARYOMEMOU, *Sociolinguistique...* (réf. 33) p. 39-55. C'est un dialecte qui est encore parlé dans les communautés grécophones de Londres, cf. GARDNER-CHLOROS, Penelope, même référence que ci-dessus, p. 112-136.

77. KATZOYANNOU, Marianne, « Mort des langues et locuteurs terminaux : le cas de la minorité grécophone de la Calabre (Italie) », dans KARYOMEMOU, *Sociolinguistique...* (réf. 33) p. 84-111.

78. DRETTAS, Georges, « Problèmes de la linguistique balkanique », *Bulletin de la Société de linguistique de Paris (B.S.L.)*, 82, 1, Paris, Klincksieck, 1987, p. 257-281 ainsi que :
CONTOSSOPOULOS, « Los dialectos... » (réf. 45), p. 51-58, notamment p. 54-55.

79. MEILLET, *Esquisse...*, (réf. 35), p. 334.

80. CONTOSSOPOULOS, Nicolas G., « Vue d'ensemble sur les dialectes néo-helléniques », *Lalies*, Actes des sessions de linguistique et de littérature, 2, (Thessalonique, 24 août-6 septembre 1980), Publications de la Sorbonne nouvelle, Paris-III, p. 67-76.

81. CONTOSSOPOULOS, Nicolas G., « La Grèce du *ti* et la Grèce du *inta* », *Glossologia*, tome 2-3, 1983-1984, p. 149-166, ainsi que :
TARABOUT, Yvon, « L'interrogatif εντα ou ιντα " quoi? " », *Bulletin de la Société de linguistique de Paris*, vol. 73, fasc. 1, p. 301-310.

82. MEILLET, *Esquisse...* (réf. 35), p. 334.

83. CONTOSSOPOULOS, Nicolas G., « Les dialectes néo-grecs à la lumière de l'atlas linguistique de l'Europe », *Liber Amicorum Weijnen*, Assen, Van Gorcum, 1980, p. 285-289, notamment p. 287.

84. CONTOSSOPOULOS, Nicolas G., « Vue d'ensemble... » (réf. 80).

85. SETATOS, M., *Phonological Problems of Modern Greek Koinè*, Thessalonique, Grèce, 1969, p. 36-45. BN [8°-X-28049.
WALTER, Henriette, « Problèmes de phonologie du grec moderne », *Annuaire de l'École pratique des Hautes Études (4ᵉ section) 1979-1980*, Paris, 1982, p. 192.
WALTER, Henriette, « Pour une description phonologique du grec moderne », *Linguistica Antverpiensia*, 16, 1992, p. 223-236.
NEWTON, Brian, *The Generative Interpretation of Dialect. A Study of Modern Greek Phonology*, Cambridge, 1972.

86. DALTAS, Periclis, « What has become of the concept of diglossia? An account of recent developments with special reference to Greek voiced stops », dans KARYOMEMOU, *Sociolinguistique...*(réf. 33), p. 1-27.

87. CHARALAMBOPOULOS, Agathoclès, « Projet de recherche pour l'étude de la diversité phonologique en grec moderne », *Actes du XIIIᵉ Colloque international de linguistique fonctionnelle* (Corfou, 24-29 août 1986), Athènes, 1988, p. 197-199. Voir aussi :
CHARALAMBOPOULOS, Agathoclès, ARAPOPOULOU, M., KOKOLAKIS, A. & KYRADZIS, A., « Phonological Variation : voicing-prenasalization » dans les Actes de la 12ᵉ

Conférence pour la description de la langue grecque (Thessaloniki, 18-20 avril 1991), Thessaloniki, univ. Aristote, Département de linguistique, Kyriakides Brothers, 1991, p. 289-302 (en grec).

88. Cf. le *Symposion sur le grec contemporain*, organisé les 14 et 15 février 1992 à la Sorbonne, conjointement par la Société internationale de linguistique fonctionnelle (SILF) et par l'UFR de linguistique générale et appliquée de l'université René Descartes (Paris-V), dont une partie a été publiée dans *La linguistique* 28, 1992/2, p. 65-139.

CELTIQUE

89. GRENIER, Albert, *Les Gaulois*, Payot, 366 p., p. 90. BN [16° Z 9698 (157).

90. DILLON, Myles & CHADWICK, Nora, *1he Celtic Realms*, Londres, Weidenfeld & Nicolson, (1ʳᵉ éd. 1967) 2ᵉ éd. 1972, trad. française par Christian J. GUYONVARC'H, *Les royaumes celtiques*, Paris, Fayard, 1974, 452 p., p. 1-7. BN [usuels J 712 (6).

91. GRENIER, *Les Gaulois...* (réf. 89), p. 56-59, ainsi que :
DUROSELLE, Jean-Baptiste, *L'Europe. Histoire de ses peuples*, Paris, Perrin, 1990, 705 p., p. 47-62, et :
LOCKWOOD, W. B., *Languages of the British Isles. Past and Present*, Londres, André Deutsch, 1975, p. 23. BN [8° X 28920.

92. Cette carte a été établie en s'inspirant de :
MANSUELLI, Guido A., *Les civilisations de l'Europe ancienne*, Paris, Arthaud, 1967, p. 223. BN [usuels J 732 (6), et de :
BRÉKILIEN, Yann, *Le breton, langue celtique*, Quimper, 1976, 132 p., p. 13. BN [16° X 5571.

93. Cette carte, qui donne une idée globale de la situation actuelle, a été établie à partir des données fournies par ABALAIN, Hervé, *Destin des langues celtiques*, Paris, Ophrys, 1989, 253 p., p. 62-92 et 143.

94. DOTTIN, Georges, *La langue gauloise, grammaire, textes et glossaire*, Paris, 1920 et Genève, Slatkine Reprints, 1980, 364 p., p. 88.

95. DAUZAT, Albert, *La toponymie française*, Paris, Payot, (1ʳᵉ éd. 1960) 1971, 335 p., p. 22-23.

96. DOTTIN, Georges, *Les anciens peuples de l'Europe*, Paris, Klincksieck, 1916, p. 204. BN [8° G 9753 (1).

97. ALLAIN, J. & BEDU, A., *Trente mille ans d'histoire*, édité par l'Association pour la sauvegarde du site archéologique d'Argentomagus, Saint-Marcel (Indre), 1980, 71 p., notamment p. 29-35, et :
Musée archéologique d'Argentomagus, Guide du visiteur, Argenton-sur-Creuse (Indre), 1991, 48 p., notamment p. 22.

98. GUYONVARC'H, Christian J., « La Gaule », ch. 13, dans *Les royaumes celtiques...* (réf. 90).

99. GRENIER, *Les Gaulois...* (réf. 89), p. 98.

100. VINCENT, *Toponymie...* (réf. 44), p. 102, § 247.

101. MACALISTER, Robert Alexander Stewart, *The Secret Languages of Ireland*, Cambridge, 1937, p. 2-3. BN [8° X 22676.

102. JACKSON, Kenneth, « Notes on the Ogam Inscriptions of Southern Britain » (1932), *The Early Cultures of North West Europe* (sous la dir. de Cyril Fox & Bruce DICKINS), Cambridge (G. B.), University Press, 1950, p. 207. BN [4° Z 4612.

103. VENDRYES, Joseph, « L'écriture ogamique et ses origines », *Études celtiques*, tome 4, 1940, p. 83-116, reproduit dans *Choix d'études linguistiques et celtiques*, Paris, Klincksieck, 1952, p. 247-276. BN [8° X 13341 (55).

104. CARNEY, James, « The Invention of the Ogom Cipher », *Eriu* 26, 1975, p. 53-65, notamment p. 57. BN [4° Z 2306.

105. Jackson, Kenneth, *Language and History in Early Britain*, Edinburgh, Edinburgh University Press, 1953, p. 691.
106. Lockwood, *Languages...* (réf. 91), p. 80.
107. Price, Glanville, *The Languages...* (réf. 54), p. 28-29, ainsi que :
     Cohen, Marcel, *La grande invention...* (réf. 37), vol. 1, p. 198-199.
108. Martinet, *Des steppes...* (réf. 4), p. 44.
109. Nègre, *Toponymie...* (réf. 44), p. 196-197.
110. Martinet, *Des steppes...* (réf. 4), p. 115.
111. Martinet, *Des steppes...* (réf. 4), p. 95.
112. Grenier, *Les Gaulois...* (réf. 89), p. 69-70.
113. Dillon & Chadwick, *The Celtic...* (réf. 90), p. 21.
114. Brékilien, *Le breton...* (réf. 92), p. 92-93.
115. Stephens, Meic, *Linguistic...* (réf. 1), p. 443-445.
116. Stephens, *Linguistic...* (réf. 1), p. 454.
117. Lockwood, *Languages...* (réf. 91), p. 76.
118. Stephens, *Linguistic...* (réf. 1), p. 443.
119. Price, *The Languages...* (réf. 54), p. 39-40.
120. Stephens, *Linguistic...* (réf. 1), p. 451-452.
121. Stephens, *Linguistic...* (réf. 1), p. 443. En 1975, Lockwood, *Languages...* (réf. 91), p. 77, estimait que le nombre d'irlandophones s'élevait à un demi-million environ.
122. Stephens, *Linguistic...* (réf. 1), p. 443.
123. Les recensements de 1851, 1881 et 1911 ont été relevés dans Price, *The Languages...*, (réf. 52), p. 40. Ceux de 1891 dans Stephens, *Linguistic...* (réf. 1), p. 456, ceux de 1946, 1961 et 1971, p. 463.
124. Stephens, *Linguistic...* (réf. 1), p. 461-463.
125. Brékilien, *Le breton...* (réf. 92), p. 54-55.
126. Jubainville (d'Arbois de), « La littérature ancienne de l'Irlande et l'Ossian de Macpherson », *Bibliothèque de l'École des chartes*, tome 41, Paris, 1880, p. 315. BN [Pièce 8° Z 239.
127. Stafford, Fiona J., *The Sublime Savage, A Study of James Macpherson and the Poems of Ossian*, Edinburgh, Edinburgh University Press, 1988, 192 p., p. 113-128.
128. Gategno, Paul J. de, *James Macpherson*, Boston, Twayre, 1989, 171 p., p. 1.
129. Lockwood, W. B., *A Panorama of Indo-European Languages*, London, Hutchinson University Library, 1972, p. 78. BN [8° R 58065 (66).
130. Lockwood, *Languages...* (réf. 91), p. 119.
131. Stephens, *Linguistic...* (réf. 1), p. 200 et 207.
132. Price, *The Languages...* (réf. 54), p. 136.
133. Stephens, *Linguistic...* (réf. 1), p. 205.
134 Lockwood, *Languages...* (réf. 91), p. 54.
135. Je remercie le professeur Jenkin, rédacteur en chef de la revue *Delyow derow*, pour les informations qu'il m'a communiquées.
136. Brékilien, *Le breton...* (réf. 92), p. 31.
137. Price, *The Languages...* (réf. 54), p. 71-83.
138. Price, *The Languages...* (réf. 54), p. 95-121.
139. Price, Glanville, « The Welsh Language today », dans *The Celtic Connection*, sous la dir. de Glanville Price, Colin Smith Ltd, pour le compte de The Princess Grace Irish Library, 1992, p. 206-215, notamment p. 212.
140. Lockwood, *Languages...* (réf. 91), p. 35-38.
141. Lockwood, *Languages...* (réf. 91), p. 34.
142. Brékilien, *Le breton...* (réf. 92), p. 65.
143. Cherpillod, André, *Dictionnaire étymologique des noms géographiques*, Paris, Masson, 1988, 527 p., p. 275. BN [4° X 5331.

144. FALC'HUN, *Histoire de la langue bretonne d'après la géographie linguistique*, Paris, PUF, tome 1, 374 p., et tome 2, 63 p., tome 1, p. 29-30.

145. FLEURIOT, Léon, *Les origines de la Bretagne*, Paris, Payot, 1980, 353 p., p. 24, 39 et 219.

146. MARKALE, Jean, *Identité de Bretagne*, Paris, Entente, 1985, 214 p., p. 60.

147. FLEURIOT, *Les origines...* (réf. 145), p. 96.

148. FAVEREAU, Francis, *Bretagne contemporaine, Langue, culture, identité*, Morlaix, Skol Vreizh, 1993, 224 p., p. 29.

149. DENEZ, Per, *Cours de breton par correspondance*, Rennes, Centre national d'enseignement par correspondance, 1982/83, « Histoire du breton », code IV, série 1, p. 27. Je remercie ici mon collègue Per DENEZ, professeur à l'Université de Rennes, pour ses commentaires sur une première version de ce chapitre.

150. MARKALE, *Identité...* (réf. 146), p. 87.

151. MARKALE, *Identité...* (réf. 146), p. 142-143.

152. LAURENT, Donatien, « Aux origines du " Barzaz-Breiz " : les premières collectes de La Villemarqué (1833-1840) », *Bulletin de la société archéologique du Finistère*, 1974, n° 102, p. 173-221. BN [8° Lc²⁰ 36.

153. BRÉKILIEN, *Le breton...* (réf. 92), p. 89-92.

154. FLEURIOT, Léon, « Les réformes du breton », dans FODOR & HAGÈGE, *Language Reform...* (réf. 59), vol. 2, p. 27-47, notamment p. 46.

LATIN

155. ARONDEL, M., BOUILLON, J., LE GOFF, J. & RUDE, J., *Rome et le Moyen Age jusqu'en 1328*, Paris, Bordas, 1966, 352 p., p. 6 et 8.

156. TAGLIAVINI, Carlo, *Le origini delle lingue neolatine, introduzione alla filologia romanza*, Bologna, Riccardo Pàtron, (1ʳᵉ éd. 1949) 1969, 681 p., p. 97, et : *Le grand atlas de l'histoire mondiale*, Encyclopaedia Universalis, Paris, Albin Michel, 375 p., p. 88-89.

157. VÄÄNÄNEN, Veikko, *Introduction au latin vulgaire*, Paris, Klincksieck, 1964, 229 p., p. 9.

158. ERNOUT, A. & MEILLET, Antoine, *Dictionnaire étymologique de la langue latine, histoire des mots*, Paris, Klincksieck, (1ʳᵉ éd. 1932) 1967, 827 p., p. 574.

159. RIGANTI, Elisabetta, *Lessico latino fondamentale*, Bologne, Pàtron, 1989, 250 p., p. 70.

160. GAFFIOT, Félix, *Dictionnaire illustré latin-français*, Paris, Hachette, 1934, p. 1103 et ERNOUT & MEILLET, *Dictionnaire...* (réf. 158), p. 474.

161. ERNOUT & MEILLET, *Dictionnaire...* (réf. 158), p. 725.

162. RIGANTI, *Lessico...* (réf. 159), p. 105.

163. ERNOUT & MEILLET, *Dictionnaire...* (réf. 158), p. 725.

164. LABARRE, Albert, *Histoire du livre*, Paris, PUF, « Que sais-je? » n° 620, 1985 (1ʳᵉ éd. 1970), 127 p., p. 10-11.

165. MAROUZEAU, Jules, *Introduction au latin*, Paris, Les Belles Lettres, 1954, 178 p., p. 30-31.

166. IFRAH, Georges, *Histoire universelle des chiffres*, Paris, Seghers, 1981, 567 p., p. 150-151 ainsi que *Les chiffres, ou l'histoire d'une grande invention*, Paris, Robert Laffont, 1985, 334 p., p. 178-188. La matière de ces deux ouvrages a été entièrement refondue dans un ouvrage intitulé *Histoire universelle des chiffres*, Paris, Robert Laffont, coll. « Bouquins », 1994.

167. MAROUZEAU, *Introduction...* (réf. 165), p. 15-16, et IFRAH, *Histoire...* (réf. 166), p. 139-144 de l'éd. de 1981.

168. TAGLIAVINI, Carlo, *Le origini...* (réf. 156), p. 109. ERNOUT, A., « Les éléments étrangers dans le vocabulaire latin », *BSL*, 30, 1930, p. 82-124.

169. Rat, Maurice, *Aide-mémoire de latin*, Paris, Nathan, 1965, 124 p., p. 65.
170. Marouzeau, Jules, « Le latin, langue de paysans », *Mélanges Vendryès*, Paris, 1925, p. 255.
171. Pisani, Vittore, *Storia della lingua italiana*, 1968, p. 168.
172. Horace, *Épîtres*, Épître à Auguste, livre II, épître 1, vers 152. Traduction de J.B. Monfalcon, *Œuvres complètes d'Horace*, édition polyglotte, Paris-Lyon, Cormon et Blanc, 1834, p. 113.
173. Grimal, Pierre, *La civilisation romaine*, Paris, Arthaud, 1960, 532 p., p. 173-174.
174. Meillet, Antoine, *Esquisse...* (réf. 35), p. 108.
175. Marouzeau, *Introduction...* (réf. 165), p. 93.
176. Bourciez, Édouard, *Éléments de linguistique romane*, Paris, Klincksieck, 1956, 783 p., p. 57.
177. Ernout, A., *Les éléments dialectaux du vocabulaire latin*, Paris, 1909, p. 26-29.
178. Tagliavini, *Le origini...* (réf. 156), p. 131-132.
179. Tagliavini, *Le origini...* (réf. 156), p. 273.
180. Meillet, *Esquisse...* (réf. 35), p. 105.
181. Väänänen, *Introduction...* (réf. 157), p. 11.
182. Norberg, Dag, *Manuel pratique de latin médiéval*, Paris, Picard, 1968, 212 p., p. 18.
183. Riganti, *Lessico...* (réf. 159), p. 57.
184. Väänänen, *Introduction...* (réf. 157), p. 80 et 84.
185. Apicius, *L'art culinaire*, texte établi, traduit et commenté par Jacques André, Paris, Les Belles Lettres, (1re éd. 1974) 1987, 234 p., p. vii, ainsi que :
André, Jacques, *L'alimentation et la cuisine à Rome*, Paris, Les Belles Lettres, (1re éd. 1961), 1981, 252 p., p. 129 et 137.
186. Elcock, W.D., *The Romance Languages*, London, Faber & Faber, 1960, 573 p., p. 28.
187. Herman, Joseph, *Le latin vulgaire*, Paris, PUF, « Que sais-je? » no 1247, 1967, 125 p., p. 32.
188. Molière, Jean-Baptiste Poquelin dit, « Le malade imaginaire », *Œuvres complètes*, 2 tomes, Paris, Gallimard, « La Pléiade », tome 2, p. 908.
189. Romains, Jules, *Les copains*, Paris, Gallimard, 1922, 225 p., p. 87.
190. Queneau, Raymond, *Exercices de style*, Paris, Gallimard, 1947, 200 p., p. 157.
191. Rudder, Orlando de, *Aperto libro, citations et pensées latines*, Paris, Larousse, 1988, 302 p., p. 80-81.
192. Marouzeau, J., *La prononciation du latin. Histoire, théorie, pratique*, Paris, Les Belles Lettres, 1955, 31 p.
193. Hagège, Claude, *Le souffle de la langue. Voies et destins des parlers d'Europe*, Paris, éd. Odile Jacob, 1992, 286 p. + cartes, p. 141-142.

ITALIEN

194. Monteverdi, A., « A proposito dell'indovinello veronese », *Saggi neolatini*, Rome, 1945, p. 524-526, ainsi que :
Tagliavini, *Le origini...* (réf. 156), p. 524-526, et :
Migliorini, Bruno, *Storia della lingua italiana*, Florence, (1re éd. 1937), Florence, Sansoni, 1991, 781 p., p. 64-65.
Pour une interprétation différente, cf. Durante, Marcello, *Dal latino all'italiano moderno, saggio di storia linguistica e culturale*, Bologna, Zanichelli, (1re éd. 1981), 1990, 327 p., p. 94-95.
195. Muljačić, Žarko, *Scaffale italiano, avviamento bibliografico allo studio della lingua italiana*, Florence, La nuova Italia, 1991, 374 p., p. 222 et 225.
196. Rostaing, Charles, *Les langues romanes*, Paris, PUF, « Que sais-je? » no 1562, (1re éd. 1974), 1979, 128 p., p. 79.

197. BONFANTE, Giuliano, *Latini e Germani in Italia*, Brescia, Paideia, (1ʳᵉ éd. 1960) 1965, 63 p., p. 11, 17, 23.

198. MARTINET, André, « Phonologies en contact dans le domaine du gallo-roman septentrional », *Sprachwissenschaftliche Forschungen*, 23, *Festschrift für Johann Knobloch*, Innsbruck, 1985, p. 247-251.

199. WALTER, Henriette et WALTER, Gérard, *Dictionnaire des mots d'origine étrangère*, Paris, Larousse, coll. « Références », 1991, 413 p., p. 36-37.

200. MIGLIORINI, *Storia...* (réf. 194), p. 77-78.

201. GUICHONNET, Paul, *Histoire de l'Italie*, Paris, PUF, « Que sais-je ? » n° 286, (1ʳᵉ éd. 1969) 1986, 126 p., p. 13.

202. BONFANTE, *Latini...* (réf. 197), p. 23.

203. MIGLIORINI, *Storia...* (réf. 194), p. 74-82.

204. TAGLIAVINI, Carlo, *Le origini...* (réf. 156), p. 315.

205. WALTER & WALTER, *Dictionnaire...* (réf. 199), p. 58-59.

206. ZOLLI, Paolo, *Le parole straniere*, Bologna, Zanichelli, (1ʳᵉ éd. 1976) 1991, 246 p., p. 177.

207. MIGLIORINI, *Storia...* (réf. 194), p. 89.

208. ARRIGHI, Paul, *La littérature italienne*, Paris, PUF, « Que sais-je ? » n° 715, 1956, 128 p., p. 6.

209. MASSON, Georgina, *Frédéric II de Hohenstaufen*, traduction de l'anglais par André D. TOLEDANO, Paris, Albin Michel, 1963, 381 p., p. 213, ainsi que :
BENOIST-MECHIN, *Frédéric II de Hohenstaufen, ou le rêve excommunié (1194-1250)*, Paris, Perrin, (1ʳᵉ éd. 1957) 1980, 513 p.

210. GALLI DE' PARATESI, Nora, *Lingua toscana in bocca ambrosiana. Tendenze verso l'italiano standard un'inchiesta sociolinguistica*, Bologne, Il Mulino, 1985, 278 p., notamment p. 207, ainsi que :
GIACOMELLI, Roberto, *Lingua Rock*, Napoli, Morano, 1988, 254 p., p. 200-204.

211. DANTE, *De vulgari eloquentia*, traduction et commentaires en italien par Claudio MARAZZINI et Concetto DEL POPOLO, Milan, Mondadori, 1990, LIV + 154 p., p. 40-41.

212. DANTE, *De vulgari...* (réf. 211), p. 40-46.

213. DANTE, *De vulgari...* (réf. 211), p. 62-68.

214. WALTER, Henriette, « A la recherche de l'italien standard », *Phonologie et société*, sous la direction d'Henriette WALTER, Montréal, Didier, 1977, p. 129-139, ainsi que La « gorgia toscana », *Annuaire de l'école pratique des Hautes Études (4ᵉ section) 1967-1968*, Paris, 1968, p. 655-656. Cf. également Henriette WALTER, *La gorgia toscana*, Thèse de IIIᵉ cycle, sous la direction d'André Martinet, Faculté des lettres et des sciences humaines de Paris, 1966, 197 p. dactylographiées (non publiée).

215. WALTER, Henriette, « La différenciation géographique en français et en italien », *La linguistique* 26, 1990/2, p. 35-45.

216. LEPSCHY, Anna Laura & LEPSCHY, Giulio, *La lingua italiana*, Milan, Bompiani, 1981, 232 p. (reprise de l'édition originale *The Italian Language Today*, Londres, Hutchinson, 1977), p. 19.

217. MIGLIORINI, *Storia...* (réf. 194), p. 345 et 418.

218. ARRIGHI, Paul, *La littérature italienne...* (réf. 208), p. 38-41.

219. TAGLIAVINI, Carlo, *Le origini...* (réf. 156), p. 534.

220. MIGLIORINI, *Storia...* (réf. 194), p. 485.

221. MIGLIORINI, *Storia...* (réf. 194), p. 495.

222. MIGLIORINI, *Storia...* (réf. 194), p. 500-551.

223. Le linguiste Graziadio ASCOLI, par exemple, publie en 1873 l'*Archivio glottologico italiano*, où il refuse toute intervention normative. Cf. MIGLIORINI, *Storia...* (réf. 194), p. 820.

224. Cette carte s'inspire de « Per una carta dialettologica italiana », HOLTUS Günter,

METZELTIN, Michele & PFISTER, Max, *La dialettologia italiana oggi, Studi offerti a Manlio Cortelazzo,* Tübingen, Gunter Narr, 1989, 393 p., p. XVII à XXV; de ELCOCK, *The Romance...* (réf. 186), p. 15; de BEC, *Manuel...* (réf. 227), tome 1, p. 20-21 et carte 2, p. 560; et de PELLEGRINI, Giovan Battista, *Carta dei Dialetti d'Italia,* Profilo dei dialetti italiani, Pise, Pacini, 1977.

225. DE MAURO, Tullio, *Storia linguistica dell'Italia unita,* Bari, 1963, 521 p., p. 310-311.

226. DE MAURO, Tullio, « Per una storia linguistica della città di Roma », *Il romanesco ieri e oggi,* sous la dir. de DE MAURO, Tullio, Rome, Bulzoni, 1989, p. XIII-XXXVII.

227. BEC, Pierre, *Manuel pratique de philologie romane,* Paris, Picard, 1970, tome 1, 558 p., p. 98.

228. CANNIZZO, Raimondo A., *Affinità linguistiche franco-siciliane,* Syracuse, Flaccaventolibri, 1986, 83 p.

229. LEPSCHY & LEPSCHY, *La lingua...* (réf. 216), p. 51.

230. VIDAL SÉPHIHA, Haïm, *L'agonie des Judéo-Espagnols,* Paris, Entente, (1re éd. 1977) 1979, p. 17.

231. GOEBL, Hans, « Trois coups d'œil rapides sur la situation sociolinguistique dans les Alpes centrales (Grisons, Tyrol du Sud/Haut-Adige, Carinthie méridionale) », dans *La Bretagne linguistique,* Centre de recherche bretonne et celtique, université de Bretagne occidentale, Brest, à paraître en 1994 (p. 11-12 du texte manuscrit).

232. BOURCIEZ, Édouard, *Éléments de linguistique romane,* Paris, Klincksieck, 1956, 783 p., p. 605-607.

233. BÉTEMPS, Alexis, *Les Valdôtains et leur langue,* Aoste, Union valdôtaine, 1979, 112 p., notamment p. 28-29.

234. TUAILLON, Gaston, *Le francoprovençal. Progrès d'une définition,* Aoste (St-Nicolas), Centre d'études francoprovençales René Willien, 1983, 68 p. (d'abord paru dans les *Travaux de linguistique et de littérature,* X, 1, 1972, Klincksieck), ainsi que :
TUAILLON, Gaston, « Faut-il, dans l'ensemble gallo-roman, distinguer une famille linguistique pour le francoprovençal », dans GUILLOREL et SIBILLE *Langues...* (réf. 1), p. 142-149.

235. MARTINET, André, compte rendu de Dieter KATTENBUSCH, *Das Frankoprovenzalische in Süditalien,* GNV, Tübingen, Narr, 1982, dans *Mediterranean Language Review,* Wiesbaden, Otto Harrassowitz, vol. 3, 1986, p. 115-117.

236. WAGNER, M. L., *La lingua sarda, storia, spirito e forma,* Bern, Francke, 1951, 416 p., p. 48-56.

237 WAGNER, *La lingua...* (réf. 236), p. 390-394.

238. TAGLIAVINI, *Le origini...* (réf. 156), p. 393 et 426.

239. WAGNER, *La lingua...* (réf. 236), p. 22 et 72.

240. WAGNER, *La lingua...* (réf. 236), p. 32-33.

241. Tout cet exposé se fonde sur des données présentées par TAGLIAVINI, *Le origini...* (réf. 156), p. 394-395, note 91.

242. LE CLÉZIO, Yves, « Dialectes et modernité : la situation linguistique en Italie en 1990 », *La linguistique* 27, 1991/1, p. 59-79, notamment p. 62-65.

243. Cette carte s'inspire des cartes de LE CLÉZIO, « Dialectes... (réf. 242), p. 62, 64 et 66.

244. DE MAURO, *Storia...* (réf. 225), p. 27-29.

245. LEPSCHY & LEPSCHY, *La lingua...* (réf. 216), p. 37.

246. BECCARIA, Gian Luigi, *Italiano antico e nuovo,* Milan, Garzanti, 1992, 401 p., p. 92.

247. BECCARIA, *Italiano...* (réf. 246), p. 88.

248. TODISCO, Alfredo, *Ma che lingua parliamo,* Milano, Longanesi, 1984, 148 p., p. 70-71.

249. Sélection effectuée à partir de ZOLLI, Paolo, *Le parole dialettali, con i dialetti dalle Alpi al Lilibeo*, Milan, Rizzoli, 1986, 195 p.

250. LA STELLA T., Enzo, *Uomini dietro le parole*, Milano, Ugo Murcia, 1992, 176 p., p. 160.

251. DE MAURO, *Storia...* (réf. 225), p. 243, note 3.

252. MIGLIORINI, *Storia...* (réf. 194), p. 526, note 301.

253. ZOLLI, Paolo, *Le parole dialettali...* (réf. 249), p. 131-132.

254. LA STELLA T., Enzo, *Dizionario storico di deonomastica*, Firenze, Olschki, 1984, 233 p., p. 161, ainsi que :
LA STELLA T., *Uomini...* (réf. 250), p. 42-43.

255. ZOLLI, *Le parole dialettali...* (réf. 249), p. 137.

256. ZOLLI, *Le parole dialettali...* (réf. 249), p. 161.

257. BOCH, Raoul (avec la collab. de Carla SALVIONI), *Les faux amis aux aguets, Dizionario di false analogie e ambigue affinità tra francese e italiano*, Bologna, Zanichelli, 1988, 316 p., p. 291.

258. CORTELAZZO, Manlio & ZOLLI, Paolo, *Dizionario etimologico della lingua italiana*, Bologna, Zanichelli, 1979, 5 tomes, 1 470 p.

259. LA STELLA T., *Dizionario...* (réf. 254), p. 210.

260. ZOLLI, *Le parole dialettali...* (réf. 249), p. 80.

261. Je dois l'essentiel des informations sur le lexique des pâtes à Anna Capelli, à qui j'adresse mes plus vifs remerciements.

262. LA STELLA T., *Uomini...* (réf. 250), p. 155.

263. LE CLÉZIO, Yves, « Dialectes... (réf. 242), p. 59-79, notamment p. 60.

264. BECCARIA, *Italiano antico...* (réf. 246), p. 85-87.

265. TODISCO, *Ma che lingua...* (réf. 248), p. 40-41.

266. BECCARIA, *Italiano antico...* (réf. 246), p. 85.

267. VASSALLI, Sebastiano, *Il neoitaliano. Le parole degli anni ottanta*, Bologne, Zanichelli, 1989, p. 53.
CÒVERI, Lorenzo, « 'Iao paninaro », *L'Italiano tra società e scuola*, 1988(?), p. 111.
GIACOMELLI, *Lingua Rock* (réf. 210), p. 160.
WALTER, Henriette, « La différenciation géographique en français et en italien », *La linguistique* 26, 1990/2, p. 44.
RADTKE, Edgar (sous la dir. de), *La lingua dei giovani in Italia*, Tübingen, Gunter Narr, 1993, 188 p.
RADTKE, Edgar, « Varietà giovanili », dans SOBRERO, Alberto A., *Introduzione all' italiano contemporaneo*, Bari, Ed. Laterza, 1993, p. 191-235.

268. VASSALLI, *Il neoitaliano...* (réf. 267), p. 85.

269. TODISCO, *Ma che lingua...* (réf. 248), p. 44-45 ainsi que :
SILINGARDI, Germana, « Notes à propos des anglicismes de l'italien contemporain », *Questions de français vivant*, 32, Bruxelles, Maison de la Francité, 1991, 4e trim., p. 29-38.

270. ZOLLI, *Le parole straniere...* (réf. 206), notamment p. 11-70 pour les gallicismes et p. 71-117 pour les anglicismes.

271. WALTER & WALTER, *Dictionnaire...* (réf. 199), p. 36-37.

272. CORTELAZZO & ZOLLI, *Dizionario...* (réf. 258), tome 3, p. 711, ainsi que :
ZOLLI, *Le parole straniere...* (réf. 206), p. 17.

273. BONFANTE, Giuliano, *Bollettino del Centro di studi filologici e linguistici siciliani*, BCSFLS 1, Palermo, 1953, p. 57, n° 26, ainsi que :
BONFANTE, Giuliano, *Paideia*, 12, 1957, p. 343-344.

274. MIGLIORINI, *Storia...* (réf. 194), p. 593-596.

275. MIGLIORINI, *Storia...* (réf. 194), p. 660-663.

276. MARA, Edith, « Recenti influssi francesi nella stampa italiana », *Lingua nostra*, XLV, 1984, p. 67-84.

277. GALLI DE' PARATESI, *Lingua toscana...* (réf. 210), notamment p. 207.

278. GIACOMELLI, *Lingua Rock* (réf. 210), p. 200-203.

279. FURER, Jean-Jacques, « Le plurilinguisme de la Suisse, un exemple? », dans GIORDAN, Henri (sous la dir.), *Les minorités en Europe. Droits linguistiques et droits de l'homme*, Paris, Kimé, 1992, 685 p., p. 193-212, notamment p. 198-220.

280. Cité par DUVAL-VALENTIN, Marianne, dans FODOR & HAGÈGE, *Language Reform...* (réf. 59), vol. 1, p. 494.

ESPAGNOL

281. GREEN, John N., « Spanish », dans COMRIE, *The Major Languages...* (réf. 1), p. 226.

282. HERRERAS, José Carlos, « Le panorama linguistique espagnol », *La linguistique,* 27, 1991/1, p. 75-85, notamment p. 78 pour le catalan, p. 79 pour le galicien et p. 78 note 16 pour le basque. Voir également :
HERRERAS, José Carlos (sous la dir.), *1992, Situations linguistiques dans les pays de la Communauté européenne,* Lez Valenciennes, 14, 1992, Presses universitaires de Valenciennes, 188 p., p. 57-71.

283. TEYSSIER, Paul, *Histoire de la langue portugaise,* Paris, PUF, « Que sais-je? » nº 1864, 1980, 127 p., p. 50. BN [8° z 28960 (1864).

284. ALLIÈRES, Jacques, *Manuel pratique de basque,* Paris, Picard, 1979, 262 p., p. 8-21.

285. LAPESA, Rafael, *Historia de la lengua española* (Madrid, Esceliger, 1962, 421 p.) Madrid, Gredos, 1986, 690 p., p. 29-31.

286. MICHELENA, Luís, *Lengua e historia,* Madrid, Paraninfo, 1985, 509 p., p. 334-356.

287. LA STELLA T., *Dizionario...* (réf. 254), p. 133.

288. LAPESA, *Historia...* (réf. 285), p. 18.

289. DEROY, Louis & MULON, Marianne, *Dictionnaire de noms de lieux,* Paris, éd. Le Robert, 1992, 531 p., p. 442.

290. LAPESA, *Historia...* (réf. 285), p. 55.

291. ALLIÈRES, *Manuel...* (réf. 284), p. 5 et 127.

292. ERNOUT & MEILLET, *Dictionnaire...* (réf. 158), p. 382.

293. VÄÄNÄNEN, *Introduction...* (réf. 157), p. 8.

294. LAPESA, *Historia...* (réf. 285), p. 116-117.

295. LAPESA, *Historia...* (réf. 285), p. 112-116.

296. NORBERG, *Manuel...* (réf. 182), p. 38.

297. LAPESA, *Historia...* (réf. 285), p. 121.

298. BONFANTE, *Latini...* (réf. 197), p. 19.

299. WOLFF, Philippe, *Les origines linguistiques de l'Europe occidentale,* Paris, Hachette, 1970, 256 p., p. 174.

300. ZAMORA VICENTE, Alonso, *Dialectología española,* Madrid, Gredos, (1ʳᵉ éd. 1960) 1985, 587 p., p. 15-54.

301. ZAMORA VICENTE, *Dialectología...* (réf. 300), p. 14 et 52.

302. LAPESA, *Historia...* (réf. 285), p. 140-141.
CHERPILLOD, *Dictionnaire...* (réf. 143).

303. LAPESA, *Historia...* (réf. 285), p. 133, note 5 *bis.*

304. WALTER & WALTER, *Dictionnaire...* (réf. 199), p. 115.

305. COROMINAS, Juan, *Breve diccionario etimológico de la lengua castellana,* Madrid, Grados (1ʳᵉ éd. 1961) 3ᵉ éd. 1987, 627 p.

306. WALTER & WALTER, *Dictionnaire...* (réf. 199), p. 55 et 353-354.

307. PÉREZ, Joseph, *Isabelle et Ferdinand, Rois catholiques d'Espagne,* Paris, Fayard, 1988, 486 p., p. 355, 350, 370, 369 et 365.

308. MORIN, Edgar, *Préface* de MÉCHOULAN, Henry (sous la dir.), *Les Juifs d'Espagne. Histoire d'une diaspora,* Paris, éd. Liana Levi, 1992, p. I-VI.

309. Ces cartes ont été établies à partir des données du *Dictionnaire universel des noms propres,* Paris, Le Robert, 1974, tome 2, p. 208 ainsi que de celles du *Grand Larousse encyclopédique,* Paris, 1961, vol. 4, p. 684.

310. Cette carte a été établie à partir de ZAMORA VICENTE, *Dialectología...* (réf. 300), p. 10-11 (carte générale), p. 87 (léonais-portugais) et p. 308-309 (andalou).

311. DUMÉZIL, Georges, *Introduction à la grammaire comparée des langues cauca-siennes du Nord,* Paris, 1933, ch. 5 et *Bulletin de la Société de linguistique de Paris,* 38, 1937, p. 122 et suiv.

312. ROTAETXE, Karmele, « L'aménagement linguistique en Euskadi », *Politique et aménagement linguistiques,* sous la dir. de Jacques MAURAIS, Québec-Paris, Conseil de la langue française, Gouvernement du Québec-Le Robert, 1987, 210 p., p. 160-210, notamment p. 162.

313. ALLIÈRES, *Manuel...* (réf. 284), extrait du livre de Beñat Dechepare, p. 179-191.

314. ROTAETXE, « L'aménagement... », (réf. 312), p. 194.

315. ALLIÈRES, *Manuel...* (réf. 284), p. 47-52.

316. MICHELENA, Luís, *Sobre el pasado de la lengua vasca,* San-Sebastián, Auñamenti, 1964, p. 25.

317. ROTAETXE, « L'aménagement... », (réf. 312), p. 168-169.

318. LAFITTE, Pierre, *Grammaire basque (navarro-labourdin littéraire),* Bayonne, Éd. des Amis du Musée basque, 1962, 489 p., p. 147.

319. LAPESA, *Historia...* (réf. 285), p. 184-189.

320. ZAMORA VICENTE, *Dialectología...* (réf. 300), p. 55.

321. ZAMORA VICENTE, *Dialectología...* (réf. 300), p. 59.

322. ZAMORA VICENTE, *Dialectología...* (réf. 300), carte p. 67.

323. LAPESA, *Historia...* (réf. 285), p. 168-169.

324. Carte établie à partir de ZAMORA VICENTE, *Dialectología...* (réf. 300), p. 11.

325. HERRERAS, « Le panorama... » (réf. 282), p. 75-85, notamment p. 79 pour le galicien.

326. FILGUEIRA VALVERDE, Xosé, « La résurrection d'une langue : le galicien d'hier à aujourd'hui » (trad. française de Paul TEYSSIER), *Arquivos do centro cultural por-tuguês,* 28, 1990, p. 111-136.

327. HARRIS, Martin, « The Romance Languages », dans *The Romance Languages,* HARRIS, Martin & VINCENT, Nigel (sous la dir.), London, Routledge, 1988, 500 p., p. 1-25, notamment p. 12-13.

328. Cette carte s'inspire de BERNARDO, D., « Le catalan. La problématique nord-catalane », dans VERMES, Geneviève, *Vingt-cinq communautés linguistiques de la France,* Paris, L'Harmattan, 1988, tome 1, Langues régionales et langues non ter-ritorialisées, 422 p., p. 133-149.

329. LAPESA, *Historia...* (réf. 285), p. 196-197.

330. HERRERAS, « Le panorama... (réf. 282), p. 75-85, notamment p. 78 pour le catalan.

331. ZAMORA VICENTE, *Dialectología...* (réf. 300), p. 87.

332. LAPESA, *Historia...* (réf. 285), p. 482-192.

333. ZAMORA VICENTE, *Dialectología...* (réf. 300), p. 84-210, notamment p. 117-120.

334. ZAMORA VICENTE, *Dialectología...* (réf. 300), p. 63.

335. ZAMORA VICENTE, *Dialectología...* (réf. 300), p. 222-223, note 14.

336. ZAMORA VICENTE, *Dialectología...* (réf. 300), p. 301-304.

337. LAPESA, *Historia...* (réf. 285), p. 34.

338. ALONSO, Amado, « Examen de las noticias de Nebrija sobre antigua pronunciación española », *Nueva revista de filología hispánica* (N.R.F.H.), 1949, 3, p. 1-82. BN [4 X 2252.

339. MARTINET, André, *Économie des changements phonétiques : Traité de phonologie diachronique,* ch. « Structures en contact. Le dévoisement des sifflantes en espa-gnol », Berne, Francke, 1955, 396 p., p. 297-325, notamment p. 301.

340. MARTINET, *Économie...* (réf. 339), p. 297-325.

341. LAPESA, *Historia...* (réf. 285), p. 293-295.
342. LAPESA, *Historia...* (réf. 285), p. 296.
343. LAPESA, *Historia...* (réf. 285), p. 371-375.
344. LAPESA, *Historia...* (réf. 285), p. 423.
345. VIDAL-SEPHIHA, *L'agonie...* (réf. 230) (cf. carte des migrations juives, au début du livre).
346. VIDAL-SEPHIHA, Haïm, *Le judéo-espagnol,* Paris, éd. Entente, 1986, 242 p., p. 57-82.
347. MASSARIELLO MERZAGORA, Giovanna, *Giudeo-italiano,* Profilo di dialetti italiani, Pisa, Pacini, 92 p., notamment p. 40-50 et 54-61.
348. ZAMORA VICENTE, *Dialectología...* (réf. 300), p. 349-377.
349. Extrait publié dans VIDAL-SEPHIHA, *Le judéo-espagnol* (réf. 346), p. 6. Pour la traduction en français, on a utilisé :
NEHAMA, Joseph, *Dictionnaire du judéo-espagnol,* Madrid, 1977. BN [4° X 4357.
350. VIDAL-SEPHIHA, *Le judéo-espagnol* (réf. 346), p. 145.
351. WALTER & WALTER, *Dictionnaire...* (réf. 199), p. 80-81.
352. GREEN, John N., « Spanish », dans COMRIE (sous la dir.), *The Major...* (réf. 1), p. 231.
353. MORENO DE ALBA, José G., *El español en América,* Mexico, Fondo de cultura económica, 1988, 232 p., p. 24-41, ainsi que :
ENTWISTLE, William J., *The Spanish Language, together with Portuguese, Catalan and Basque,* Londres, Faber & Faber, 1969, traduction espagnole par Francisco Villar sous le titre *Las lenguas de España : castellano, catalán, vasco y gallego-portugués,* Madrid, ISTMO, 1988, notamment p. 304-305.
354. ROSSILLON, Philippe (sous la dir. de), *Un milliard de Latins en l'an 2000. Étude de démographie et l'avenir des langues latines,* Paris, L'Harmattan, 1983, 359 p., p. 32.
355. LAPESA, *Historia...* (réf. 285), p. 556-559.
356. Je remercie vivement Paul Alberteau de m'avoir fourni cette liste de mots recueillis à Guanajuato.
357. LAPESA, *Historia...* (réf. 285), p. 411-412.
358. LAPESA, *Historia...* (réf. 285), p. 454-459.
359. Tout ce qui suit s'inspire de RODRIGUEZ GONZALEZ, Felix, « El lenguaje pasota, espejo de una generación », *Revista de Estudios de Juventud,* 26, 1987, p. 65-71.
360. Ce petit lexique a été rédigé avec l'aide de Andrés SANCHEZ CABELLO, qui m'a fait bénéficier de ses commentaires pour l'ensemble de ce chapitre, et à qui j'exprime mes plus vifs remerciements.
361. Sélection établie à partir de LEÓN, Víctor, *Diccionario de argot español y lenguaje popular,* Madrid, Alianza editorial (1ʳᵉ éd. 1980) 1989, 159 p.
362. HARRIS, « The Romance... (réf. 327), p. 8.

PORTUGAIS

363. AZEVEDO, Ana Maria, *História viva Portugal,* Lisbonne, Plátano editora, 1987, 318 p., p. 32.
364. TEYSSIER, *Histoire...* (réf. 283), p. 49-50.
365. PARKINSON, Stephen, « Portuguese » (ch. XI), dans COMRIE, *The Major...* (réf. 1), p. 250.
366. MACHADO, José Pedro, « Notas soltas sobre a influência arábica na língua portuguesa », *Boletim Mensual da Sociedade de língua portuguesa,* Lisboa, 1963, p. 58.
367. MACHADO, José Pedro, *Vocabulário português de origem árabe,* Lisbonne, Noticias, 1991, 141 p.
368. Cette carte s'inspire de TEYSSIER, *Histoire...* (réf. 283), p. 8.

369. BARBOSA, Jorge MORAIS, *A língua portuguesa no mundo,* Lisbonne, Agência-Geral do Ultramar, 1969, 170 p., p. 45-47.

370. MARTINET, *Économie...* (réf. 339), § 11-24 et 11-25.

371. Le mot *televisão* serait un emprunt à l'anglais d'après DA CUNHA, *Dicionário etimológico Nova Fronteira,* mais au français d'après MACHADO, *Dicionário etimológico da língua portuguesa,* (1ʳᵉ éd. 1952) 3ᵉ éd. 1977.

372. Carte établie à partir de TEYSSIER, *Histoire...* (réf. 283), p. 49-50 et carte p. 60.

373. ELCOCK, *The Romance...* (réf. 186), p. 427.

374. PERES, Damião, *História dos descobrimentos portugueses,* Porto, ed. Vertente, (1ʳᵉ éd. 1959) 1982, 147 p.

375. BARBOSA, Jorge MORAIS (sous la dir.), *Estudos linguísticos crioulos,* Lisbonne, Boletim da Sociedade de Geografia de Lisboa, 1967, 447 p., notamment l'introduction de BARBOSA, p. I-XX.

376. BARBOSA, *A língua...* (réf. 369), p. 113-121.

377. FRÉMY, Dominique et FRÉMY, Michel, *Quid 1993,* Paris, Robert Laffont, 1992, 2 028 p., p. 907 c.

378. BARBOSA, Jorge MORAIS, *Civilização portuguesa, Princípios de História e Cultura,* University of South Africa, Dept of Romance Languages, s.d., 130 p., p. 35-36.

379. TEYSSIER, *Manuel de langue portugaise,* Paris, Klincksieck, 1984, 322 p., notamment p. 11-12.

380. BARBOSA, *A língua...* (réf. 369), p. 113-121.

381. TEYSSIER, *Histoire...* (réf. 283), p. 101-107 et p. 83.

382. TEYSSIER, *Histoire...* (réf. 283), p. 110, ainsi que :
BARBOSA, *A língua...* (réf. 369), p. 149-150.

383. BARBOSA, *A língua...* (réf. 369), p. 71-95.

384. Exemples pris dans BARBOSA, *A língua...* (réf. 369), p. 99-102, ainsi que dans :
MALACA CASTELEIRO, João, « Réforme et modernisation de la langue portugaise », dans FODOR & HAGÈGE, *Language Reform...*(réf. 59), vol. 2, p. 398.

385. TEYSSIER, *Histoire...* (réf. 283), p. 58-59.

386. BARBOSA, Jorge MORAIS, *Études de phonologie portugaise,* Lisbonne, université de Évora, 1983, 243 p., p. 168. La matière de cet ouvrage a été reprise dans *Introdução ao Estudo da Fonologia e Morfologia do Português*, Coimbra, Almedina, 1994, 295 p.

387. TEYSSIER, *Histoire...* (réf. 283), p. 63-64.

388. TEYSSIER, *Histoire...* (réf. 283), p. 30.

389. BARBOSA, *Études de phonologie...* (réf. 386), p.188-192.

390. LINDLEY CINTRA, Luis F., *Estudos de dialectologia portuguesa,* Lisbonne, Sá da Costa, 1983, 216 p., p. 95-105, ainsi que :
SANTOS PEREIRA BENDIHA, Urbana, HERRERAS, *Situations...* (réf. 282), p. 147-154, qui présente p. 148 une carte superposant des limites phonologiques et p. 151 un exemple de délimitation lexicale.

391. MALACA CASTELEIRO, « Réforme et modernisation... » (réf. 384), p. 393-417, notamment p. 406-407.

392. Je remercie Urbana SANTOS PEREIRA BENDILHA de m'avoir fourni ces informations récentes sur le vocabulaire des jeunes.
Tout ce chapitre sur le portugais a bénéficié des commentaires de Helena CARREIRA ARAUJO, que je remercie de son aide amicale.

FRANÇAIS

393. WALTER & WALTER, *Dictionnaire...* (réf. 199), notamment p. 21-22.

394. ROUSSET, Paul-Louis, *Les Alpes & leurs noms de lieux, 6000 ans d'histoire,* éd. par l'auteur, Meylan, 1988, 444 p., p. 235-236 (diffusion Didier et Richard, Grenoble).

395. Carte établie à partir des données de NÈGRE, *Toponymie...*, (réf. 44), p. 21-52.

396. HARITSCHELHAR, Jean, « Le basque, une langue résistante », dans VERMES *Vingt-cinq...* (réf. 328), p. 87-104.

397. Je remercie Jean HARITSCHELHAR, président de l'Académie de langue basque, de m'avoir fourni le rapport de l'enquête sociolinguistique de 1991 sur *L'état de la langue basque dans les trois provinces (Labourd, Basse-Navarre et Soule)*, rédigé par Txomin HEGUY, directeur de l'Institut culturel basque. Le tableau du niveau de connaissance de la langue basque a été établi à partir des données figurant aux pages 4-5 de ce rapport.

398. HERMAN, *Le latin vulgaire* (réf. 187), p. 23.

399. FALC'HUN, *Histoire...* (réf. 144), p. 45-46 et :
FALC'HUN, *Perspectives nouvelles sur l'histoire de la langue bretonne*, Paris, Union générale d'édition, 1981, 662 p., p. 59, 61 et 68, ainsi que :
FLEURIOT, *Les origines...* (réf. 145), carte 5, p. 338.

400. MARKALE, *Identité...* (réf. 146), p. 27-28.

401. WALTER & WALTER, *Dictionnaire...* (réf. 199), p. 24-26.

402. Les données qui ont servi à établir cette carte ont été puisées dans :
NÈGRE, *Toponymie...* (réf. 44), tome 1, p. 101-287, ainsi que dans :
VINCENT, *Toponymie...* (réf. 44), p. 68-108.

403. WALTER, Henriette, « Patois ou français régional? », *Le Français Moderne*, oct. 1984, n°s 3-4, p. 183-190, carte p. 189.

404. WALTER, *Des mots...* (réf. 69), p. 186.

405. ANDRÉ, Jacques, *Étude sur les termes de couleur dans la langue latine*, Paris, 1949, 427 p.

406. MATORÉ, Georges, *Le vocabulaire de la société médiévale*, Paris, PUF, 1985, 336 p., p. 133.

407. ERNOUT & MEILLET, *Dictionnaire...* (réf. 158), p. 72.

408. GUINET, Louis, *Les emprunts gallo-romans au germanique (du f⁰ à la fin du v⁰ siècle)*, Paris, Klincksieck, 1982, 212 p., p. 183.

409. WALTER, Henriette, « Toponymie, histoire et linguistique : l'invasion franque en Gaule », *Actes du 13ᵉ Colloque international de linguistique fonctionnelle* (Corfou, 1986), Université Ionienne, Corfou, 1988, p. 70-72, ainsi que :
WALTER, *Le français...* (réf. 43), p. 56-59. Les données ont été puisées dans VINCENT, *Toponymie...* (réf. 44).

410. Les limites d'implantation franque ont été établies à partir de :
DUBY, Georges (sous la dir.), *Atlas historique Larousse*, Paris, 1978, 326 p., p. 31
et :
BARRACLOUGH, Geoffrey (sous la dir.), *Le grand atlas de l'histoire mondiale*, Encyclopædia Universalis, Paris, Albin Michel, 375 p., p. 106.

411. WALTER ET WALTER, *Dictionnaire...* (réf. 199), notamment p. 11-14.

412. CERQUIGLINI, Bernard, *La naissance du français*, Paris, PUF, « Que sais-je? » n° 2576, 1991, p. 84-92.

413. BRUNOT, Ferdinand, *Histoire de la langue française des origines à nos jours*, Paris, Armand Colin, 1905-1937, rééd. 1966, tome I, « De l'époque latine à la Renaissance », 1966, 597 p., p. 142.

414. WALTER & WALTER, *Dictionnaire...* (réf. 199), p. 28, ainsi que :
PICOCHE, Jacqueline, *Didactique du vocabulaire français*, Paris, Nathan, 1993, 206 p., p. 20-27.

415. NOUVEL, Alain, *L'occitan, langue de civilisation européenne*, Montpellier, Connaissance de l'Occitanie, 1977, 143 p., p. 90.

416. Pour une vue d'ensemble, cf. WALTER, Henriette, « L'attachement au parler vernaculaire dans une commune limousine », *La Linguistique* 29, 1993/1, p. 141-156.

417. THIERS, Jacques, « Introduction. Corti 90 : pour la langue polynomique », dans

CHIORBOLI, Jean (sous la dir.), *Les langues polynomiques, Actes du Colloque international des langues polynomiques* (Corti, 17-22 sept. 1990), s.d., 415 p., p. 3-9. Cet ouvrage contient aussi les articles suivants :

ARRIGHI, Jean-Marie, « Quelle(s) norme(s) pour l'enseignement d'une langue polynomique? Le cas du corse », p. 41-45.

CHIORBOLI, Jean, « Polynomie corse et glottopolitique », p. 69-74.

COMITI, Jean-Marie, « L'évaluation de la polynomie corse », p. 75-83.

FILIPPI, Paul, « Français régional de Corse (F.R.C.) », p. 170-176.

FUSINA, Jacques, « L'italien de Corse ». Sur l'appréhension ambiguë des situations de langue en Corse au XIXᵉ siècle, p. 194-201.

GIACOMO-MARCELLESI, Mathée, « Métaphore et traduction dans la dimension polynomique », p. 239-246.

RICHARD-ZAPELLA, Jeannine, « Lorsque les questions en disent peut-être autant que les réponses », p. 361-368.

418. THIERS, Jacques, « Le corse. L'insularité d'une langue », dans VERMES, *Vingt-cinq...* (réf. 328), p. 150-168, notamment p. 151.

419. BAL, Willy, *Introduction aux études de linguistique romane*, Paris, Didier, 1966, 273 p., p. 227.

420. BERNARDO, D., « Le catalan. La problématique nord-catalane, dans VERMES, *Vingt-cinq...* (réf. 328), p. 133-149.

421. BEC, *Manuel...* (réf. 227), tome 1, p. 463-508.

422. PETRELLA, Riccardo, *La renaissance des cultures régionales en Europe*, Paris, Éd. Entente, 1978, 317 p., p. 83, ainsi que :

CAMPROUX, Charles, *Les langues romanes*, Paris, PUF, « Que sais-je? » nᵒ 1562, (1ʳᵉ éd. 1974) 1979, 128 p., p. 94-95.

423. BEC, *Manuel...* (réf. 227), tome 1, p. 513-514.

424. TUAILLON, *Le francoprovençal...* (réf. 234), 68 p.

MARTINET, André, *La description phonologique, avec application au parler francoprovençal d'Hauteville (Savoie)*, Paris, Minard-Genève, Droz, 1956, 108 p., notamment p. 58.

425. WALTER, « Patois ou... » (réf. 403).

426. CERQUIGLINI, *La naissance...* (réf. 412), p. 41-42.

GIORDAN, Henri, « Du folklore au quotidien », Henri GIORDAN (sous la dir.), *Par les langues de France*, Paris, Centre Georges-Pompidou, 1984, tome 1, 102 p., p. 5-12.

GIACOMO, Mathée, « La politique à propos des langues historiques : cadre historique », dans MARCELLESI, J. B. (sous la dir.), *L'enseignement des langues régionales, Langue française nᵒ 25*, Paris, Larousse, 1975, 128 p., p. 12-28.

GARDIN, Bernard, « Loi Deixonne et langues régionales », MARCELLESI, *L'enseignement...* (réf. ci-dessus), p. 29-36 notamment p. 29.

LAFONT, Robert, « La situation socio-linguistique en France », dans GIORDAN, *Les minorités...* (réf. 279) pour le gallo, p. 158.

427. Je remercie Marie Landick (Royal Holloway, University of London), qui m'a fourni les chiffres officiels du dernier recensement. Cf. également :

SPENCE, Nicol C.W., « Phonologie descriptive des parlers jersiais », *Revue de linguistique romane*, 1985, 49, nᵒˢ 193-194, p. 151-165 et 1987, 51, nᵒˢ 201-202, p. 119-133.

428. LEFEBVRE, Anne, « Les langues du domaine d'oïl. Des langues trop proches », dans VERMES, *Vingt-cinq...* (réf. 328), p. 261-290.

WALTER, Henriette (sous la dir. de), *Les Mauges. Présentation de la région et étude de la prononciation*, Centre de recherches en littérature et en linguistiques sur l'Anjou et le Bocage, Angers, 1980, 238 p.

CARTON, Fernand, « Usages des variétés du français dans la région de Lille », *Pluralité des parlers en France, Ethnologie française*, 3-4, 1973, p. 235-244.

BOURCELOT, Henri, « Le français régional haut-marnais dans ses rapports avec la langue nationale », *Pluralité des parlers en France, Ethnologie française*, 3-4, 1973, p. 221-228.

TAVERDET, Gérard, « Patois et français régional en Bourgogne », *Pluralité des parlers en France, Ethnologie française*, 3-4, 1973, p. 317-326.

429. ORIEUX, Jean, *Catherine de Médicis ou la Reine noire*, Paris, Flammarion, 1986, 826 p., p. 125.

430. WALTER & WALTER, *Dictionnaire...* (réf. 199), p. 77-83.

431. PAQUOT, Annette, *Les Québécois et leurs mots. Étude sémiologique et sociolinguistique des régionalismes au Québec*, Québec, Les Presses de l'Université Laval, Conseil de la langue française, 1988, 130 p.

DEPECKER, Loïc, *Les mots de la francophonie*, Paris, Belin, 1988, 335 p.

WALTER, *Le français...* (réf. 43) p. 200-207.

POIRIER, Claude, *Dictionnaire du français* plus *à l'usage des francophones d'Amérique*, Montréal, Centre éducatif et culturel, 1988.

POIRIER, Claude, « Description et affirmation des variétés non hexagonales du français », dans CLAS, André & OUOBA, Benoît, *Visages du français. Variétés lexicales de l'espace francophone*, Montrouge, éd. John Libbey Eurotext, 1990, 206 p., p. 127-139.

432. MAURY, Nicole & TESSIER, Jules, *A l'écoute des francophones d'Amérique*, Montréal (Québec), Centre éducatif et culturel, 1991, p. 33-46.

433. WALTER, *Des mots...* (réf. 69), p. 81-85 et p. 175.

434. FREY, Max, *Les transformations du vocabulaire français à l'époque de la Révolution (1789-1800)*, Paris, PUF, 1925, p. 218.

435. WALTER, Henriette, « La France, un unilinguisme apparent », dans HERRERAS, *Situations...* (réf. 282), p. 73-83.

436. DENEZ, Per, « La langue bretonne. Mémoire de la répression », dans VERMES, *Vingt-cinq...* (réf. 328), tome 1, p. 105-132, notamment p. 126-127.

437. BERNARDO, D., « Le catalan. La problématique nord-catalane », dans VERMES, *Vingt-cinq...* (réf. 328), tome 1, p. 133-149, notamment p. 142-143.

438. WALTER, *Les Mauges...* (réf. 428).

439. WALTER, *Le français...* (réf. 43), p. 161-169, ainsi que :
WALTER, Henriette, « Un sondage lexical en marge de l'enquête phonologique sur les français régionaux », *Actes du 17ᵉ Congrès international de linguistique et philologie romanes*, Variation linguistique dans l'espace : dialectologie et onomastique, université d'Aix-en-Provence, vol. nᵒ 6, 1986, p. 261-268.

440. RYCKEBOER, Hugo & CALLEBAUT, Bruno, « Contacts linguistiques français-néerlandais dans le nord de la France », dans *Handbuch der Kontaktlinguistik*, Berlin-New York, de Gruyter, à paraître.

441. CARTON, Fernand & POULET, Denise, *Dictionnaire du français régional du Nord-Pas-de-Calais*, Paris, Bonneton, 1991, 125 p., p. 83.

442. Le premier en date est celui de TUAILLON, Gaston, *Les régionalismes du français parlé à Vourey, village dauphinois*, Paris, Klincksieck, « Matériaux pour l'étude des régionalismes du français, nᵒ 1 », 1983, 383 p. Depuis 1989, il existe une collection de dictionnaires du français régional aux éditions Christine Bonneton. A ce jour ont paru les dictionnaires du français régional de Basse-Normandie (1989), du Pilat (1989), de la région Poitou-Charentes et Vendée (1990), de Lorraine (1990), de Provence (1991), du Languedoc (1991), des Pays aquitains (1991), du Roussillon (1991), de la Bourgogne (1991), du Nord et Pas-de-Calais (1991), du Beaujolais (1992), du Midi toulousain et pyrénéen (1992), d'Algérie (1992), des Ardennes (1992), du Berry-Bourbonnais (1993), de Franche-Comté (1993), de Champagne (1993), de Savoie (1993), et du Velay (1993).
Voir également une discussion de la notion de français régional dans :
MOREUX, Bernard, « A propos du lexique français de Toulouse : pratique et théorie dans le domaine du " français régional " », *Garona*, 10, 1993, p. 45-78.

443. WALTER, Henriette, « A la recherche du vocabulaire régional de Haute-Bretagne »,
Lengas, 30, 1991, p. 165-178. Cet article prend en compte une recherche de :
RÖNNAU, Sylvia, *Lexique gallo dans le français parlé en Haute-Bretagne.
Enquête sociolinguistique*, université Rennes-2, UFR du langage, 1990, 137 p.
(non publié).

444. LEPELLEY, René, *Dictionnaire du français régional de Basse-Normandie*, Paris,
Bonneton, 1989, 159 p.

445. COLIN, Jean-Paul (sous la dir.), *Trésors des parlers comtois*, Besançon, Cêtre,
1992, 365 p.

446. TUAILLON, Gaston, *Les régionalismes...* (réf. 442).
GERMI, Claudette & LUCCI, Vincent, *Mots de Gap, les régionalismes du français
parlé dans le Gapençais*, Grenoble, Ellug, 1985, 225 p.
SALMON, Gilbert-Lucien, « État du français d'origine dialectale en Lyonnais »,
Actes du 23ᵉ Congrès international de linguistique et philologie romanes, Trèves,
1986.

447. BLANCHET, Philippe, *Dictionnaire du français régional de Provence*, Paris, Bonneton, 1991, 157 p.
BOUVIER, Robert, *Le parler marseillais, dictionnaire*, Marseille, Jeanne Laffite,
1986, 181 p.

448. *Acordo ortográfico da língua portuguesa*, Decreto do Presidente da República de
23 de Agosto (1991), Lisboa, Imprensa nacional, 1991, 59 p.

449. CATACH, Nina, *L'orthographe en débat*, Paris, Nathan, 1991, 303 p., p. 51.
CATACH, Nina, *Les délires de l'orthographe*, Paris, Plon, 1989, 340 p., p. 81-82.

450. CATACH, Nina, *L'orthographe*, Paris, PUF, « Que sais-je ? » nº 685, (1ʳᵉ éd. 1978)
1982, 126 p., p. 78-87.
CATACH, *Les délires...* (réf. 449), p. 293-295 et 303-304.
GOOSSE, André, *La « nouvelle » orthographe*, Gembloux, Duculot, 1991, 136 p.,
p. 19.

451. GOOSSE, *La « nouvelle »...* (réf. 450), p. 15.

452. CATACH, *Les délires...* (réf. 449), p. 52.

453. Journal officiel de la République française, Documents administratifs, « Les rectifications de l'orthographe », nº 100, 6/12/1990, p. 1-19.

454. MASSON, Michel, CIBOIS, Philippe & BARBARANT, Jean-Claude, *Pour que vive
l'orthographe (ou l'ortografe)*, Éd. du Seuil, Paris, 1989.
CATACH, *L'orthographe en débat*, (réf. 449), p. 18-20.
GOOSSE, *La « nouvelle »...* (réf. 450), notamment p. 21-23.
ARRIVÉ, Michel, *Réformer l'orthographe?*, Paris, PUF, 1993, 233 p.

455. BEAULIEUX, Charles, *Histoire de l'orthographe française*, Paris, Champion, 1967,
tome 1, 366 p., p. 255.

456. WALTER, *Le français...* (réf. 43), « L'orthographe au cours des siècles », p. 225.

457. GREVISSE, Maurice, *Le bon usage, grammaire française*, 1993, 13ᵉ éd. revue et
corrigée par André GOOSSE, 1762 p., p. 93-94.

458. CATACH, *L'orthographe*, (réf. 450), p. 44.

459. WALTER, *Des mots...* (réf. 69), p. 145.

460. Telle est aussi la conclusion d'une enquête menée en 1987-89 sur 48 personnes de
la région de Grenoble, décrite dans :
MILLET, Agnès, LUCCI, Vincent & BILLIEZ, Jacqueline, *Orthographe, mon amour*,
Grenoble, Presses universitaires de Grenoble, 1990, 240 p., notamment p. 89-124.

461. OBALK, Hector, SORAL, Alain & PASCHE, Alexandre, *Les mouvements de mode
expliqués aux parents*, Paris, Robert Laffont, 1984, 400 p., notamment le
« Lexique », par Henriette WALTER, p. 367-398..

462. WALTER, Henriette, « Le cheminement des innovations lexicales en français », dans
Sémantique, Littérature et traduction, Mélanges en l'honneur d'Henry Schogt,
Toronto, 1994.

463. GEORGE, Ken E.M., *Matériaux pour l'histoire du vocabulaire français*, « Datations et Documents lexicographiques » (sous la dir. de QUEMADA), CNRS, Institut

national de la langue française, Paris, Klincksieck, n° 23, 1983, 265 p. et n° 37, 1991, p. 11 et p. 334, ainsi que : ZANOLA, Marie Teresa, *L'emprunt lexical anglais dans le français contemporain : analyse d'une coupure de presse*, Quaderni del Centro di Linguistica dell' Università Cattolica, 3, Brescia, La Scuola, 1991/1, 96 p.

464. GREEN, Jonathon, *Neologisms – New words since 1960,* London, Bloomsbury, 1991, 339 p.

ALGEO, John (sous la dir.), *Fifty years among the new words. A dictionary of neologisms, 1941-1991,* Cambridge-New York, Cambridge University Press, 1991, 257 p.

MUNRO, Pamela, *Slang U, the Official Dictionary of College Slang*, New York, Harmony Books, 1991, 244 p.

465. WALTER, *Le français...* (réf. 43), p. 181-218.

466. Ces données ont été puisées dans :
HERRERAS, *1992, Situations...* (réf. 282).
WALTER, *Le français...* (réf. 43), p. 181-194.
WALTER, Henriette, « Pluralité des langues dans l'Europe des Douze », *Actes du 17ᵉ Colloque international de linguistique fonctionnelle*, université de León, 1992, 345 p., p. 183-195.
FUCKERIEDER, Josef « La Belgique, le Luxembourg et la Suisse : trois situations linguistiques, Quel modèle ? », *Actes du XVᵉ Colloque international de linguistique fonctionnelle* (Moncton, Canada, 18–24 août 1988), université de Moncton, 1989, 277 p., p. 57-60.

467. Équipe IFA, *Inventaire des particularités lexicales du français en Afrique noire,* Paris, EDICEF–AUPELF, 1988, 442 p.

468. DEPECKER, *Les mots...* (réf. 431).

469. POHL, Jacques, « Quelques caractéristiques de la phonologie du français parlé en Belgique », *Phonologie des usages du français. Langue française n° 60* (sous la dir. d'Henriette Walter), Paris, Larousse, 1983, p. 30-41.

470. DOPPAGNE, Albert, *Les régionalismes français,* Paris-Gembloux, Duculot, 1978, 94 p.

471. BEHEYDT, Ludo & JUCQUOIS, Guy, « La Belgique. Trois langues, trois régions, trois communautés », dans HERRERAS *Situations...* (réf. 282), p. 30-41.

472. Équipe des Coqs d'Aousse, *Langues régionales de Wallonie, patrimoine et avenir*, Charleroi, 94 p., notamment carte des variétés dialectales, p. 52.
BAL, *Introduction...* (réf. 419), p. 220, note 2.

473. BAL, *Introduction...* (réf. 419), p. 220.

474. TAGLIAVINI, *Le origini...* (réf. 156), p. 430.

475. MÉTRAL, Jean-Pierre, « Le vocalisme du français en Suisse romande. Considérations phonologiques », *Cahiers Ferdinand de Saussure*, 31, 1977, p. 145-176. ainsi que :
MAHMOUDIAN, Mortéza (sous la dir.), *Résultats d'une enquête phonologique en Suisse romande, Bulletin de la section de linguistique de la faculté des lettres de Lausanne*, 2, 1980, 38 p. + 7 p. en annexe (questionnaire phonologique).

476. JOLIVET, Rémi, « L'acceptation des formes verbales surcomposées », dans *Le Français Moderne*, 3/4, 1984, p. 159-182.

477. DUVAL-VALENTIN, Marianne, « La situation linguistique en Suisse », dans FODOR & HAGÈGE, *Language Reform...* (réf. 59), vol. 1, p. 463-544, notamment p. 495.

GERMANIQUE

478. WOLFF, *Les origines...* (réf. 299), p. 49.

479. HAUGEN, Einar, *The Scandinavian Languages. An Introduction to their History,* Cambridge (Massachusetts), Harvard University Press, 1976, p. 100-101. BN [8° X 28841.

480. WHITTAKER, Charles R., *Les frontières de l'Empire romain*, Annales littéraires de l'université de Besançon, Paris, Les Belles Lettres, 1989, 209 p., ainsi que : SAINT-BLANQUAT, Henri de, « Les véritables frontières de l'empire romain », *Sciences et Avenir*, Paris, 1992, n° 547, p. 72-76.

481. TONNELAT, Ernest, *Histoire de la langue allemande*, Paris, Colin, (1ʳᵉ éd. 1927) 1941, 204 p., p. 11-12 Sorb. [L 978 12°.

482. DEROY & MULON, *Dictionnaire...* (réf. 289), p. 327.

483. BOYER, Régis, *Les Vikings,* Paris, Plon, 1992, 442 p., p. 49.

484. HAWKINS, John. A., « Germanic Languages », dans COMRIE, *The Major...* (réf. 1), p. 59.

485. MARTINET, *Des steppes...* (réf. 4), p. 89.

486. HAWKINS, « Germanic Languages », dans COMRIE, *The Major...* (réf. 1), p. 59.

487. HAUGEN, *The Scandinavian...* (réf. 479) p. 112.

488. HAUGEN, *The Scandinavian...* (réf. 479), p. 24.

489. MUSSET, Lucien, *Les invasions*, Paris, PUF, 1965, p. 50.

490. MARTINET, *Des steppes...* (réf. 4), p. 28-30.

491. BOYER, *Les Vikings...* (réf. 483), p. 54.

492. NÈGRE, Ernest, *Les noms de lieux en France*, Paris, Colin, 1963, 222 p., et : NÈGRE, *Toponymie...* (réf. 44), p. 735 et suiv. et p. 779 et suivantes, ainsi que : VINCENT, *Toponymie...* (réf. 44), p. 138.

493. LAPESA, *Historia...* (réf. 285), éd. 1986, p. 116-117.

494. COHEN, *La grande invention...* (réf. 37), p. 195-198.

495. BOYER, *Les Vikings...* (réf. 483), p. 58-63.

496. MARTINET, *Des steppes...* (réf. 4), p. 90.

497. MARTINET, *Des steppes...* (réf. 4), p. 91.

498. HIRT, Hermann, *Handbuch des Altgermanischen*, Heidelberg, 1931, 1, p. 17, ainsi que : MARTINET, *Des steppes...* (réf. 4), p. 90.

499. HAUGEN, Einar, « Danish, Norwegian and Swedish », dans COMRIE, *The Major...* (réf. 1), p. 153.

500. DUCHET, Jean-Louis, *Code de l'anglais oral*, Paris, Ophrys, 1991, 98 p., notamment p. 7-44, et : HAUGEN, « Danish, Norwegian and Swedish », dans COMRIE, *The Major...* (réf. 1), p. 147-169, notamment p. 153.

501. BRUËL, Sven & NIELSEN, Niels Age, *Gyldendals Fremmedordbog*, Copenhague, Gyldendal, (1ʳᵉ éd. 1960) 1987, 640 p.

502. WOLFF, *Les origines...* (réf. 299), p. 49.

503. HAWKINS, « Germanic Languages », dans COMRIE, *The Major...* (réf. 1), p. 64-65.

504. ONIONS, C. T. (sous la dir. de), *The Oxford Dictionary of English Etymology*, avec la collaboration de FRIEDERICHSEN, G.W.S. & BURCHFIELD, R.W., Oxford, Clarendon Press, (1ʳᵉ éd. 1966) 1985, 1 024 p., p. 917.

DANOIS

505. KARKER, Allan, « Le Danemark. Situation de la langue danoise », dans HERRERAS, *Situations...* (réf. 282), p. 53-56, notamment p. 55.

506. HAUGEN, Einar, « Danish, Norwegian and Swedish », dans COMRIE, *The Major...* (réf. 1), p. 151.

507. BOYER, *Les Vikings...* (réf. 483), p. 409.

508. BOYER, Régis, *La vie quotidienne des Vikings (800-1050),* Paris, Hachette, 1992, p. 131 et 138.

509. VASMER, Max, *Russisches Etymologisches Wörterbuch*, Heidelberg, 1955, vol. 2, p. 551.

510. HAUGEN, *The Scandinavian...* (réf. 479), carte p. 136, qui a servi aussi de modèle pour la carte intitulée « Les expéditions des Vikings ».

511. BOYER, *La vie quotidienne...* (réf. 508), p. 316-329.

512. DURAND, Frédéric, *Les Vikings*, Paris, PUF, « Que sais-je? » n° 1188, (1ʳᵉ éd. 1965) 1977, p. 26.

513. BOYER, *Les Vikings...* (réf. 483), p. 71-72.

514. HAUGEN, *The Scandinavian...* (réf. 479), p. 33.

515. BARBOUR, Stephen & STEVENSON, Patrick, *Variation in German, A critical approach to German sociolinguistics,* Cambridge, Cambridge University Press, 1990, 308 p., p. 30.

516. SCHMITT JENSEN, Jørgen, « Le danois, Dansk », *Actes du xvIIᵉ Colloque de la Société internationale de linguistique fonctionnelle* (León, 1990), université de León, 1992, p. 211-215.

517. MARTINET, André, « The Fading away of a Phoneme : the Voiced Dorsal Spirant in Danish », *Linguistic Studies in Honour of Paul Christophersen,* The New University of Ulster, Occasional Papers in Linguistics and Language Learning, 7, Nov. 1980, p. 73-78.

518. HAUGEN, *The Scandinavian...* (réf. 479), p. 369.

519. MARTINET, *Des steppes...* (réf. 4), p. 92.

520. HAUGEN, *The Scandinavian...* (réf. 479), p. 181.

521. HAUGEN, *The Scandinavian...* (réf. 479), p. 353.

522. HAUGEN, *The Scandinavian...* (réf. 479), p. 65 ainsi que :
GRAVIER, Maurice, *Les Scandinaves, Histoire des peuples scandinaves. Épanouissement de leurs civilisations des origines à la Réforme,* Paris, éd. Lidis-Brepols, p. 663.

523. HAUGEN, *The Scandinavian...* (réf. 479), p. 355.

524. KARKER, Allan, « Language Reforming Efforts in Denmark and Sweden », dans FODOR & HAGÈGE... (réf. 59), vol. 2, p. 296-297.

525. BREDSDORFF, Elias, *Danish. An Elementary Grammar and Reader,* Cambridge, Cambridge University Press, (1ʳᵉ éd. 1956) 1988, 300 p., p. 10.

526. HAUGEN, *The Scandinavian...* (réf. 479), p. 392.

527. BREDSDORFF, *Danish...* (réf. 525), p. 18-20 et 37-38.

528. KARKER, « Language Reforming... » dans FODOR & HAGÈGE... (réf. 59), vol. 2, p. 285-299, notamment p. 290-293.

529. HAUGEN, *The Scandinavian...* (réf. 479), p. 39.

530. BREDSDORFF, *Danish...* (réf. 525), p. 198-200.

531. BREDSDORFF, *Danish...* (réf. 525), p. 77.

532. BREDSDORFF, *Danish...* (réf. 525), p. 3.

533. KARKER, « Language Reforming... » dans FODOR & HAGÈGE... (réf. 59), vol. 2, p. 288.

ALLEMAND

534. BARBOUR & STEVENSON, *Variation...* (réf. 515), p. 76 et 41.

535. BARBOUR & STEVENSON, *Variation...* (réf. 515), p. 46-49, ainsi que :
HAWKINS, John A., « German », dans COMRIE, *The Major...* (réf. 1), p. 104-105.

536. RAYNAUD, Franzisca, *Histoire de la langue allemande*, Paris, PUF, « Que sais-je? », n° 1952, 1982, 127 p., p. 92.

537. FOURQUET, Jean, « Langue. Dialecte. Patois », dans MARTINET, André (sous la dir.), *Le langage,* encyclopédie de la Pléiade, Paris, Gallimard, 1969, 1544 p., p. 569-596, notamment p. 585.

538. MARTIN, Gérard, *L'imprimerie,* Paris, PUF, « Que sais-je? » n° 1067, (1ʳᵉ éd. 1968) 1979, 124 p., p. 7-8, ainsi que :

LABARRE, Albert, *Histoire du livre*, Paris, PUF, « Que sais-je ? » n° 620, (1re éd. 1970) 1985, 127 p., p. 49-53.

539. TONNELAT, *Histoire...* (réf. 481), p. 124-125.

540. Cette carte a été établie à partir des données de BARBOUR & STEVENSON, *Variation...* (réf. 515), p. 41 et 76-79, ainsi que de :
HAWKINS, German... dans COMRIE, *The Major...* (réf. 1), p. 104.

541. CLYNE, Michael, *Language and Society in the German-speaking Countries,* Cambridge, Cambridge University Press, 1984, 205 p., carte p. xv.

542. FOURQUET, Jean, « La situation linguistique en Allemagne », dans MARTINET, *Le langage...* (réf. 537), p. 1162-1172.

543. CLYNE, *Language...* (réf. 541), p. 45 et p. 62-63.

544. BARBOUR & STEVENSON, *Variation...* (réf. 515), p. 142-144.

545. RAYNAUD, *Histoire...* (réf. 536), p. 116-117.

546. SIEBS, Theodor, *Siebs Deutsche Aussprache,* Berlin, de Gruyter, 1969, 494 p.

547. BARBOUR & STEVENSON, *Variation...* (réf. 515), p. 50-51.

548. CLYNE, *Language...* (réf. 541), p. 161.

549. MALBLANC, Alfred, *Stylistique comparée du français et de l'allemand*, Paris, Didier, 1968, 353 p., p. 118-122.

550. MALBLANC, *Stylistique...* (réf. 549), p. 124.

551. HAGÈGE, *Le souffle...* (réf. 193), p. 91.

552. BARBOUR & STEVENSON, *Variation...* (réf. 515), p. 255-261.

553. NOWOTTNICK, Marlies, « Gioventú, lingua e mass media visti dalla prospettiva della linguistica tedesca », dans RADTKE, Edgar (sous la dir.), *La lingua dei giovani*, Tübingen, Gunter Narr, 1993, 188 p., p. 161-174.

554. HAGÈGE, *Le souffle...* (réf. 193), p. 63-64.

555. WELKE, Dieter, « L'Allemagne. Un plurilinguisme réduit », dans HERRERAS, *Situations...* (réf. 282), p. 27-32.

556. Cette carte s'inspire des données fournies par CLYNE, *Language...* (réf. 541), p. xiv-xv, par :
BARBOUR & STEVENSON, *Variation...* (réf. 515), p. 76, ainsi que par :
FOURQUET, « La situation... » (réf. 542), p. 1163.

557. WELKE, « L'Allemagne... » (réf. 555), p. 33-36, ainsi que :
MEILLET, Antoine, *Les langues dans l'Europe nouvelle*, Paris, Payot, 1928, 495 p., p. 26-27.

558. MEILLET, *Les langues...* (réf. 557), p. 26-27, 193-194 et 229-230.

559. SZULMAJSTER-CELNIKIER, Anne, *Le yidich à travers la chanson populaire. Les éléments non germaniques du yidich*, Louvain-la-Neuve, Peeters, 1991, 276 p., notamment p. 2.

560. HAGÈGE, *Le souffle...* (réf. 193), p. 78-79.

561. GIORDAN, Henri (sous la dir.), *Par les langues de France*, Paris, Centre Georges-Pompidou, 1984, tome 1, 102 p., p. 40-46.

562. HARTWEG, Frédéric, « L'alsacien, un dialecte allemand tabou », dans VERMES, *Vingt-cinq...* (réf. 328), p. 48-49.

563. DUVAL-VALENTIN, « La situation..., dans FODOR & HAGÈGE, *Language Reform...* (réf. 59), p. 463-544, notamment p. 464, p. 518 et 525-526.

564. BARBOUR & STEVENSON, *Variation...* (réf. 515), p. 206.

565. CLYNE, *Language...* (réf. 541), p. 3 et 18-19.

566. GOEBL, « Trois coups d'œil... (réf. 231), ainsi que :
BARBOUR & STEVENSON, *Variation...* (réf. 515), p. 169-170.

567. CLYNE, *Language...* (réf. 541), p. 11-12.

568. GOEBL, « Trois coups d'œil... (réf. 231).

569. BARBOUR & STEVENSON, *Variation...* (réf. 515), pour l'Italie, p. 237-242, et pour la Belgique, p. 224-230.

570. CLYNE, *Language...* (réf. 541), p. 22.

571. Tout ce chapitre s'inspire de :
MULLER, Jean-Claude, « Le Luxembourg. Du dialecte à la langue nationale : le luxembourgeois », dans HERRERAS, *Situations...* (réf. 282), p. 121-136.

572. BEHEYDT, Ludo & JUCQUOIS, Guy, « La Belgique, trois langues, trois régions, trois communautés », dans HERRERAS, *Situations linguistiques...* (réf. 282) p. 39-51, notamment p. 43-44.

573. GOUDAILLIER, Jean-Pierre, *Phonologie fonctionnelle et phonétique expérimentale. Exemples empruntés au luxembourgeois,* Hamburg, Helmut Buske, 1981, 476 p. (cité par MULLER, Jean-Claude, « Le Luxembourg... » (réf. 571), p. 133.

574. KRIER, Fernande, « La situation linguistique en Italie et au Luxembourg », *Actes du XVII*e Colloque international de linguistique fonctionnelle, université de León, p. 207-209 et :
KRIER, Fernande, « Le trilinguisme au Luxembourg, *La Bretagne linguistique*, 1991, p. 720. « L'alternance langagière comme stratégie discursive dans une situation plurilingue », *Bulletin de la Société de linguistique de Paris* (BSL), tome 87, fasc. 1, 1992, p. 53-70 ainsi que :
CLYNE, *Language...* (réf. 541), p. 20-21.

NÉERLANDAIS

575. Cette carte est une adaptation simplifiée de la carte figurant dans :
BRACHIN, Pierre, *La langue néerlandaise, Essai de présentation*, Bruxelles, Didier, 1977, 72 p., p. 5.

576. DONALDSON (B.C.), *Dutch. A living History of Holland and Belgium,* Nimègue, Martinus Nijhoff, 1983, p. 4.

577. DONALDSON, *Dutch...* (réf. 576), p. 13-15.

578. DONALDSON, *Dutch...* (réf. 576), p. 11, carte 3.

579. BRACHIN, *La langue...* (réf. 575), p. 15.

580. STEPHENS, *Linguistic Minorities...* (réf. 1), p. 567-579.

581. GORTER, *Language in Friesland,* Leeuwarden, Fryske Akademy, 1988, 67 p., notamment p. 4 et 10.

582. DONALDSON, *Dutch...* (réf. 576), p. 88.

583. WALTER, *Le français...* (réf. 43), p. 69-70.

584. Cette carte est une transposition de la carte figurant dans :
VANDEPUTTE, O. & FERMAUT, J., *Le Néerlandais, langue de vingt millions de Néerlandais et de Flamands*, Rekkem (Belgique), Fondation flamando-néerlandaise « Stichting Ons Erfdeel vzw », 1981, 64 p., p. 54.

585. DONALDSON, *Dutch...* (réf. 576), p. 11-13.

586. BRACHIN, *La langue...* (réf. 575), p. 20-21.

587. DONALDSON, *Dutch...* (réf. 576), p. 75.

588. DONALDSON, *Dutch...* (réf. 576), p. 103.

589. BRACHIN, *La langue...* (réf. 575), p. 49, ainsi que :
SCHOGT (Henry), « Les mots d'emprunt en néerlandais : une étude sociolinguistique », *La linguistique* 25, 1989/2, p. 63-80, notamment p. 66-72.

590. WALTER & WALTER, *Dictionnaire...* (réf. 199), ainsi que :
VALKHOFF, Marius, *Étude sur les mots français d'origine néerlandaise,* Amersfoort, Valkhoff and Co., 1931.

591. BRACHIN, *La langue...* (réf. 575), p. 38.

592. VANDEPUTTE, O. & FERMAUT, J., *Le Néerlandais...* (réf. 584), p. 56-57.

593. SALVERDA DE GRAVE, J.J., *L'influence de la langue française en Hollande d'après les mots empruntés*, Paris, Champion, 1913, 174 p., p. 121.

594. SALVERDA DE GRAVE, *L'influence...* (réf. 593), p. 92-94.

595. DONALDSON, *Dutch...* (réf. 576), p. 141.

596. BRACHIN, *La langue...* (réf. 575), p. 43-48.

597. SCHOGT, « Les mots... » (réf. 589), p. 66-69 et 75-77, ainsi que :
DONALDSON, *Dutch...* (réf. 576), p. 76.

598. DONALDSON, *Dutch...* (réf. 576), p. 59.

599. BRACHIN, *La langue...* (réf. 575), p. 81-84.

600. BRACHIN, *La langue...* (réf. 575), p. 85-93, ainsi que :
BRACHIN, Pierre, « Évolution naturelle et codification : l'exemple du néerlandais »,
dans FODOR & HAGÈGE, *Language Reform...* (réf. 59), I, p. 257-280, notamment
p. 275-278.

601. BRACHIN « Évolution... » (réf. 600), p. 267.

602. KUITENBROUWER, Jan, *Turbo taal*, Aramith Uitgevers, 1987, 91 p.

603. NEVE de MEVERGNIES, François-Xavier & WYNANTS, Armel, « Fourons, ou les
effets pervers de la " territorialité " : étude sociolinguistique de la " pétaudière "
linguistique belge »,*Actes du XVᵉ Colloque de la Société internationale de linguistique fonctionnelle* (Moncton, Canada, 18-24 août 1988), Centre de recherche en
linguistique appliquée, université de Moncton, 1989, p. 51-55.

604. BEHEYDT et JUCQUOIS, « La Belgique. Trois langues, trois régions, trois communautés », dans HERRERAS, *Situations...* (réf. 282), p. 39.

605. SANSEN, J., « Le flamand. Une langue-frontière mal connue », dans VERMES, *Vingt-
cinq...* (réf. 328), tome 1, p. 169-187.

606. RYCKEBOER, Hugo, « Contacts linguistiques français-néerlandais dans le nord de la
France », *Handbuch der Kontaklinguistik*, GOEBL Hans (sous la dir. de), art. 153,
Walter de Gruyter (à paraître), Berlin, New York.

607. Je remercie vivement Agatha DUVAL (université de Rennes 2) et Henry SCHOGT
(université de Toronto) de leurs suggestions pour l'ensemble de ce chapitre.

ANGLAIS

608. COMRIE, *The Major...* (réf. 1).

609. JACKSON, Kenneth, *Language...* (réf. 53), p. 243-246.

610. McCRUM, Robert, CRAN, William & MACNEIL, Robert, *The Story of English*,
London, Faber and Faber, 1986, 384 p., p. 60.

611. STRANG, Barbara, *A History of English*, Londres, Methuen, 1970, p. 93-94. BN
[8 X 27942.

612. MILLS, A.D., *A Dictionary of English Place-names*, Oxford-New York, Oxford
University Press, 1991, 388 p.

613. McCRUM, CRAN & MACNEIL, *The Story...* (réf. 610), p. 61, ainsi que :
MARTINET, *Des steppes...* (réf. 4), p. 27 et 113.

614. STRANG, *A History...* (réf. 611), p. 93-94.

615. PEZZINI, Domenico, *Storia della lingua inglese*, vol. 1, Brescia, La Scuola, 1981,
217 p., p. 17.

616. BAUGH, Albert C. & CABLE, Thomas, *A History of the English Language*, London,
Routledge, (1ʳᵉ éd. 1951) 1991, 438 p., p. 81-82.

617. CESTRE, Charles & DUBOIS, Marguerite-Marie, *Grammaire complète de la langue
anglaise*, Paris, Larousse, 1949, 591 p., p. 68.

618. MARTINET, *Des steppes...* (réf. 4), p. 92.

619. Carte établie à partir de McCRUM, CRAN & MACNEIL, *The Story...* (réf. 610),
p. 59, et de :
BOURCIER, Georges, *Histoire de la langue anglaise du Moyen Age à nos jours*,
Paris, Bordas, 1978, 304 p., p. 45.

620. Carte établie à partir de BOURCIER, *Histoire...* (réf. 619), p. 45.

621. McCRUM, CRAN & MACNEIL, *The Story...* (réf. 610), p. 69-70.

622. JESPERSEN, Otto, *Growth and Structure of the English Language*, Oxford, Blackwell, 1967, 244 p., p. 69-70.

623. Tous ces exemples sont extraits des ouvrages suivants, qui fournissent des listes importantes d'emprunts au scandinave :
BAUGH & CABLE, *A History...* (réf. 616), p. 98-101
BACQUET, Paul, *Le vocabulaire anglais*, Paris, PUF, « Que sais-je? » n° 1574, (1re éd. 1974) 1982, p. 36-46
JESPERSEN, *Growth...* (réf. 622), p. 55-57.

624. JESPERSEN, *Growth...* (réf. 622), p. 63-64.

625. Carte établie d'après McCRUM, CRAN & MacNEIL, *The Story...* (réf. 610), p. 66.

626. McCRUM, CRAN & MacNEIL, *The Story...* (réf. 610), p. 71, ainsi que :
MILLS, *A dictionary...* (réf. 612).

627. BAUGH & CABLE, *A History...* (réf. 616), p. 103.

628. MUSSET, Lucien, *La tapisserie de Bayeux,* St Léger de Vauban, Zodiaque, 1989. BN [8° V 100 695.

629. McCRUM, CRAN & MacNEIL, *The Story...* (réf. 610), p. 74-75.

630. POPE, M.K., *From Latin to Modern French with Especial Consideration of Anglo-Norman,* Manchester, University Press, (1re éd. 1934) 1966, 571 p., p. 420-485.

631. HOAD, T.F., (sous la dir.), *The Concise Oxford Dictionary of English Etymology,* Oxford, Clarendon Press, 1986, 552 p., p. 70.

632. SCOTT, Walter, *Ivanhoe,* London, p. 46-47. BN [8 Z 376 (16).

633. En 1653, par John Wallis, cf. JESPERSEN, *Growth...* (réf. 622), p. 82.

634. André MARTINET a souvent développé cette idée au cours de ses séminaires.

635. SHAKESPEARE, William, *The Works of Shakespeare – Œuvres complètes de Shakespeare,* sous la dir. de Pierre LEYRIS & Henri EVANS, édition bilingue à partir de *The New Shakespeare,* edited by Sir Arthur Quiller-Couch & John Dover Wilson for the Cambridge University Press, Paris, Formes et Reflets, 1957, publiée par Le Club français du livre, Paris, 1963, tome VI, p. 224-225.

636. CHEVILLET, François, *Les variétés de l'anglais,* Paris, Nathan, 1991, 231 p., p. 147-150.

637. BAUGH & CABLE, *A History...* (réf. 616), p. 195.

638. BOURCIER, Georges, *Histoire...* (réf. 619), p. 209.

639. CRÉPIN, André, *Histoire de la langue anglaise,* Paris, PUF, « Que sais-je? », n° 1265, (1re éd. 1967) 1982, p. 44-45.

640. CRÉPIN, *Histoire...* (réf. 639), p. 59.

641. BAUGH & CABLE, *A History...* (réf. 616), p. 222.

642. Une partie de ces expressions est citée par :
McCRUM, CRAN & MacNEIL, *The Story...* (réf. 610) p. 99-100, et une autre par :
MANSER, Martin, *The Guinness Book of Words,* Enfield, Guinness Publishing, 1991, 192 p., p. 99-103.

643. McCRUM, CRAN & MacNEIL, *The Story...* (réf. 610), p. 102 et 113.

644. CHEVILLET, *Les variétés...* (réf. 636), p. 134 et 148.

645. CHEVILLET, *Les variétés...* (réf. 636), p. 122-123.

646. TRUDGILL, Peter & HANNAH, Jean, *International English, a Guide to Varieties of Standard English,* Londres-New York, Arnold, (1re éd. 1982) 1991, 130 p., p. 28-31.

647. Toutes les données sur le *scots* ont été puisées dans :
AITKEN, A.J. (sous la dir.), *Lowland Scots,* Association for Scottish Literary Studies, Occasional Papers n° 2, Édimbourg, 1981, 73 p.
AITKEN, A.J., & McARTHUR (sous la dir.), *Languages of Scotland,* notamment dans les contributions de MURISON, David, « The Historical Background », p. 2-13, et de :
McCLURE, J. Derrick, « Scots : its range of uses », p. 26-48.
McCRUM, CRAN & MacNEIL, *The Story...* (réf. 610), ch. 4, « The Guid Tongue », p. 127-141; BAUGH & CABLE, *A History...* (réf. 616), p. 316-317.

648. Carte établie d'après CHEVILLET, *Les variétés...* (réf. 636), p. 131 et 138.

649. WELLS, J.C., *Accents of English*, Cambridge, Cambridge University Press, 1982, 673 p., 2, *The British Isles*, p. 411.

650. CHEVILLET, *Les variétés...* (réf. 636), p. 131-132.

651. WELLS, *Accents...* (réf. 649), p. 426-432.

652. CHEVILLET, *Les variétés...* (réf. 636), p. 147 et BAUGH & CABLE, *A History...* (réf. 616), p. 342.

653. CHEVILLET, *Les variétés...* (réf. 636), p. 179.

654. BAUGH & CABLE, *A History...* (réf. 616), p. 351-352.

655. Des listes d'équivalences beaucoup plus importantes sont données en particulier dans :
CHEVILLET, *Les variétés...* (réf. 636), p. 165-171, ainsi que dans :
BAUGH & CABLE, *A History...* (réf. 616), p. 298 et 386-388.

656. LABOV, William, *The Social Stratification of English in New York City*, Washington D.C., 1966, p. 63-89, 207-243 et p. 499.

657. BAUGH & CABLE, *A History...* (réf. 616), p. 373-374, ainsi que :
WELLS, *Accents...* (réf. 649), p. 534-535 et
GRAMLEY, Stephan & PÄTZOLD, Kurt-Michael, *A Survey of Modern English*, Londres-New York, Routledge, 1992, 498 p., p. 373-376, qui a été utilisé pour l'établissement de la carte sur les variétés de l'anglais aux États-Unis.

658. MOULTON, William G., « Unity and Diversity in the Phonology of Standard American English », dans WALTER, Henriette (sous la dir.), *Phonologie et société*, Paris-Montréal-Bruxelles, Didier, 1977, 146 p., p. 113-127.

659. CHEVILLET, *Les variétés...* (réf. 636), p. 151-157 ainsi que :
GRAMLEY & PÄTZOLD, *A Survey...* (réf. 657), p. 342-343.

660. CHEVILLET, *Les variétés...* (réf. 636), p. 161-163.

661. MOULTON, « Unity... (réf. 658), p. 116.

662. LABOV, William, « Some Features of the English of Black Americans », dans BAILEY, Richard, W. & ROBINSON, Jay L. (sous la dir.), *Varieties of Present-Day English*, New York, 1973, p. 242-243.

663. CHEVILLET, *Les variétés...* (réf. 636), p. 174-175.

664. JESPERSEN, *Growth...* (réf. 622), p. 141.

665. CHEVILLET, *Les variétés...* (réf. 636), p. 171.

666. McCRUM, CRAN & MacNEIL, *The Story...* (réf. 610), p. 134-135.

667. BAUGH & CABLE, *A History...* (réf. 616), p. 271.

668. BAUGH & CABLE, *A History...* (réf. 616), p. 271.

669. CHEVILLET, *Les variétés...* (réf. 636), p. 72.

670. HONEY, John, *Does accent matter?*, London-Boston, Faber & Faber, 1991, 214 p., p. 41.
MITFORD, Nancy (sous la dir.), *Noblesse oblige*, London, Hamish, Hamilton, 1956, et :
ROSS, Alan S.C., Linguistic Class-Indicators in present-day English, *Neuphilologische Mitteilungen, 55*, p. 20-56.

671. GIMSON, A.C., *An Introduction to the Pronunciation of English*, London, Arnold, (1re éd. 1962) 1966, 294 p. et 1980, 352 p., p. 89-92.

672. HUGHES, Arthur & TRUDGILL, Peter, *English Accents and Dialects*, Londres-New York, Arnold, (1re éd. 1979) 1992, 98 p., p. 3, ainsi que :
TRUDGILL & HANNAH, *International...* (réf. 646), p. 9.

673. HUGHES & TRUDGILL, *English...* (réf. 672), p. 39.

674. HUGHES & TRUDGILL, *English...* (réf. 672), p. 27-40 et 44, cf. aussi COGGLE, Paul, *Do you speak Estuary?*, Londres, Bloomsbury, 1993, 106 p.

675. CHEVILLET, *Les variétés...* (réf. 636), p. 84-89 et p. 101-105.

676. BAUGH & CABLE, *A History...* (réf. 616), p. 299-301.

677. McCRUM, CRAN & MacNEIL, *The Story...* (réf. 610), p. 19-35.

678. WELLS, J. C., *Pronunciation Dictionary*, Harlow, Longman, 1990, 802 p., ainsi que :

GREENBAUM, Sidney, « Whose English? » dans RICKS, Christopher & MICHAELS, Leonard, *The State of the Language,* London-Boston, Faber and Faber, 1990, 530 p., p. 18-23.

679. ANDERSSON, Lars-Gunnar & TRUDGILL, Peter, *Bad Language,* London, Penguin Books, 1990, 202 p., p. 70.

680. GREEN, Jonathon, *Neologisms...* (réf. 464), *New Words since 1960,* Londres, Bloomsbury Ltd, 1991, 339 p.

681. GREEN, *Neologisms...* (réf. 464), p. 78 et 123.

682. GREEN, *Neologisms...* (réf. 464), p. 338. Le verbe *to zap* ne figure pas du tout dans :
ALGEO, John (sous la dir.), *Fifty Years among the New Words, A Dictionary of Neologisms, 1941-1991,* Cambridge, Cambridge University Press, 1991, 257 p. En revanche, *The Oxford Dictionary of New Words,* compiled by Sara TULLOCH, Oxford, Oxford University Press, 1992, 322 p., explique et commente la naissance de ce nouveau sens.

683. Je remercie vivement Jill Taylor (université d'Exeter) de ses commentaires et de ses suggestions pour l'ensemble de ce chapitre.

684. TRUDGILL & HANNAH, *International...* (réf. 646), p. 44.

685. Ces données ont été en partie recueillies dans : TRUCHOT, Claude, *L'anglais dans le monde contemporain,* Paris, Le Robert, 1990, 416 p., p. 13-19.

686. TRUDGILL & HANNAH, *International...* (réf. 646), p. 100 et 106.

TANT QU'IL Y AURA *DES* LANGUES

687. GOURSAU, Henri & GOURSAU, Monique, *Dictionnaire européen des mots usuels, français-anglais-allemand-espagnol-italien-portugais,* éd. Goursau, Saint-Orens-de-Granville, 1989, 764 p.

688. Je remercie de leur aide mes amis Hélène Sella (grec), Wolfgang Rolf (allemand), Roberto Bruni, Diego Zancani et Antonio Ferrari (italien), Koldo de Viar y Bilbao et Andrés Sanchez Cabello (espagnol) ainsi que Jill Taylor (anglais).

689. ZOLLI, *Le parole straniere...* (réf. 206), p. 85.

Chronologie

Les événements historiques en relation avec l'histoire des langues européennes		
Les peuples	**Dates**	**Les civilisations**
	– 15000	Peintures pariétales (Lascaux, Altamira)
	– 7000/– 4000	*Civilisation néolithique*
Les **Ibères** sont présents en Europe	– 5500	
	– 5000/– 2000	Apparition des tombes kourganes
Déplacements des « **Indo-Européens** » vers l'Europe centrale	– 4000	
	– 3500	*Apparition de l'écriture* (Ourouk, en Mésopotamie)
Présence des **Celtes** dans le bassin danubien	v. – 2500	*Civilisation des Mégalithes* (Stonehenge – 2400)
	– 2000	*Civilisation minoéenne* en Crète
	– 1500	*Écriture en Crète*
Présence des **Achéens** en Grèce et en Crète, puis des **Éoliens** et des **Ioniens**		Début de la *civilisation mycénienne. Premières attestations en mycénien*
Arrivée des populations **italiques** dans la péninsule italienne		*Civilisation des Terramares* en Italie du Nord
Invasion des **Doriens** en Grèce	– 1200	Destruction de la *civilisation mycénienne*
Seconde vague de populations **italiques** (**Osques** et **Ombriens**) en Italie		
	– 1100	*Civilisation villanovienne* en Italie du Nord
Métallurgie du fer (Hallstatt en Autriche) Déplacements des **Celtes** vers l'ouest et le sud Présence des **Germains** au sud du Jutland	– 1000	

Les dates les plus anciennes sont données à titre indicatif.

Les peuples	Dates	Les civilisations
	– 850	L'*Iliade* et l'*Odyssée* (poèmes en dialecte ionien attribués à Homère)
	– 800/– 500	Apogée de la *civilisation étrusque*
	– 800	*Naissance de l'alphabet grec*
Date légendaire de la fondation de **Rome**	– 753	
Présence des **Celtes** en Espagne	– 650	*Premières attestations du dialecte attique (Athènes)*
	– 600	*Civilisation tartessienne* (sur le Guadalquivir)
	– 550	*Premières attestations du latin archaïque*
Déplacements des **Germains** vers l'Allemagne centrale et la Pologne	– 500	
Les **Celtes** continuent leurs déplacements vers l'ouest	– 500/– 300	*Civilisation grecque :* **Thalès, Eschyle, Pythagore, Pindare, Sophocle, Phidias, Zénon d'Elée, Hérodote, Euripide, Thucydide, Socrate, Aristophane, Platon, Praxitèle, Aristote, Épicure, Euclide**
Les **Celtes** pillent Rome	– 390	
Les **Celtes** se répandent sur toute l'Europe et jusqu'en Turquie	– 300	
	– 200/+ 200	*Premières attestations du latin classique* *Civilisation romaine :* **Plaute, Cicéron, Lucrèce, César, Catulle, Salluste, Virgile, Horace, Tite-Live, Ovide, Sénèque, Pline, Plutarque, Tacite, Marc Aurèle, Tertullien**
Conquête de la péninsule Ibérique par les **Romains**	– 197/– 149	
Conquête de la Gaule cisalpine par les **Romains**	– 191	
Conquête de la Grèce par les **Romains**	– 146	
Conquête de la Gaule transalpine (Provincia) par les **Romains**	– 125	
Déplacements des **Cimbres** et des **Teutons** dans toute l'Europe de l'ouest	– 115	
Conquête de la Gaule par les **Romains** (Jules César)	– 58/– 50	

Les peuples	Dates	Les civilisations
Première expédition des **Romains** en Angleterre	– 53	
Conquête de la Grande-Bretagne par les **Romains**	+ 43/+ 211	
Déferlement des **Goths** vers l'est		
	200	*Premières inscriptions germaniques en écriture runique*
Invasion massive de la Gaule par les **Francs**	258	
	350	*Premières attestations en gotique (traduction de la Bible par Wulfila)*
	390-405	*Traduction de la Bible en latin par saint Jérôme (Vulgate)*
Les **Romains** abandonnent la Grande-Bretagne	407	
Domination des **Wisigoths** dans la péninsule Ibérique	409/711	
Invasion de l'Angleterre par les **Angles** et les **Saxons**, suivis par les **Jutes** et les **Frisons**	449	
	450	*Premières attestations du celtique en écriture ogamique*
Chute de l'Empire romain d'Occident	476	
Victoire des **Francs** de Clovis sur les **Romains** à Soissons	486	
Déplacements des **Longobards**, de l'Elbe vers l'Italie du Nord	500/600	
		Premières attestations en gaélique d'Écosse
Victoire des **Francs** de Clovis sur les **Wisigoths** à Vouillé	507	
	550	*Premières attestations en gallois*
Domination des **Wisigoths** au Portugal	585	
Conquête de l'Espagne par les **Arabes**. La Reconquête se fera par étapes, de 800 à 1492	711/718	
	750	*Premières attestations de breton*
		Premières attestations de haut-allemand, ancêtre de l'allemand.
	752	Charlemagne fait venir Alcuin pour réformer l'enseignement du latin en Gaule

Les peuples	Dates	Les civilisations
Débarquement des **Vikings** sur les côtes européennes (Lindisfarne 793) puis occupation du terrain (Danelaw 878, Normandie 911)	800/1000	
		Début de la différenciation du scandinave commun
	842	*Premières attestations en gallo-roman* (Serments de Strasbourg)
	850	*Premières attestations en frison et en vieil-anglais*
		Premières attestations en vieux-slave (ou slavon) et naissance de l'alphabet cyrillique
	900/1300	Influence de la *civilisation arabe* en Europe : Avicenne, Averroès, Al-Khwarizmi, École de traduction de Tolède
	950	*Premières attestations en italien ancien*
Débarquement des **Normands** en Angleterre	1066	
	1140	*Premiers textes littéraires en castillan*
	1150	*Premières attestations en dialectes italiens*
	1171	*Premiers textes littéraires en catalan*
	1227	*Premiers documents écrits en galicien* (glossaire)
Les **Arabes** sont chassés du Portugal	1249	
	1250	*Premiers textes en cornique*
Début des migrations des **Tsiganes** en Europe	1300	
Les **Anglais** occupent la Guyenne	1337/1453	
	1350	*Premières attestations en frioulan*
	1450	*Impression de la première Bible, dite Mazarine*
Les **Arabes** sont chassés de Grenade et d'Espagne Christophe Colomb découvre l'Amérique	1492	
	1521	*Traduction de la Bible en allemand par Luther*

Les peuples	Dates	Les civilisations
Arrivée des **Français** au Canada.	1534	
	1539	*Ordonnance de Villers-Cotterêts* par François Ier
Première colonie **anglaise** en Amérique du Nord (Terre-Neuve)	1583	Fondation de l'*Accademia della Crusca* en Italie
	1635	Fondation de l'*Académie française* en France
	1794	Discours de l'abbé Grégoire sur l'abolition des patois

Index

I.

NOMS PROPRES

Dans cet index ne figurent que les noms propres de personnes réelles ou mythiques qui apparaissent dans le corps de l'ouvrage, à l'exclusion de ceux des encadrés et des cartes.

Les noms des institutions, événements et documents ont été regroupés dans l'index des notions.

Les noms des auteurs d'ouvrages correspondant aux références numérotées se trouvent dans les notes bibliographiques.

II.

LANGUES, PEUPLES ET LIEUX

Dans cet index figurent les noms des langues, des peuples et des lieux cités hors des encadrés, ainsi que les toponymes ayant fait l'objet d'un commentaire linguistique.

III.

FORMES CITÉES

Afin de réduire cet index, qui devrait compter plus de 4 000 entrées, on a exclu toutes les formes figurant dans les encadrés ou les cartes, ainsi que celles qui ont été regroupées sous des rubriques générales dans l'index des notions (par ex. EMPRUNTS, PRONONCIATION, VARIÉTÉS RÉGIONALES, ORTHOGRAPHE).

hilha (gasc.) fille 249.
hlor (gasc.) fleur 249.
houarn (breton) fer 281.
husband (angl.) mari 375.
hussard (fr.) (prononc.) 240.
hydor / nero (gr.) eau 52.
hystérophémie (fr.) renommée posthume 58.

iarann (irl.) fer 281.
ichtyologie (fr.) 42.
idiographe (fr.) (néol.) autographe 58.
île (fr.) (orth.) 262.
îlet (fr. de Louisiane) pâté de maisons 254.
impatriote (fr.) (Révol.) 256.
incitoyen (fr.) (Révol.) 256.
infragile (fr.) (Révol.) 256.
inkhorn words (angl.) mots savants 391.
interview (angl.) entretien 419.
iron (angl.) fer 281.

jabot (fr.) 226.
Job (en all.) travail 323.
joue (fr.) 226.

kalentura (sarde) fièvre 149.
kalorifér (gr.) chauffage central 54.
kalos / agathos (gr.) bon 52.
kanali (gr.) canal 53.
kapélo (gr.) chapeau 53.
kaphé (gr.) café 54.
karafa (gr.) carafe 53.
karpoúzi (gr.) pastèque 53.
karvouno (gr.) charbon 53.
karyon pontikon (gr. ancien) noix du Pont-Euxin 58.
kastro (gr.) forteresse 53.
kaufen (all.) acheter 368.
Kellöretli (all. de Suisse) montre de gousset 328.
khlórion (gr.) chlore 54.
khrimata / lephta (gr.) argent 52.
kinêmatográphos (gr.) cinématographe 54.
kokkinos / erithros (gr.) rouge 52.
kompiouter (gr.) ordinateur 53.
koniák (gr.) cognac 54.
kopiaro (gr.) copier 53.
kotetsi (gr.) poulailler 53.
kouféto (gr.) dragée 53.
koultoura (gr.) culture 53.
kourgane (russe) tumulus 23.
Krawatte (All. du Sud) cravate 329.
krokéta (gr.) croquette 54.

L (chiffre romain) (lat.) cinquante 108.
lâcher la patate (fr. de Louisiane) relâcher son effort 254.

lanum (celt.) plaine 91.
legere (lat.) cueillir > lire 107.
lephta / khrimata (gr.) argent 52.
leukos / aspros (gr.) blanc 52.
Leukos Oikos (gr.) Maison Blanche 52.
liposom (gr.) liposome 55.
liposomata (gr.) liposome 55.
liposome (fr.) 55.
lithographia (gr.) lithographie 54.
lithos / petra (gr.) pierre 52.
llán (gallois) église, village 91.
lluna (catal.) lune 248.
logophile (fr.) (néol.) qui s'écoute parler 57.
loyaume (fr.) (Révol.) 256.
luxus (lat.) luxuriance 106.

má (catal.) main 248.
madur (catal.) mûr 248.
magió (gr.) maillot 54.
mais (port.) plus 120.
Major (surnom lat.) l'ancien 109.
Mak Ntonalnt (gr.) = Mac Donald 60.
manger (fr.) 120.
marelle (fr.) 226.
marron (fr.) 226.
más (esp.) plus 120.
matar (sanscrit) mère 19.
mater (lat.) mère 19.
mathir (vieil irl.) 19.
menoú (gr.) menu 54.
mèsti (wallon) métier 274.
mezés (gr.) hors-d'œuvre 53.
mikros (gr.) petit 52.
mikróvio (gr.) microbe 54.
mil / vil (breton) mille 79-80.
minarés (gr.) minaret 53.
Minor (surnom lat.) le jeune 109.
mirabelle (fr.) 58.
Mirampo (gr.) = Mirabeau 60.
mirobolant (fr.) 58.
moger / voger (breton) mur 80.
mothar (gotique) mère 19.
motte (fr.) 226.
mov (gr.) mauve 54.
mparmpoúni (gr.) rouget 53.
mpéz (gr.) beige 54.
mple (gr.) bleu 54.
mpraska (gr.) crapaud 53.

Naso (surnom lat.) au grand nez 110.
neologizmós (gr.) néologisme 54.
nero / hydor (gr.) eau 52.
nomen (lat.) nom 109.
ntekafeïné (gr.) décaféiné 54.

IV.

NOTIONS

Cet index ne regroupe que quelques-unes des notions développées ou illustrées dans cet ouvrage.

sicilien 146
yiddish 326.

ENQUÊTES ET SONDAGES : irlandais 82-84 –
gaélique d'Écosse 86-87 – cornique 87-
89 – manxois 89-90 – gallois 90-91 –
breton 96, 99-100 – italien 161-162 –
basque (en Espagne) 184 – galicien 188
– catalan 190 – basque (en France)
230, 231 – jerriais 251 – français du
Canada 252 – français (abbé Grégoire)
254 – français régionaux 258 – français, (championnat d'orthographe) 266
– Allemagne 319 – alsacien 327 – frison
343 – flamand 362 – anglais 408.

ENSEIGNEMENT : basque (en Espagne) 184
– breton 99 – catalan (en France) 247 –
dans le Schleswig-Holstein 324 – frison
342 – gallois 91 – irlandais 81-84 –
langues régionales (en France) 257 –
luxembourgeois 335 – sorabe 324.

ÉTYMOLOGIE : grec 55 – latin 107 – français 168 – germanique 287, 289.

ÉVÉNEMENTS ET DOCUMENTS : Expansion de
Rome 105, 113 – Empire d'Occident
106 – Empire d'Orient 106, 134 –
Empire austro-hongrois 150 – Grandes
Découvertes 192, 196, 214, 215 –
Reconquête 181, 207, 213 – Serments
de Strasbourg 241 – Concile de Tours
241 – Ordonnance de Louis XII 244,
250 – Ordonnance de Villers-Cotterêts
244 – Loi Deixonne 250 – Traité de
Tordesillas 216, 252 – Empire romain
281 – Expéditions des Vikings 298 –
Ligue hanséatique 303, 314 – fondation
de l'Empire allemand 319 – *Danelaw*
374, 377 – Tapisserie de Bayeux 380 –
Black Death 388 – Colonisation des
États-Unis 399.

FAUX AMIS : 145, 305-306, 395, 422-423.

FRAGMENTATION DIALECTALE :
Allemagne 317-319 – Espagne 188-191
– France 97, 246-250 – Grande-
Bretagne 372 – Grèce 58-59 – Italie
142-150, 156.

GRAMMAIRE : adjectif antéposé (germanique) 239 – article postposé (danois)
300-303 – féminin (néerlandais) 356-
357 – système casuel (latin) 121 – système casuel (vieil-anglais) 378-379 –
verbe (allemand) 320-321.

HOMOGRAPHES internationaux : 420-421.

HYPOCORISTIQUES : basque 185.

JEUX DE MOTS : latin 122, 123, 369 – italien 130.

LANGUES OFFICIELLES : 29-30 – allemand
en Italie 147 – **Allemagne** 315 – aranais
190 – basque 230 – **Belgique** 273 –
Danemark 300 – danois en Norvège
296 – **Espagne** 166 – français à l'étranger 270 – français en Italie 148 –
France 226 – germaniques 293 – **Grèce**
36 – **Irlande** 81 – **Italie** 131 – Jersey
251 – **Luxembourg** 333 – **Pays-Bas** 336
– **Portugal** 205 – **Royaume-Uni** 363 –
sorabe 324.

LANGUES DANS LE MONDE : latin 126 – italien 141, 156, 165 – espagnol 203 – portugais 224 – français 270 – anglais 415.

LÉNITION (cf. mutation consonantique en
celtique).

LEXIQUE COMPARÉ :
anglais et danois 308
anglais d'Angleterre et d'Amérique
400-401
espagnol d'Espagne et du Mexique 198
français de France et du Canada 254
français de France et de Belgique 272-
273
latin classique et latin vulgaire 118
langues romanes 171-172, 178-179, 192
portugais du Portugal et du Brésil 218.

LITTÉRATURE : cycle breton 87 – en latin
126 – poésie sicilienne 137 – sonnets
137 – *Dolce stil nuovo* 137, 138 –
Divine Comédie 139 – *De Vulgari eloquentia* 139 – *I promessi sposi* 141 –
Pinocchio 161 – *Cuore* 161 – *Cantar
del mio Cid* 186, 188 – Don Quichotte
194 – poésie gallaïco-portugaise 206-
208 – *Lusiadas* 222 – Vulgate 241 –
poésie de langue d'oc 248 – wallon 274
– Andersen 306 – (vieil-anglais) *Beowulf* 297, 373 – *Songe d'une nuit d'été*
364 – *Ivanhoe* 384 – *Contes de Cantorbéry* 387 – Shakespeare 391-392 – tradition littéraire du *scots* 395 – *Voyages
de Gulliver* 405 – *Pygmalion* 407.

MÉDIAS cornique 89 – gallois 91 – breton
96 – galicien 188 – espagnol 200 – yid-

Table des matières

Préambule

Un paysage linguistique « ondoyant et divers » *11* – Trois façons de regarder le paysage linguistique *11* – Les grandes lignes de partage *13* – Un fil conducteur *13* – LES GRANDES ZONES LINGUISTIQUES *14* – *Le fil conducteur 15.*

LES ORIGINES LOINTAINES

Une souche commune : l'indo-européen *19* – Une société patriarcale *19* – Pourquoi des guillemets? *20* – Le monde féminin de la « vieille Europe » *20* – Des signes sur les pierres *21* – Les mégalithes *21* – La rencontre *21* – *Comment calcule-t-on l'âge des découvertes archéologiques? 22* – Le monde masculin des kourganes *22* – Le « miracle grec » *23* – DÉPLACEMENTS SUPPOSÉS DES PEUPLES DES KOURGANES *24* – *Divinités grecques et latines 25* – Les derniers grands déplacements *25* – L'EUROPE LINGUISTIQUE À L'AUBE DE L'HISTOIRE *26* – LES BRANCHES DE LA FAMILLE INDO-EUROPÉENNE EN EUROPE *28* – Répartition des langues actuelles *29* – La famille indo-européenne à l'honneur *29* – LES LANGUES OFFICIELLES DE L'EUROPE DES DOUZE *31* – Une langue sans territoire : le tsigane *31*.

LE GREC

LES LANGUES CELTIQUES

LES LANGUES ISSUES DU LATIN

LES LANGUES GERMANIQUES

Cet ouvrage a été réalisé par la
SOCIÉTÉ NOUVELLE FIRMIN-DIDOT
Mesnil-sur-l'Estrée
pour le compte des Éditions Robert Laffont
24, avenue Marceau, 75008 Paris
en novembre 1996

Imprimé en France
Dépôt légal : septembre 1994
N° d'édition : 37552 - N° d'impression : 36602